江西财经大学会计系列教材
江西省精品课程

高级财务会计

（第六版）

主　编　荣　莉
副主编　刘淑华

中国财经出版传媒集团
中国财政经济出版社

图书在版编目（CIP）数据

高级财务会计 / 荣莉主编 . —6 版 . --北京：中国财政经济出版社，2020.9（2023.7重印）
江西财经大学会计系列教材
ISBN 978 – 7 – 5223 – 0031 – 3

Ⅰ.①高… Ⅱ.①荣… Ⅲ.①财务会计 – 高等学校 – 教材 Ⅳ.①F234.4

中国版本图书馆 CIP 数据核字（2020）第 175974 号

责任编辑：张若丹　　　责任校对：胡永立
封面设计：陈宇琰　　　责任印制：党　辉

高级财务会计
GAOJI CAIWU KUAIJI

中国财政经济出版社 出版

URL：http：//www.cfeph.cn
E – mail：cfeph@cfeph.cn
（版权所有　翻印必究）
社址：北京市海淀区阜成路甲 28 号　邮政编码：100142
营销中心电话：010 – 88191522
天猫网店：中国财政经济出版社旗舰店
网址：https：//zgczjjcbs.tmall.com
北京密兴印刷有限公司印刷　各地新华书店经销
成品尺寸：170mm×240mm 16 开　26.25 印张　507 000字
2020 年 12 月第 6 版　2023 年 7 月北京第 2 次印刷
定价：72.00 元
ISBN 978 – 7 – 5223 – 0031 – 3
（图书出现印装问题，本社负责调换，电话：010 – 88190548）
本社质量投诉电话：010 – 88190744
打击盗版举报热线：010 – 88191661　QQ：2242791300

前 言（第六版）

高级财务会计学是建立在中级财务会计基础之上，但又独立于中级财务会计学的一个专业领域，其内容将随着全球会计环境的变化而不断更新。2017年3月31日，财政部修订了《企业会计准则第22号——金融工具确认和计量》《企业会计准则第23号——金融资产转移》《企业会计准则第24号——套期会计》三项金融工具相关会计准则。2018—2019年，财政部又陆续修订了《企业会计准则第21号——租赁》《企业会计准则第7号——非货币性资产交换》《企业会计准则第12号——债务重组》等准则。这些新修订印发的准则基本上与相关国际财务报告准则保持了持续趋同，有利于企业加强金融资产和负债管理，夯实资产质量，切实保护投资者和债权人利益。随着企业会计准则的陆续修订，为使教材内容更丰富，结构更紧凑，编者根据新企业会计准则的变化，结合会计理论和实务，对本书进行了修订。

本着"以我为主，博采众长，融合提炼，自我一系"的指导思想，本书除具备以前版本的特点外，主要在以下五个方面进行了修订：

第一，增加紧扣当前会计实务的导入案例。根据经济环境的变化，以及专业知识提升的要求，选择与最新经济动态相关的上市公司案例进行知识导入，引发读者思考，理论与实践的结合使内容更加新颖，提升内容的可理解性。

第二，注重时效性与趋同性。本次修订以财政部最新修订的一系列准则、应用指南和相关解释公告为依据，具有很强的时效性，并引入国际准则新旧变化使读者及时了解国际会计准则的最新变化。

第三，根据最新修订的准则和相关信息披露要求（截至2020年7月），对相关章节内容进行调整。本次修订重点是对租赁会计、公开发行证券公司信息披露、清算会计、衍生金融工具、养老金会计和合并财务报表等相关章节内容进行了较大调整。

第四，根据最新修订的准则更新了相关例题、课后思考与练习题。相关例题、案例及练习题紧扣相关理论，由浅入深进行设计，有助于提高学生的分析判断能力和解决问题的能力，并能引发对未来会计实务发展方向的思考。

第五，修改了文字和数字错误。对原书中出现的文字、数字错误，以及不符合写作规范之处，均作了修改。

本书由荣莉任主编,刘淑华任副主编。本书的撰写具体分工如下:荣莉负责第一章、第二章、第三章、第四章、第五章、第六章、第九章、第十一章、第十二章、第十三章;刘淑华负责第七章、第八章、第十章、第十四章。

本书的再版得到了江西财经大学会计学院硕士研究生程川(参与修订第三章、第四章和第五章)、谢圣远(参与修订第六章、第十一章)、卢盛祺(参与修订第九章)的帮助,在此表示衷心的感谢。

本书主要供本科生、会计(审计)专业硕士研究生使用,还可供经济管理干部,特别是从事会计和财务管理工作的专业人员、会计专业教师和自学者使用或参考。

本书在编写过程中,参考了大量国内外有关高级财务会计方面的教材、专著和文章,在此表示衷心的感谢。受限于编者的知识、经验和人力等资源,书中难免存在疏漏之处。会计知识的更新、课程的改革和建设仍在不断发展中,我们期待会计界的专家、学者和广大读者不吝指教。

编者

2020 年 7 月

目 录

第一章 合伙企业会计 ……………………………………………… (1)

    第一节 合伙企业的性质 …………………………………………… (1)

    第二节 合伙企业的初始投资和经营 …………………………… (5)

    第三节 合伙权益的变动 …………………………………………… (12)

    第四节 合伙企业解散与清算 ……………………………………… (19)

    本章小结 …………………………………………………………… (30)

    本章思考与练习题 …………………………………………………… (30)

第二章 分支机构会计 ……………………………………………… (32)

    第一节 分支机构会计概述 ………………………………………… (33)

    第二节 按成本计价的会计处理 …………………………………… (38)

    第三节 按高于成本计价的会计处理 …………………………… (43)

    第四节 分公司相关会计问题的处理 …………………………… (48)

    本章小结 …………………………………………………………… (59)

    本章思考与练习题 …………………………………………………… (60)

第三章 企业合并 …………………………………………………… (61)

    第一节 企业合并概述 ……………………………………………… (61)

    第二节 同一控制下企业合并的处理 …………………………… (66)

    第三节 非同一控制下企业合并的处理 ………………………… (72)

    本章小结 …………………………………………………………… (82)

    本章思考与练习题 …………………………………………………… (82)

第四章 合并财务报表（上） ……………………………………… (86)

    第一节 合并财务报表概述 ………………………………………… (86)

    第二节 合并财务报表编制原则、前期准备事项及程序 ……… (89)

    第三节 合并财务报表合并范围的确定及编制理论 …………… (100)

    第四节 长期股权投资与所有者权益的合并处理 ……………… (105)

本章小结 …………………………………………………………………………（113）
　　本章思考与练习题 ………………………………………………………………（113）

第五章　合并财务报表（下） ………………………………………………（116）

　　第一节　企业集团内部交易的类型和抵销原因 ………………………………（116）
　　第二节　企业集团内部债权债务的抵销 ………………………………………（118）
　　第三节　企业集团内部非流动资产购销业务的抵销 …………………………（124）
　　第四节　企业集团内部存货购销业务的抵销 …………………………………（129）
　　本章小结 …………………………………………………………………………（133）
　　本章思考与练习题 ………………………………………………………………（134）

第六章　外币业务 ……………………………………………………………（137）

　　第一节　外币业务概述 …………………………………………………………（138）
　　第二节　外币交易的核算 ………………………………………………………（141）
　　第三节　外币性项目后续计量 …………………………………………………（146）
　　第四节　外币财务报表折算 ……………………………………………………（151）
　　本章小结 …………………………………………………………………………（161）
　　本章练习题 ………………………………………………………………………（162）
　　本章案例 …………………………………………………………………………（163）

第七章　租赁会计 ……………………………………………………………（165）

　　第一节　租赁会计概述 …………………………………………………………（166）
　　第二节　与租赁业务相关的概念 ………………………………………………（175）
　　第三节　承租人的会计处理 ……………………………………………………（179）
　　第四节　出租人的会计处理 ……………………………………………………（187）
　　第五节　售后租回交易的会计处理 ……………………………………………（197）
　　本章小结 …………………………………………………………………………（200）
　　本章思考与练习题 ………………………………………………………………（201）

第八章　养老金会计 …………………………………………………………（203）

　　第一节　养老金概述 ……………………………………………………………（204）
　　第二节　养老金会计的核算基础与基本特征 …………………………………（208）
　　第三节　设定受益养老金计划的会计处理 ……………………………………（210）
　　第四节　企业年金基金 …………………………………………………………（218）
　　本章小结 …………………………………………………………………………（230）

本章思考与练习题 ·· (231)

第九章 衍生金融工具 ·· (233)

第一节 衍生金融工具概述 ·· (234)
第二节 衍生金融工具确认与计量原则 ·································· (239)
第三节 衍生金融工具投机套利会计处理 ·································· (242)
第四节 衍生金融工具套期保值会计处理 ·································· (246)
本章小结 ·· (267)
本章思考与练习题 ·· (267)

第十章 中期财务报告和分部报告 ·································· (270)

第一节 中期财务报告 ·· (271)
第二节 分部报告 ·· (288)
本章小结 ·· (295)
本章思考与练习题 ·· (295)

第十一章 公开发行证券公司信息披露 ·································· (297)

第一节 公开发行证券公司信息披露的类型和原则 ·································· (298)
第二节 公开发行证券公司信息披露的制度和内容 ·································· (304)
第三节 公开发行证券公司信息披露的评价机制 ·································· (317)
第四节 公开发行证券公司信息披露的法律责任 ·································· (325)
本章小结 ·· (330)
本章思考与练习题 ·· (331)

第十二章 清算会计 ·· (332)

第一节 公司解散清算及其会计处理 ·································· (332)
第二节 公司破产清算及其会计处理 ·································· (342)
本章小结 ·· (358)
本章思考与练习题 ·· (358)

第十三章 物价变动会计 ·· (360)

第一节 物价变动与物价变动会计 ·································· (360)
第二节 一般物价水平会计 ·································· (365)
第三节 现行成本会计 ·· (373)
第四节 现行成本/不变币值会计 ·································· (378)

第五节 对物价变动会计几种模式的比较 …………………………（379）
   本章小结 …………………………………………………………（381）
   本章思考与练习题 …………………………………………………（382）

第十四章 所得税会计 ……………………………………………（385）

   第一节 所得税会计概述………………………………………………（385）
   第二节 计税基础与暂时性差异………………………………………（388）
   第三节 递延所得税负债和递延所得税资产的确认和计量 ……（395）
   第四节 所得税费用的确认与计量……………………………………（400）
   第五节 所得税会计核算的特殊问题…………………………………（404）
   本章小结 …………………………………………………………（408）
   本章思考与练习题 …………………………………………………（408）

第一章 合伙企业会计

【引入案例】

马云雄心勃勃的阿里巴巴整体上市计划终于还是没能通过港交所的法律屏障，原因就是其管理层引入的"类合伙制"拖了阿里巴巴的后腿。之所以称作"类合伙制"，是因为实际上阿里巴巴并不是真正的合伙制企业，仅是在公司制的框架下引入了合伙制的管理方式。合伙制企业不同于公司制企业，公司制企业属于法人实体，有法人代表，而合伙制企业不是法人实体，也没有法人代表。那么，合伙制企业有哪些会计特征，以及哪些账务处理程序和原则呢？让我们带着疑问开始本章的学习吧。

【学习目的与要求】

1. 掌握合伙企业会计的特征、红利法和商誉法的含义及其运用；
2. 掌握合伙人资本的计量、合伙企业损益的分配、合伙企业权益的变动等会计处理；
3. 了解合伙企业清算的会计处理程序和方法。

第一节 合伙企业的性质

2006年8月27日，中华人民共和国第十届全国人民代表大会常务委员会第二十三次会议修订通过了《中华人民共和国合伙企业法》（以下简称《合伙企业法》）。《合伙企业法》明确指出，所谓合伙企业，是指自然人、法人和其他组织依照本法在中国境内设立的普通合伙企业和有限合伙企业。普通合伙企业由普通合伙人组成，合伙人对合伙企业债务承担无限连带责任。《合伙企业法》对普通合伙人承担责任的形式有特别规定的，从其规定；有限合伙企业由普通合伙人和有限合伙人组成，普通合伙人对合伙企业债务承担无限连带责任，有限合伙人以其认缴的出资额为限对合伙企业债务承担责任。国有独资公司、国有企业、上市公司以及公益性的事业单位、社会团体不得成为普通合伙人。可以看出，普通合伙人对企业债务的承担范围要大于有限合伙人。

在西方国家，合伙制企业与公司制企业是最常见的两种企业组织形式。公司的规模一般较大，经营业务量一般居各类企业之首，在社会经济生活中发挥着重要的作用。但是，公司在企业的总数中所占比例却很小，大多数企业是独资企业和合伙企业。独资企业和合伙企业一般规模较小，易于组建，所需开办费用也较少。合伙企业往往可以集中许多专业人员的技术和才干，并由这些专业人员共同分散风险和承担责任，因此在资本数额和经营规模上，都有可能超过独资企业。合伙企业与独资企业一般不是法律主体，不具有法人资格，合伙人必须以个人的法律名义从事经营活动。但从会计的观点来看，每一个合伙人都是独立于合伙人个人活动以外的单个会计主体。许多行业，如服务业、零售业、批发和制造业以及专门职业等都采用合伙形式设立，其中尤以会计师事务所、律师事务所、医师诊所最为常见，因为采取合伙制形式有利于规范这些专业人士的法律责任。

一、合伙企业的特征

根据我国《合伙企业法》的有关规定，合伙企业的特征大体可归纳如下：

1. 易于设立

申请设立合伙企业，应当向企业登记机关提交登记申请书、合伙协议书、合伙人身份证明等文件。申请人提交的登记申请材料齐全、符合法定形式，企业登记机关能够当场登记的，应予当场登记，发给营业执照。除此情形之外，企业登记机关应当自受理申请之日起 20 日内，作出是否登记的决定。予以登记的，发给营业执照；不予登记的，应当给予书面答复，并说明理由。合伙企业的营业执照签发日期，为合伙企业成立日期。

2. 有限经营期

合伙企业的法定经营期随着新合伙人的入伙，或原合伙人的退伙或去世，或合伙人同意解散，或因破产等原因产生的非自愿解散而终止。但是，合伙企业的法定组织解散，并不意味着作为一个独立企业主体或会计主体的解散，合伙企业的经营通常会持续下去，不因合伙人的进退而受到太多的干扰。合伙企业有下列情形之一的，应当解散：合伙期限届满，合伙人决定不再经营；合伙协议约定的解散事由出现；全体合伙人决定解散；合伙人已不具备法定人数满 30 天；合伙协议约定的合伙目的已经实现或者无法实现；依法被吊销营业执照、责令关闭或者被撤销；法律、行政法规规定的其他原因。

3. 合伙人互为代理或指定代理

合伙企业的另一个重要法律特征是互为代理，每一个合伙人均被认为是所有合伙企业业务的代理人，其代表合伙企业所做的行为，对其他所有合伙人均有约束力。合伙企业的财产为所有合伙人共同享有，不经全体合伙人同意，任何一个合伙人均无权处置企业财产。合伙企业中的每一个合伙人均可以作为企业代理人，在正常经营范围内，代表合伙企业对外承担经济责任。每个合伙人代表合伙企业所发生的经济行为对所有合伙人均具有约束力；指定代理则是指合伙企业可以由合伙协议约定或者全体合伙人决定，委托一名或数名合伙人执行合伙企业事务，对外代表合伙企业，其他合伙人不再执行合伙事务，但合伙企业的经营活动由全体合伙人承担民事责任。

4. 共同享有合伙企业资产和盈利

合伙人的出资、以合伙企业名义取得的收益和依法取得的其他财产，均为合伙企业的财产，由各合伙人共同享有。除合伙协议另有约定外，合伙人向合伙人以外的人转让其在合伙企业中的全部或者部分财产份额时，须经其他合伙人一致同意。合伙人之间转让在合伙企业中的全部或者部分财产份额时，应当通知其他合伙人。合伙企业中每一个合伙人对合伙企业盈利都具有所有权。

5. 非纳税主体

合伙企业不是法人，而是自然人，因此不是所得税的纳税主体。国际上，合伙企业对其经营所得不缴纳所得税，而合伙企业的净收益被分配后成为合伙人的应税收入。合伙企业的生产经营所得和其他所得，按照国家有关税收规定，由合伙人分别缴纳个人所得税（无论利润是否向合伙人分配）。合伙人应将其个人在合伙企业正常净利润中所占的份额以及股利等列入其个人所得税申报表，以申报缴纳个人所得税。

二、合伙协议

合伙企业是一种以合同关系为基础的企业组织形式，尽管普通合伙企业可以因口头协议或成员之间的默契而成立，但正规的商业运作还是要求将合伙协议写成书面形式。我国《合伙企业法》规定：合伙人应当遵循自愿、平等、公平、诚实信用的原则订立合伙协议，设立合伙企业；合伙协议应当由全体合伙人协商一致，以书面形式订立，在合伙协议订立过程中，可聘请律师协助会计师制定。合伙协议应当载明下列事项：（1）合伙企业的名称和主要经营场所的地点；（2）合伙目的和合伙经营范围；（3）合伙人的姓名或者名称、住所；（4）合伙人的出资方式、数额和缴付期限；（5）利润分配、亏损分担方式；（6）合伙事务的执行；（7）入伙与退伙；（8）争议解决办法；（9）合伙企业的解散与清算；（10）违约责任。

而对于有限合伙企业，合伙协议除以上规定外，还应当载明下列事项：（1）普通合伙人和有限合伙人的姓名或者名称、住所；（2）执行事务合伙人应具备的条件和选择程序；（3）执行事务合伙人权限与违约处理办法；（4）执行事务合伙人的除名条件和更换程序；（5）有限合伙人入伙、退伙的条件、程序以及相关责任；（6）有限合伙人和普通合伙人相互转变程序。

合伙协议未约定或者约定不明确的事项，由合伙人协商决定。协商不成的，依照《合伙企业法》和其他有关法律、行政法规的规定处理。合伙协议经全体合伙人签名、盖章后生效。合伙人依照合伙协议享有权利，履行义务。修改或者补充合伙协议，应当经全体合伙人一致同意（合伙协议另有约定的除外）。合伙人履行合伙协议发生争议的，可以通过协商或者调解解决。不愿通过协商、调解解决或者协商、调解不成的，可以按照合伙协议约定的仲裁条款或者事后达成的书面仲裁协议，向仲裁机构申请仲裁。合伙协议中未订立仲裁条款，事后又没有达成书面仲裁协议的，可以向人民法院起诉。

三、合伙企业会计的特征

合伙企业会计与独资、公司制企业会计的不同之处在于损益分配及所有者权益账目的设置。合伙企业会计实务中，设置两个所有者权益账户，即"合伙人资本"账户和"合伙人提款"账户。

"合伙人资本"账户核算合伙人投入的资本以及分享的经营积累财产。原始投资投入时，按公允价值借记所投入的资产账户，贷记"合伙人资本"账户。原始投资投入后，合伙人的权益随着增加投资及在净利润中分享所占份额而增加，随着提用资产及在净损失中分担所占份额而减少。此外，合伙人的权益还可能因合伙人的变动而增减。

"合伙人提款"账户是"合伙人资本"账户的备抵账户，用来核算合伙人当期从合伙企业提取的资产和从合伙企业中提出用于个人花费的支出（包括应得的工资等）。使合伙人的所有者权益永久减少的巨额提款，则应直接借记"合伙人资本"账户。

会计年度终了，"本年利润"账户中的损益，应按合伙协议的规定转入"合伙人资本"账户。同时，"合伙人提款"账户的借方余额也应转入"合伙人资本"账户。

合伙人从合伙企业提取一笔款项，并且有意偿还，这种交易可借记"应收合伙人借款"账户，而不能认为是"合伙人资本"账户的减少。若合伙人贷款给合伙企业，则应贷记"应付合伙人贷款"，而不能认为是"合伙人资本"账户的增加。特别需要注意的是，如果合伙企业借给合伙人巨额无担保款，其偿还又受到怀疑，则应将此应收款项从相应的"合伙人资本"账户中抵销，否则，将会虚增合伙企业的资产和合伙人权益。

此外，由合伙人投入合伙企业的非货币性资产，应当以公允价值或者协商价格作为会计记录的依据。在合伙企业权益变动时、合伙企业存续期间，或者合伙企业清算时，对这些资产重新评估时产生的账面价值与公允价值之间的差额、处置的净收益或者净损失，都应当按照合伙协议约定的损益分配方法来分配。

四、合伙企业的财务报告

合伙企业的财务报告主要是为了满足合伙人、合伙企业债权人和税务机关这三类使用者的需要，不需编制供公众使用的财务报告。其中，合伙人，需要会计信息来规划和控制合伙企业的资产和经营活动，以便为其投资决策提供参考，除非合伙协议中另有规定，任一合伙人均有权随时查阅合伙企业的财务报告等资料；合伙企业债权人，如银行或其他金融机构等，需要阅读财务报告以审核合伙企业的借款申请；税务机构，需通过财务报告审核合伙企业的利润，以便审核并确定每一个合伙人的应缴个人所得税。

普通合伙企业的财务报告主要有利润表、合伙人资本状况变动表（合伙人权益变动表）、资产负债表和现金流量表等。

第二节　合伙企业的初始投资和经营

合伙人应当按照合伙协议约定的出资方式、数额和缴付期限，履行出资义务。合伙人可以用货币、实物、知识产权、土地使用权或者其他财产权利出资，也可以用劳务出资。合伙人以实物、知识产权、土地使用权或者其他财产权利出资，需要评估作价的，可以由全体合伙人协商确定，也可以由全体合伙人委托法定评估机构评估。合伙人以劳务出资的，其评估办法由全体合伙人协商确定，并在合伙协议中载明[①]。合伙人的出资、以合伙企业名义取得的收益和依法取得的其他财产，均为合伙企业的财产。对于合伙企业的初始投资，应按每一个合伙人设置"合伙人资本"账户予以反映。

一、合伙企业的初始投资

根据合伙协议的约定，合伙企业的初始投资有三种不同的会计处理方法。第一种方法是投资净额法，即处理合伙人初始投资时，每一位合伙人的资本账户均按其投入合伙企业的可辨认净资产的公允价值入账。第二种方法是红利

---

① 我国《合伙企业法》规定普通合伙人可以用劳务出资，而有限合伙人因不参与经营管理，所以不得以劳务出资。

法,即投入资本的合计数等于每一位合伙人投入合伙企业的可辨认净资产公允价值的合计数,但是,每一位合伙人资本账户的入账金额并不等于其投入合伙企业的可辨认净资产的公允价值。资本账户入账金额小于其出资额的合伙人相当于给了资本账户入账金额大于其出资额的合伙人红利。第三种方法是商誉法,商誉法下合伙企业账上不仅需记录可辨认的资产,而且还需要记录不可辨认的净资产(商誉)。

[例1-1] 王某和李某合伙开设一家企业,投入的现金和非现金资产如表1-1所示。

表 1-1　　　　　　　　合伙企业现金和非现金资产投入情况　　　　　　　单位:元

项目	王某 (公允价值)	李某 (公允价值)	合计 (公允价值)
银行存款		100 000	100 000
固定资产——房屋(成本80 000)	100 000		100 000
固定资产——设备(成本20 000)	40 000		40 000
存货　　　　(成本30 000)		50 000	50 000
投入资产合计	140 000	150 000	290 000

1. 投资净额法

如果王某和李某约定各人的资本份额等于其投入净资产的金额,在这种情况下,投入的净资产不同,取得的资本份额也不同。则合伙企业设立时,合伙人投入资本的会计处理如下:

```
借:银行存款                            100 000
    存货                                50 000
    固定资产——房屋                    100 000
           ——设备                      40 000
  贷:合伙人资本——王某                 140 000
             ——李某                   150 000
```

2. 红利法

如果各合伙人约定从合伙企业得到的资本份额相等,或合伙协议未明确写明而视同资本份额相等的,则应将各合伙人的资本账户余额调整一致,这时可采用红利法和商誉法进行会计处理。

若合伙协议中规定王某和李某资本权益均等,且投入的资本总额不变,则合伙企业设立时,合伙人投入资本的会计处理如下:

借：银行存款　　　　　　　　　　　　　　　　100 000
　　存货　　　　　　　　　　　　　　　　　　 50 000
　　固定资产——房屋　　　　　　　　　　　　100 000
　　　　　　——设备　　　　　　　　　　　　 40 000
　　贷：合伙人资本——王某　　　　　　　　　145 000
　　　　　　　　——李某　　　　　　　　　　145 000

3. 商誉法

若合伙协议中规定王某和李某资本权益均等，并确认不可辨认的商誉，即在整个合伙企业资本总额提高的情况下，合伙人投入资本的会计处理如下：

借：银行存款　　　　　　　　　　　　　　　　100 000
　　存货　　　　　　　　　　　　　　　　　　 50 000
　　固定资产——房屋　　　　　　　　　　　　100 000
　　　　　　——设备　　　　　　　　　　　　 40 000
　　商誉　　　　　　　　　　　　　　　　　　 10 000
　　贷：合伙人资本——王某　　　　　　　　　150 000
　　　　　　　　——李某　　　　　　　　　　150 000

红利法和商誉法均可使资本账户与合伙协议一致，而且可以公平地分配资本权益给各合伙人，究竟采用哪一种方法，一方面，应视在红利法下李某对投资150 000元却只得到145 000元资本权益的反映，以及合伙人对在商誉法下记录10 000元不可辨认资产的态度而定；另一方面，实务中采用红利法还是商誉法来处理合伙企业会计事项，合伙人在签订合伙协议时，就应有充分的了解和共识，并在合伙协议中加以明确。

二、合伙企业的增资与减资

合伙协议中应规定经营过程中关于增资和减资的处理条款。增资时，应根据上述初始投资的计价规则确定如何记入"合伙人资本"账户。巨额而不正常的减资，应直接借记"合伙人资本"账户。

[例1-2] 假设李某减资26 000元，则应作以下会计处理：

借：合伙人资本——李某　　　　　　　　　　 26 000
　　贷：银行存款　　　　　　　　　　　　　　26 000

三、合伙人提款

由于合伙企业是以利润的形式支付合伙人报酬，所以合伙人与有薪酬的合伙企业职工并不一样，执行业务的合伙人通常按周或月从预计可分得的利润中提取适当的金额,通常借记"合伙人提款"账户,而不是直接记入"合伙人资本"账户。

[例1-3] 假设王某和李某每月从合伙企业提款3 000元,其会计分录如下:

借:合伙人提款——王某　　　　　　　　　　　　　　　3 000
　　　　　　　——李某　　　　　　　　　　　　　　　3 000
　　贷:库存现金　　　　　　　　　　　　　　　　　　　6 000

会计期间结束时,应将"合伙人提款"账户结转到"合伙人资本"账户。通过"合伙人提款"账户结转到"合伙人资本"账户,与发生合伙人提款业务时直接借记"合伙人资本"账户的最终结果虽然一致,但使用"合伙人提款"账户过渡,可了解各合伙人在一定期间的提款情况,并与合伙协议上所允许的提款数额相比较,以便财务人员对超额提款建立会计控制。

[例1-4] 假定王某和李某在这一年中每月各提款3 000元,"合伙人提款——王某"账户及"合伙人提款——李某"账户的年底余额均为36 000元,将其结转到"合伙人资本"账户:

借:合伙人资本——王某　　　　　　　　　　　　　　　36 000
　　　　　　　——李某　　　　　　　　　　　　　　　36 000
　　贷:合伙人提款——王某　　　　　　　　　　　　　　36 000
　　　　　　　　——李某　　　　　　　　　　　　　　36 000

无论合伙人的定期提款如何命名,其本质都与巨额而不定期的提款一致,同为投资的减项,而且经过结账分录后,其对合伙人资本账户的影响完全一样。在编制合伙企业资产负债表前,"合伙人提款"账户应结转到"合伙人资本"账户。

四、合伙人借贷

合伙人与合伙企业发生借贷业务时,其实质是债权、债务关系,此时,应通过"应收合伙人借款"账户和"应付合伙人贷款"账户来核算。

[例1-5] 王某从合伙企业借款15 000元,合伙企业开出现金支票一张。合伙企业相应的会计处理为:

借:应收合伙人借款——王某　　　　　　　　　　　　　15 000
　　贷:银行存款　　　　　　　　　　　　　　　　　　　15 000

[例1-6] 李某将16 000元的款项借给合伙企业,合伙企业现金收讫。合伙企业相应的会计处理为:

借:库存现金　　　　　　　　　　　　　　　　　　　　16 000
　　贷:应付合伙人贷款——李某　　　　　　　　　　　　16 000

五、合伙人资本变动

为了反映利润分配前后资本变动的情况,比较期初资本余额与投入资本净额,便于合伙人制定增资或减资政策,合伙企业可以编制合伙人资本状况变动表(合伙人权益变动表)。前已述及,普通合伙企业的财务报告主要有利润表、合伙人资本状况变动表(合伙人权益变动表)、资产负债表和现金流量表等。其中,合伙人资本状况变动表是合伙企业所特有的报表,故下面举例说明。

[**例 1-7**] 王某和李某是合伙人,损益分配比例为 6∶4。2019 年有关合伙权益的资料如下:

合伙人资本——王某(2019 年 1 月 1 日)	40 000
王某增资(2019 年)	5 000
王某提款(2019 年)	6 000
合伙人资本——李某(2019 年 1 月 1 日)	35 000
李某提款(2019 年)	9 000
李某减资(2019 年)	3 000
合伙净利润(2019 年)	65 500

根据上述资料编制合伙人资本状况变动表,如表 1-2 所示。

表 1-2　　　　　合伙人资本状况变动表

2019 年 12 月 31 日　　　　　　　　　　　　　　单位:元

项目	王某	李某	合计
期初资本余额(2019.1.1)	40 000	35 000	75 000
加:增资	5 000		5 000
减:减资		(3 000)	(3 000)
提款	(6 000)	(9 000)	(15 000)
投入资本净额	39 000	23 000	62 000
加:本期净利润	39 300	26 200	65 500
期末资本余额(2019.12.31)	78 300	49 200	127 500

(1)将本年利润按 6∶4 的损益分配比例分配给王某和李某:

借:本年利润　　　　　　　　　　　　　　　　　　65 500
　　贷:合伙人资本——王某　　　　　　　　　　　　39 300
　　　　　　　　——李某　　　　　　　　　　　　26 200

(2)将"合伙人提款"账户结转到"合伙人资本"账户:

借：合伙人资本——王某　　　　　　　　　　　　　　　6 000
　　　　　　——李某　　　　　　　　　　　　　　　9 000
　　贷：合伙人提款——王某　　　　　　　　　　　　　　　6 000
　　　　　　　——李某　　　　　　　　　　　　　　　9 000

六、合伙企业损益及其分配

合伙企业经营与其他组织形式的经营相似，但在计量合伙企业损益时，要注意合伙人的工资津贴与利息津贴等是合伙企业的损益分配项目，而不是合伙企业的费用，其最终并不结转到"本年利润"账户。即如果以合伙企业的资产支付合伙人这些开支，应借记"合伙人提款"或"合伙人资本"账户（"合伙人提款"账户期末应结转到"合伙人资本"账户），贷记"银行存款"账户。

合伙企业的利润分配、亏损分担，按照合伙协议的约定办理；合伙协议未约定或者约定不明确的，由合伙人协商决定；协商不成的，由合伙人按照实缴出资比例分配、分担；无法确定出资比例的，由合伙人平均分配、分担。公平的分配方法应考虑合伙人对合伙企业所投入时间的劳务价值及其所投入资本的价值，例如，若由某合伙人管理合伙企业，则合伙协议中可以规定，在合伙企业利润分配前，先必须按该合伙人在其他企业工作所能获得的待遇给予工资津贴。同样，若某合伙人对合伙企业的投资远大于其他人，合伙协议中也可以约定，在分配合伙企业利润前，给予利息津贴。经过以上处理，合伙企业利润总额就可以在各合伙人之间进行分配了。一般来说，常见的分配方法是平均分摊或按其他约定比例分摊。但最公平的损益分配方法应为考虑到资本在合伙企业投入的时间等因素的加权平均资本余额比例分配法。下面举例说明。

［例1-8］王某和李某两人于2019年1月1日成立合伙企业，每个合伙人均投资36 000元现金，2019年内资本账户增减变动情况如表1-3所示。

表1-3　　　　　　合伙企业资本账户增减变动表　　　　　　单位：元

项目	王某	李某
资本余额（2019.1.1）	36 000	36 000
增资（2019.4.1）	2 000	
减资（2019.7.1）		（5 000）
增资（2019.9.1）	3 000	
减资（2019.10.1）		（4 000）
增资（2019.12.31）		9 000
资本余额（2019.12.31）	41 000	36 000

加权平均资本的计算公式如下:
金额月份投资额 = 实际投资额 × 该投资额的流通月数

$$年加权平均资本余额 = \frac{金额月份投资额}{12}$$

上述公式是按月计算的,也可以按周或日计算加权平均余额。王某和李某的年加权平均资本余额计算如下:

1. 王某的年加权平均资本余额

金额　　月份	投资额
36 000 × 3 个月 (1.1—4.1)	108 000
38 000 × 5 个月 (4.1—9.1)	190 000
41 000 × 4 个月 (9.1—12.31)	164 000
合　　计	462 000

王某的年加权平均资本余额 = 462 000 ÷ 12 = 38 500 (元)

2. 李某的年加权平均资本余额

金额　　月份	投资额
36 000 × 6 个月 (1.1—7.1)	216 000
31 000 × 3 个月 (7.1—10.1)	93 000
27 000 × 3 个月 (10.1—12.31)	81 000
合　　计	390 000

李某的年加权平均资本余额:390 000 ÷ 12 = 32 500 (元)

假设该合伙企业 2019 年度实现利润 100 000 元,则在采用加权平均资本余额比例分配法下会计处理为:

借:本年利润　　　　　　　　　　　　　　　100 000
　　贷:合伙人资本——王某　　　　　　　　　　54 225.35
　　　　　　　　——李某　　　　　　　　　　45 774.65

需要注意的是,[例1-8]中合伙人王某和李某的增资、减资均发生在每月1日,实务中这种情况极为罕见。若增资、减资发生的日期不一致,则应按实际日历天数加权平均计算资本余额。故为简化手续,实务中通常假定凡在每月15日之前(含15日)增资或减资的,按全月计算,而凡在每月15日之后(不含15日)增资、减资的,则当月不计算,自下月起计算。当然,为防止出现分歧,此种计算方法最好或应在合伙协议中加以明确。

第三节　合伙权益的变动

合伙权益变动的主要原因是新合伙人的入伙和原合伙人的退伙。《合伙企业法》对新合伙人的入伙和原合伙人的退伙等均有明确的规定。例如，新合伙人入伙，除合伙协议另有约定外，应当经全体合伙人一致同意，并依法订立书面入伙协议；合伙协议约定合伙期限的，在合伙企业存续期间，存在某些情形的，合伙人可以退伙，若未约定合伙期限，合伙人在不给合伙企业事务执行造成不利影响的情况下，也可以退伙。新合伙人的入伙、现任合伙人的退伙或去世，都会使现有的法律合伙主体解散，但这种解散不一定意味着作为一个独立企业主体或会计主体的解散，合伙企业的经营通常会持续下去。

一、转让合伙权

当某一个合伙人将其合伙权转让给第三者时，合伙企业并未因此而解散，这一转让只是使被转让人有权取得转让人的权利，包括对未来净利润的分配权、清算时对合伙企业资产的要求权等。表现在合伙企业账上唯一的改变是，将转让人的权益转换成被转让人的权益。

[例1-9] 王某、李某合伙设立某合伙企业。经营一段时间后，经李某同意，王某将其合伙权全部转让给张某。此时，王某的资本余额为 50 000 元，占合伙权益的 25%。则该合伙企业可作如下会计处理：

借：合伙人资本——王某　　　　　　　　　　　　50 000
　　贷：合伙人资本——张某　　　　　　　　　　　　　　50 000

需要特别注意的是，所转让的资本金额应与王某在转让时的合伙人资本的账面金额相等，而与王某转让 25% 合伙权所收到的报酬无关。即，王某的合伙人资本余额为 50 000 元，则转让分录的金额即为 50 000 元，而不管张某实际付给王某多少货币资金或者非现金资产。

二、新合伙人入伙

[例1-9] 中，张某若经全体现任合伙人的同意加入合伙企业，成为一名合伙人，这时原合伙企业实质上已经解散，为了新合伙企业的持续经营，原合伙企业应结清账簿、更新资本账户，签订新合伙协议。

具体说，入伙有两种情况：一是新合伙人直接向现任合伙人购买权益入伙，合伙企业本身并未收到任何资源；二是新合伙人直接向合伙企业投资入伙，合伙企业收到了新的资源。不管何种情况都将产生一个问题，即原合伙企业可辨认资产、负债是否应该重估？不可辨认的资产（商誉）是否应该确认？一般认为，原合伙企业既然因解散而终止，则所有转让给新合伙企业的可辨认资产就如同这些资产出售给公司组织一样应重新评估，所以，会计处理中对原合伙企业可辨认资产、负债应重估并调整入账这个观点并无争议。但对不可辨认的资产（商誉）是否应确认，则存在应确认和不应确认两种完全不同的观点，这两种观点分别反映出不同的法律主体与会计主体的概念，前者称为商誉法，后者称为红利法。

（一）向现任合伙人购买权益入伙

这里所谓的向现任合伙人购买权益入伙，指的是新合伙人向现任的每一个合伙人给付现金购买其权益入伙。与前述"转让合伙权"相比较，通常来说现任合伙人会在重估合伙企业可辨认的资产、负债的基础上再来讨论新合伙人具体该出价几何以取得合伙企业的权益。向现任合伙人购买权益入伙的方式下，新合伙人的出资额并不会增加合伙企业的权益总额，除了合伙企业可辨认的资产、负债重估价值发生变化而使合伙企业权益总额发生相应的变化外，合伙企业的变化仅体现在合伙人的权益构成上。

[例1-10] 王某、李某资本余额分别为50 000元和40 000元，且协议约定损益平均分配，现同意赵某直接付款给合伙人各25 000元入伙，新合伙企业协议约定王某、李某、赵某资本余额比例分别为25%、25%、50%。

1. 红利法

红利法的核算要点是：对合伙企业可辨认资产、负债需要重估，将所有可辨认资产、负债的账面价值调整至公允价值，并按损益分配比例分配给原合伙人，但不确认不可辨认的资产（商誉）。

假如新合伙企业协议中只约定新入伙的赵某在新合伙企业的资本余额比例为50%，而未约定原合伙人王某及李某在新合伙企业的资本余额比例，则该合伙企业可作如下会计处理①：

借：合伙人资本——王某　　　　　　　　　　　　　　22 500
　　　　　　　——李某　　　　　　　　　　　　　　22 500
　　贷：合伙人资本——赵某　　　　　　　　　　　　45 000

现新合伙企业协议已明确约定王某、李某、赵某资本余额比例分别为25%、25%、50%，据此，接受赵某入伙后，合伙企业应作如下会计处理：

借：合伙人资本——王某　　　　　　　　　　　　　　27 500
　　　　　　　——李某　　　　　　　　　　　　　　17 500

---

① 本例题作此假设，是为了解释原有的合伙人损益分配方法（例如损益平均分配）在新合伙人入伙时起何作用。下同。

贷：合伙人资本——赵某　　　　　　　　　　　　　　　　　　　45 000

2. 商誉法

商誉法的核算要点是：不仅需要对合伙企业可辨认资产、负债进行重估，将所有可辨认资产、负债的账面价值调整至公允价值，并按损益分配比例分配给原合伙人，还需要在此基础上确认不可辨认的资产（商誉）。

假如新合伙企业协议中只约定新入伙的赵某在新合伙企业的资本余额比例为50%，而未约定原合伙人王某及李某在新合伙企业的资本余额比例，则该合伙企业可作如下会计处理：

商誉 =（50 000÷50%）-（50 000 + 40 000）= 10 000（元）

赵某入伙前：

借：商誉　　　　　　　　　　　　　　　　　　　　　　　　　　10 000
　　贷：合伙人资本——王某　　　　　　　　　　　　　　　　　　　 5 000
　　　　　　　　——李某　　　　　　　　　　　　　　　　　　　　 5 000

赵某入伙后：

借：合伙人资本——王某　　　　　　　　　　　　　　　　　　　　25 000
　　　　　　——李某　　　　　　　　　　　　　　　　　　　　　25 000
　　贷：合伙人资本——赵某　　　　　　　　　　　　　　　　　　　50 000

现新合伙企业协议已明确约定王某、李某、赵某资本余额比例分别为25%、25%、50%，则应作如下会计处理：

商誉 =（50 000÷50%）-（50 000 + 40 000）= 10 000（元）

赵某入伙前：

借：商誉　　　　　　　　　　　　　　　　　　　　　　　　　　10 000
　　贷：合伙人资本——王某　　　　　　　　　　　　　　　　　　　 5 000
　　　　　　　　——李某　　　　　　　　　　　　　　　　　　　　 5 000

经过以上处理，合伙人王某资本余额为55 000元，李某资本余额为45 000元，再编制赵某入伙后的会计分录：

借：合伙人资本——王某　　　　　　　　　　　　　　　　　　　　30 000
　　　　　　——李某　　　　　　　　　　　　　　　　　　　　　20 000
　　贷：合伙人资本——赵某　　　　　　　　　　　　　　　　　　　50 000

（二）直接向合伙企业投资入伙

为维护自身的利益以及公平起见，参照"向现任合伙人购买权益入伙"方式，在新合伙人入伙前，合伙企业需重估可辨认的资产和负债，并将这些资产和负债的账面价值调整为公允价值。此外，与"向现任合伙人购买权益入伙"有所不同的是，直接向合伙企业投资入伙的情况下，由于新合伙人是直接将资产投入到合伙企业，因而合伙企业除了可辨认的资产、负债重估价值发生变化，而使合伙企业权益总额发生相应的变化外，新合伙人出资额也会使合伙企业的权益总额发生变化。具体有三种情况。

1. 取得资本权益的账面价值等于投入资产价值

如果原有的合伙人认为原有的资本余额能够反映企业资产现状，即企业净资产账面价值基本等于其公允价值时，他们则会同意新合伙人以实际的投资数额来计算其在合伙企业中的权益比例。

［例 1-11］某合伙企业资本总额为 80 000 元，其中，王某为 60 000 元、李某为 20 000 元，损益分配比例为 75% 和 25%。赵某拟以现金入伙，取得 1/3 的合伙权，现赵某投入现金 40 000 元。会计处理如下：

借：库存现金　　　　　　　　　　　　　　　　　40 000
　　贷：合伙人资本——赵某　　　　　　　　　　　40 000

2. 取得资本权益的账面价值小于投入资产价值

如果合伙企业已经营数年，获利能力强于一般企业，并且经重估合伙企业净资产账面价值小于其公允价值，原合伙人可要求新合伙人付出较高的投资而取得低于其投资金额的合伙权，以取得加入合伙企业的资格。

［例 1-12］王某、李某的合伙企业，两人的出资额分别为 50 000 元、90 000 元，损益平均分配。经营一段时间后，现赵某以现金 60 000 元入伙，取得新合伙企业合伙权益的 25%。赵某入伙时，原合伙企业重估，负债无变化，存货、固定资产分别增值 2 000 元、12 000 元。会计处理如下：

借：存货　　　　　　　　　　　　　　　　　　　2 000
　　固定资产　　　　　　　　　　　　　　　　　12 000
　　贷：合伙人资本——王某　　　　　　　　　　　7 000
　　　　　　　　——李某　　　　　　　　　　　　7 000

资产、负债重估入账后，可采用红利法、商誉法作出相应的会计处理：

（1）红利法。

新合伙企业权益总额 = 214 000 元
25% 的合伙权益 = 214 000 × 25% = 53 500（元）
赵某多付 = 60 000 − 53 500 = 6 500（元）

借：库存现金　　　　　　　　　　　　　　　　　60 000
　　贷：合伙人资本——王某　　　　　　　　　　　3 250
　　　　　　　　——李某　　　　　　　　　　　　3 250
　　　　　　　　——赵某　　　　　　　　　　　53 500

（2）商誉法。

新合伙企业权益总额 = 60 000 ÷ 25% = 240 000（元）
新合伙企业可辨认资产公允价值 = 214 000 元

两者差额（商誉）= 240 000 − 214 000 = 26 000（元）

借：商誉	26 000
库存现金	60 000
贷：合伙人资本——王某	13 000
——李某	13 000
——赵某	60 000

3. 取得资本权益的账面价值大于投入资产价值

当新合伙人具有某种独特技术和管理才能，或能为合伙企业带来较好声誉，或带来客户网和业务，或企业急需资金等原因，原合伙人可能会同意新合伙人以较少的投资取得多于投资额的权益，即新合伙人可以以低于公允价值的代价取得合伙权。这时，新合伙人取得资本权益的账面价值高于其投入资产价值。

[例 1 − 13] 王某、李某的合伙企业，两人的出资额分别为 30 000 元、40 000 元，损益平均分配。经营一段时间后，现赵某以现金 24 000 元入伙，取得新合伙企业合伙权益的 1/3。赵某入伙时，原合伙企业重估，负债无变化，而存货、固定资产分别增值 3 000 元、5 000 元。会计处理如下：

借：存货	3 000
固定资产	5 000
贷：合伙人资本——王某	4 000
——李某	4 000

资产、负债重估入账后，可采用红利法、商誉法作出相应的会计处理：

(1) 红利法。

新合伙企业权益总额 = 102 000 元

1/3 的合伙权益 = 102 000 × 1/3 = 34 000（元）

赵某少付 = 34 000 − 24 000 = 10 000（元）

借：库存现金	24 000
合伙人资本——王某	5 000
——李某	5 000
贷：合伙人资本——赵某	34 000

(2) 商誉法。

新合伙企业权益总额 = 78 000 ÷ 2/3 = 117 000（元）

新合伙企业可辨认资产公允价值 = 102 000 元

两者差额（商誉）= 117 000 − 102 000 = 15 000（元）

借：库存现金	24 000
商誉	15 000
贷：合伙人资本——赵某	39 000

究竟以新合伙人的投资额，还是以原合伙企业的权益总额来估算商誉，是合伙权益变动（入伙）会计处理的难点所在。一般可以这样理解，若新合伙人得到的资本权益小于其投资金额，即显示原合伙企业有未确认的资产，则以新合伙人的投资额来确定新合伙企业的总价值，进而推算出商誉较为妥当；而当新合伙人所得到的资本权益大于其投资额，则表明新合伙人为合伙企业带来了商誉，此时，新合伙企业应该以原合伙企业的权益总额为基数来确定合伙企业的总价值，进而推算出商誉才正确。

三、合伙人退伙

现有合伙人退出合伙企业称为退伙。按《合伙企业法》的规定，合伙协议约定合伙企业的经营期限的，有下列情形之一时，合伙人可以退伙：（1）合伙协议约定的退伙事由出现；（2）经全体合伙人一致同意；（3）发生合伙人难以继续参加合伙的事由；（4）其他合伙人严重违反合伙协议约定的义务。

合伙协议未约定合伙企业的经营期限的，合伙人在不给合伙企业事务执行造成不利影响的情况下，可以退伙，但应当提前30日通知其他合伙人。

此外，合伙人有下列情形之一的，应当视为当然退伙：（1）作为合伙人的自然人死亡或者被依法宣告死亡；（2）个人丧失偿债能力；（3）作为合伙人的法人或者其他组织依法被吊销营业执照、责令关闭、撤销，或者被宣告破产；（4）法律规定或者合伙协议约定合伙人必须具有相关资格而丧失该资格；（5）合伙人在合伙企业中的全部财产份额被人民法院强制执行。

现任合伙企业的合伙人退伙将使原合伙企业解散，因而需解决退伙的合伙人的财产问题。合伙企业财产的分配应以解散当天的价值为准，合伙企业账簿应在退伙日结清。

记录清偿时，其会计记录将视退伙合伙人所收到的金额是否与其资本账户的最后余额相等而定，若付给退伙人的金额与其资本账户的最后余额相等，则唯一的分录是借记"合伙人资本"账户，贷记"库存现金"账户；当清偿金额与资本账户最后余额不等时，则可采用商誉法或红利法处理。

[例1-14] 假设王某、李某、赵某为一合伙企业的合伙人，损益分配比率分别为40%、20%和40%，现赵某决定退伙。在赵某退伙日，这三个合伙人的资本、利润分配权益如表1-4所示。

表1-4　　　　　　　　　合伙人的资本、利润分配权益表

合伙人	资本余额（元）	资本比例（%）	损益分配比例（%）
王某	70 000	35	40
李某	50 000	25	20
赵某	80 000	40	40
合计	200 000	100	100

（一）超额付款给退伙人

超额付款给退伙人可能有三种原因：一是某些合伙企业的资产价值被低估了，或有些资产未能在账面上反映；二是正要退出合伙企业的合伙人具有特殊的才能和声望，而为该合伙企业赢得了较好的信誉，带来了高于一般企业的利润；三是合伙企业中的其他合伙人急于让某退伙人退出合伙企业。

依［例1-14］，若赵某在合伙企业权益的最后清偿中共得到银行存款92 000元，则在红利法下退伙的会计分录如下：

　　借：合伙人资本——赵某　　　　　　　　　　　　　　80 000
　　　　　　　　　　——王某　　　　　　　　　　　　　 8 000
　　　　　　　　　　——李某　　　　　　　　　　　　　 4 000
　　　　贷：银行存款　　　　　　　　　　　　　　　　　92 000

这笔会计分录表明，王某和李某以4∶2的相对损益分配比例借记其资本账户，而付给赵某12 000元的红利。

商誉法下重估部分资产（只重估合伙资产中赵某所享有的份额，但并不重估王某和李某的资本权益），退伙的会计分录如下：

　　借：商誉　　　　　　　　　　　　　　　　　　　　　12 000
　　　　贷：合伙人资本——赵某　　　　　　　　　　　　12 000
　　借：合伙人资本——赵某　　　　　　　　　　　　　　92 000
　　　　贷：银行存款　　　　　　　　　　　　　　　　　92 000

商誉法下重估全部资产（合伙企业资产全部重估），退伙的会计分录如下：

　　借：商誉　　　　　　　　　　　　　　　　　　　　　30 000
　　　　贷：合伙人资本——王某　　　　　　　　　　　　12 000
　　　　　　　　　　　——李某　　　　　　　　　　　　 6 000
　　　　　　　　　　　——赵某　　　　　　　　　　　　12 000
　　借：合伙人资本——赵某　　　　　　　　　　　　　　92 000
　　　　贷：银行存款　　　　　　　　　　　　　　　　　92 000

以上会计分录表明，当隐含的商誉入账后，赵某资本账户会增加到所需支付

的金额 92 000 元，即赵某资本余额的差额 12 000 元为商誉。

（二）付款额低于资本余额

付款额低于退伙人资本余额也可能存在三种原因：一是某些合伙企业的账面资产价值被高估了；二是退伙人急于退出该合伙企业而情愿付出一定的代价；三是合伙企业存在声誉上的不利因素，该不利因素对未来盈利将产生一定的影响。

依［例 1 - 14］，若赵某在合伙企业的资本权益最后清算时获得银行存款 72 000 元，且有证据表明，合伙企业资本的估价是公允的，在红利法下，赵某退伙的分录如下：

借：合伙人资本——赵某	80 000
贷：合伙人资本——王某	5 333
——李某	2 667
银行存款	72 000

记录由赵某给王某和李某红利的这一方法，其红利金额是以赵某资本余额超过合伙企业付给其 40% 权益的现金额计算的。

付给赵某的退伙金额比其资本余额少 8 000 元，商誉法下的会计处理可理解为，现存合伙企业资本高估 20 000 元 ［(80 000 - 72 000) ÷ 40%］，若有证据表明这一高估，则应指明所高估的资产为何资产，并将其降为公允价值，重估及付款给赵某的分录如下：

借：合伙人资本——王某	8 000
——李某	4 000
——赵某	8 000
贷：商誉	20 000
借：合伙人资本——赵某	72 000
贷：银行存款	72 000

第四节　合伙企业解散与清算

合伙企业解散是指合伙人之间的合伙关系改变，从而使作为法律主体的合伙企业终止。法律意义上的合伙企业解散之后，还可以继续经营，也可以就此终止合伙关系并解散企业主体。在前一种情况下，会计主体依然存在；在后一种情况下，会计主体将终止，需要进入清算程序。一般意义上，"合伙企业的解散与清算"多指后面一种情况。因终止合伙关系并解散合伙企业主体所涉及的结束合伙的事务，通常称为合伙清算。

一、合伙企业清算的原则和顺序

《合伙企业法》规定：合伙企业解散，应当由清算人进行清算。清算人由全体合伙人担任；经全体合伙人过半数同意，可以自合伙企业解散事由出现后 15 日内指定一个或者数个合伙人，或者委托第三人，担任清算人。自合伙企业解散事由出现之日起 15 日内未确定清算人的，合伙人或者其他利害关系人可以申请人民法院指定清算人。

合伙企业具有下列情形之一的，应当解散：（1）合伙期限届满，合伙人决定不再经营；（2）全体合伙人决定解散；（3）合伙人已不具备法定人数满 30 天；（4）合伙协议约定的合伙目的已经实现或者无法实现；（5）依法被吊销营业执照、责令关闭或者被撤销；（6）法律、行政法规规定的其他原因。

一般而言，合伙清算涉及将非现金资产转换为现金、确认损益及清算期间的清算费用、清偿债务，最后按照合伙人资本账户余额将现金分配给各合伙人。上述清算过程，有三个假设：一是假设合伙企业具有偿债能力，即合伙企业的资产超过负债；二是假设所有合伙人对合伙企业净资产都具有权益，即无合伙人贷款余额；三是已将所有资产转换为现金，可以直接将现金分配给合伙人。没有以上假设，合伙企业清算过程就比较复杂。因此，本节先讨论合伙企业具有偿债能力的情况，接着再讨论分次清算，以及清算时合伙企业无偿债能力的情况。

合伙企业清算时，清算人在清算期间执行下列事务：（1）清理合伙企业财产，分别编制资产负债表和财产清单；（2）处理与清算有关的合伙企业未了结事务；（3）清缴所欠税款；（4）清理债权、债务；（5）处理合伙企业清偿债务后的剩余财产；（6）代表合伙企业参加诉讼或者仲裁活动。

以上可以理解为，合伙企业清算时债务清偿顺序为：第一，对合伙人以外的债权人所欠的债务；第二，除资本、利润以外，积欠合伙人的债务；第三，合伙人应得的资本。此外，还需注意的是，分配合伙企业资产时，不应分配给资本余额为负值的合伙人。因此，合伙人贷款账户应与合伙人资本账户抵销，以确定分配给各合伙人的金额。一旦确定了每个合伙人应分配的金额，应在减少各合伙人资本账户之前，先借记其贷款账户。具有偿债能力的合伙资本余额为借方余额的清算、安全清算，以及现金分配计划将在其后作进一步讨论。

（一）简单合伙清算

简单合伙企业清算，是指将所有合伙企业资产转换为现金，解决合伙企业事务后，将现金一次性分配给各合伙人。

［例 1-15］假定王某和李某于 2019 年 12 月 31 日的合伙企业资产负债表如表 1-5 所示。

表 1-5　　　　　　王某和李某合伙企业资产负债表

2019 年 12 月 31 日　　　　　　　　　　　　　单位：元

资产	金额	负债及所有者权益	金额
库存现金	10 000	应付账款	40 000
应收账款（净）	30 000	应付合伙人贷款——王某	10 000
存货	30 000	合伙人资本——王某	25 000
固定资产（净）	40 000	合伙人资本——李某	35 000
合计	110 000	合计	110 000

王某和李某的损益分配比例为 70% 和 30%，他们协议于 2020 年 1 月 1 日以后尽快解散合伙企业。存货卖得 25 000 元，固定资产卖得 30 000 元，应收账款共收到 22 000 元。合伙清算的最后阶段，共有 87 000 元的银行存款可供分配给债权人和合伙人。

清偿顺序：

（1）清偿债务　　　　　　　　　　　　　40 000 元
（2）清偿王某的贷款　　　　　　　　　　10 000 元
（3）按资本账户余额分配给王某　　　　　 8 900 元
　　 按资本账户余额分配给李某　　　　　28 100 元
分配总额　　　　　　　　　　　　　　　 87 000 元

确认清算损益之后，分配给合伙人的金额等于各合伙人资本账户余额。清算损失以 70% 和 30% 的损益分配比例直接借记资本账户。除非合伙协议中约定清算时采用不同的损益分配比例，否则一般均按原先的损益分配比例分配清算损益。若协议中规定支付工资津贴和利息津贴，则应先分配工资津贴和利息津贴，余额再按约定比例分配。清算期间所作会计处理如下（假设均通过"银行存款"账户）：

（1）记录存货出售，并将 5 000 元损失按损益分配比例分配到各合伙人资本账户：

借：银行存款　　　　　　　　　　　　　　　　　25 000
　　合伙人资本——王某　　　　　　　　　　　　 3 500
　　　　　　　——李某　　　　　　　　　　　　 1 500
　　贷：存货　　　　　　　　　　　　　　　　　　　　　30 000

（2）记录固定资产出售，并将 10 000 元损失按损益分配比例分配到各合伙人资本账户：

借：银行存款　　　　　　　　　　　　　　　　　30 000
　　合伙人资本——王某　　　　　　　　　　　　 7 000

      ——李某   3 000
    贷：固定资产（净）   40 000

（3）记录应收账款收到 22 000 元，并将 8 000 元坏账冲销作为损失，按损益分配比例分配到各合伙人资本账户：

  借：银行存款   22 000
    合伙人资本——王某   5 600
         ——李某   2 400
    贷：应收账款（净）   30 000

（4）存款清偿非合伙人的债务：

  借：应付账款   40 000
    贷：银行存款   40 000

（5）存款清偿王某的贷款：

  借：应付合伙人贷款——王某   10 000
    贷：银行存款   10 000

（6）将银行存款分配给合伙人，结束合伙清算：

  借：合伙人资本——李某   8 900
         ——王某   28 100
    贷：银行存款   37 000

（二）合伙人资本余额为借方余额

  具有偿债能力的合伙企业清算时，有足够的现金偿还债务。但清算过程所产生的损失会使一些合伙人的资本账户成为借方余额。这种情况发生时，资本账户为借方余额的合伙人，对资本账户为贷方余额的合伙人欠有一笔负债，他们应拿出个人财产偿还对合伙企业的负债。但若前者并无个人资产，其余合伙人则须承担等于这一借方余额数的损失。这项损失将按相应损益分配比例分配给资本账户为贷方余额的各合伙人。

  [例1—16]假设张某、王某、李某合伙企业正在清算，当所有资产均已变现而且已清偿债务后，其账户余额如表1—6所示。

表1—6   账户余额   单位：元

账户	借方	贷方
库存现金	25 000	
合伙人资本——张某（40%）	3 000	
合伙人资本——王某（40%）		16 000
合伙人资本——李某（20%）		12 000
合计	28 000	28 000

若张某具有偿债能力，则他应付 3 000 元给合伙企业，以冲销资本账户的借方余额，他所付的 3 000 元将使合伙企业的库存现金达到 28 000 元，以便在最后清算时分配给王某和李某。但若张某无偿债能力，这 3 000 元的损失将按王某和李某的损益分配比例分担，王某、李某各承担损失 2 000 元、1 000 元。此时只需将现金 25 000 元分配给王某 14 000 元、李某 11 000 元，合伙企业便告清算结束。

当合伙人资本账户为借方余额的合伙人对合伙有一笔贷款时，该贷款应与资本账户的借方余额相抵销，直到该资本账户的借方余额为零。例如，假设张某、王某、李某合伙账户余额如表 1-7 所示。

表 1-7　　　　　　　　　账户余额　　　　　　　　　单位：元

账户	借方	贷方
库存现金	25 000	
应付合伙人贷款——张某		5 000
合伙人资本——张某（40%）	8 000	
合伙人资本——王某（40%）		16 000
合伙人资本——李某（20%）		12 000
合计	33 000	33 000

这时，即使应付给张某的贷款比王某和李某的资本有较优先的清偿顺序，也不能清偿。这笔贷款将与"合伙人资本——张某"账户的借方余额相抵销，使得张某仅欠王某和李某 3 000 元。假如张某具有偿债能力，应用抵销规则将不会产生问题，张某偿付 3 000 元之后，王某和李某可收到相当于资本账户余额的金额，这和先偿付贷款 5 000 元，再从张某的个人资产中收取 8 000 元，所得到的结果相同。

若张某个人无偿债能力，情况就完全不同。这时，由于个人的债权人对个人的资产有优先求偿权，张某的债权人可对任何付给张某的款项优先求偿。按照抵销规则，王某可从 25 000 元中得到 14 000 元，而李某得到 11 000 元。若采用另一种方式，直接清偿张某的贷款 5 000 元，则张某的个人债权人可对这 5 000 元优先求偿，所以能分配给王某和李某的现金将少于 25 000 元。由于无充分的证据表明法院将接受抵销规则，因此当合伙人兼债权人本身无偿债能力时，一般建议未经合伙人的同意，不应采用抵销规则。合伙解散时，基于债权人的权利，合伙人可协议采用不同的财产分配方式。

二、安全清偿

一般而言,清算过程需花费很长的一段时间,当所有债务清偿以后,所有非现金资产全部变现之前,已有一些现金可供分配给各合伙人。若合伙人决定在非现金资产全部出售前分配现金,则需要考虑有多少现金可安全地分配给各合伙人。所谓安全清偿,即指分配给各合伙人的现金不至于超额,换句话来说,就是分配出去的现金不应再退还给合伙企业。计算合伙人的安全清偿额是基于以下三点假设:

(1) 所有合伙人本身无偿债能力,即合伙人无法以个人财产付款给合伙企业。

(2) 所有非现金资产均有可能损失,因此决定安全清偿时,非现金资产均视为损失。

(3) 应保留一定的现金以支付清算费用、未记录的负债以及一般或有事项。这一保留金额对合伙而言为或有损失,但在决定安全清偿时,同样被视为实际损失。

[例1-17] 假定张三、李四、王五合伙企业正在清算,其账户余额如表1-8所示。

表1-8 账户余额 单位:元

借方		贷方	
库存现金	80 000	应付合伙人贷款——王五	20 000
应收合伙人借款——李四	10 000	合伙人资本——张三(50%)	50 000
无形资产	20 000	合伙人资本——李四(30%)	70 000
固定资产	140 000	合伙人资本——王五(20%)	110 000
合计	250 000	合计	250 000

此外,该合伙企业所有对合伙人以外的负债均已清偿,合伙人预估无形资产和固定资产的出售将费时耗日,因此经合伙人共同协商,决定预留10 000元现金以支付或有事项,其余现金立即着手安全分配。根据以上账户余额,可以通过编制一张安全清算表来操作。张三、李四、王五合伙企业安全清偿表如表1-9所示。

表 1-9　　　　　张三、李四、王五合伙企业安全清偿表　　　　　单位：元

项目	可能损失	张三权益（50%）	李四权益（30%）	王五权益（20%）
合伙人权益（资本±贷款余额）		50 000	60 000	130 000
非现金资产可能发生的损失：无形资产和固定资产的账面价值	160 000	(80 000) (30 000)	(48 000) 12 000	(32 000) 98 000
或有事项可能产生的损失：为支付或有事项等所保留的现金	10 000	(5 000) (35 000)	(3 000) 9 000	(2 000) 96 000
因张三可能产生的损失：张三的借方余额以 6∶4 分配给李四、王五	35 000		(21 000) (12 000)	(14 000) 82 000
因李四可能产生的损失：李四的借方余额由王五承担			12 000	(12 000) 70 000

安全清偿表的第一行是合伙人权益，合伙人权益是根据"合伙人资本"账户、"应付合伙人贷款"账户，以及"应收合伙人借款"账户余额计算填列的。其基本思路是在测算各合伙人承担上述假设的基础上（即将可能的损失视同实际损失按损益分配比例分配，从各合伙人权益中扣除），找出具有权益余额的合伙人为此次现金的分配对象。有些合伙人可能会产生负的权益（如表 1-9 中的合伙人张三），这些负值应按相对的损益分配比例分配给对合伙企业尚具有权益的合伙人（如表 1-9 中的合伙人李四和王五），一直分配到无任何合伙人具有负值权益为止（如表 1-9 中的合伙人王五），这时，具有权益的合伙人所列示的余额将等于其可分得的现金额。需要注意的是，安全清偿表仅在确定分配金额时采用，其并不影响账户余额以及合伙企业清算表。当现金实际付给某合伙人时，仍按通常的方式作会计处理。

根据表 1-9 所示，现有的 70 000 元可安全清偿给王五，而不能安全清偿给张三和李四。会计处理如下：

借：应付合伙人贷款——王五　　　　　　　　　　　20 000
　　合伙人资本——王五　　　　　　　　　　　　　50 000
　　贷：库存现金　　　　　　　　　　　　　　　　　　70 000

编制上述分录后，张三、李四、王五合伙企业的账户余额如表 1-10 所示。

表 1-10　　　　　　　　　　账户余额　　　　　　　　　　单位：元

借方		贷方	
库存现金	10 000	合伙人资本——张三（50%）	50 000
应收合伙人借款——李四	10 000	合伙人资本——李四（30%）	70 000
无形资产	20 000	合伙人资本——王五（20%）	60 000
固定资产	140 000		
合计	180 000	合计	180 000

之后出售了非现金资产获得现金，实施分配前再按上述程序进行。在实务操作中，安全清算有时难以进行，因为有合伙人可能会反对立即将现金分给其他合伙人，例如某合伙人认为自己的贷款在清算时比合伙人资本具有优先的清偿权，那么这项反对意见就意味着合伙人并不同意预先分配现金，因此只有等到所有非现金资产均已变现才能进行分配。

[例 1-18] 假定张三、李四、王五合伙企业正在清算，各合伙人损益分配比例均等。其清算日账户余额如表 1-11 所示。

表 1-11　　　　　　　　　　账户余额　　　　　　　　　　单位：元

借方		贷方	
库存现金	30 000	应付合伙人贷款——张三	15 000
固定资产	45 000	合伙人资本——李四	30 000
合伙人资本——张三	10 000	合伙人资本——王五	40 000
合计	85 000	合计	85 000

根据以上账户余额，张三、李四、王五合伙企业安全清偿表如表 1-12 所示。

表 1-12　　　　　张三、李四、王五合伙企业安全清偿表　　　　　单位：元

项目	可能损失	张三权益	李四权益	王五权益
合伙人权益（资本±贷款余额）		5 000	30 000	40 000
非现金资产可能发生的损失：固定资产的账面价值	45 000	(15 000)	(15 000)	(15 000)
		(10 000)	15 000	25 000
将张三借方余额按 1∶1 分配给李四和王五		10 000	(5 000)	(5 000)
安全偿付额		—	10 000	20 000

根据上述安全清算表,现有的 30 000 元现金应付给李四 10 000 元、王五 20 000 元。但张三可能会提出反对意见,因为他的 15 000 元贷款在清算时,比李四和王五的资本具有优先的清偿权,这项反对意见意味着有合伙人并不同意预先分配现金,因此只有等到所有非现金资产均已变现才能进行分配。

安全清偿表是一种计算安全清偿给各合伙人的金额,以防止超额分配的有效方法。但如果财产分多期清偿,而每次分配前都必须编制安全清偿表,直到资本余额比例相当于损益分配比例为止,则这种方法将显得颇无效率。另外,安全清偿表的方法无法作为预测的工具,不能提供信息帮助合伙人预计他们将获得现金分配的时间。

三、现金分配计划

如果财产分多期清偿,每次分配前都必须编制安全清偿表,直到资本余额比例相当于损益分配比例为止,那么这种方法就显得颇为烦琐,且不能够提供信息帮助合伙人预计他们将获得现金分配的时间。为弥补安全清算表方法的不足,可在清算初期就编制现金分配计划。现金分配计划的基本思路是:在现金逐次分配的过程中,根据各合伙人可负担资产变现损失能力的强弱为序,安排现金分配顺序,即负担损失能力强的合伙人先于弱的合伙人分配现金。实务中可通过编制假定损失吸收表,再由假定损失吸收表编制现金分配计划表来实现。现金分配计划的基本程序是:

(1) 计算各合伙人可负担资产变现损失的能力。先将各合伙人的权益除以其损益分配比例,以确认每个合伙人可抵销的资产变现损失,并按从弱到强的顺序排序。

(2) 编制抵销计划。将承担资产变现损失能力最差的合伙人的可抵销的资产变现损失数,按损失分配比例抵销各合伙人的资本余额。

(3) 重复上述两步骤,直至各合伙人的权益都抵销完。

[例 1 - 19] 假定张三、李四和王五的权益(资本 ± 借贷款)分别是 340 000 元、360 000 元和 160 000 元,损益分配比例为 5∶3∶2,应付账款为 500 000 元,现金为 240 000 元,其他资产为 840 000 元。

第一步,计算各合伙人可负担资产变现损失的能力,并按易受伤害程度排序,如表 1 - 13 所示。

表 1-13　　　张三、李四、王五合伙企业易受伤害程度排序

合伙人	合伙人权益（元）	损益分配比例（%）	吸收损失程度（元）	易受伤害程度
张三	340 000	50	680 000	1
李四	360 000	30	1 200 000	3
王五	160 000	20	800 000	2

由表 1-13 可知，张三最易受伤害，李四最不易受伤害。因为当合伙企业清算损失达 680 000 元时，张三的合伙人权益将减少至 0；而当整个合伙企业清算损失达到 1 200 000 元以前，李四的合伙人权益都将足以抵偿他所应负担部分的损失。

第二步，编制抵销计划。可编制合伙企业假定吸收损失表，如表 1-14 所示。

表 1-14　　　张三、李四、王五合伙企业假定吸收损失表

合伙人	合伙人权益（元）	损益分配比例（%）	吸收损失程度（元）	抵销后的资本余额（元）
张三	340 000	50	340 000	0
李四	360 000	30	204 000	156 000
王五	160 000	20	136 000	24 000
合计	860 000	100	680 000	180 000

从表 1-14 可以看出，当合伙企业清算损失达 680 000 元时，张三的合伙人权益已全部抵销完，而李四和王五的合伙人权益则尚有余额。

第三步，重复上述两个步骤，直到各合伙人的权益都抵销完。本例还需要对李四、王五作进一步的测算，如表 1-15、表 1-16 所示。

表 1-15　　　张三、李四、王五合伙企业易受伤害程度排序

合伙人	合伙人权益（元）	损益分配比例（%）	吸收损失程度（元）	易受伤害程度
李四	156 000	60	260 000	2
王五	24 000	40	60 000	1

表 1-16　　　张三、李四、王五合伙企业假定吸收损失表

合伙人	合伙人权益（元）	损益分配比例（%）	吸收损失程度（元）	抵销后的资本余额（元）
李四	156 000	60	36 000	120 000
王五	24 000	40	24 000	0
合计	180 000	100	60 000	120 000

通过表 1-13 至表 1-16 可以看出，消除张三权益的合伙企业损失是 680 000 元，在拟定易受伤害程度排序时，就已计算过了。将张三权益减为 0 之后，损失是按 60%、40% 分配给李四和王五，直到王五的权益为 0，这笔将王五权益减为 0 的损失为 60 000 元，即不考虑张三的情况下，将王五的权益 24 000 元除以他的相对损益分配率 40%。也即假设张三个人没有清偿能力，当王五的权益减为 0 之后，最不易受伤害的合伙人李四将有 120 000 元的权益。因此，该合伙企业若有现金，应首先偿还优先债务 500 000 元；其次偿还给李四 120 000 元；再次应按 60% 和 40% 分别偿还给李四和王五，现金偿还总额为 60 000 元；最后若尚有现金则可按 50%、30%、20% 分别偿还给张三、李四和王五。如此，合伙人李四通过现金分配计划表可以了解到，当 500 000 元优先债务偿还给债权人后，他就可以开始分得现金了。同样，合伙人王五和张三也可利用此分配计划表判断他们有多少机会以及何时可收回全部或部分权益。现金分配计划表如表 1-17 所示。

表 1-17　　　张三、李四、王五合伙企业现金分配计划表　　　单位：元

分配现金合计	债权人	张三	李四	王五
500 000	500 000			
120 000			120 000	
60 000			36 000	24 000
10 000		5 000	3 000	2 000
690 000	500 000	5 000	159 000	26 000

有关会计处理如下：
（1）假设将部分其他资产 600 000 元变现 450 000 元，发生损失 150 000 元：
借：库存现金　　　　　　　　　　　　　　　　　450 000
　　资产变现损失　　　　　　　　　　　　　　　150 000
　　贷：其他资产　　　　　　　　　　　　　　　　　　600 000
（2）分配资产变现损失时：
借：合伙人资本——张三　　　　　　　　　　　　75 000
　　　　　　——李四　　　　　　　　　　　　45 000
　　　　　　——王五　　　　　　　　　　　　30 000
　　贷：资产变现损失　　　　　　　　　　　　　　　　150 000
（3）偿还债务及分配现金时：
借：应付账款　　　　　　　　　　　　　　　　　500 000

合伙人资本——张三		5 000
——李四		159 000
——王五		26 000
贷：库存现金		690 000

该企业以后再次分配现金时，即可以直接按5：3：2的比例在张三、李四和王五之间分配了。

根据以上对预付现金分配计划的编制和应用可以看出，合伙企业清算中，由于资本余额比例与损益分配比例不一致，常会导致在现金分配过程中出现个别合伙人资本亏空现象，而通过按现金分配计划逐次分配现金的过程，可起到将资本余额比例逐步调整为损益分配比例的作用。

【本章小结】

合伙企业是指由各合伙人订立合伙协议，共同出资、合伙经营、共享收益、共担风险，并对合伙企业债务承担连带责任的营利性组织。合伙企业是企业组织形式之一。需要说明的是，合伙企业的会计处理除与所有者权益（即合伙人资本）确认和计量相关的问题之外，与其他组织形式的企业相比并无多大差别。

本章按照合伙企业初始投资、合伙企业损益分配、合伙企业权益变动、合伙企业清算的逻辑顺序展开讲解。其中，合伙企业初始投资，介绍了投资净额法、红利法和商誉法的含义及其理念；合伙企业损益分配，强调了为公平起见，损益的分配应该考虑到资本及合伙人对合伙企业投入的时间等因素，因此要求掌握加权平均资本余额比例分配法；合伙企业权益变动（新合伙人入伙、退伙）是本章的重点和难点，尤以新合伙人入伙的两种方式（新合伙人直接向现任合伙人购买权益入伙、新合伙人直接向合伙企业投资入伙）为特别关注点，学习当中必须厘清新合伙人入伙时，究竟是以新合伙人的出资额，还是以原合伙企业的权益总额来估算商誉的知识点；而合伙企业清算，则涉及将非现金资产变现、清算损益的确认、清偿债务、将现金分配给各合伙人等一系列会计处理，同时，还介绍了安全清偿和现金分配计划两种合伙企业清算方法的程序及其会计处理方法。

【本章思考与练习题】

一、思考题

1. 合伙企业的非现金投资为什么要按公允价值来记录？

2. 合伙人提款与减资是否为同一概念？会计处理上是否一致？
3. 合伙人工资津贴等是否为合伙企业的费用？
4. 加权资本余额比例分配法中的加权资本余额如何计算？
5. 直接向合伙企业投资入伙和直接向合伙人个人购买权益入伙的会计处理有何不同？
6. 何谓简单合伙清算？如何确定对合伙人的分配？
7. 所有清算损益确认之前，分配给合伙人的金额是根据什么假设确定的？
8. 在编制安全清偿表时，为什么采用合伙人权益而不是合伙人资本账户余额？
9. 何谓合伙清算表？此表对合伙人和涉及清算的其他人有何帮助？

二、练习题

1. 在A和B两人投资组成的合伙企业中，A、B的资本余额分别为80 000元和40 000元，损益按照6∶4的比例分配，现在C分别向A、B交付现金40 000元，新的合伙企业A、B、C三人股权比例分别为25%、25%、50%。

要求：按照红利法、商誉法编制C入伙时的会计分录。

2. A、B、C三人组建了一个合伙企业，各自的资本余额分别是15万元、10万元、5万元。现在B要求退出合伙企业，合伙企业准备出资12万元购买其合伙权。

要求：按照红利法、商誉法（部分确认和全部确认）编制B退伙的会计分录。

第一章　分支机构会计

【引入案例】

　　分公司与子公司均为现代大型企业集团的组织形式。一家公司为什么安排它的某些附属单位作为分公司，而另一些附属单位又作为子公司？仅从税收角度来分析，设立分公司还是通过控股形式组建子公司，在纳税规定上就有很大的不同。由于分公司不是一个独立法人，它实现的盈亏要同总公司合并计算纳税，而子公司是一个独立法人，母、子公司应当分别纳税，并且子公司只有在税后利润中才能按股东占有的股份进行股利分配。在市场竞争日趋激烈的条件下，一切合法的有利于提高企业经济效益的措施均是企业考虑的重点，而选择有利于纳税优惠的组织形式，正是达到这一目标的重要途径之一。世界各国对分公司和子公司在税收待遇等方面有着许多不同的规定，这就为企业或跨国公司设立附属企业的组织形式提供了选择空间。

　　张力大学毕业参加工作刚满两年，做会计还不能算是老司机。由于张力爱岗敬业，刻苦好学，很快就被通知到下属新单位报到，职务是会计主管，这可是张力事业发展的第一步。得到重用当然是一件令人高兴的事情，可让张力颇伤脑筋的是，新单位是一家刚刚成立的分公司，目前连基本存款账户都没有开设，发生的招待费等费用都是从总公司直接报账。张力急于想请教有经验的高手，分公司和总公司是什么关系？总公司和分公司的日常会计处理是分开核算还是集中核算？分公司涉及总公司往来的业务该如何进行账务处理？分公司的报表报送给谁、如何报送？你想成为解答这些问题的高手吗？一起来学习"分支机构会计"吧。

【学习目的与要求】

　　1. 区分分支机构、销售代理处的概念，了解销售代理处的会计处理；

　　2. 熟悉总公司与分支机构之间内部调拨存货的计价方法和会计处理；

3. 掌握总公司与分支机构往来账户、内部损益抵销分录的编制；
4. 了解联合财务报表工作底稿的编制程序和编制方法。

第一节　分支机构会计概述

分支机构，是指某公司（称为总公司）设立的，不具有企业法人资格，其民事责任由总公司承担的业务经营单位。《中华人民共和国公司法》明确规定：公司可以设立分公司；设立分公司，应当向公司登记机关申请登记，领取营业执照；分公司不具有法人资格，其民事责任由总公司承担。分公司是总公司下属的直接从事业务经营活动的分支机构或附属机构，虽然有公司字样，但并不是真正意义上的公司。

一、分支机构的分类

设置分支机构是企业为了便于经营和管理而采取的措施。分支机构在不同的行业有不同的名称。例如，在公司制企业一般称为分公司；在银行系统一般称为分行、营业部、分理处等；在商业系统一般称为门市部、分店、连锁店等；在工业企业一般称为分厂；在证券行业一般称为营业部等。

不同的行业根据业务类型以及设立分公司的目的可以设立不同性质的分公司。

1. 区域性分公司

区域性分公司是一种最为常见的分公司，按区域不同有国内分公司和跨国分公司。对于国内分公司来说，从事商品贸易的总公司、银行业等一般都是按区域设置分公司的。

2. 经营职能性分公司

一些大型的综合性总公司，一般按照采购、生产、销售、财务、咨询等业务分设不同的分公司。从这些分公司的划分来看，其思路似乎就是把过去企业内部的职能部门转变成了分公司。

3. 生产环节性分公司

这种划分一般发生在一些大型的制造企业中。从扩大生产规模、提高专业化程度的目的出发，将本行业按照生产工艺的不同分别设置不同的分公司，如汽车公司下设的零件分厂、工具分厂、装配分厂、维修分厂等。

从占领市场的角度看，往往经营职能性分公司、生产环节性分公司的设置一般都会考虑地域的问题。而有时经营职能性分公司与生产环节性分公司又是相互结合起来设置的。因此,上述三种分公司在实践中存在综合、交叉设置的情形。

二、分支机构的基本特征

总公司一旦建立了一个分公司①,就授权分公司的管理部门负责其日常经营,而涉及公司范围的重大决策仍由总公司负责。总公司与分公司权限的划分,决定了分公司在会计上采用集中核算制度还是分级核算制度。分公司在业务管理、会计核算方面的特征表现在其与子公司和销售代理处有所不同。

(一) 分公司与子公司

1. 分公司的设立

分公司与总公司的关系虽然同子公司与母公司的关系有些类似,但分公司的法律地位与子公司完全不同,它没有独立的法律地位。分公司是总公司下属的直接从事业务经营活动的分公司或附属机构,分公司的经营和管理必须在总公司的直接控制下进行。这种控制主要表现在资金的筹措与投放,以及经营决策的确定方面。虽然分公司有公司字样,但它并不是真正意义上的公司。因为分公司不具有企业法人资格,不具有独立的法律地位,不独立承担民事责任。不过,尽管分公司不是独立的法律主体,但是在一定的意义上,它却是相对独立的会计主体。总公司设立分公司的主要目的是拓展经营,这一目的的实现还具体表现为分公司在决策、管理效益、人才培养等方面的优势。

2. 子公司的设立

子公司是与母公司相对应的法律概念。子公司具有法人资格,可以独立承担民事责任,这是子公司与分公司最关键的区别。母公司、子公司各为独立的法人并且子公司受母公司的实际控制。根据股东会多数表决原则,拥有股份越多,越能够取得对公司事务的决定权。母公司控制子公司通常就是基于股权的占有或控制协议。母公司对子公司的一切重大事项拥有实际上的决定权,其中尤为重要的是能够决定子公司董事会的组成。另外,除股份控制方式之外,通过订立某些特殊契约或协议而使某一公司处于另一公司的支配之下,也可以形成母公司、子公司的关系。母公司通过控制众多的子公司、孙公司而成为庞大的公司集团。母公司只要通过较少的资本就可以利用子公司的资本购买别的公司,组建起金字塔形的公司集团模式。

3. 分公司和子公司的纳税差异

设立分公司还是通过控股形式组建子公司,在纳税规定上也有很大不同。由于分公司不是一个独立法人,它实现的盈亏要同总公司合并计算纳税,而子公司是一个独立法人,母公司、子公司应分别纳税,而且子公司只有在税后利润中才

---

① 为方便起见,本章将分支机构统称作"分公司",并以分公司为例加以说明。

能按股东占有的股份进行股利分配。一般来说，如果组建的公司一开始就可盈利，设立子公司就更为有利。在子公司盈利的情况下，可享受到当地政府提供的各种税收优惠和其他经营优惠。如果组建的公司在经营初期发生亏损，那么组建分公司就更为有利，可减轻总公司的税收负担。

（二）分公司与销售代理处

1. 分公司与销售代理处形式上的差别

销售代理处不同于分公司。销售代理处是为商品展销和与客户签订订单而设立，通常并没有商品直接供应给客户，也无权核准赊销。销售代理处所需要的会计记录仅仅是现金收支记录，其处理类似于一般的备用金制度，而所发生的销售费用等由总公司会计系统加以记录[①]。而分公司通常持有商品存货，从事销售工作，有权核准客户赊销及收取应收款项。分公司并非是一个独立的法律主体，但一般独立企业主体应有的各种功能，分公司都具备。拥有独立会计记录的分公司是一个会计主体，其编制的财务报表仅为企业内部使用，而整个企业主体的财务报表则是将分公司与总公司的报表联合加以编制，称为联合财务报表。

2. 分公司与销售代理处设立的界限

理论上对分公司与销售代理处加以区别，也许对企业的营销、广告和其他经营目标非常重要，但在会计实务中，两者之间的界限常常非常模糊。有些分公司在保存客户记录及客户赊销方面也受到限制，而有些销售代理处也储存商品存货以供销售。许多拥有分公司的企业，也集中在总公司进行统一核算，或者划分区域，将几个分公司集中在一起核算。对于设在偏远地区的营业单位，不论是分公司还是销售代理处，其会计处理系统的设计，均应尽可能满足企业内部经营管理的需要。

三、分公司会计核算的内容

总公司与分公司同第三方会计主体的交易，只要分别按各自既定的会计程序自行处理即可。总公司设立分公司后，一般来说，将视总公司对分公司的管理要求及分公司经营的独立程度，既可选择采用集中核算制度，又可选择采用分级核算制度。前者是将分公司的业务统一纳入总公司核算，分公司不是一个独立会计主体，因而在会计核算上并无特色；后者则是将分公司视为一个独立的会计主体，由分公司单独设置账户，独立核算分公司的业务，独立编制会计报表，而总公司将全面考核分公司的财务状况和经营成果。

分公司会计的内容，特指总公司和分公司之间往来业务的会计处理方法和程序。主要包括：分公司会计科目的设置、内部调拨商品不同计价方法的账务处理、会计期末分公司利润的结转，以及联合财务报表的编制。

[①] 本章第四节将举例说明销售代理处的会计处理。

（一）分公司会计科目（账户）的设置

基于总公司与分公司之间经营与管理的关系，它们之间会发生大量的往来业务。而对这些业务必须在总公司与分公司中分别予以反映，这就决定了总公司与分公司在账簿设置上的联系。具体表现为总公司与分公司要设置一些特殊的账户，从不同角度反映同一会计事项。

1. "分公司往来"和"总公司往来"账户的设置

总公司的"分公司往来"账户和分公司的"总公司往来"账户是一组对应账户。"分公司往来"账户的借方登记总公司拨给分公司的货币资金、商品存货和其他资产、摊销给分公司的费用，以及分公司期末的利润，贷方登记分公司返交回的货币资金、商品存货和其他资产、分公司分摊来的费用，以及期末的亏损。"总公司往来"账户的借方记录分公司向总公司返交的各种资产、分摊给总公司的费用，以及其期末结转的亏损，贷方记录分支结构收到总公司拨付的各种资产、总公司分摊来的费用，以及期末结转的利润。两个账户的内容完全相同，只是方向相反。两者若有差异，唯一原因在于某一方会计记录的延迟（未达账项），或者发生会计记账错误。由于这两个账户具有相对性，故在编制联合财务报表时应加以抵销。上述两个账户核算的内容可用 T 型账户来表示。"总公司往来"与"分公司往来"账户核算内容的 T 型账户如图 2–1 所示。

总公司：		分公司：	
分公司往来		总公司往来	
向分公司拨款	分公司交来现金	交总公司现金	总公司拨款
向分公司发商品	分公司交来商品	交总公司商品	总公司拨商品
向分公司发其他资产	分公司交来其他资产	交总公司其他资产	总公司拨其他资产
分公司转来利润	分公司转来亏损	期末结转亏损	期末结转利润

图 2–1　"总公司往来"与"分公司往来"账户的核算内容

2. "运交分公司商品"和"总公司运来商品"账户的设置①

总公司的"运交分公司商品"账户和分公司的"总公司运来商品"账户，分别是总公司和分公司"库存商品"的备抵账户和补充账户，登记的内容相同而方向相反。

---

① "运交分公司商品"和"总公司运来商品"，可以分别设置为总公司和分支机构的一级账户，也可作为"库存商品"的明细账户设置。但当总公司与分支机构之间的商品存货调拨按高于成本价格计价的情况下，两个账户就有从"库存商品"账户中分设出来的必要了。

（二）商品存货计价方法的多样性

分公司有时仅仅从总公司获得商品存货，有时也从外部获得商品存货，但多数情况下，分公司的商品存货往往从总公司获得。由于总公司和分公司二者都是相对独立的会计主体，要分别反映商品存货的发出和收取，因此它们之间的商品存货业务往来就存在着以什么标准来计价的问题。可以说，总公司与分公司之间业务的核心问题就是二者之间往来事项的计价问题，计价标准不同，其会计处理方法也会随之不同。这不仅会影响到分公司的经营业绩的评价，也会涉及总公司与分公司的会计处理问题。一般来说，计价标准有按成本计价、按转账价格计价和按销售价格计价。由于按转账价格计价和按销售价格计价在会计处理上很相似，因此，我们将这两种处理方法统称为按高于成本计价方法。

（1）按成本计价。即总公司按商品存货的制造成本或采购成本为标准转与分公司。这是最简单也是应用得最普遍的一种计价方法，它可以避免在期末存货中出现未实现利润，从而简化总公司编制联合财务报表的工作。但这种方法易于将商品存货的获利结果归于分公司的经营业绩，从而夸大分公司的获利能力，同时也不利于调动总公司的积极性。

（2）按转账价格计价。这样的转账价格一般是高于其取得成本，低于其市场售价。从国外的情况看，此种方法常被作为处理总公司与分公司之间利益关系的措施，从有利于双方经营的角度看，确定计价的方法常有成本加成法和双方协定法。使用这种方法时，总公司应于编制联合财务报表之前，调整商品存货价格超过成本部分的数额。

（3）按销售价格计价。这种计价方法下，分公司要按销售价格记录从总公司取得的商品存货，并按取得的收入额记录这些商品存货的减少。此种方法有利于分公司，尤其是专门从事销售业务的分公司对商品存货的管理，但从核算的角度看，则与按转账价格计价有相同之处。

（三）会计信息反映的层次性

需要明确的是，尽管分公司可以独立开设银行账户、独立核算其经营成果、独立编制会计报表等，但是，其会计核算的内容只是分公司所能控制和负责的部分，其会计报表只是满足内部管理的需要，而不对外提供。这些都表明了其作为会计主体的相对性。

现行会计法规规定，总公司与分公司均为相对独立的会计主体，都要编制自己的单独会计报表，满足内部经营管理的需要。但分公司不具有企业法人资格，其会计报表只能也必须报于总公司，即分公司的单独会计报表是总公司会计报表的一个组成部分，总公司以本身的单独会计报表为基础，通过编制调整和抵销分录等处理后，编制联合财务报表，对外披露有关企业整体财务状况与经营成果的会计信息。这里所说的调整和抵销分录是指总公司和分公司的往来账项，也指它们之间资产的转移、利润的结转等。经过一系列的会计处理,总公司编制的联合财务报表只反映将总公司和分公司作为一个会计主体同外界交往而引起的变化和产生的结果。

第二节　按成本计价的会计处理

总公司和分公司之间进行商品存货转移时,依照商品的制造成本或采购成本作为计价标准,即按成本计价,是被广泛采用的一种方法。

一、按成本计价会计处理的特点

按成本计价方法转移商品存货的方法,其会计处理的特殊性在于:

(1) 总公司在发出商品存货给分公司时,不能在其账上即时确认本期的经营收益,只有转回分公司取得收入时,才能真正确认其本期实现的净收益。

(2) 分公司出售来自总公司的存货而获取的损益是分公司和总公司共同努力的结果。分公司是以总公司的取得成本为计价标准来记录此存货的,一旦该存货销售出去,表现出的利润是售价与总公司的取得成本之差,此利润是总公司和分公司共同分享的。由于缺乏一个客观标准来合理地在总公司和分公司之间分割此收益,以致会夸大分公司的获利能力。因此,总公司在编制联合财务报表时,应对此类业务进行调整。

(3) 总公司与分公司存货都以成本为计价标准,不仅保持了计价标准的一致性,而且使得分公司提供的信息真实可靠,还便于联合财务报表中对存货等有关项目的汇总工作。

二、按成本计价的账务处理

为全面说明问题,这里举例说明总、分公司之间的会计处理过程。

[例2-1] W公司在2019年设立一分公司,分公司所经营的商品可由总公司拨付,也可由分公司自己从外部购买。总公司与分公司均采用永续盘存制,且按成本计价。2019年分公司发生下列业务:

(1) 总公司划拨30 000元设立分公司;

(2) 分公司从外部赊购商品,采购成本为20 000元;

(3) 总公司运交分公司商品,成本为100 000元;

(4) 总公司转来应由分公司负担的折旧费5 000元;

(5) 分公司支付销售费用3 000元;

(6) 分公司偿还前欠货款 20 000 元；
(7) 分公司赊销本期从外部购买的商品，成本 10 000 元，售价 15 000 元；
(8) 分公司以总价 75 000 元出售总公司拨来商品的 50%，成本 50 000 元；
(9) 分公司将超过备用金 20 000 元以外的银行存款全部交回总公司。
上述会计事项应该在总公司和分公司的账上分别作以下会计处理：

	总公司	分公司	
(1)	借：分公司往来　30 000 　　贷：银行存款　　30 000	借：银行存款 　　贷：总公司往来	30 000 30 000
(2)		借：库存商品 　　贷：应付账款	20 000 20 000
(3)	借：分公司往来　100 000 　　贷：运交分公司商品 　　　　　　　　100 000	借：总公司运来商品 　　贷：总公司往来	100 000 100 000
(4)	借：分公司往来　5 000 　　贷：销售费用　5 000	借：销售费用 　　贷：总公司往来	5 000 5 000
(5)		借：销售费用 　　贷：银行存款	3 000 3 000
(6)		借：应付账款 　　贷：银行存款	20 000 20 000
(7)		借：应收账款 　　贷：主营业务收入 借：主营业务成本 　　贷：库存商品	15 000 15 000 10 000 10 000
(8)		借：银行存款 　　贷：主营业务收入 借：主营业务成本 　　贷：总公司运来商品	75 000 75 000 50 000 50 000
(9)	借：银行存款　　62 000 　　贷：分公司往来　62 000	借：总公司往来 　　贷：银行存款	62 000 62 000

将上述会计分录在总公司和分公司的账簿上分别登记后，双方的往来账户的发生额和余额情况如图 2-2 所示。

```
      分公司往来                              总公司往来
(1)  30 000    (9) 62 000          (9) 62 000    (1)  30 000
(3) 100 000                                      (3) 100 000
(4)   5 000                                      (4)   5 000
  余 73 000                                        余 73 000
```

图 2-2　按成本计价的"总公司往来"与"分公司往来"账户

三、联合报表的编制

继续[例 2-1]，假设分公司为总公司新建的经营单位，那么，其上述各业务的记录即为编制期末会计报表的依据。

1. 编制工作底稿

第一，根据总公司和分公司的利润表、所有者权益变动表与资产负债表填列工作底稿中的"总公司"栏和"分公司"栏。

第二，从联合财务报表的编制目的出发，将总公司与分公司视为一体提供相关会计信息，因此需要抵销的是总公司与分公司之间相对应的项目。本例中涉及"总公司往来"和"分公司往来"项目。其抵销分录为：

　　借：总公司往来　　　　　　　　　　　　　　　　73 000
　　　　贷：分公司往来　　　　　　　　　　　　　　　　　73 000

第三，根据"总公司"栏、"分公司"栏以及"抵销"各项目，汇总"联合财务报表"栏各项目的数据。

总公司与分公司联合财务报表工作底稿如表 2-1 所示。

表 2-1　　　　总公司与分公司联合财务报表工作底稿　　　　单位：元

项目	总公司	分公司	抵销分录		联合报表金额
			借方	贷方	
利润表					
营业收入	1 500 000	90 000			1 590 000
减：营业成本	1 100 000	60 000			1 160 000
销售费用	70 000	8 000			78 000
利润总额	330 000	22 000	0	0	352 000
减：所得税费用	100 000				100 000
净利润	230 000	22 000	0	0	252 000
所有者权益变动表					

续表

项目	总公司	分公司	抵销分录 借方	抵销分录 贷方	联合报表金额
净利润	230 000	22 000			252 000
加：未分配利润——年初	50 000				50 000
减：应付利润	40 000				40 000
未分配利润——年末	240 000	22 000	0	0	262 000
资产负债表					
货币资金	60 000	20 000			80 000
应收账款	180 000	15 000			195 000
分公司往来	73 000			73 000	0
存货	200 000	60 000			260 000
减：存货加价	0		0		0
固定资产（净值）	250 000				250 000
资产总计	763 000	95 000	0	73 000	785 000
应付账款	63 000				63 000
总公司往来		73 000	73 000		0
实收资本	400 000				400 000
盈余公积	60 000				60 000
未分配利润	240 000	22 000	0	0	262 000
负债与所有者权益总计	763 000	95 000	73 000	0	785 000

2. 根据工作底稿编制联合财务报表

将工作底稿中"联合报表金额"栏的数据按标准的格式填入利润表（见表2-2）、所有者权益变动表（见表2-3）及资产负债表（见表2-4），即可得到总公司对外报出会计报表的基本数据[①]。

[①] 还可根据总公司、分公司账簿记录编制其他对外报出的会计报表。

表 2-2　　　　　　　　　　利润表（简表）
　　　　　　　　　　　　　　　2019 年度　　　　　　　　　　　　　　单位：元

项目	金额
营业收入	1 590 000
营业成本	1 160 000
销售费用	78 000
营业利润	352 000
利润总额	352 000
所得税费用	100 000
净利润	252 000

表 2-3　　　　　　　　　所有者权益变动表（简表）
　　　　　　　　　　　　　　　2019 年度　　　　　　　　　　　　　　单位：元

项目	金额
净利润	252 000
加：未分配利润——年初	50 000
减：应付利润	40 000
未分配利润——年末	262 000

表 2-4　　　　　　　　　　资产负债表（简表）
　　　　　　　　　　　　　2019 年 12 月 31 日　　　　　　　　　　　　单位：元

项目	金额	项目	金额
货币资金	80 000	应付账款	63 000
应收账款	195 000	实收资本	400 000
存货	260 000	盈余公积	60 000
固定资产（净值）	250 000	未分配利润	262 000
资产总计	785 000	负债与所有者权益总计	785 000

四、调整和账结分录

在编制联合财务报表的工作底稿时所编制的调整与抵销分录只是为了满足编制联合财务报表目的，即这些调整与抵销分录不能作为总公司与分公司登记账簿的依据。从总公司和分公司各自的会计报表中可以看出，总公司对外报出的损益，是通过表结法计算的。而总公司与分公司的往来账户中并未记录它们之间的损益结转。因此，在会计期末，总公司与分公司还应编制账结分录[①]，以及时结

[①] 为与期末"结账"相区分，将分公司损益转入总公司，以使总公司账簿记录中"本年利润"账户的期末余额与表结数一致，这样的会计处理我们称作"账结"。

清各类事项，并确定当期的净收益。

1. 分公司的账务处理

结清损益类账户：

借：主营业务收入	90 000	
贷：本年利润①		90 000
借：本年利润	68 000	
贷：主营业务成本		60 000
销售费用		8 000

将利润结转到总公司：

借：本年利润	22 000	
贷：总公司往来		22 000

2. 总公司的账务处理

分公司转来利润：

借：分公司往来	22 000	
贷：本年利润		22 000

通过上述会计处理，从分公司的账面上看，将本期产生的损益 22 000 元转入了总公司；从总公司的账面上看，将分公司本期转来的损益记入"本年利润"账户。即总公司可直接利用这样的会计处理结果调整总公司账项，并以调整后的数据作为计算、缴纳所得税的依据，最后编出可对外披露的有关报表。另外，还应注意的是，经过这样的会计处理，总公司与分公司之间往来账户的余额是95 000 元。

第三节　按高于成本计价的会计处理

总公司运交分公司商品存货按高于成本计价包括按转账价格计价和按销售价格计价两种情况，二者之间的区别仅在于售价高于成本的幅度。在以高于成本的价格为计价标准时，一般的处理方式是总公司账上按运交分公司的商品存货成本记录存货的减少，而将计价高于成本的部分记入"存货加价"账户②。会计期

---

① 从简化核算角度出发，分支机构可不设置"本年利润"账户，由于分支机构的损益最终是要转入总公司一并对外报出的，所以也可直接通过"总公司往来"账户结转损益。

② 此处亦可设置"备抵存货超成本数"账户或"未实现利润"账户。无论"存货加价""备抵存货超成本数"，还是"未实现利润"账户，其结构、用途均一致，其最终都要在联合财务报表中通过编制抵销分录予以抵销。

末，总公司再将商品存货计价高于成本部分与分公司的记录相互抵销，以最终确定本期的净损益。

一、按高于成本计价会计处理的特点

按高于成本计价方法转移商品存货的方法，其会计处理的特殊性在于：

（1）总公司转交给分公司商品的转让价格大于成本，这样可将商品销售的利润根据一定的比例分别反映在总公司和分公司的账面上，以较好地体现分公司的盈利能力和经营业绩，有助于合理评价其工作。这一方法在一定程度上克服了按成本计价的不足。

（2）分公司账面上对存货的计价反映出成本（自行购置的部分）和转让价格（总公司运交的部分）两类，不仅影响了分公司自身计价标准的一致性，也影响了分公司与总公司之间计价标准的一致性。

（3）尽管总公司与分公司由于存货的运交以高于成本计价，使得它们之间对存货的计价和营业成本的计算采用了不同的计价标准。但是，在编制联合报表时，总公司应对商品存货计价超过成本的部分加以抵销，故按高于成本计价提供的信息与按成本计价的结果是一致的。

（4）总公司对运交分公司的商品记录的"存货加价"，在一定程度上影响了总公司对实现原则的贯彻。

二、按高于成本计价的账务处理

为方便对比，按高于成本计价的账务处理过程将在［例 2-1］的基础上直接改变计价标准来分析说明。

［例 2-2］沿用［例 2-1］资料，总公司与分公司均采用永续盘存制，且按成本加成20%计价，即分公司记录总公司发来商品成本为120 000元。本期分公司出售总公司运来的商品的50%，成本为60 000元，售价为75 000元。其余会计事项同［例 2-1］。这样总公司和分公司要编制第（3）笔和第（8）笔的会计分录，其他分录与［例 2-1］是相同的。

总公司和分公司的会计处理如下：

      总公司   分公司

（3）借：分公司往来   120 000 借：总公司运来商品 120 000
    贷：运交分公司商品 100 000   贷：总公司往来   120 000
      存货加价   20 000

(8)　　　　　　　　　　借：银行存款　　　　　　　75 000
　　　　　　　　　　　　　贷：主营业务收入　　　　　75 000
　　　　　　　　　　　　借：主营业务成本　　　　　60 000
　　　　　　　　　　　　　贷：总公司运来商品　　　　60 000

从第（3）笔分录可以看出：总公司要增设"存货加价"账户，反映运交存货的价格超过成本的部分，视同总公司一笔未实现的利润，待分公司将这批存货出售并转回总公司时，再确认为已实现利润。总公司的存货仍按其成本反映，而分公司接收的总公司的存货却是按转让价格反映的，因此在这些存货出售时，分公司的营业成本也是按转让价格结转的。

将上述会计分录在总公司和分公司的账簿上作登记以后，双方往来账户的情况如图2-3所示。

分公司往来		总公司往来	
（1）30 000	（9）62 000	（9）62 000	（1）30 000
（3）120 000			（3）120 000
（4）5 000			（4）5 000
余 93 000			余 93 000

图2-3　按高于成本计价的"总公司往来"与"分公司往来"账户

三、联合报表的编制

编制步骤与［例2-1］相同。

第一，根据总公司和分公司的利润表、所有者权益变动表与资产负债表填列工作底稿中的"总公司"栏和"分公司"栏。

第二，编制调整与抵销分录，并填列"调整与抵销"栏。

第三，根据"总公司"栏、"分公司"栏以及"调整与抵销"栏各项目，汇总"联合报表金额"栏各项目的数据（见表2-5）。

表2-5　　　　总公司与分公司联合财务报表工作底稿　　　　单位：元

项目	总公司	分公司	抵销分录		联合报表金额
			借方	贷方	
利润表					
营业收入	1 500 000	90 000			1 590 000
减：营业成本	1 100 000	70 000		10 000	1 160 000

续表

项目	总公司	分公司	抵销分录 借方	抵销分录 贷方	联合报表金额
销售费用	70 000	8 000			78 000
利润总额	330 000	12 000	0	10 000	352 000
所得税费用	100 000				100 000
净利润	230 000	12 000	0	10 000	252 000
所有者权益变动表					
净利润	230 000	12 000			252 000
加：未分配利润——年初	50 000				50 000
减：应付利润	40 000				40 000
未分配利润——年末	240 000	12 000	0	10 000	262 000
资产负债表					
货币资金	60 000	20 000			80 000
应收账款	180 000	15 000			195 000
分公司往来	93 000			93 000	0
存货	200 000	70 000		10 000	260 000
减：存货加价	20 000		20 000		0
固定资产（净值）	250 000				250 000
资产总计	763 000	105 000	20 000	103 000	785 000
应付账款	63 000				63 000
总公司往来		93 000	93 000		0
实收资本	400 000				400 000
盈余公积	60 000				60 000
未分配利润	240 000	12 000		10 000	262 000
负债与所有者权益总计	763 000	105 000	93 000	10 000	785 000

需要说明的是，这里除了要抵销总公司和分公司之间的往来项目外，还要处理由于总公司与分公司之间运交存货按高于成本计价所引起的事项，因此抵销分录为：

借：总公司往来　　　　　　　　　　　　　　　　　　　93 000
　　贷：分公司往来　　　　　　　　　　　　　　　　　93 000
借：存货加价　　　　　　　　　　　　　　　　　　　　20 000
　　贷：存货　　　　　　　　　　　　　　　　　　　　10 000
　　　　营业成本　　　　　　　　　　　　　　　　　　10 000

其中，"联合报表金额"栏的"利润总额""净利润""年末未分配利润""资产总计""负债与所有者权益总计"项目的数据是依据纵向的计算而来的。

四、调整和账结分录

与按成本计价的会计处理相比,这里的账结分录所涉及的内容不仅包括分公司损益的账结分录,而且还包括总公司的"存货加价"账户中已实现利润的账结分录。因为分公司当期出售的总公司运交的存货所实现的利润由以下两部分组成:一是售价大于加成价格的部分,表现为分公司的利润,反映在分公司的账面上;二是转让价格大于成本的部分,表现为已实现的"存货加价"。

1. 分公司的账务处理

结清损益类账户:

借:主营业务收入	90 000
贷:本年利润	90 000
借:本年利润	78 000
贷:主营业务成本	70 000
销售费用	8 000

将利润结转到总公司:

借:本年利润	12 000
贷:总公司往来	12 000

2. 总公司的账务处理

分公司转来利润:

借:分公司往来	12 000
贷:本年利润	12 000

结转"存货加价"中,由于分公司出售总公司运交的商品已实现利润部分:

借:存货加价	10 000
贷:本年利润	10 000

通过上述会计处理,从分公司的账面上看,结算了本期的损益 12 000 元,并转入总公司;从总公司的账面上看,将分公司转来的损益 12 000 元与存货加价中已经实现的部分 10 000 元均转入"本年利润"账户,并入了当期损益。此外,经过上述处理,存货加价的余额为 10 000 元,反映运交分公司尚未出售的存货中包含的利润,且总公司和分公司的往来账的余额为 105 000 元。

通过上述分析可知,在总公司与分公司之间的商品存货运交按高于成本价格计价的情况下,总公司与分公司对于存货的设置上,表现为"运交分公司商品"与"总公司运来商品"从商品存货中分设出来的必要性和作用。而在按成本计价的情况下,在总公司存货与分公司存货的成本基本一致的情况下,分设的意义则不大。

第四节 分公司相关会计问题的处理

以上章节均是假设分公司无期初商品存货，且采用永续盘存制对存货进行日常管理的情况下进行的会计处理。而对于一个持续经营的企业，期初有商品存货是很正常的；有些分公司由于商品存货的收发相当频繁、自然损耗大等原因，为了减少日常工作量，也可能采用实地盘存制对存货进行管理；此外，总公司与分公司之间往来业务、销售代理处业务等，也是需要探讨的问题。

一、期初有商品存货

若分公司不是在当年设置，且期初尚有上个会计期间未销出的商品存货，显然该批分公司的期初商品存货中包括自行从外部购置的和总公司运交的两部分。而总公司运交的部分是按高于成本的价格记录的，当期初商品存货出售时，就必须要确定其中由总公司运交的数额，以便在编制联合财务报表时，将分公司的营业成本中多计的部分，即高于成本的部分抵销分公司的"营业成本"和总公司的"存货加价"。

［例2-3］沿用［例2-2］资料，假设该分公司是在2018年设立的，当年的会计处理自然不涉及期初存货的问题。2018年末的存货就是2019年初的存货，而2019年将2018年初的商品存货全部售出。编制的与这部分期初商品存货有关的结转、抵销和账结分录如下：

（1）日常核算中分公司的成本结转为70 000元，结转分录为：

借：主营业务成本　　　　　　　　　　　　　70 000
　　贷：库存商品　　　　　　　　　　　　　　　10 000
　　　　总公司运来商品　　　　　　　　　　　　60 000

期初存货的构成：分公司自行从外部购置的为10 000元，总公司运交的为60 000元（其中，成本为50 000元）。

（2）联合财务报表编制时应抵销额为10 000元，抵销分录为：

借：存货加价　　　　　　　　　　　　　　　10 000
　　贷：营业成本　　　　　　　　　　　　　　　10 000

（3）年末结账时总公司应结转的已实现的"存货加价"为10 000元，账结分录为：

借：存货加价　　　　　　　　　　　　　　　10 000
　　贷：本年利润　　　　　　　　　　　　　　　10 000

二、定期盘存制①

当总公司与分公司的存货采用定期盘存制时，不仅应当遵循定期盘存制在账户设置和营业成本计算上的基本要求，而且应当遵循总公司与分公司的存货高于成本计价对账户的要求。应该认识到，实务中实地盘存制一般仅适用于价值较低、进出频繁的存货（如五金商品）及自然损耗大、数量不稳定的鲜活商品，其他存货很少采用。常见的做法是采用永续盘存制，并定期或不定期地进行实地盘点，以保证存货信息的真实性。

在账户设置上，总公司一般应该设置"存货""购货""运交分公司商品"等账户，其中，"运交分公司商品"账户是"存货"账户的备抵账户；分公司一般应该设置"存货""购货""总公司运来商品"等账户，其中，"总公司运来商品"账户是"存货"的补充账户。如果分公司没有自行购买的存货，则可以不设"购货"账户。另外，总公司和分公司也可以不设"运交分公司商品""总公司运来商品"账户，而将其并入"存货"账户，仅作为明细科目使用。对于营业成本的计算，定期盘存制是依据"期初存货+本期购货-期末存货=营业成本"的方法倒挤出来的。

[例2-4] 沿用[例2-2]资料，总公司与分公司存货均采用定期盘存制，且按成本加成20%计价。即分公司记录总公司发来商品成本为120 000元。本期分公司出售总公司运来的商品，售价为75 000元。其余会计事项同[例2-1]。

假设该分公司期初存货余额为10 000元，没有从总公司运来的商品，通过盘点，确认期末存货余额为80 000元，其中总公司运来商品期末余额为60 000元。

（一）会计处理

与存货相关业务即第（3）笔和第（8）笔业务的会计分录为：

	总公司		分公司	
（3）借：分公司往来	120 000	借：总公司运来商品	120 000
贷：运交分公司商品	100 000	贷：总公司往来	120 000
存货加价	20 000		
（8）		借：银行存款	75 000
		贷：主营业务收入	75 000

总公司结账前的其他分录与[例2-1]相同。

---

① 一般情况下，实地盘存制适用于价值较低、进出频繁的存货（如五金商品）及自然损耗大、数量不稳定的鲜活商品，其他存货则很少采用。因此，实地盘存制可仅作了解。

(二) 联合财务报表的编制

工作底稿中有3笔抵销分录：

第一，抵销资产负债表中总公司与分公司往来的期末余额。其抵销分录为：

借：总公司往来　　　　　　　　　　　　　　　93 000
　　贷：分公司往来　　　　　　　　　　　　　　　93 000

第二，抵销利润表中的"总公司运来商品"与"运交分公司商品"。由于两者采用的计价标准不同，从而形成的差异为本期确认的"存货加价"。其抵销分录为：

借：存货加价　　　　　　　　　　　　　　　　20 000
　　运交分公司商品　　　　　　　　　　　　　100 000
　　贷：总公司运来商品　　　　　　　　　　　　120 000

第三，抵销分公司期末存货中高于成本的部分。一方面使得分公司期末存货恢复按原始成本计价；另一方面也有利于期末正确地倒挤营业成本。其抵销分录为：

借：存货——期末　　　　　　　　　　　　　　10 000
　　贷：营业成本　　　　　　　　　　　　　　　　10 000

总公司与分公司的联合报表工作底稿如表2-6所示。

表2-6　　总公司与分公司联合财务报表工作底稿（定期盘存制）　　单位：元

项目	总公司	分公司	抵销分录		联合报表金额
			借方	贷方	
利润表					
营业收入	1 500 000	90 000			1 590 000
减：营业成本	1 100 000	70 000	0	10 000	1 160 000
存货——期初	520 000	10 000			530 000
购货	910 000	20 000			930 000
减：运交分公司商品	100 000	0	100 000		0
加：总公司运来商品	0	120 000		120 000	0
存货——期末	230 000	80 000	10 000		300 000
销售费用	70 000	8 000			78 000
利润总额	330 000	12 000			352 000
减：所得税费用	100 000				100 000
净利润	230 000	12 000		10 000	252 000

续表

项目	总公司	分公司	抵销分录		联合报表金额
			借方	贷方	
所有者权益变动表					
净利润	230 000	12 000	0	10 000	252 000
加：未分配利润——年初	50 000				50 000
减：应付利润	40 000				40 000
未分配利润——年末	240 000	12 000	0	10 000	262 000
资产负债表					
货币资金	60 000	20 000			80 000
应收账款	180 000	15 000			195 000
分公司往来	93 000			93 000	0
存货	200 000	70 000		10 000	260 000
减：存货加价	20 000		20 000		0
固定资产（净值）	250 000				250 000
资产总计	763 000	105 000			868 000
应付账款	63 000				63 000
总公司往来		93 000	93 000		0
实收资本	400 000				400 000
盈余公积	60 000				60 000
未分配利润	240 000	12 000		10 000	262 000
负债与所有者权益总计	763 000	105 000	93 000	10 000	785 000

（三）账结分录

1. 分公司的结账处理

结转本期利润（即结转损益类账户，下同）[①]：

借：主营业务收入　　　　　　　　　　　　　　　90 000
　　存货——期末　　　　　　　　　　　　　　　80 000
　　贷：销售费用　　　　　　　　　　　　　　　　8 000
　　　　存货——期初　　　　　　　　　　　　　10 000
　　　　购货　　　　　　　　　　　　　　　　　20 000

[①] 由于采用的是定期盘存制，因此，营业成本 = 期初存货 + 本期购货 + 本期总公司运来商品 − 期末存货。

总公司运来商品	120 000
本年利润	12 000

将利润结转到总公司：

借：本年利润	12 000	
贷：总公司往来		12 000

2. 总公司的结账处理

分公司转来利润：

借：分公司往来	12 000	
贷：本年利润		12 000

结转"存货加价"中，由于分公司出售总公司运交的商品已实现的部分：

借：存货加价	10 000	
贷：本年利润		10 000

三、分公司之间调拨存货的会计处理

总公司从经营的目的出发可能设置多个分公司。这样，在经营过程中总公司与各分公司之间会发生业务，分公司之间也会发生业务。根据分公司会计核算的要求，在分公司会计中，只反映分公司与总公司之间的业务，因而只设置分公司与总公司之间的往来账户，不反映分公司之间的业务，也不设置分公司之间的往来账户。实际上是将分公司之间的业务看作是分公司通过总公司而发生的分公司与总公司、总公司与分公司之间的业务。

[例2－5] 总公司下设甲、乙两个分公司，现在甲分公司将成本为120 000元的商品调拨给乙分公司，调拨过程中发生运费2 000元，现金付讫。

（1）甲分公司的会计分录为：

借：总公司往来	122 000	
贷：总公司运来商品		120 000
库存现金		2 000

（2）总公司的会计分录为：

借：分公司往来——乙分公司	122 000	
贷：分公司往来——甲分公司		122 000

（3）乙分公司的会计分录为：

借：总公司运来商品	122 000	
贷：总公司往来		122 000

为准确地计算调拨商品的成本，有的总公司要求存货的成本中只包括总公司运到分公司的费用，其余的部分由总公司负责，计入总公司的当期损益。这样就提出了对商品在分公司间的调拨，尤其是迂回运费的分析和确认问题。

[例 2-6] 总公司下设甲、乙两个分公司，总公司将成本 100 000 元的存货发给甲分公司，运费为 2 000 元，现金付讫；现在甲分公司将成本为 102 000 元的商品调拨给乙分公司，调拨的过程中发生的运费为 3 000 元，现金付讫；假定总公司将商品直接调拨给乙分公司的过程中所发生的运费为 2 500 元。

（1）总公司的会计分录：

总公司将商品拨给甲分公司时：

借：分公司往来——甲分公司	102 000
贷：运交分公司商品	100 000
库存现金	2 000

甲分公司将商品拨付给乙分公司时：

借：分公司往来——乙分公司	102 500
运费损失	2 500
贷：分公司往来——甲分公司	105 000

（2）甲分公司的会计分录：

收到总公司拨给的商品时：

借：总公司运来商品	100 000
进货运费	2 000
贷：总公司往来	102 000

甲分公司将商品转给乙分公司时：

借：总公司往来	105 000
贷：总公司运来商品	100 000
进货运费	2 000
库存现金	3 000

（3）乙分公司的会计分录：

收到总公司拨给的商品时：

借：总公司运来商品	100 000
进货费用	2 500
贷：总公司往来	102 500

四、总分公司往来业务的会计处理

总公司将存货调拨给分公司时必然会发生运费，首先，要区分运费是否正常，如果正常，则该运费应计入存货的成本；如果超常，则属于总公司的管理责任，应计入管理费用（"超额运费损失"账户）。其次，当运费属于正常时，还应区分是由总公司还是分公司来负担。当运费由总公司负担时，计算分公司的存货成本和销货成本时，应将总公司向分公司发货的运费包括在内；当运费由分公司负担时，则分公司的存货成本和销货成本不变，但总公司账上将不记录这笔支付运费的业务。最后，当运费属于超常时，如分公司收到部分残次存货，依据合同或协议将这些残次存货退还总公司，则总公司的存货成本不应包括运往分公司或运回总公司的运费。同样地，若由于管理不善导致分公司之间相互调拨存货，超出计划的运费也不应计入存货的成本。

（一）正常发生的运费

[例2-7] 假定南昌总公司按成本加成25%的价格，将其成本为20 000元的商品运交九江分公司，并用现金支付运费1 000元。则总公司和分公司的会计处理如下：

（1）总公司会计处理：

借：分公司往来——九江分公司	26 000
贷：运交分公司商品	20 000
存货加价	5 000
库存现金	1 000

（2）分公司会计处理：

借：总公司运来商品	25 000
总公司来货运费	1 000
贷：总公司往来	26 000

假设至年底分公司还有一半商品没有售出，则其已结转的销货成本为13 000元，存货成本为13 000元（成本12 500元加上运费500元）。

（二）退还总公司存货发生的运费

[例2-8] 沿用[例2-7]资料，现假定九江分公司将一半残次商品退回南昌总公司，并支付运费500元。则总公司和分公司的会计处理如下：

（1）分公司会计处理：

借：总公司往来	13 500
贷：总公司运来商品	12 500
总公司来货运费	500
银行存款	500

（2）总公司会计处理：

借：运交分公司商品	10 000
存货加价	2 500
超额运费损失	1 000
贷：分公司往来——九江分公司	13 500

将这笔退还残次商品回总公司而发生的运费记入"超额运费损失"账户，是由于这项运费支出是管理失误或者没有效率造成的，不应将其视为正常的运费。

(三) 各分公司之间发生的运费

各分公司之间发生的运费按照前述原则，应当区分分公司之间的运费是否属于计划内，若是计划内的就计入成本，否则就计入超额运费损失。

[**例 2 - 9**] 假定南昌总公司将成本为 100 000 元的商品运给赣州分公司，并支付运费 4 000 元。几天后，因九江分公司存货短缺而将这批商品由赣州运往九江，同时赣州分公司支付运费 2 400 元。将这批商品直接由南昌运到九江需要支付运费 3 600 元。

(1) 将商品运到赣州分公司的会计分录：

①总公司账上：

借：分公司往来——赣州分公司　　　　　　　　　　104 000
　　贷：运交分公司商品——赣州分公司　　　　　　　　100 000
　　　　银行存款　　　　　　　　　　　　　　　　　　4 000

②赣州分公司账上：

借：总公司运来商品　　　　　　　　　　　　　　　100 000
　　总公司来货运费　　　　　　　　　　　　　　　　4 000
　　贷：总公司往来　　　　　　　　　　　　　　　　104 000

(2) 将商品转运到九江分公司的会计分录：

①总公司账上：

借：分公司往来——九江分公司　　　　　　　　　　103 600
　　超额运费损失　　　　　　　　　　　　　　　　　2 800
　　运交分公司商品——赣州分公司　　　　　　　　100 000
　　贷：分公司往来——赣州分公司　　　　　　　　　106 400
　　　　运交分公司商品——九江分公司　　　　　　　100 000

②赣州分公司账上：

借：总公司往来　　　　　　　　　　　　　　　　　106 400
　　贷：总公司运来商品　　　　　　　　　　　　　　100 000
　　　　总公司来货运费　　　　　　　　　　　　　　4 000
　　　　银行存款　　　　　　　　　　　　　　　　　2 400

③九江分公司账上：

借：总公司运来商品　　　　　　　　　　　　　　　100 000
　　总公司来货运费　　　　　　　　　　　　　　　　3 600
　　贷：总公司往来　　　　　　　　　　　　　　　　103 600

在调整"总公司往来""分公司往来""运交分公司商品""总公司运来商品"账户的同时，运费账户也应随之调整。运费支出总额为 6 400 元（4 000 + 2 400），但若直接由南昌总公司运到九江分公司，仅需运费 3 600 元。在九江分公司账上，仅将3 600元运费包括在存货成本中，因为双重运费是总公司管理上的失误造成的，超额运费2 800元应列为总公司的损失。这种会计处理与存货成本仅包括使商品最终可供销售给客户所必需成本的会计原则一致。

五、核算方式以及期间费用的分摊

总公司与分公司可以采取集中核算和分级核算两种核算方式。因此，为了正确考核企业中各分公司的利润，对总公司与分公司之间发生的销售费用、管理费用和财务费用进行正确分摊就显得尤为重要。

（一）总公司统一核算与分公司单独核算

分公司要正常运转，必然要用到办公设备等固定资产，而对于这一部分固定资产的核算，通常有总公司统一（集中）核算和分公司单独（分级）核算两种方式。

1. 总公司统一核算

总公司统一核算，即分公司对自己经营过程中所使用的固定资产不进行核算，而由总公司统一记账和管理，包括固定资产的购置、计提折旧等。这样分公司就不用设置"固定资产"和"累计折旧"账户，只记录总公司分摊来的费用即可。在这种情况下，当总公司购入固定资产时，借记"固定资产"科目，贷记"银行存款"等科目；总公司计提折旧转给分公司时，借记"分公司往来"科目，分公司贷记"总公司往来"科目。当分公司征得总公司同意，购置固定资产时，分公司借记"总公司往来"科目，总公司接到分公司有关单证时，贷记"分公司往来"科目，折旧的计提与结转和上面相同。这种方式的核算不仅可以促使整个企业采用一致的折旧方法，而且也有利于总公司控制整个企业的资本性支出。

2. 分公司单独核算

分公司单独核算，即分公司作为一个独立的会计核算单位全面核算因资产的购置而发生的支付事项，以及由于资产的使用而引起的折旧的计提等费用事项。而总公司的账面上不再反映分公司使用中的固定资产的情况。在这种情况下，分公司就需要设置"固定资产"和"累计折旧"等账户。若总公司将固定资产拨给分公司，总公司应借记"分公司往来"科目，贷记"固定资产"科目；分公司则借记"固定资产"科目，贷记"总公司往来"科目。若分公司征得总公司同意购置固定资产，则借记"固定资产"科目，贷记"银行存款"等科目。

（二）内部期间费用的分摊

总公司与分公司之间经营业务具有关联性，使得总公司的费用中包括了部分应由分公司负担的费用。例如，由总公司支出的广告费，广告所带来的效应应该是包括分公司在内的整个集团公司都能够受益；又如，总公司统一支出的退休金或者行政管理上的费用，按照总分公司之间的协议，其中应由分公司分担的部分；再如，总公司统一计提折旧的情况下，期末转出的应由分公司负担的部分。

因此，在将上述费用分摊给分公司时，应在分公司账上借记有关费用科目，贷记"总公司往来"账户，即视同该费用由总公司拨款给分公司而后由分公司自行承担，从而使得费用分摊与先拨款后使用的会计处理在形式上一致。

1. 直接记入分公司账户

若发生时可直接确认为应由分公司负担的部分，则直接记入分公司的有关账户，直接由分公司负担。对这种情况，总公司可记入"分公司往来"账户，分公司根据总公司转来的有关凭单，记入"总公司往来"账户。

2. 先记入总公司账户，再分配给分公司

若发生时确认为总公司与分公司的共同费用，则先记入总公司的有关账户，然后定期采用一定的方法将应由分公司负担的部分分配给分公司。对这种情况，首先记入总公司的"销售费用"等费用类账户，然后转入"分公司往来"账户，同时，分公司将分来的部分记入"总公司往来"账户。应当注意的是，总公司所发生的共同性费用分摊时，应正确地选择分摊方法，以保证费用分摊的正确性。通行的做法是选择与该费用密切相关的指标为分配标准，按比例法进行分配。

[例2-10] 分公司经总公司批准购入固定资产，价值50 000元，每年末该项资产折旧额为1 000元。假设由总公司记录分公司的固定资产并计提折旧，年末再转由分公司负担该部分折旧费。则总、分公司会计处理如下：

总公司	分公司

（1）购入资产时：

借：固定资产　　　　　50 000　　　借：总公司往来　　　　50 000
　　贷：分公司往来　　　50 000　　　　　贷：银行存款　　　　50 000

（2）每年提取折旧、大修理费用等时：

借：分公司往来　　　　 1 000　　　借：销售费用　　　　　 1 000
　　贷：销售费用　　　　 1 000　　　　　贷：总公司往来　　　 1 000

六、相对账户的调节

如果记录往来交易时发生错误，或者一方已入账而另一方未入账，就会造成年末总公司及分公司的往来账户不相等。调节年末总公司及分公司往来账户的方法类似于银行存款余额调节表的编制方法。现举例说明。

[例2-11] 南昌总公司及九江分公司有关资料如下：

（1）2019年12月31日账户余额：九江分公司账上"总公司往来"账户452 300元；总公司账上"分公司往来——九江分公司"账户492 000元。

（2）2019年12月28日，总公司将成本为20 000元的商品按25 000元转移价格运给九江分公司，而九江分公司于2020年1月10日才收到。

(3) 2019 年 12 月 31 日，九江分公司将一张 12 000 元的支票送往总公司，总公司于 2020 年 1 月 6 日收到。

(4) 总公司将 8 500 元广告费分摊给九江分公司，九江分公司误记为 5 800 元。

会计处理如下：

(1) 2019 年 12 月 31 日，分公司需补记在途商品：

借：总公司运来商品——在途　　　　　　　　　　25 000
　　贷：总公司往来　　　　　　　　　　　　　　　　　25 000

(2) 2019 年 12 月 31 日，总公司需补记在途支票：

借：银行存款——在途支票　　　　　　　　　　　12 000
　　贷：分公司往来——九江分公司　　　　　　　　　　12 000

(3) 2019 年 12 月 31 日，分公司需更正错账：

借：销售费用　　　　　　　　　　　　　　　　　2 700
　　贷：总公司往来　　　　　　　　　　　　　　　　　2 700

通过上述分录，总公司与分公司往来账户余额将会相等，即具有相对性。总公司及分公司相对账户调节表如表 2-7 所示。

表 2-7　　　　　　南昌总公司及其九江分公司相对账户调节表　　　　　　单位：元

项目	"总公司往来"（分公司账上）	"分公司往来——九江分公司"（总公司账上）
2019 年 12 月 31 日账上余额	452 300	492 000
在途商品	25 000	—
在途支票	—	(12 000)
差错更正	2 700	—
2019 年 12 月 31 日调节后余额	480 000	480 000

七、销售代理处业务

销售代理处会计比分公司会计简单，一般只需设置一本现金登记簿，用以记载由总公司拨付或报销补足的备用金，以及应付日常开支的备用金支出。至于总公司账上有关销售代理处业务的记录，要看销售代理处的净损益是否单独反映。如果不需要销售代理处的详细资料，总公司账上则不单独确认销售代理处的净损益。

[例 2-12] 总公司为某销售代理处送去产品样品 10 件，单位成本 100 元；同时为该销售代理处建立了定额为 5 000 元的备用金，并支付了现金。一段时间后，销售代理处按每件产品 140 元的价格向各客户赊销该种产品 1 000 件，总公司将这些产品发送各客户并结转了销售成本；在此期间，销售代理处累计发生支

出 6 000 元，并及时从总公司补充了货币资金。总公司对该销售代理处单独设置明细账户进行核算。总公司的会计处理如下：

（1）发送产品样品，及拨付备用金时：

借：存货——××销售代理处展销样品　　　　　　1 000
　　贷：存货——库存商品　　　　　　　　　　　　　　1 000
借：其他应收款——××销售代理处　　　　　　　5 000
　　贷：银行存款　　　　　　　　　　　　　　　　　　5 000

（2）发送各客户订购产品，并结转已销产品成本时：

借：应收账款　　　　　　　　　　　　　　　　140 000
　　贷：主营业务收入——××销售代理处　　　　　　140 000
借：主营业务成本　　　　　　　　　　　　　　100 000
　　贷：存货——库存商品　　　　　　　　　　　　　100 000

（3）销售代理处支付费用，并补充备用金时：

借：销售费用——××销售代理处　　　　　　　　6 000
　　贷：银行存款　　　　　　　　　　　　　　　　　　6 000

期末，总公司可通过计算得出该销售代理处本期取得的净收益为 34 000 元（140 000 - 100 000 - 6 000）。在单独核算销售代理处的净损益时，总公司可以在"本年利润"账户中单独设置明细账户，以清楚地反映销售代理处的经营业绩，但若不单独核算销售代理处的净损益，会计处理只反映定额备用金的使用、收回情况。

【本章小结】

　　企业组织形式分类的第二个层次是在公司内部进行划分的。这个层次分为两对公司关系，即总分公司及母子公司。许多大型企业的业务分布于全国各地甚至许多国家，直接从事这些业务的是公司所设置的分支机构或附属机构，这些分支机构或附属机构就是所谓的分公司。而公司本身则称之为总公司或本公司。即分公司是与总公司或本公司相对应的一个概念。分公司与子公司同属于现代大公司企业经营组织的重要形式，因此，了解和掌握它们的会计处理程序和方法具有重要的现实意义。

　　本章按照分支机构的特点、分支机构的会计特征、总分支机构之间调拨存货的计价（按成本计价、按高于成本计价）、总分支机构之间其他相关会计问题的逻辑顺序展开讲解。其中，分支机构特点，总结了分支机构与子公司、销售代理处的区别；分支机构的会计特征，介绍了分支机构设置的账户、联合财务报表的含义；总分公司之间调拨存货的计价，详述了总分公司之间调拨存货按成本计价、按高于成本计价两种方式下分别应如何进行会计处理，以及联合财务报表的编制，这也是本章的重点和难点；而总分公司之间其他相关会计问题，则介绍了总分公司之间涉及固定资产折旧费用、往返运费等费用问题的分摊，该部分内容以了解为主。

【本章思考与练习题】

一、思考题

1. 分公司、销售代理处、子公司之间有何异同？
2. 分公司及分公司会计的特点有哪些？
3. 总公司与分公司之间往来事项的计价标准有几种？各种计价标准有何特点？
4. 什么是联合财务报表？为什么在编制联合财务报表之前要进行账项调整？
5. 不存在期初存货与存在期初存货，账务处理有何不同？

二、练习题

1. 假设某总公司与分公司2019年发生如下往来业务：

（1）总公司向分公司拨付现金10万元，按成本价拨付存货30万元；

（2）总公司购入20万元的设备转交给分公司，并由分公司当年计提折旧4万元；

（3）分公司本期取得销售收入35万元，发生销售成本20万元（全部为总公司购入），支付销售费用2万元（不考虑增值税）；

（4）总公司本期支付其他销售费用共计18万元，其中，由分公司负担1万元；

（5）分公司交回总公司现金27万元。

要求：

（1）编制分公司的会计分录；

（2）编制总公司的会计分录；

（3）编制结账前联合报表的抵销分录；

（4）编制结账分录。

2. 某分公司期初存货中有88万元是按成本价的110%从总公司购入，本期又按成本价的120%从总公司购入商品60万元，分公司期末存货仍有24万元是从总公司购入。

要求：

（1）分别为总公司和分公司编制购销商品时的分录；

（2）为总公司编制"存货加价"的联合报表抵销分录；

（3）为总公司编制结账时确认"存货加价"中已实现利润的分录。

第二章 企业合并

【引入案例】

2019年9月6日,作为中国互联网领域领军企业的阿里巴巴宣布收购网易考拉,收购价格高达20亿美元。网易考拉自销售母婴产品起家,成立以来一直专注于跨境进口业务,形成了非常资深稳固的跨境用户群,对阿里巴巴旗下的天猫国际是非常好的补充。此次合并会帮助合并双方实现规模经济、停止无序竞争以及应对"资本寒冬"下的融资窘境,那么财务人员在此过程中,有可能面临哪些亟待解决的会计问题?这些问题的解决方案不同,可能会带来哪些不同的解决后果?下面,让我们带着这些疑问开始本章的学习吧。

【学习目的与要求】
1. 了解企业合并的概念、目的和方式;
2. 领会会计政策的经济后果观;
3. 掌握同一控制和非同一控制下企业合并的会计处理。

第一节 企业合并概述

企业合并是企业迅速扩张、提高规模经济效益和国际竞争力的有效手段。企业合并的目的是实现企业间各种资源的重新排列组合,优化资源配置,实现合并的协同效应,最终完成企业的战略发展目标。但企业合并也可能是把"双刃剑",在可能推进企业资源的优化配置和规模经济的同时,也可能给企业带来一定的整合风险。

企业合并后,合并方将要解决的一个重要问题是如何确认、计量和列报合并对企业的会计影响。企业对合并交易确认、计量的方法不同,会使得企业合并财务报表反映出不同的财务状况和经营成果,影响到企业的资产价值及合并双方的直接经济利益,进而影响到其他相关方利益及社会资源的优化配置。

一、企业合并的界定

企业合并是将两个或两个以上单独的企业（主体）合并形成一个报告主体的交易或事项。

企业合并的界定包括两层含义：一是取得对另一个或多个企业（或业务）的控制权，能够对另一方的生产经营决策实施控制；二是所合并的企业必须构成业务，被合并方企业取得了不形成业务的一组资产或是净资产时，应将购买成本基于购买日所取得各项可辨认资产、负债的相对公允价值基础上进行分配，不按照企业合并准则进行处理。这里的业务是指企业内部某些生产经营活动或资产负债的组合，该组合具有投入、加工处理过程和产出能力，能够单独计算其成本费用或所产生的收入。

二、企业合并的动因

企业合并的原因多种多样。在日益激烈的竞争环境下，企业合并主要是源于企业希望通过合并，实现可持续性扩张、提高经济效益、降低经营风险和增强市场竞争力，进而实现企业价值最大化。虽然每一起合并事项的情况都不完全相同，但很多企业合并是为了寻求协同效应的实现。协同效应是指通过合并将双方的优势单向或双向转移，而使合并后双方的价值总和大于合并前双方价值的简单相加值。它包括经营协同效应、财务协同效应和管理协同效应。

合并可能会给企业带来以下好处：

第一，降低成本。横向合并中，合并方因竞争对手的减少、市场控制力的增强、企业规模的扩大而获得平均成本下降的好处。纵向合并中，合并方可以通过纵向一体化减少中间环节而降低成本。从融资成本角度看，随着企业规模扩大，合并后的企业与金融机构的谈判能力也随之增强，使企业能以更优惠的利率融资。

第二，分散风险。合并后的企业可以通过多元化经营分散风险。同时，购买已有的生产线，接受现有的市场，通常比开发新产品、拓展新市场风险要小。

第三，取得无形的资产。很多企业的合并不仅是为了取得有形的经济资源，更可能是为了取得特许经营权、专利权、管理技术、优越的地理位置、良好的声誉等无形的资产。

三、企业合并的类型

企业合并可按不同标准分类，一般有以下几种：

(一) 按合并涉及行业划分

1. 横向合并

横向合并是指市场上的竞争对手间的合并,例如在生产同类商品的厂商间,或在同一市场领域出售相互竞争商品的分销商之间的合并。美团网和大众点评网的合并就属于横向合并。横向合并的目的在于消除竞争、扩大市场份额、增加合并企业的垄断实力或形成规模效应。横向合并的结果是资本在同一生产、销售领域集中,优势企业吞并劣势企业组成横向托拉斯,扩大生产和销售规模以达到新技术条件下的最佳经济规模。横向合并会削弱企业间的恶性竞争,但过度的横向合并容易造成垄断的局面。因此,在一些市场经济高度发达的国家,政府往往制定反托拉斯法规,以限制横向合并的蔓延。

2. 纵向合并

纵向合并是指与企业的供应商或客户合并。即优势企业将与本企业紧密相关的从事生产、营销过程的企业收购过来,以形成纵向生产一体化。纵向合并实质上是处于生产同一产品不同生产阶段企业间的合并,被合并方往往是原材料供应商和产品购买方,所以对彼此的生产状况比较熟悉,有利于合并后的相互融合,以节约交易成本。2017年3月,蒙牛要约收购现代牧业,就是乳制品企业向上游原奶领域布局的重大举措。

3. 混合合并

混合合并是指既非竞争对手又非现实或潜在的客户或供应商的企业间的合并。与混合合并密切相关的是多元化经营战略。按照多元化经营战略,公司或采取合资形式,或采取合并方式,向本企业的非主导行业投资或开辟新的业务部门,以便减少经营局限性,分散投资风险,以及扩大企业的知名度,这种合并的目的在于分散经营风险,提高企业的生存和发展能力;或者是一方利用另一方的环境条件,进一步拓展市场。经过混合合并,一般会形成跨行业的企业集团。如中国首控集团有限公司在2014年以前主要从事汽车零部件业务,2014年底,为实现业务多元化,开始涉足证券交易、融资顾问、资产管理、金融信贷等新业务。2016年,该公司又布局全球教育市场,希望打造"教育投资+金融服务"双轮驱动的教育产业运营及投融资平台,先后收购济南世纪英华实验学校51%权益和西山学校58.3%权益。这就是公司实现多元化战略,进行混合合并的典型案例。

(二) 按合并的法律形式划分

1. 吸收合并

吸收合并,是指合并方通过股票交换、支付现金或非现金资产、发行债券等方式取得被合并方全部净资产的交易或事项。吸收合并下,合并后,被合并方法人资格被注销,其经营活动可能继续进行,但只是作为合并方的一部分经营活动而存在。因此，如果长江公司和黄河公司进行吸收合并，从法人资格存在情况看，可用下式表示：

长江公司 + 黄河公司 = 长江公司

2. 新设合并

新设合并，是指合并方通过交换有表决权股份或其他方式注册成立一家新的企业的交易或事项。新设合并下，合并后，参与合并各方法人资格均被注销，由新注册成立的企业持有参与合并各方的资产负债，并在新的基础上经营。因此，如果长江公司和黄河公司进行新设合并成立源水公司，从法人资格存在情况看，可用下式表示：

长江公司 + 黄河公司 = 源水公司

3. 控股合并

控股合并，是指合并方通过支付现金或非现金资产、发行股票或债券等方式取得被合并方的控制权的交易或事项。控股合并下，合并后，被合并方仍维持其独立法人资格且继续经营，合并方通过所取得的控制权主导被合并方的生产经营决策并自被合并方的生产经营活动中受益。因此，如果长江公司和黄河公司进行吸收合并，从法人资格存在情况看，可用下式表示：

长江公司 + 黄河公司 = 长江公司 + 黄河公司

从报告主体看，合并后，合并方需要根据合并各方的个别报表编制合并财务报表。

（三）按合并前后是否受同一方或相同多方最终控制划分

我国会计准则将企业合并划分为同一控制下与非同一控制下的企业合并两大类型。

1. 同一控制下的企业合并

同一控制下的企业合并，是指参与合并的企业在合并前后均受同一方或相同的多方最终控制且该控制并非暂时性的。同一方通常指企业集团的母公司。相同多方是指根据合同或协议的约定，拥有最终决定参与合并企业的财务和经营决策，并从中获取利益的投资者群体。非暂时性控制是指参与合并各方在最终控制方的控制时间一般在1年以上（含1年），企业合并后所形成的报告主体在最终控制方的控制时间也应达到1年以上（含1年）。

同一控制下的企业合并一般发生于企业集团内部，如集团内母子公司之间、子公司相互之间等。该类合并从本质上看是集团内部企业之间的资产或权益的转移。但这里要强调的是，仅同受国家控制的企业之间发生的合并，不属于同一控制下的企业合并。

2. 非同一控制下的企业合并

非同一控制下的企业合并是指参与合并的各方在合并前后不受同一方或相同

的多方最终控制的合并。

四、企业合并应解决的会计问题

企业合并会计是对企业合并的过程和结果进行会计处理的程序和方法。根据被合并方法律主体是否消失的不同,合并日,合并方要解决的会计问题也有所不同。合并方是指取得对其他参与合并企业控制权的一方;合并日,是指合并方实际取得被合并方控制权的日期。

(一)吸收合并和新设合并应解决的会计问题

在吸收合并和新设合并下,被合并方法律主体消失,被合并方的资产和负债要纳入合并方进行会计核算,因此,吸收合并和新设合并下,合并方应解决的主要会计问题有:

(1)并入的资产和负债按什么价值入账?是按账面价值还是合并日该资产和负债的公允价值?

(2)合并方支付的对价和享有净资产的差额如何处理?是计入资本公积还是增加资产?

(3)被合并企业的合并前留存收益是否纳入合并方?

(4)合并过程中发生的评估费、差旅费、发行费等各项费用是否应全部费用化?

(二)控股合并应解决的会计问题

控股合并下,被合并方法律主体仍持续存在,被合并方仍持续经营,被合并方的资产和负债仍在原会计主体中核算,合并方在合并日,最主要的就是解决长期股权投资增加的核算。控股合并虽然从形式上看,母公司和子公司是相互独立的法人,分别进行会计核算,编制会计报表。但从实质上看,母子公司是一个统一的整体,由于存在控股关系,子公司的盈亏实际上是母公司的盈亏。因此母公司的股东、债权人和管理者不仅关心母公司的财务状况和经营成果,而且更关心整个集团的财务状况和经营成果。因此,为满足投资者了解合并日整个集团的财务状况和经营成果的需求,合并方一般会编制合并日合并财务报表,以反映合并对母公司和集团的影响。

由于新设合并的会计问题与吸收合并相同,因此,本章主要以吸收合并为对象来讨论企业合并时的会计处理。

五、企业合并会计的核算方法

合并前后合并各方是否受同一方或相同多方最终控制,会影响合并交易或事项中的合并定价、合并方式等,因此,合并所适用的会计政策也不同。我国企业会计准则将企业合并的会计方法分为同一控制下的企业合并的会计处理和非同一控制下企业合并的会计处理，以下分节论述。

第二节 同一控制下企业合并的处理

一、同一控制下企业合并的特点

同一控制下的企业合并，是指参与合并的企业在合并前后均受同一方或相同多方的最终控制且该控制并非暂时性的。由于同一控制下的企业合并，往往表现为集团内部的母子公司间或子公司相互之间的合并事项，因此，该类合并具有如下特点：

（1）从最终实施控制方的角度看，其所能够实施控制的净资产并没有发生变化，合并相当于将自己的东西从一个口袋转移到另一个口袋，但仍然在自己的口袋中，仍然受自己的控制，在量上没有发生变化。

（2）由于企业合并发生在关联方之间，交易作价往往很难做到公允，因此用公允价作为计量基础，显然不合理。

二、同一控制下企业合并的会计处理原则

对于同一控制下的企业合并，可以将企业合并看作两个或多个参与合并企业的重新整合，由于最终控制方的存在，从最终控制方的角度，该类企业合并不会造成企业集团整体的经济利益流入和流出。因此，同一控制下的企业合并，合并方应遵循以下原则进行相关的处理：

（1）合并方在合并中确认取得的被合并方的资产、负债仅限于被合并方账面上原已确认的资产和负债，合并中不产生新的资产和负债。同一控制下的企业合并，从最终控制方的角度看，在合并前后实际控制的经济资源并没有发生变化，因此，合并中不产生新的资产或负债。

（2）合并方在合并中取得的被合并方各项资产、负债应维持其在被合并方的原账面价值不变。同一控制下的企业合并，从最终控制方的角度看，是在发生合并交易或事项前已经控制的资产或负债，在该交易或事项发生后仍在其控制之下，因此，该交易或事项原则上不应引起所涉及资产、负债的计量基础发生变化。

值得注意的是，在确定被合并方资产或负债原账面价值时，若被合并方在合并前采用的会计政策与合并方不一致的，合并方应基于重要性原则，按照本企业

会计政策对被合并方资产、负债的账面价值进行调整,并以调整后的账面价值作为有关资产、负债的入账价值。进行上述调整的一个基本原因是将该项合并中涉及的合并方及被合并方作为一个整体对待,对于一个完整的会计主体,其对相关交易、事项应当采用相对统一的会计政策,在此基础上反映其财务状况和经营成果。

(3) 合并方支付对价与合并中取得的净资产的入账价值之间的差额,应调整所有者权益中的相关项目,不增加资产,也不作为资产处置损益。同一控制下的企业合并,本质上不作为购买,而是两个或多个会计主体权益的整合,不应产生损益或增加资产。合并差额调整合并方的所有者权益时,应首先调整"资本公积——资本溢价或股本溢价","资本公积——资本溢价或股本溢价"不足冲减的,应按顺序冲减"盈余公积""未分配利润"。

(4) 合并费用的处理。合并方为进行企业合并发生的各项直接相关费用,包括为进行企业合并而支付的审计费用、评估费用、法律服务费用等,应于发生时费用化计入管理费用。为企业合并发行股票或债券而支付的手续费、佣金等发行费用,应自所发行股票或债券收入中扣减。其中,企业发行股票发生的手续费、佣金等,应当先冲减"资本公积——资本溢价或股本溢价","资本公积——资本溢价或股本溢价"的余额不足冲减的,应按顺序冲减"盈余公积""未分配利润"。企业发行债券产生的手续费和佣金等,计入所发行债券的初始计量金额,直接调整"应付债券——利息调整"。

(5) 同一控制下的控股合并,合并方在编制合并财务报表时,应视同合并后形成的报告主体自最终控制方开始实施控制时一直是一体化存续的,参与合并各方在合并以前期间实现的留存收益应体现为合并报表中的留存收益。在合并财务报表中,应以合并方的资本公积(资本溢价)为限,将被合并方在合并前的留存收益按照持股比例计算归属于合并方的部分自资本公积转入留存收益。因合并方的资本公积余额不足,被合并方在合并前实现的留存收益中归属于合并方的但在合并资产负债表中未予恢复的部分,应在合并财务报表附注中进行说明。

三、同一控制下企业合并的会计处理

(一) 同一控制下的吸收合并

同一控制下的吸收合并,合并方应解决两个会计问题,一是并入资产和负债的入账价值;二是合并差价的处理。同一控制下吸收合并的会计处理,主要应把握两点:

1. 并入资产、负债的入账价值

合并方对同一控制下吸收合并中取得的资产、负债应当按照相关资产、负债在被合并方的原账面价值入账。

2. 合并差价的处理

同一控制下吸收合并，合并方取得的净资产账面价值与支付的合并对价账面价值（或发行股份面值总额）的差额，应当调整"资本公积——资本溢价或股本溢价"；资本公积不足冲减的，应先后冲减盈余公积和未分配利润。

[例3-1] A、B公司同为C公司控制下的子公司，2019年9月1日A公司以现金1 200万元的对价，吸收合并了B公司，2019年8月30日B公司资产负债表上有关报表项目金额：应收票据40万元，应收账款360万元，原材料400万元，固定资产600万元，短期借款400万元，所有者权益1 000万元。A公司资本公积——资本溢价的余额为120万元，盈余公积的余额为90万元。

A公司会计分录为：

借：应收票据　　　　　　　　　　　　　　　　　　400 000
　　应收账款　　　　　　　　　　　　　　　　　3 600 000
　　原材料　　　　　　　　　　　　　　　　　　4 000 000
　　固定资产　　　　　　　　　　　　　　　　　6 000 000
　　资本公积　　　　　　　　　　　（差额）1 200 000
　　盈余公积　　　　　　（资本公积不足冲减部分）800 000
　　贷：短期借款　　　　　　　　　　　　　　　4 000 000
　　　　银行存款　　　　　　　　　　　　　　 12 000 000

[例3-2] 2019年1月1日，P公司向S公司的股东定向增发1 000万股普通股（每股面值为1元，市价为13元）对S公司进行吸收合并，并于当日取得S公司100%的控制权。增发前S公司资产、负债情况如表3-1所示。

表3-1　　　　　　　　　S公司资产、负债情况　　　　　　　　单位：万元
2019年1月1日

项目	S公司	
	账面价值	公允价值
资产：		
货币资金	450	450
存货	255	450
应收账款	2 000	2 000
长期股权投资	2 150	3 800
固定资产：		
固定资产原价	4 000	5 500

续表

项目	S 公司	
	账面价值	公允价值
减：累计折旧	1 000	0
固定资产净值	3 000	5 500
无形资产	500	1 500
资产总计	8 355	13 700
负债和所有者权益：		
短期借款	2 250	2 250
应付账款	300	300
其他应付款	300	300
负债合计	2 850	2 850
股本	2 500	10 850
资本公积	1 500	
盈余公积	500	
未分配利润	1 005	
所有者权益合计	5 505	10 850
负债和所有者权益总计		

P 公司对该项合并应进行的会计处理为：

借：银行存款　　　　　　　　　　　　　　　　　4 500 000
　　存货　　　　　　　　　　　　　　　　　　　 2 550 000
　　应收账款　　　　　　　　　　　　　　　　　20 000 000
　　长期股权投资　　　　　　　　　　　　　　　21 500 000
　　固定资产　　　　　　　　　　　　　　　　　40 000 000
　　无形资产　　　　　　　　　　　　　　　　　 5 000 000
　　贷：累计折旧　　　　　　　　　　　　　　　10 000 000
　　　　短期借款　　　　　　　　　　　　　　　22 500 000
　　　　应付账款　　　　　　　　　　　　　　　 3 000 000
　　　　其他应付款　　　　　　　　　　　　　　 3 000 000
　　　　股本　　　　　　　　　　　　　　　　　10 000 000
　　　　资本公积　　　　　　　　（差额）　　　45 050 000

（二）同一控制下的控股合并

同一控制下的控股合并，合并方在合并日应解决两个会计问题：一是控股合并下,"长期股权投资"的确认和计量;二是合并日合并财务报表的编制。

1. 控股合并下长期股权投资的确认和计量

同一控制下企业合并形成的长期股权投资,合并方应以合并日按照取得被合并方所有者权益在最终控制方的合并财务报表中净资产的账面价值份额作为"长期股权投资"的初始投资成本。合并方支付对价账面价与享有权益账面价之间的差额,调整"资本公积——资本溢价或股本溢价",资本公积——资本溢价或股本溢价的余额不足冲减的,依次冲减"盈余公积""未分配利润"。

2. 合并日合并财务报表的编制

同一控制下的企业合并形成母子公司关系的,合并方一般应在合并日编制合并财务报表。合并财务报表应按一体化存续原则,反映合并日形成的报告主体的财务状况、经营成果和现金流量。合并日合并财务报表,一般应包括合并资产负债表、合并利润表及合并现金流量表。

(1) 合并资产负债表。同一控制下的控股合并,合并日被合并方的有关资产、负债应以其账面价值并入合并财务报表(合并方与被合并方采用的会计政策不同,应按照合并方的会计政策,对被合并方有关资产、负债进行调整)。这里的账面价值是指被合并方的资产、负债(包括最终控制方收购被合并方时形成的商誉)在最终控制方合并财务报表中的账面价值。合并方与被合并方在合并日及以前期间发生的交易,应作为内部交易进行抵销。

(2) 合并利润表。合并方在编制合并日的合并利润表时,应包含合并方及被合并方自合并当期期初至合并日实现的净利润。双方在当期发生的交易,应当按照合并财务报表的有关原则进行抵销。合并方的财务报表比较数据追溯调整的期间应不早于双方处于最终控制方的控制之下孰晚的时间。

为了帮助企业的会计信息使用者了解合并利润表中净利润的构成,发生同一控制下企业合并的当期,合并方在合并利润表中的"净利润"项下应单列"其中:被合并方在合并前实现的净利润"项目,反映因准则中的同一控制下企业合并规定的编表原则,导致由于该项企业合并在合并当期自被合并方带入的损益。

(3) 合并现金流量表。合并方在编制合并日的合并现金流量表时,应包含合并方及被合并方自合并当期期初至合并日产生的现金流量。涉及双方当期发生内部交易产生的现金流量,应按照合并财务报表准则规定的有关原则进行抵销。

合并财务报表的编制在本书第四章和第五章介绍。本章重点介绍同一控制下控股合并的会计处理。

[例3-3] A、B公司分别为P公司控制下的两家子公司。A公司于2019年3月10日自母公司P处取得B公司100%的股权,合并后B公司仍维持其独立法人资格继续经营。为进行该项企业合并,A公司发行了3 000万股本公司普通股

（每股面值1元）作为对价。假定A、B公司采用的会计政策相同。合并日，A公司及B公司的所有者权益构成情况如表3-2所示。

表3-2 合并双方所有者权益构成情况表 单位：万元
2019年3月10日

项目	金额	
	A公司	B公司
股本	18 000	3 000
资本公积	5 000	1 000
盈余公积	4 000	2 000
未分配利润	10 000	4 000
合计	37 000	10 000

A公司在合并日的会计分录为：
借：长期股权投资　　　　　　　（享有权益账面价）100 000 000
　　贷：股本　　　　　　　　　　　　　　　　　　30 000 000
　　　　资本公积　　　　　　　　　　　　（差额）70 000 000

[例3-4] 2019年3月1日，甲公司以其持有的一栋房产从乙公司手中购得其持有的A公司股票60万股，占A公司有表决权资本的80%。该房产账面价值为7 000万元，公允价值为8 000万元。购买日A公司净资产账面价值为10 000万元，公允价值为12 000万元。假设甲公司和A公司受相同一方控制。

则甲公司合并日的会计分录为：
借：长期股权投资　　　　　　　（享有权益账面价）80 000 000
　　贷：固定资产清理　　　　　　（支付对价账面价）70 000 000
　　　　资本公积——股本溢价　　　　　　（差额）10 000 000

四、同一控制下企业合并的信息披露要求

企业合并发生在当期的期末，合并方应当在报表附注中披露与同一控制下企业合并有关的下列信息：

(1) 参与合并企业的基本情况。
(2) 属于同一控制下企业合并的判断依据。
(3) 合并日的确定依据。
(4) 以支付现金、转让非现金资产以及承担债务作为合并对价的，所支付对价在合并日的账面价值；以发行权益性证券作为合并对价的，合并中发行权益

性证券的数量及定价原则,以及参与合并各方交换有表决权股份的比例。
(5) 被合并方的资产、负债在上一会计期间资产负债表日及合并日的账面价值;被合并方自合并当期期初至合并日的收入、净利润、现金流量等情况。
(6) 合并合同或协议约定将承担被合并方或有负债的情况。
(7) 被合并方采用的会计政策与合并方不一致所作调整情况的说明。
(8) 合并后已处置或准备处置被合并方资产、负债的账面价值、处置价格等。

第三节 非同一控制下企业合并的处理

一、非同一控制下企业合并的特点

非同一控制下企业合并,是指参与合并各方在合并前后不受同一方或相同多方最终控制的合并交易。例如,在联想集团收购IBM的个人电脑业务中,联想集团和IBM是各自独立的,它们之间不受同一方或多方控制,因此,这种合并就是非同一控制下的合并。

非同一控制下的企业合并具有以下特点:
(1) 参与合并的各方不受同一方或相同的多方最终控制,企业合并大多是出自企业自愿的行为。
(2) 交易过程中,各方出于自身的利益考虑会进行激烈的讨价还价,交易以公允价值为基础,合并对价相对公平合理。

二、非同一控制下企业合并的会计处理原则

非同一控制下的企业合并,可以视同合并方打包购买另一方或多方净资产,基本会计处理原则是购买法。

(一) 确定购买方

采用购买法核算企业合并的首要前提是确定购买方。购买方是指在企业合并中取得对另一方或多方控制权的一方。

非同一控制下的企业合并中,一般应考虑企业合并合同、协议以及其他相关因素来确定购买方。合并中一方取得了另一方半数以上有表决权股份的,除非有明确的证据表明不能形成控制,一般认为取得另一方半数以上的表决权股份的一方为购买方。在某些情况下,即使一方没有取得另一方半数以上有表决权股份,但存在以下情况时,一般也可认为其获得了对另一方的控制权:
(1) 通过与其他投资者签订协议,实质上拥有被购买企业半数以上表决权。

例如，长江公司拥有黄河公司40%的表决权资本，C公司拥有黄河公司30%的表决权资本，D公司拥有黄河公司30%的表决权资本。长江公司与C公司达成协议，C公司在黄河公司的权益由长江公司代表。在这种情况下，长江公司实质上拥有黄河公司70%表决权资本的控制权，黄河公司的章程等没有特别规定的情况下，表明长江公司实质上控制黄河公司。

（2）按照法律或协议等规定，具有主导被购买企业财务和经营决策的权力。例如，长江公司拥有黄河公司45%的表决权资本，同时，根据法律或协议规定，长江公司可以决定黄河公司的生产经营等政策，达到对黄河公司的财务和经营政策实施控制。

（3）有权任免被购买企业董事会或类似权力机构绝大多数成员。这种情况是指，虽然投资企业拥有被投资单位50%或以下表决权资本，但根据章程、协议等有权任免被投资单位董事会或类似机构的绝大多数成员，以达到实质上控制的目的。

（4）在被购买企业董事会或类似权力机构中具有绝大多数投票权。这种情况是指，虽然投资企业拥有被投资单位50%或以下表决权资本，但能够控制被投资单位董事会等类似权力机构的会议，从而能够控制其财务和经营政策，达到对被投资单位的控制。

某些情况下可能难以确定企业合并中的购买方，如参与合并的两家或多家企业规模相当，在这种情况下，往往可以结合一些迹象表明购买方的存在。在具体判断时，可以考虑下列相关因素：

（1）以支付现金、转让非现金资产或承担负债的方式进行的企业合并，一般支付现金、转让非现金资产或是承担负债的一方为购买方。

（2）考虑参与合并各方的股东在合并后主体的相对投票权，其中股东在合并后主体具有相对较高投票比例的一方一般为购买方。

（3）参与合并各方的管理层对合并后主体生产经营决策的主导能力，如果合并导致参与合并一方的管理层能够主导合并后主体生产经营政策的制定，其管理层能够实施主导作用的一方一般为购买方。

（4）参与合并一方的公允价值远远大于另一方的，公允价值较大的一方很可能为购买方。

（5）企业合并是通过以有表决权的股份换取另一方的现金及其他资产的，则付出现金或其他资产的一方很可能为购买方。

（6）通过权益互换实现的企业合并，发行权益性证券的一方通常为购买方。但如果有证据表明发行权益性证券的一方，其生产经营决策在合并后被参与合并的另一方控制，则其应为被购买方，参与合并的另一方为购买方。

在判断企业合并中的购买方时，应考虑所有相关的事实和情况，特别是企业合并后参与合并各方的相对投票权、合并后管理机构及高层管理人员的构成、权益互换的条款。

(二) 确定购买日

购买日是购买方获得对被购买方控制权的日期，即企业合并交易进行过程中，发生控制转移的日期。

根据企业合并方式的不同，在控股合并的情况下，购买方应在购买日确认因企业合并形成的对被购买方的长期股权投资，在吸收合并的情况下，购买方应在购买日确认合并中取得的被购买方各项可辨认资产、负债等。

1. 购买日的确定原则

确定购买日的基本原则是控制权转移的时点。企业在实务操作中，应当结合合并合同或协议的约定及其有关的影响因素，按照实质重于形式的原则进行判断。同时满足了以下条件时，一般可认为实现了控制权的转移，形成购买日。有关的条件包括：

（1）企业合并合同或协议已获股东大会等内部权力机构通过。企业合并一般涉及的交易规模较大，无论是合并当期还是合并以后期间，均会对企业的生产经营产生重大影响，在能够对企业合并进行确认、形成实质性的交易前，该交易或事项应经过企业的内部权力机构批准，如对于股份有限公司，其内部权力机构一般指股东大会。

（2）按照规定，合并事项需要经过国家有关主管部门审批的，已获得相关部门的批准。按照国家有关规定，企业购并需要经过国家有关部门批准的，取得相关批准文件是对企业合并交易或事项进行会计处理的前提之一。

（3）参与合并各方已办理了必要的财产权交接手续。作为购买方，其通过企业合并无论是取得对被购买方的股权还是取得被购买方的全部净资产，能够形成与取得股权或净资产相关的风险和报酬的转移，一般需办理相关的财产权交接手续，从而从法律上保障有关风险和报酬的转移。

（4）购买方已支付了购买价款的大部分（一般超过50%），并且有能力支付剩余款项。购买方要取得与被购买方净资产相关的风险和报酬，其前提是必须支付一定的对价，一般在形成购买日之前，购买方应当已经支付了购买价款的大部分，并且从其目前财务状况判断，有能力支付剩余款项。

（5）购买方实际上已经控制了被购买方的财务和经营政策，并享有相应的收益和风险。

2. 分次实现的企业合并购买日的确定

企业合并涉及一次以上交换交易的，如通过分阶段取得股份最终实现合并，企业应于每一交易日确认对被投资企业的各单项投资。交易日，是指合并方或购买方在自身的账簿和报表中确认对被投资单位投资的日期。分步实现的企业合并中，购买日是指按照有关标准判断购买方最终取得对被购买企业控制权的日期。其具体判断原则和参考依据与通过单项交易实现的企业合并相同。

例如，A 企业于 2018 年 10 月 20 日取得 B 公司 30% 的股权（假定能够对被投资单位施加重大影响），在与取得股权相关的风险和报酬发生转移的情况下，A 企业应确认对 B 公司的长期股权投资，与所取得股权相关的风险和报酬转移的日期即为交易日。在已经拥有 B 公司 30% 股权的基础上，A 企业又于 2019 年 12 月 8 日取得 B 公司 30% 的股权，在其持股比例达到 60% 的情况下，假定于当日开始能够对 B 公司实施控制，则 2019 年 12 月 8 日为第二次购买股权的交易日，同时因在当日能够对 B 公司实施控制，形成企业合并的购买日。

（三）合并成本的确认

一次交换交易实现的企业合并，合并成本包括购买方为进行企业合并支付的现金或非现金资产、发行或承担的债务、发行的权益性证券等在购买日的公允价值。例如，甲企业以所持有的部分非流动资产作为对价，购入乙企业 100% 的股权。作为对价的非流动资产公允价值 1 200 万元，则合并成本为付出的非流动资产公允价值 1 200 万元。通过多次交换交易分步实现的企业合并。

合并成本应按以下三种情况进行处理：

（1）原投资为权益法核算的长期股权投资，其购买日合并成本为购买日原投资账面价值与新增投资公允价值之和。

（2）原投资为以公允价值计量且其变动计入当期损益的金融资产，其购买日合并成本为购买日原投资公允价值与新增投资公允价值之和。

（3）原投资为以公允价值计量且其变动计入其他综合收益的金融资产的非交易性权益工具投资，其购买日合并成本为购买日原投资公允价值与新增投资公允价值之和。

此外，在合并合同或协议中对可能影响合并成本的未来事项作出约定的，购买日如果估计未来事项很可能发生并且对合并成本的影响金额能够计量的，购买方应当将其计入合并成本。

（四）企业合并成本与合并中取得的被购买方可辨认净资产公允价值份额差额的处理

对于合并成本与合并中取得的被购买方可辨认净资产公允价值之间的差额要区别情况处理：

（1）合并成本大于合并中取得的被购买方可辨认净资产公允价值份额时，其差额应当确认为商誉。控股合并下，该差额指的是在合并财务报表中应予列示的商誉，即长期股权投资的成本与购买日按照持股比例计算确定应享有被购买方可辨认净资产公允价值份额之间的差额；吸收合并下，该差额是购买方在其账簿及个别财务报表中应确认的商誉。

（2）合并成本小于合并中取得的被购买方可辨认净资产公允价值份额时，购买方首先要对合并中取得的资产、负债的公允价值，以及合并成本的计量进行复核，复核后合并成本仍然小于合并中取得的被购买方可辨认净资产公允价值份额的，其差额计入当期损益，并在财务报表附注中予以说明。

（五）购买日合并财务报表的编制

非同一控制下的控股合并中，购买方一般应于购买日编制合并资产负债表，反映其于购买日开始能够控制的经济资源情况。在合并资产负债表中，合并中取得的被购买方各项可辨认资产、负债应以其在购买日的公允价值计量，长期股权投资的成本大于合并中取得的被购买方可辨认净资产公允价值份额的差额，体现为合并财务报表中的商誉；长期股权投资的成本小于合并中取得的被购买方可辨认净资产公允价值份额的差额，企业合并准则中规定应计入合并当期损益，购买日不需要编制合并利润表，该差额体现在合并资产负债表上，应调整合并资产负债表的盈余公积和未分配利润。

另外，应予说明的是，非同一控制下的企业合并中，作为购买方的母公司在进行有关会计处理后，应单独设置备查簿，记录其在购买日取得的被购买方各项可辨认资产、负债的公允价值以及因企业合并成本大于合并中取得的被购买方可辨认净资产公允价值的份额应确认的商誉金额，或因企业合并成本小于合并中取得的被购买方可辨认净资产公允价值的份额计入当期损益的金额，作为企业合并当期以及以后期间编制合并财务报表的基础。企业合并当期期末以及合并以后期间，应当纳入合并财务报表中的被购买方资产、负债等，是以购买日确定的公允价值为基础持续计算的结果。

三、非同一控制下企业合并的会计处理

（一）非同一控制下的吸收合并

非同一控制下吸收合并的会计处理，合并方应解决三个会计问题：一是购买方在购买日应当将合并中取得的符合确认条件的各项可辨认资产、负债，按其公允价值确认为本企业的资产和负债；二是作为支付对价的有关非货币性资产在购买日的公允价值与其账面价值的差额，应作为资产处置损益计入合并当期的利润表；三是确定的企业合并成本与所取得的被购买方可辨认净资产公允价值之间的差额，视情况分别确认为商誉或是计入企业合并当期的损益。

同时，为了核算非同一控制下的企业合并，企业应设置"商誉"科目。"商誉"科目核算非同一控制下企业合并中取得的商誉价值。商誉在确认以后，持有期间不要求摊销，应当按照《企业会计准则第8号——资产减值》的规定对其进行减值测试，按照账面价值与可收回金额孰低的原则计量，对于可收回金额低于账面价值的部分，计提减值准备，有关减值准备在提取以后，不能够转回。企业

应按企业合并准则确定的商誉价值,借记"商誉"科目,贷记有关科目。资产负债表日,企业根据资产减值准则确定商誉发生减值的,按应减记的金额,借记"资产减值损失"科目,控股合并的合并报表中贷记"商誉"科目,吸收合并的个别报表中贷记"商誉减值准备"科目。"商誉"科目期末借方余额,反映企业外购商誉的价值。新设合并的会计处理与吸收合并的会计处理相同。

[例3-5] D公司和E公司是不具有关联关系的两个独立的公司,2019年1月27日,两家公司达成合并协议,由D公司对E公司进行吸收合并。2019年7月1日,D公司以公允价值为1 500万元、账面价值为950万元的无形资产作为对价合并了E公司。2019年7月1日E公司资产与负债情况如表3-3所示。

表3-3 资产与负债情况 单位:元

项目	账面价值	公允价值
固定资产	6 000 000	8 500 000
长期股权投资	5 500 000	6 500 000
长期借款	3 500 000	3 500 000
净资产	8 000 000	11 500 000

合并日,D公司的会计处理如下:

借:固定资产 8 500 000
　　长期股权投资 6 500 000
　　商誉 (差额)3 500 000
　贷:长期借款 3 500 000
　　　无形资产 9 500 000
　　　资产处置损益 (视同销售)5 500 000

[例3-6] 2019年12月31日,长城公司吸收合并了华宝公司,获得了华宝公司的净资产。在合并前华宝公司经确认的资产和负债的账面价值和公允价值如表3-4所示。

表3-4 合并前华宝公司资产负债表(简表) 单位:万元
2019年12月31日

项目	账面价值	公允价值
库存现金	0.5	0.5
应收账款	19.5	19.5
库存商品	20	25

续表

项目	账面价值	公允价值
固定资产	60	95
无形资产（专利权）	—	5
资产总计	100	145
短期借款	10	10
应付票据	15	15
负债合计	25	25
净资产	75	120

（1）假定为取得华宝公司净资产，长城公司支付了现金1 400 000元，取得的华宝公司各项可辨认资产、负债的公允价值与其计税基础之间不存在差额。

合并日，长城公司的会计处理为：

借：库存现金　　　　　　　　　　　　　　　　　　　　　5 000
　　应收账款　　　　　　　　　　　　　　　　　　　　195 000
　　库存商品　　　　　　　　　　　　　　　　　　　　250 000
　　固定资产　　　　　　　　　　　　　　　　　　　　950 000
　　无形资产　　　　　　　　　　　　　　　　　　　　 50 000
　　商誉　　　　　　　　　　　　　　　　　（差额）200 000
　　贷：短期借款　　　　　　　　　　　　　　　　　　100 000
　　　　应付票据　　　　　　　　　　　　　　　　　　150 000
　　　　银行存款　　　　　　　　　　　　　　　　　1 400 000

（2）假定为取得华宝公司净资产，长城公司支付了现金1 400 000元，取得的华宝公司各项可辨认资产、负债的计税基础为合并前的账面价值，所得税税率为25%。

合并日，长城公司的会计处理为：

借：库存现金　　　　　　　　　　　　　　　　　　　　　5 000
　　应收账款　　　　　　　　　　　　　　　　　　　　195 000
　　库存商品　　　　　　　　　　　　　　　　　　　　250 000
　　固定资产　　　　　　　　　　　　　　　　　　　　950 000
　　无形资产　　　　　　　　　　　　　　　　　　　　 50 000
　　商誉　　　　　　　　　　　　　　　　　（差额）312 500
　　贷：短期借款　　　　　　　　　　　　　　　　　　100 000

　　　　应付票据　　　　　　　　　　　　　　　　　　　　150 000
　　　　银行存款　　　　　　　　　　　　　　　　　　　1 400 000
　　　　递延所得税负债　　　　　　　（考虑所得税的影响）112 500
　（3）假定为取得华宝公司净资产，长城公司支付了现金1 000 000元，取得的华宝公司各项可辨认资产、负债的公允价值与其计税基础之间不存在差额。

合并日，长城公司的会计处理为：
借：库存现金　　　　　　　　　　　　　　　　　　　　　5 000
　　应收账款　　　　　　　　　　　　　　　　　　　　195 000
　　库存商品　　　　　　　　　　　　　　　　　　　　250 000
　　固定资产　　　　　　　　　　　　　　　　　　　　950 000
　　无形资产　　　　　　　　　　　　　　　　　　　　 50 000
　贷：短期借款　　　　　　　　　　　　　　　　　　　100 000
　　　应付票据　　　　　　　　　　　　　　　　　　　150 000
　　　银行存款　　　　　　　　　　　　　　　　　　1 000 000
　　　营业外收入　　　　　　　　　　　　（差额在贷方）200 000

（4）假定为取得华宝公司净资产，长城公司支付了现金1 000 000元，取得的华宝公司各项可辨认资产、负债的计税基础为合并前的账面价值，所得税税率为25%。

合并日，长城公司的会计处理为：
借：库存现金　　　　　　　　　　　　　　　　　　　　　5 000
　　应收账款　　　　　　　　　　　　　　　　　　　　195 000
　　库存商品　　　　　　　　　　　　　　　　　　　　250 000
　　固定资产　　　　　　　　　　　　　　　　　　　　950 000
　　无形资产　　　　　　　　　　　　　　　　　　　　 50 000
　贷：短期借款　　　　　　　　　　　　　　　　　　　100 000
　　　应付票据　　　　　　　　　　　　　　　　　　　150 000
　　　银行存款　　　　　　　　　　　　　　　　　　1 000 000
　　　递延所得税负债　　　　　　　　（考虑所得税影响）112 500
　　　营业外收入　　　　　　　　　　　　（差额在贷方）87 500

[例3-7] 2019年1月1日，P公司向S公司的股东定向增发1 000万股普通股（每股面值为1元，市价为13元）对S公司进行吸收合并，并于当日取得S公司100%的控制权。增发前S公司资产、负债情况如表3-5所示。

表 3-5　　　　　　　　　　增发前 S 公司资产、负债情况　　　　　　　　单位：万元

项目	S公司	
	账面价值	公允价值
资产：		
货币资金	450	450
存货	255	450
应收账款	2 000	2 000
长期股权投资	2 150	3 800
固定资产：		
固定资产原价	4 000	5 500
减：累计折旧	1 000	0
固定资产净值	3 000	5 500
无形资产	500	1 500
资产总计	8 355	13 700
负债和所有者权益：		
短期借款	2 250	2 250
应付账款	300	300
其他应付款	300	300
负债合计	2 850	2 850
股本	2 500	10 850
资本公积	1 500	
盈余公积	500	
未分配利润	1 005	
所有者权益合计	5 505	10 850
负债和所有者权益总计	8 355	13 700

非同一控制下，P 公司对该项合并应进行的会计处理为：

借：银行存款　　　　　　　　　　　　　　　　　　4 500 000
　　存货　　　　　　　　　　　　　　　　　　　　4 500 000
　　应收账款　　　　　　　　　　　　　　　　　　20 000 000
　　长期股权投资　　　　　　　　　　　　　　　　38 000 000
　　固定资产　　　　　　　　　　　　　　　　　　55 000 000
　　无形资产　　　　　　　　　　　　　　　　　　15 000 000
　　商誉　　　　　　　　　　　　　　　　（差额）21 500 000

贷：短期借款		22 500 000
应付账款		3 000 000
其他应付款		3 000 000
股本		10 000 000
资本公积		120 000 000

（二）非同一控制下的控股合并

非同一控制下的控股合并中，购买方在购买日应当按照确定的企业合并成本（不包括应自被投资单位收取的现金股利或利润），作为形成的对被购买方长期股权投资的初始投资成本。非同一控制下的控股合并借记"长期股权投资"科目，按照享有被投资单位已宣告但未发放的现金股利或利润，借记"应收股利"科目，按照支付合并对价的账面价值，贷记有关资产或借记有关负债科目，按其差额，贷记"营业外收入"或借记"营业外支出"等科目。

购买方为取得对被购买方的控制权，以支付非货币性资产为对价的，有关非货币性资产在购买日的公允价值与其账面价值的差额，应视同销售作为资产的处置损益，计入合并当期的利润表。

[例3-8] 2019年3月1日，甲公司用一批库存商品从乙公司手中购得其持有的A公司股票60万股，占A公司有表决权资本的100%。该批库存商品成本为9 000万元，公允价值15 000万元，该企业为一般纳税人。非同一控制下，甲公司长期股权投资的会计处理为：

借：长期股权投资	169 500 000
贷：主营业务收入	150 000 000
应交税费——应交增值税（销项税额）	19 500 000
借：主营业务成本	90 000 000
贷：库存商品	90 000 000

有关合并报表的编制方法见本书的相关内容。

四、非同一控制下企业合并的信息披露要求

企业合并发生在当期的期末，购买方应当在附注中披露与非同一控制下企业合并有关的下列信息：

(1) 参与合并企业的基本情况。

(2) 购买日的确定依据。

(3) 合并成本的构成及其账面价值、公允价值及公允价值的确定方法。

(4) 被购买方各项可辨认资产、负债在上一会计期间资产负债表日及购买日的账面价值和公允价值。

(5) 合并合同或协议约定将承担被购买方或有负债的情况。

(6) 被购买方自购买日起至报告期期末的收入、净利润和现金流量等情况。
(7) 商誉的金额及其确定方法。
(8) 因合并成本小于合并中取得的被购买方可辨认净资产公允价值的份额计入当期损益的金额。
(9) 合并后已处置或准备处置被购买方资产、负债的账面价值、处置价格等。

【本章小结】

现代经济发展中，企业发展壮大的途径除内部增长外，更重要的是通过外部企业间的合并。企业合并是指两个或两个以上单独企业形成一个报告主体的交易或事项，而企业合并会计是经济发展和企业合并的直接产物。企业合并会计是对企业合并的过程和结果进行会计处理的程序和方法，它包含两部分内容：一是企业合并本身的账务处理；二是合并报表的编制。

本章先分析了企业合并的动因，对企业合并进行分类（按法律形式分为吸收合并、新设合并和控股合并；按合并前后是否受同一方或相同多方控制划分为同一控制下企业合并和非同一控制下企业合并），并提出了企业合并中的会计问题以及会计核算方法。本章的重点和难点是同一控制下和非同一控制下企业合并的特点、会计处理原则及会计处理方法。

【本章思考与练习题】

一、思考题

1. 企业合并的动因和方式是什么？
2. 企业合并应解决哪些会计问题？
3. 将企业合并区分为同一控制与非同一控制有何意义？
4. 同一控制与非同一控制下企业合并的会计处理原则有哪些？
5. 被合并或被购买企业的解散（法人资格的丧失）是企业合并的必要条件吗？为什么？
6. 同一控制下吸收合并会计处理的要点有哪些？
7. 非同一控制下吸收合并会计处理的要点有哪些？
8. 在非同一控制下的企业合并中，购买方在购买日应当如何将合并成本分配给有关的资产、负债及或有负债？
9. 试比较同一控制下企业合并和非同一控制下企业合并与合并有关的费用的处理方法。

10. 商誉是怎样产生的？确认商誉对企业以后年度的经营成果有什么影响？

二、练习题

1. 2019 年 1 月 1 日黄河公司资产和负债的有关资料如表 3-6 所示。

表 3-6　　　　　　　　黄河公司资产和负债情况　　　　　　　单位：元

项目	账面价值	公允价值
流动资产	15 000	16 000
固定资产	20 000	25 000
土地	5 000	25 000
资产合计	40 000	66 000
负债	10 000	1 000
普通股	20 000	
留存利润	10 000	
负债与所有者权益合计	40 000	

2019 年 1 月 1 日长江公司以：（1）60 000 元购买黄河公司的全部净资产；（2）40 000 元购买黄河公司的全部净资产。

要求：请分别在长江、黄河两公司的合并属于同一控制下的企业合并和属于非同一控制下的企业合并这两个前提下对以上两种情况进行账务处理。

2. 2019 年 12 月 31 日 P 公司吸收合并了 S 公司。该日，S 公司各项资产和负债的账面价值和公允价值如表 3-7 所示；P 公司资本公积足够大。假定该企业合并为同一控制下的企业合并。

表 3-7　　　　　　　　S 公司资产和负债情况　　　　　　　单位：元

项目	账面价值	公允价值
应收票据	100 000	100 000
库存商品	100 000	120 000
固定资产	100 000	130 000
资产总计	300 000	350 000
短期借款	100 000	100 000
实收资本	200 000	
负债和所有者权益总计	300 000	

要求：

（1）如果 P 公司支付的代价为 300 000 元现金，请编制该合并业务的有关会计分录。

（2）如果 P 公司支付的代价为 150 000 元现金，请编制该合并业务的有关会计分录。

3. 沿用练习题 2 的资料。假定该企业合并为非同一控制下的企业合并，P 公司取得的 S 公司各项可辨认资产、负债的公允价值与其计税基础之间不存在差额。

要求：

（1）如果 P 公司支付的代价为 300 000 元现金，请编制该合并业务的有关会计分录。

（2）如果 P 公司支付的代价为 150 000 元现金，请编制该合并业务的有关会计分录。

4. 沿用练习题 2 的资料。假定该企业合并为非同一控制下的企业合并，P 公司取得的 S 公司各项可辨认资产、负债的计税基础为合并前的账面价值，所得税税率为 25%。

要求：

（1）如果 P 公司支付的代价为 300 000 元现金，请编制该合并业务的有关会计分录。

（2）如果 P 公司支付的代价为 150 000 元现金，请编制该合并业务的有关会计分录。

5. G 公司兼并了 H 公司。G 公司为换取 H 公司的全部普通股，发行了 1 000 000 股每股面值 1 元的普通股，其市场总价值为 2 450 000 元，并支付了普通股的登记和发行费用 15 000 元，企业合并的其他直接费用为 35 000 元。H 公司被兼并前，其资产和负债的账面价值和公允价值如表 3-8 所示。

表 3-8　　　　　　　　被兼并前 H 公司资产和负债情况　　　　　　　　单位：元

项目	账面价值	公允价值
银行存款	200 000	200 000
库存商品	800 000	900 000
固定资产	1 500 000	2 000 000
应付票据	300 000	300 000
股本	2 000 000	
盈余公积	200 000	

要求：

（1）假定该合并为同一控制下的企业合并，请编制G公司处理该合并业务的有关会计分录。

（2）假定该合并为非同一控制下的企业合并，请编制G公司处理该合并业务的有关会计分录。

第四章 合并财务报表（上）

【引入案例】

2019年6月23日，苏宁易购发布公告，全资子公司苏宁国际拟以现金48亿元人民币等值欧元收购家乐福中国公司80%股份。8月，本次交易通过国家市场监督管理总局的反垄断审查。9月26日，苏宁国际支付完毕全部转让对价。收购完成后，苏宁易购将与家乐福中国在门店网络、商品供应链、物流仓储配送等业务领域开展整合，完善线下零售网络布局。从财务人员的角度来看，满足什么条件才需要编制合并财务报表？什么情况才能满足"控制"的要求？这次合并的合并日是哪一天？企业合并财务报表又是怎么编制的？下面，让我们带着这些问题开始本章的学习吧。

【学习目的与要求】

1. 了解合并财务报表的组成、特点；
2. 熟悉合并财务报表的合并理论、编制原则、合并范围的确定；
3. 掌握合并报表编制的程序以及基于投资关系抵销分录的编制。

第一节　合并财务报表概述

一、合并财务报表编制的原因

合并财务报表，是指反映母公司和其全部子公司形成的企业集团整体财务状况、经营成果和现金流量的财务报表。我国《企业会计准则第33号——合并财务报表》要求，母公司应当编制合并财务报表。母公司在报送个别财务报表的同时还需报送合并财务报表，主要是基于以下两个原因：

1. 综合反映母公司和子公司所形成的企业集团的经营成果、财务状况及其现金流量情况，并同时满足企业集团管理当局强化对被控股企业管理的需要

从法律形式看，母公司和子公司是各自独立的主体，它们分别编制反映自身

财务状况、经营成果和现金流量的个别财务报表。但这些个别财务报表不能有效地提供反映母子公司之间的关系和整个企业集团的财务信息。从经济实质看，由于母公司拥有对子公司的控制权，母公司的债权人通过母公司对子公司的投资而对子公司的资产有间接求偿权，母公司的财务状况与经营成果在很大程度上受子公司的财务状况与经营成果的影响，子公司的盈亏事实上就是母公司的盈亏。因此，母公司和子公司实际上构成了一个统一的经济实体——企业集团。为综合、全面地反映这一统一经济实体的财务状况、经营成果、现金流量等信息，满足信息使用者了解企业集团总体财务状况和经营成果的需要，弥补个别财务报表的不足，母公司应编制合并财务报表。

2. 避免一些企业集团利用内部控股关系，通过内部转移价格等手段粉饰财务报表

在企业集团的实际经营过程中，一些控股公司出于避税或操纵利润的考虑，常常会利用控股关系，向子公司低价提供原材料、高价收购子公司产品的手段转移利润；或通过高价对企业集团内的其他企业销售产品、低价购买其他企业的原材料的手段来转移亏损等现象。通过编制合并财务报表，可以将企业集团内部交易所产生的收入及利润予以抵销，使财务报表反映企业集团客观真实的财务状况和经营成果，有利于防止和避免控股公司人为操纵利润、粉饰财务报表现象的发生。

二、合并财务报表的组成

合并财务报表至少包括合并资产负债表、合并利润表、合并所有者权益变动表（或合并股东权益变动表）、合并现金流量表和附注，它们分别从不同的方面反映企业集团财务状况、经营成果及其现金流量情况，构成一个完整的合并财务报表体系。

（1）合并资产负债表，是反映母公司和子公司所形成的企业集团整体在某一特定日期财务状况的报表。

（2）合并利润表，是反映母公司和子公司所形成的企业集团整体在一定期间内经营成果的报表。

（3）合并所有者权益变动表（或合并股东权益变动表），是反映母公司在一定期间内，包括经营成果分配在内的所有者（或股东）权益增减变动情况的报表。它是从母公司的角度，站在母公司所有者的立场反映企业所有者（或股东）在母公司中的权益增减变动情况的报表。

（4）合并现金流量表，是反映母公司和子公司所形成的企业集团在一定期间内现金流入、流出量以及现金净增减变动情况的报表。

（5）附注，是对在合并资产负债表、合并利润表、合并现金流量表和合并

所有者权益变动表（或合并股东权益变动表）等报表中列示项目的文字描述或明细资料，以及对未能在这些报表中列示项目的说明等。

三、合并财务报表的特点

与个别财务报表相比，合并财务报表有以下特点：

1. 反映对象不同

合并财务报表是由母公司编制的反映由母公司和其全部子公司形成的企业集团整体财务状况、经营成果和现金流量信息的报表。企业集团是一个经济实体而不是法律主体。而个别财务报表则披露的是单个主体（含企业、被投资单位可分割部分、结构化主体等）其自身财务状况、经营成果和现金流量的信息。

2. 编制方法和程序不同

合并财务报表是以纳入合并范围的集团内的企业的个别财务报表为基础，将纳入合并范围个别报表数据和母公司数据先进行调整和汇总，然后通过抵销分录将企业集团内部的经济业务对个别财务报表的影响予以抵销，最后得出合并财务报表数据。其抵销和调整的是报表项目。个别报表的编制是按审核原始凭证、编制记账凭证、登记账簿、编制报表等程序取得相关数据。

3. 地位不同

一般认为，合并财务报表反映的是经济实体的经营状况，它没有个别财务报表所拥有的法律地位。但由于它能为报表使用者提供企业集团的整体财务信息，以及各国会计管理机构又都规定合并财务报表要经过注册会计师的审计，所以它具有准法律地位，在发生法律纠纷时，成为有效的法律依据。另外，合并财务报表一般对纳税不起作用，而个别财务报表则起独立纳税的作用。

四、合并财务报表的局限性

在了解合并财务报表的同时，我们也应清楚地认识到合并财务报表存在一定的局限性。主要体现在以下几点：

（1）母公司和子公司的债权人对企业的债权请求权通常是针对独立的法律实体而不是针对经济实体的。合并财务报表所反映的资产不能直接用于偿债。

（2）合并财务报表将母公司及子公司的单独财务报表合并起来，子公司的少数股东难以从合并财务报表中直接获取决策有用的信息，如他们所投资的子公司资金运用的信息等。

（3）合并财务报表虽然能向母公司的股东提供整个企业集团的财务状况、经营成果和现金流量的信息，但合并财务报表并不能为股东预测和评价母公司和子公司将来的股利分配提供依据。股利分配取决于每个企业的留存利润、各个企业的资产构成、对股利分配的法律限制以及企业将来的财务状况。所以，合并资产负债表中存在大量的合并留存收益以及较强的现金流转能力，并不能保证纳入合并财务报表中的每个公司能够分派股利。同样，母、子公司在法律上是独立的，子公司所实现的净利润在股利分配前，母公司并不能实际动用。

第二节　合并财务报表编制原则、前期准备事项及程序

一、合并财务报表的编制原则

合并财务报表作为财务报表，必须符合财务报表编制的一般原则和基本要求。这些基本要求包括真实可靠、内容完整。与个别财务报表相比，合并财务报表又具有以下特点：一是反映的对象是由母公司和其全部的子公司组成的会计主体；二是编制者是母公司，但所对应的会计主体是由母公司及其控制的所有子公司所构成的企业集团；三是合并财务报表是站在合并财务报表主体的立场上，以纳入合并范围的企业个别财务报表为基础，根据其他相关资料，抵销母公司与子公司、子公司相互之间发生的内部交易，考虑了特殊交易事项对合并财务报表的影响后编制的，旨在反映合并财务报表主体作为一个整体的财务状况、经营成果和现金流量。因此，合并财务报表的编制除在遵循财务报表编制的一般原则和要求外，还应当遵循以下原则和要求：

1. 以个别财务报表为基础编制

合并财务报表并不是直接根据母公司和子公司的账簿编制，而是利用母公司和子公司编制的反映各自财务状况和经营成果的财务报表提供的数据，通过合并报表的特有方法进行编制。

2. 一体化原则

合并财务报表反映的是企业集团的财务状况、经营成果和现金流量，反映的是由多个法人企业组成的一个会计主体的财务情况，在编制合并财务报表时应当将母公司和所有子公司作为整体来看待，视为一个会计主体，母公司和子公司发生的经营活动都应当从企业集团这一整体角度进行考虑。因此，在编制合并财务报表时，对于母公司与子公司、子公司相互之间发生的经济业务，应当视同同一会计主体内部业务处理，视同同一会计主体之下的不同核算单位的内部业务。

3. 重要性原则

在编制合并财务报表时，特别强调重要性原则的运用。如对一些项目在企

集团中的某一企业具有重要性，但对于整个企业集团则不一定具有重要性，在这种情况下根据重要性的要求对财务报表项目进行取舍，则具有重要的意义。此外，母公司与子公司、子公司相互之间发生的经济业务，对整个企业集团财务状况和经营成果影响不大时，为简化合并手续也应根据重要性原则进行取舍，可以不编制抵销分录而直接编制合并财务报表。

二、合并财务报表编制的前期准备事项

合并财务报表的编制涉及多个子公司，有的合并财务报表的合并范围甚至包括数百个子公司。为了使编制的合并财务报表准确、全面反映企业集团的真实情况，必须做好一系列的前期准备事项。这些前期准备事项主要有：

（一）统一母子公司的资产负债表日和会计期间

财务报表是反映企业一定日期的财务状况和一定会计期间内的经营成果，母公司和各子公司的个别财务报表只有在反映财务状况的日期和反映经营成果的会计期间一致的情况下，才能以这些个别财务报表为基础编制合并财务报表。因此，为了编制合并财务报表，必须统一企业集团内所有子公司的资产负债表日和会计期间，使子公司的资产负债表日和会计期间与母公司的资产负债表日和会计期间保持一致，以便于子公司提供相同资产负债表日和会计期间的财务报表。对于境外子公司，由于受到当地法律限制，不能与境内母公司财务报表决算日和会计期间保持一致的，母公司应当按照自身的资产负债表和会计期间对子公司的财务报表进行调整，也可以要求其为编制合并财务报表单独编报个别财务报表。

（二）统一母子公司采用的会计政策

会计政策是企业在进行会计核算和编制财务报表时所采用的会计原则、会计程序和会计处理方法，是编制财务报表的基础，是保证母子公司财务报表各项目所反映的内容保持一致的基础。因此，在编制合并财务报表之前，必须要求子公司采用的会计政策与母公司保持一致，以便于统一企业集团内部各企业所采用的会计政策，各子公司均能够提供采用相同会计政策编报的财务报表。对于一些境外子公司，由于所在国或地区法律、会计准则等方面的原因，确实无法使其采用的会计政策与母公司所采用的会计政策保持一致，则应当要求其按照母公司所采用的会计政策重新编报财务报表，也可以由母公司根据自身所采用的会计政策对境外子公司报送的财务报表进行调整，以重编或调整编制的境外子公司财务报表，作为编制合并财务报表的基础。

（三）统一母子公司的编报币种

财务报表是以货币为其计量单位编制的，只有在母公司与子公司采用相同币种编报其个别财务报表的情况下，才能以它们为基础编制合并财务报表。在编制合并财务报表之前，必须将以外币编报的个别财务报表折算为母公司所采用的记

账本位币表示的财务报表。

（四）收集编制合并财务报表的相关资料

合并财务报表以母公司和其子公司的财务报表以及其他相关的资料为依据，由母公司合并有关项目的数据编制。为编制合并财务报表，母公司应当要求子公司及时提供下列有关资料：

（1）子公司相应期间的财务报表；

（2）与母公司及与其他子公司之间发生的内部购销交易、债权债务、投资及其产生的现金流量和未实现内部销售损益的期初、期末余额及变动情况等资料；

（3）子公司所有者权益变动和利润分配的有关资料；

（4）编制合并财务报表所需要的其他资料，如非同一控制下企业合并购买日的公允价值资料。

三、合并财务报表的编制程序

合并报表的编制程序和方法与个别报表的编制有很大的不同，合并财务报表编制是借助合并工作底稿完成的。合并工作底稿反映合并财务报表信息的生成过程。在合并工作底稿中，母公司将对自身和纳入合并范围的子公司的个别财务报表按规定的程序进行处理，最终计算得出合并财务报表各项目的合并数。合并工作底稿的格式如表4-1所示。

表4-1　　　　　　　　　合并工作底稿（简表）

年　月　日　　　　　　　　　　　　　　　单位：

项目	母公司	子公司	合计数	调整分录		抵销分录		少数股东权益	合并数
				借方	贷方	借方	贷方		
（资产负债表项目）									
流动资产：									
货币资金									
……									
非流动资产：									
债权投资									
……									
商誉									
……									
资产总计									
流动负债									

续表

项目	母公司	子公司	合计数	调整分录		抵销分录		少数股东权益	合并数
				借方	贷方	借方	贷方		
短期借款									
……									
非流动负债									
长期借款									
……									
（利润表项目）									
营业收入									
营业成本									
……									
净利润									
……									
（所有者权益变动表项目）									
未分配利润（年初）									
……									
未分配利润（年末）									

合并财务报表具体编制程序：

（1）将母公司、纳入合并范围子公司的个别资产负债表、利润表及所有者权益变动表各项目的数据过入合并工作底稿。其中，子公司个别报表数据过入合并工作底稿前应先将会计政策调整为与母公司适用会计政策保持一致。

（2）在合并工作底稿中对母公司和子公司个别财务报表各项目数据进行加总，计算得出个别资产负债表、个别利润表及个别所有者权益变动表各项目合计数额。

（3）编制调整分录与抵销分录。将母公司与子公司、子公司相互之间发生的经济业务对个别财务报表有关项目的影响进行调整抵销处理。编制调整分录与抵销分录，进行调整抵销处理是合并财务报表编制的关键和主要内容，其目的在于将因会计政策及计量基础的差异而对个别财务报表的影响进行调整，以及将个别财务报表各项目的加总数据中重复的因素等予以抵销。

在合并工作底稿中编制的调整分录和抵销分录，借记或贷记的均为财务报表项目，而不是具体的会计科目。比如，在涉及调整或抵销固定资产折旧、固定资产减值准备等均通过资产负债表中的"固定资产"项目，而不是"累计折旧"

"固定资产减值准备"等科目来进行调整和抵销。

（4）计算合并财务报表各项目的合并数额。即在母公司和纳入合并范围的子公司个别财务报表各项目加总数额的基础上，分别计算财务报表中的资产项目、负债项目、所有者权益项目、收入项目和费用项目的合并数。

（5）填列合并财务报表。根据合并工作底稿中计算出的资产、负债、所有者权益、收入、成本费用类以及现金流量表中各项目的合并金额，填列生成正式的合并财务报表。

合并财务报表格式通常在个别财务报表基础上，增加下列项目：

1. 合并资产负债表

合并资产负债表在个别报表基础上，在所有者权益项目下增加"归属于母公司股东权益合计"和"少数股东权益"项目。合并资产负债表的格式见表4-2。

表4-2　　　　　　　　　　　合并资产负债表

编制单位：　　　　　　　　　　　年　月　日　　　　　　　　　　　　　　　单位：

项目	期末余额	年初余额
流动资产：		
货币资金		
交易性金融资产		
衍生金融资产		
应收票据		
应收账款		
应收款项融资		
预付款项		
其他应收款		
存货		
合同资产		
持有待售资产		
一年内到期的非流动资产		
其他流动资产		
流动资产合计		
非流动资产：		
债权投资		
其他债权投资		
长期应收款		

续表

项目	期末余额	年初余额
长期股权投资		
其他权益工具		
其他非流动金融资产		
投资性房地产		
固定资产		
在建工程		
生产性生物资产		
油气资产		
无形资产		
开发支出		
商誉		
长期待摊费用		
递延所得税资产		
其他非流动资产		
非流动资产合计		
资产总计		
流动负债：		
短期借款		
交易性金融负债		
衍生金融负债		
应付票据		
应付账款		
预收款项		
应付职工薪酬		
应交税费		
其他应付款		
合同负债		
持有待售负债		
一年内到期的非流动负债		
其他流动负债		
流动负债合计		
非流动负债：		

续表

项目	期末余额	年初余额
长期借款		
应付债券		
其中：优先股		
永续债		
长期应付款		
预计负债		
递延收益		
递延所得税负债		
其他非流动负债		
非流动负债合计		
负债合计		
股东权益：		
股本		
其他权益工具		
其中：优先股		
永续债		
资本公积		
减：库存股		
其他综合收益		
盈余公积		
未分配利润		
归属于母公司股东权益合计		
少数股东权益		
负债和股东权益总计		

2. 合并利润表

合并利润表在个别报表基础上，在"净利润"项目下增加"归属于母公司股东的净利润"和"少数股东损益"两个项目。

在"综合收益总额"项目下增加"归属于母公司股东的综合收益总额"和"归属于少数股东的综合收益总额"两个项目。合并利润表的格式见表4-3。

表 4-3　　　　　　　　　　　　合并利润表

编制单位：　　　　　　　　　　年　月　日　　　　　　　　　　单位：

项目	本年金额	上年金额
一、营业收入		
减：营业成本		
税金及附加		
销售费用		
管理费用		
研发费用		
财务费用		
加：其他收益		
投资收益		
其中：对联营企业和合营企业的投资收益		
以摊余成本计量的金融资产终止确认收益汇兑收益		
净敞口套期收益		
公允价值变动收益		
信用减值损失		
资产减值损失		
资产处置收益		
二、营业利润		
加：营业外收入		
减：营业外支出		
三、利润总额		
减：所得税费用		
四、净利润		
（一）按经营持续性分类		
1. 持续经营净利润		
2. 终止经营净利润		

续表

项目	本年金额	上年金额
（二）按所有权归属分类		
1. 归属于母公司股东的净利润		
2. 少数股东损益		
五、其他综合收益的税后净额		
（一）归属于母公司股东的其他综合收益的税后净额		
1. 不能重分类进损益的其他综合收益		
（1）重新计量设定受益计划的变动额		
（2）权益法下不能转损益的其他综合收益		
（3）其他权益工具投资公允价值变动		
（4）企业自身信用风险公允价值变动		
（5）其他		
2. 将重分类进损益的其他综合收益		
（1）权益法下可转损益的其他综合收益		
（2）其他债权投资公允价值变动损益		
（3）金融资产重分类计入其他综合收益的金额		
（4）其他债权投资信用减值准备		
（5）现金流量套期储备		
（6）外部财务报表折算差额		
（7）其他		
（二）归属于少数股东的其他综合收益的税后净额		
六、综合收益总额		
（一）归属于母公司股东的综合收益总额		
（二）归属于少数股东的综合收益总额		
七、每股收益		
（一）基本每股收益		
（二）稀释每股收益		

3. 合并所有者权益变动表

合并所有者权益变动表在个别报表基础上，增加"少数股东权益"栏目。合并所有者权益变动表的格式见表4-4。

表4-4　　　　　　　　　　　　合并所有者权益变动

编制单位：　　　　　　　　　　　　年　月　日　　　　　　　　　　　　　　单位：

项目	本年金额									
	归属于母公司股东权益								少数股东权益	股东权益合计
	股本	其他权益工具	资本公积	减：库存股	其他综合收益	盈余公积	未分配利润	其他		
一、上年年末余额								—		
加：会计政策变更					—			—		
前期差错更正					—			—		
其他										
二、本年期初余额								—		
三、本年增减变动金额										
（一）综合收益总额										
（二）所有者投入和减少资本										
1. 所有者投入的普通股		—	—							
2. 其他权益工具持有者投入资本										
3. 股份支付计入所有者权益的金额		—								
4. 其他			—							
（三）利润分配										
1. 提取盈余公积						—		—		
2. 对股东的分配							—		—	
3. 其他										
（四）股东权益内部结转										
1. 资本公积转增股本	—		—							
2. 盈余公积转增股本										
3. 盈余公积弥补亏损						—	—			
4. 设定收益计划变动额结转留存收益										

续表

项目	本年金额							
	归属于母公司股东权益							少数股东权益	股东权益合计
	股本	其他权益工具	资本公积	减：库存股	其他综合收益	盈余公积	未分配利润	其他		
5. 其他综合收益结转留存收益										
6. 其他										
四、本期年末余额										

四、编制合并财务报表需要调整抵销的项目

（一）编制合并资产负债表需要调整抵销的项目

合并资产负债表是以母公司和纳入合并范围的子公司的个别资产负债表为基础编制的。在这种情况下，资产、负债和所有者权益类各项目的加总数额中，必然包含有重复计算的因素。作为反映企业集团整体财务状况的合并资产负债表，必须将这些重复计算的因素予以扣除，对这些重复的因素进行抵销处理。这些需要扣除的重复因素，就是合并财务报表编制时需要进行抵销处理的项目。

编制合并资产负债表时需要进行抵销处理的，主要有如下项目：（1）母公司对子公司股权投资项目与子公司所有者权益（或股东权益）项目；（2）母公司与子公司、子公司相互之间未结算的内部债权债务项目；（3）存货项目，即内部购进存货价值中包含的未实现内部销售损益；（4）固定资产项目（包括固定资产原价和累计折旧项目），即内部购进固定资产中包含的未实现内部销售损益；（5）无形资产项目，即内部购进无形资产价值包含的未实现内部销售损益。

（二）编制合并利润表和合并所有者权益变动表需要调整抵销的项目

编制合并利润表和合并所有者权益变动表时需要进行抵销处理的主要有如下项目：（1）内部销售收入和内部销售成本项目；（2）内部投资收益项目，包括内部利息收入与利息支出项目、内部股份投资收益项目；（3）资产减值损失项目，即与内部交易相关的内部应收账款、存货、固定资产、无形资产等项目的资产减值损失；（4）纳入合并范围的子公司利润分配项目。

（三）编制合并现金流量表需要调整抵销的项目

在以母公司和子公司个别现金流量表为基础编制合并现金流量表时，需要进行抵销的内容主要有：（1）母公司与子公司、子公司相互之间当期以现金投资或收购股权增加的投资所产生的现金流量；（2）母公司和子公司、子公司相互之间当期取得投资收益收到的现金与分配股利、利润或偿付利息支付的现金；

(3) 母公司与子公司、子公司相互之间以现金结算债权与债务所产生的现金流量；(4) 母公司与子公司、子公司相互之间当期销售商品所产生的现金流量；(5) 母公司与子公司、子公司相互之间处置固定资产、无形资产和其他长期资产收回的现金净额与购建固定资产、无形资产和其他长期资产支付的现金；(6) 母公司与子公司、子公司相互之间当期发生的其他内部交易所产生的现金流量。

第三节 合并财务报表合并范围的确定及编制理论

一、企业合并范围的确定

合并财务报表的合并范围应当以控制为基础予以确定。母公司应当将其控制的所有子公司（包括母公司所控制的被投资单位可分割部分、结构化主体）纳入合并范围。但是，如果母公司是投资性主体，则只能将那些为投资性主体的投资活动提供相关服务的子公司纳入合并范围，其他子公司不应予以合并，母公司对其他子公司的投资应当作为以公允价值计量且其变动计入当期损益的金融资产。

控制，是指投资方拥有对被投资方的权力，通过参与被投资方的相关活动而享有可变回报，并且有能力运用对被投资方的权力影响其回报金额。投资方要实现控制，必须具备两项基本要素，一是因涉入被投资方而享有可变回报；二是拥有对被投资方的权力，并且有能力运用对被投资方的权力影响其回报金额。投资方只有同时具备上述两个要素时，才能控制被投资方。

在实际工作中，以控制为基础确定合并财务报表的合并范围，应当强调实质重于形式，综合考虑所有相关事实和情况进行判断。相关事实和情况主要包括：被投资方的设立目的和设计；被投资方的相关活动以及如何对相关活动作出决策；投资方享有的权力是否使其目前拥有能力主导被投资方的相关活动；投资方是否通过参与被投资方的相关活动而享有可变回报；投资方是否有能力运用对被投资方的权力影响其回报金额；投资方与其他方的关系。其中，对被投资方的设立目的和设计的分析，贯穿于判断控制的始终，也是分析上述其他事实和情况的基础。如果事实和情况表明上述控制要素中的一个或多个发生变化，投资方应当重新判断其还能否控制被投资方。

在判断投资方是否拥有对被投资方的权力时，应区分投资方及其他方享有的权力是实质性权力还是保护性权力，仅实质性权力才应当加以考虑。

（一）权力的一般来源——来自表决权

表决权是对被投资方经营计划、投资方案、年度财务预算方案和决算方案、利润分配方案和弥补亏损方案、内部管理机构的设置、聘任或解聘公司经理及确定其报酬、公司的基本管理制度等事项进行表决而持有的权力。表决权比例通常与其出资比例或持股比例是一致的，但公司章程另有规定的除外。

母公司直接或通过子公司间接拥有被投资单位半数以上的表决权，表明母公司能够控制被投资单位，应当将该被投资单位认定为子公司，纳入合并财务报表的合并范围。但是，有证据表明母公司不能控制被投资单位的除外。

1. 母公司通过直接或间接拥有半数以上表决权而拥有权力

通常包括以下三种情况：

（1）母公司直接拥有被投资单位半数以上表决权。比如，A 公司直接拥有 B 公司发行的普通股总数的 51%，这种情况下，B 公司就成为 A 公司的子公司，A 公司编制合并财务报表时，应将 B 公司纳入其合并范围。

（2）母公司间接拥有被投资单位半数以上表决权。间接拥有半数以上表决权，是指母公司通过子公司而对子公司的子公司拥有半数以上表决权。如 A 公司拥有 B 公司 60% 的股份，而 B 公司又拥有 C 公司 70% 的股份。在这种情况下，A 公司作为母公司通过其子公司 B 公司，间接拥有 C 公司 70% 的表决权，从而 C 公司也是 A 公司的子公司，A 公司编制合并财务报表时，应当将 C 公司纳入其合并范围。

（3）母公司直接和间接方式合计拥有被投资单位半数以上表决权。直接和间接方式合计拥有被投资单位半数以上表决权，是指母公司以直接方式拥有某一被投资单位半数以下的权益性资本，同时又通过其他方式如通过子公司拥有该被投资单位一部分的表决权，两者合计拥有该被投资单位半数以上的表决权。例如，A 公司拥有 B 公司 80% 的股份，拥有 C 公司 30% 的股份；B 公司拥有 C 公司 30% 的股份。在这种情况下，B 公司为 A 公司的子公司，A 公司通过子公司 B 公司间接拥有 C 公司 30% 的股份，与直接拥有 30% 的股份合计，A 公司共拥有 C 公司 60% 的股份，从而 C 公司属于 A 公司的子公司，A 公司编制合并财务报表时，应当将 C 公司纳入其合并范围。

注意：在确定能否控制被投资单位时，还应当考虑企业和其他企业持有的被投资单位的当期可转换的可转换公司债券、当期可执行的认股权证等潜在表决权因素。潜在表决权，是指当期可转换的可转换公司债券、当期可执行的认股权证等，不包括在将来某一日期或将来发生某一事项才能转换的可转换公司债券或才能执行的认股权证等，也不包括诸如行权价格的设定使得在任何情况下都不可能转换为实际表决权的其他债务工具或权益工具。

2. 直接或间接结合，也只拥有半数或半数以下表决权，但可以通过表决权和其他决策权、合同或协议安排相结合的方式使其目前有能力主导被投资方的相关活动

其他权力或合同安排主要形式包括：

（1）通过与被投资单位其他投资者之间的协议，拥有被投资单位半数以上表决权。这种情况是指母公司与其他投资者共同投资某企业，母公司与其中的某些投资者签订书面协议，受托管理和控制该被投资单位，从而在被投资单位的董事会上拥有该被投资单位半数以上表决权。在这种情况下，母公司对这一被投资单位的财务和经营政策拥有控制权，使该被投资单位成为事实上的子公司，必须将其纳入合并财务报表的合并范围。

（2）根据公司章程或协议，有权决定被投资单位的财务和经营政策。这种情况是指在被投资单位的公司章程等文件中明确母公司对其财务和经营政策能够实施控制。能够控制企业财务和经营政策也就是相当于能控制企业生产经营活动，应当纳入合并财务报表的合并范围。

（3）有权任免被投资单位的董事会或类似权力机构的多数成员。这种情况是指母公司能够通过任免被投资单位董事会的多数成员，从而控制被投资单位的财务和经营政策，该被投资单位也处于母公司的控制下进行生产经营活动，被投资单位成为事实上的子公司，从而应当纳入合并财务报表的合并范围。

（4）在被投资单位董事会或类似机构占多数表决权。这种情况是指母公司能够控制董事会等权力机构的会议，从而操纵公司董事会的经营决策，使该公司的生产经营活动在母公司的间接控制下进行，使被投资单位成为事实上的子公司。因此，应当将其纳入母公司的合并财务报表的合并范围。

3. 直接或间接结合，也只拥有半数或半数以下表决权，但因存在其他事实或情况，能够证明投资方拥有主导被投资方相关活动的现时能力

这些事实或情况包括：投资方能够任命或批准被投资方的关键管理人员，这些关键管理人员能够主导被投资方的相关活动；投资方能够出于自身利益同意或者否决被投资方的重大交易；投资方能够控制被投资方董事会等类似权力机构成员的任命程序，或者从其他表决权持有人手中获得代理投票权；投资方与被投资方的关键管理人员或董事会等类似权力机构的多数成员存在关联关系；投资方与被投资方之间存在特殊关系，如被投资方的关键管理人员是投资方的现任或前任职工，被投资方的经营活动依赖于投资方，被投资方活动的重大部分有投资方参与其中或者是以投资方的名义进行，投资方自被投资方承担可变回报的风险或享有可变回报的收益的程度远超过其持有的表决权或其他类似权利的比例等。

（二）持有半数以上表决权但并无实质性权力，不纳入合并范围的情形

确定持有半数以上表决权的投资方是否拥有权力，关键在于该投资方是否拥

有主导被投资方相关活动的现时能力。在被投资方相关活动被政府、法院、管理人、接管人、清算人或监管人等其他方主导时，投资方无法凭借其拥有的表决权主导被投资方的相关活动，因此，投资方此时即使持有被投资方半数的表决权，也不拥有对被投资方的权力。主要情形包括：

（1）已宣告被清理整顿的原子公司，是指在当期宣告被清理整顿的被投资单位，该被投资单位在上期是母公司的子公司。在这种情况下，被投资单位实际上在当期已经由股东、董事（或股东大会指定的人员）或人民法院指定的有关人员组成的清算组对该被投资单位进行日常经营管理，在清算期间，被投资单位不得开展与清算无关的经营活动，因此，母公司不能再控制该被投资单位，不能将该被投资单位继续认定为母公司的子公司。

（2）已宣告破产的原子公司，是指在当期宣告破产的被投资单位，该被投资单位在上期是本公司的子公司。这种情况下，被投资单位的清算组依照法律规定已将清理事务移交给人民法院，本公司不能控制该被投资单位，不能将该被投资单位认定为母公司的子公司。

（3）合营企业，投资企业与其他方对被投资单位实施共同控制的，被投资单位为其合营企业。在这种情况下，合营企业实质上按照合同约定由本公司与其他方共同控制该合营企业，本公司无法单方面控制该合营企业，不能将合营企业认定为本公司的子公司。

（4）母公司不能控制的其他被投资单位，是指母公司不能控制的除上述四种情形以外的其他被投资单位，如联营企业等。

二、合并财务报表的编制理论

所谓合并财务报表的编制理论，实际上是解决如何认识合并财务报表的问题。包括合并报表信息主要满足谁的需要，以及如何看待由母公司与子公司所组成的企业集团及其内部联系，如何看待少数股东权益等问题。目前，国际上编制合并财务报表的合并理论主要有母公司理论、实体理论和所有权理论三种。各国在其制定合并财务报表准则和编制合并财务报表时，并不是完全按照某一理论，而是依据不同的合并理论，同时结合自身的实际情况来考虑的。

（一）所有权理论

所有权理论运用于合并财务报表编制时，既不强调企业集团中存在的法定控制关系，也不强调企业集团各成员企业所构成的经济实体，而是强调编制合并财务报表的企业对另一企业的经济活动和财务决策具有重大影响的所有权。所有权理论认为，母公司理论和实体理论都不能解决隶属于两个或两个以上企业集团的企业的合并财务报表编制问题。如某一企业的全部股权由两个投资企业投资形成，各拥有其50%的股权，即共同控制企业。在这种情况下，其中任何一个投资企业都不能对该投资实施控制，根据母公司理论和实体理论都很难确定该企业的财务报表由哪一投资企业合并。因为在这种情况下，既没有单一的母公司，也没有少数股权的股东；既不存在法定支配权，也不存在单一的经济主体。为了弥补母公司理论和实体理论的不足，有的国家在编制合并财务报表时，就提出了所有权理论，以期解决共同控制下合并财务报表的编制问题。

在采用所有权理论的情况下，对于其拥有所有权的企业的资产、负债和当期实现的净损益，均按照一定的比例合并计入合并财务报表。这也是一些国家合并财务报表相关准则规定比例合并法的理论基础。

（二）实体理论

实体理论认为合并财务报表是企业集团各成员企业构成的经济联合体的财务报表，编制合并财务报表是为整个经济体服务的。它强调的是企业集团中所有成员企业所构成的经济实体，它对构成企业集团的持有多数股权的股东和拥有少数股权的股东一视同仁、同等对待，认为只要是企业集团成员股东，无论是拥有多数股权，还是拥有少数股权，都是共同组成的经济实体的股东。

在运用实体理论的情况下，对于少数股东权益，通常视为股东权益的一部分，在合并资产负债表中股东权益部分列示和反映。由于对构成企业集团的成员企业的所有股东均视为企业集团的股东，对于企业集团内部各成员企业相互之间发生的销售行为，其内部销售商品或提供劳务过程中所实现的销售损益，均属于未实现内部销售损益，应当予以抵销。无论是顺销还是逆销，其实现的内部销售损益，对于由成员企业全体股东构成的企业集团来说都是未实现内部销售损益，均属于抵销范围。

采用实体理论编制的合并财务报表，有利于企业集团内部管理人员从整体上把握企业集团经营活动的情况，相对来说更能够满足企业集团内部管理人员对财务信息的需要。因此，目前国际财务报告准则及我国企业会计准则主要采用的就是实体理论。

（三）母公司理论

所谓母公司理论，是将合并财务报表视为母公司本身的财务报表反映的范围扩大来看待，从母公司角度来考虑合并财务报表的合并范围、选择合并处理方法。母公司理论认为合并财务报表主要是为母公司的股东和债权人服务的，为母公司现实的和潜在的投资者服务的，强调的是母公司股东的利益。

在采用母公司理论的情况下，在确定合并范围时，通常更多的是以法定控制为基础，以持有多数股权或表决权作为是否将某一被投资企业纳入合并范围的依据，或者通过一家公司处于另一家公司法定支配下的控制协议来确定合并财务报表的合并范围。在采用母公司理论编制合并财务报表的情况下，所采用的合并处理方法都是从母公司本身的股东利益来考虑的，如对于子公司少数股东的权益，在合并资产负债表中通常视为一项负债来处理；对于企业集团内部销售收入的抵销，需要考虑销售的顺销（母公司将商品销售给子公司）和逆销（子公司将商品销售给母公司）两种情况，对于顺销，编制合并财务报表时只抵销子公司中母公司持有股权相对的份额，即多数股东股权的份额，而对于少数股东股权相对应的份额，则视为实现销售处理，不需要进行抵销处理。这一理论忽视了母公司股东以外的少数股东的利润和信息需要。

第四节　长期股权投资与所有者权益的合并处理

编制合并日后合并财务报表时，长期股权投资与所有者权益抵销的合并处理，首先，应判断是否是非同一控制下企业合并，如果是非同一控制下产生的企业合并，母公司应先根据备查簿登记的数据编制调整分录将子公司财务报表调为公允价值；其次，将母公司对子公司长期股权投资由成本法核算的结果调整为权益法核算的结果，使母公司对子公司长期股权投资项目反映其在子公司所有者权益中所拥有权益的变动情况（非同一控制下子公司所有者权益按公允价值计算）；最后，将母公司对子公司长期股权投资项目与子公司所有者权益项目等内部交易相关的项目进行抵销处理，将内部交易对合并财务报表的影响予以抵销。

一、非同一控制下，将子公司财务报表调整为公允价值

在一般情况下，企业取得子公司的途径主要有两条：一是对外进行直接投资组建新的被投资企业使其成为子公司，这里包括单独组建全资子公司、与其他企业合资组建非全资子公司等；二是通过企业合并，对现有的企业的股权投资进行并购，使其成为子公司，合并又分为同一控制下的合并和非同一控制下的合并。

母公司取得子公司的方式不同，并入合并财务报表的计价基础就不一样。对于直接投资取得的子公司和同一控制下取得的子公司，在会计政策与母公司一致的基础上，母公司可以将子公司财务报表按账面价值直接过入合并工作底稿。

非同一控制合并方式取得的子公司，除了存在与母公司会计政策和会计期间不一致的情况，需要对该子公司的个别财务报表进行调整外，还应当根据母公司为该子公司设置的备查簿记录，将子公司各项可辨认资产、负债及或有负债等调整为公允价值，以使子公司的个别财务报表反映为在购买日公允价值基础上确定的可辨认资产、负债及或有负债在本期资产负债表日的金额。

（一）合并日，将非同一控制下子公司的财务报表调整为公允价值

[例4-1] 甲公司2019年1月1日，以向A公司股东定向增发股票10 000万股普通股的方式，取得A公司70%的股权，该股票面值为1元/股，市价为3元/股。

A公司在购买日股东权益账面价值为32 000万元，其中股本为20 000万元、资本公积为8 000万元、盈余公积为1 200万元、未分配利润为2 800万元。购买日子公司各项可辨认资产、负债及或有负债公允价值与账面价值存在差异的项目如下：

无形资产　账面价值为3 600万元，公允价值为3 800万元；
存货　　　账面价值为20 000万元，公允价值为22 100万元；
固定资产　账面价值为18 000万元，公允价值为19 900万元。
购买日股东权益公允价值为36 200万元。

不考虑所得税、甲公司增发该普通股股票所发生的审计以及发行等相关的费用。

1. 甲公司长期股权投资的核算

（1）假设该合并属于同一控制下的企业合并，长期股权投资按应享有权益账面价值入账。

合并日A公司所有者权益账面价值：32 000万元。
甲公司享有权益账面价值：32 000×70%＝22 400（万元）。

借：长期股权投资　　　　　　　　　　　　224 000 000
　　贷：股本　　　　　　　　　　　　　　　　100 000 000
　　　　资本公积——资本溢价　　　　　　　　124 000 000

（2）假设该合并属于非同一控制下的企业合并，长期股权投资按支付对价的公允价值入账。

甲公司为取得A公司70%股权支付的对价：10 000×3＝30 000（万元）
甲公司享有A公司股东权益的公允价值：36 200×70%＝25 340（万元）
甲公司取得股权投资相关会计处理如下：

借：长期股权投资——A公司　　　　　　　300 000 000
　　贷：股本　　　　　　　　　　　　　　　　100 000 000
　　　　资本公积——股本溢价　　　　　　　　200 000 000

2. 非同一控制下，购买日，在合并工作底稿中，编制调整分录，将A公司财务报表调整为公允价值

同一控制下，无须将子公司财务报表调整为公允价值。

非同一控制下，根据甲公司备查簿资料，将被并方资产或负债在合并工作底稿中调整为公允价值，资产增减值部分，调整"资本公积"，调整分录如下：

借：存货　　　　　　　　　　　　　　　　　　　21 000 000
　　固定资产　　　　　　　　　　　　　　　　　19 000 000
　　无形资产　　　　　　　　　　　　　　　　　 2 000 000
　贷：资本公积　　　　　　　　　　　　　　　　　　　　　42 000 000

（二）合并日后，将非同一控制下子公司的财务报表调整为公允价值

合并日后，合并日公允价值与账面价值不一致的相关资产或负债在期末可能部分结转、摊销，也可能得以清偿，期末编制合并财务报表时，根据母子公司备查簿资料，在合并工作底稿中将非同一控制下子公司财务报表调整为公允价值时，将相关资产或负债增减值结转或摊销部分调整对应的损益，未结转或摊销部分仍调相关的资产或负债。

[例4－2] 承 [例4－1]，假设A公司固定资产和无形资产的剩余年限均为10年，按年限平均法计提折旧，净残值为零，A公司存货当年售出80%；假定甲公司采用的会计政策和会计期间与A公司一致，不考虑所得税影响。

2019年12月31日，甲公司在编制2019年合并资产负债表时，首先以A公司年初各项可辨认资产的公允价值为基础，将A公司财务报表调整为公允价值。

其中，存货增值2 100万元，售出80%意味着资产结转了80%，相应调增报告年度"营业成本"1 680万元，剩余20%调增"存货"420万元。

固定资产增值1 900万元，按10年计提折旧，按公允价值应补提折旧190万元，意味着资产摊销190万元，调整"管理费用"，未变现部分1 710万元仍调"固定资产"。

无形资产增值200万元，按10年提摊销，按公允价值应补摊费用20万元，意味着资产摊销20万元，调整"管理费用"，未变现部分180万元仍调"无形资产"。

在合并报表中应作的调整分录如下：

借：营业成本　　　　　　　　　　　　　　　　　16 800 000
　　存货　　　　　　　　　　　　　　　　　　　 4 200 000
　　管理费用　　　　　　　　　　　　　　　　　 2 100 000
　　固定资产　　　　　　　　　　　　　　　　　17 100 000
　　无形资产　　　　　　　　　　　　　　　　　 1 800 000
　贷：资本公积　　　　　　　　　　　　　　　　　　　　　42 000 000

二、将母公司对子公司的长期股权投资调整为权益法

长期股权投资成本法与权益法主要的区别是，权益法下，长期股权投资应该反映被投资单位所有者权益的变动额。因此，将成本法调为权益法时，"长期股权投资"的调整额＝被投资单位所有者权益变动额×股权比例。其中，被投资单位实现净利润和分配现金股利导致所有者权益变动的部分，按享有的金额调整长

期股权投资的同时,对应调整子公司"投资收益";其他综合收益变动导致的,按享有的金额对应调整"其他综合收益";资本公积变动导致的,按享有的金额对应调整"资本公积"。

同一控制和直接投资子公司取得长期股权投资的,享有金额按被投资单位所有者权益账面价值计算。非同一控制下取得长期股权投资的,享有金额按被投资单位所有者权益公允价值计算。

需要提醒的是,这里的变动额指的是报表日与合并日之间累计变动额。

[例4-3] 承 [例4-1] 和 [例4-2],假设2019年A公司实现净利润9 000万元,提取盈余公积900万元,向股东分配股利1 000万元,其他权益工具投资的公允价值变动300万元。

2019年12月31日,A公司个别报表显示,股东权益账面价值为40 300万元,其中股本为20 000万元、资本公积为8 000万元、其他综合收益为300万元、盈余公积为2 100万元、未分配利润为9 900万元。

1. 同一控制下,将长期股权投资由成本法调整为权益法

同一控制下,子公司所有者权益变动额按账面价值计算,合并日至2019年12月31日,子公司所有者权益变动额情况见表4-5。

表4-5　　同一控制下子公司所有者权益变动情况（按账面价值）　　单位:万元

项目	2019年1月1日	2019年12月31日	变动额
股本	20 000	20 000	0
资本公积	8 000	8 000	0
其他综合收益	0	300	300
盈余公积	1 200	2 100	900
未分配利润	2 800	9 900	7 100
合计	32 000	40 300	8 300

从表4-5可以看出,子公司所有者权益变动额为8 300万元,其中其他综合收益变动300万元,实现净利润和分配股利变动8 000万元。

长期股权投资调整额 = 8 300 × 70% = 5 810（万元）

其他综合收益调整额 = 300 × 70% = 210（万元）

投资收益调整额 = 8 000 × 70% = 5 600（万元）

长期股权投资成本法调整为权益法的调整分录为:

借:长期股权投资　　　　　　　　　　　　　　58 100 000
　　贷:其他综合收益　　　　　　　　　　　　　　2 100 000

投资收益　　　　　　　　　　　　　　　　　　　　56 000 000

同一控制下,调整后长期股权投资的余额 = 22 400 + 5 810 = 28 210(万元)。

2. 非同一控制下,将长期股权投资由成本法调整为权益法

非同一控制下,子公司所有者权益变动额按公允价值计算,合并日至2019年12月31日,根据[例4-2],将子公司财务报表调整为公允价值的计算结果,子公司所有者权益变动额情况见表4-6。

表4-6　非同一控制下子公司所有者权益变动情况(按公允价值)　　单位:万元

项目	2019年1月1日	2019年12月31日	变动额
股本	20 000	20 000	0
资本公积	12 200	12 200	0
其他综合收益	0	300	300
盈余公积	1 200	2 100	900
未分配利润	2 800	8 010	5 210
合计	36 200	42 610	6 410

从表4-6可以看出,子公司所有者权益变动额为6 410万元,其中其他综合收益变动300万元,按公允价值计算净利润 = 9 000 - 1 680 - 210 = 7 110(万元),分配现金股利1 000万元,实现净利润和分配现金股利合计变动6 110万元。

长期股权投资调整额 = 6 410 × 70% = 4 487(万元)

其他综合收益调整额 = 300 × 70% = 210(万元)

投资收益调整额 = 6 110 × 70% = 4 277(万元)

长期股权投资成本法调为权益法的调整分录为:

借:长期股权投资　　　　　　　　　　　　　　　44 870 000
　　贷:其他综合收益　　　　　　　　　　　　　　　2 100 000
　　　　投资收益　　　　　　　　　　　　　　　　42 770 000

非同一控制下,长期股权投资调整后权益法的余额 = 30 000 + 4 487 = 34 487(万元)。

三、将母公司对子公司的长期股权投资和子公司所有者权益抵销

母公司对子公司进行的股权投资,一方面反映为长期股权投资以外的其他资产的减少;另一方面反映为长期股权投资的增加,在母公司个别资产负债表中作为资产类项目中的长期股权投资列示。子公司接受这一投资时,在其个别资产负债表中一方面增加资产的数额,反映为相对应的资产的增加;另一方面作为实收

资本处理,反映为实收资本的增加。从企业集团整体来看,母公司对子公司的股权投资实际上相当于母公司将资本拨付下属核算单位,并不引起整个企业集团的资产、负债和所有者权益的增减变动。因此,编制合并财务报表时应当在母公司与子公司财务报表数据简单相加的基础上,将母公司对子公司长期股权投资项目与子公司所有者权益项目予以抵销。

将公司对子公司的长期股权投资和子公司所有者权益抵销时,应注意以下几点:

(1) 在合并工作底稿中,将母公司股权投资与子公司所有者权益抵销的通用抵销分录为:

借:实收资本/股本
　　资本公积
　　其他综合收益
　　盈余公积
　　年末未分配利润
　　商誉(借方差额)
　贷:长期股权投资(权益法余额)
　　少数股东权益(子公司所有者权益期末余额×少数股权)
　　营业外收入(若差额在贷方)

(2) 将母公司股权投资与子公司所有者权益抵销时,同一控制和非同一控制下抵销分录的差异是:同一控制下,子公司所有者权益按账面价值抵销;非同一控制下,子公司所有者权益按公允价值抵销。

[例4-4] 承[例4-1]、[例4-2]和[例4-3],2019年12月31日,子公司所有者权益期末余额和母公司对子公司权益法余额情况见表4-7。

表4-7　　　子公司所有者权益期末余额和母公司对子公司
股权投资权益法期末余额　　　　　　　　　　单位:万元

项目	2019年12月31日	
	同一控制	非同一控制
股本	20 000	20 000
资本公积	8 000	12 200
其他综合收益	300	300
盈余公积	2 100	2 100
未分配利润	9 900	8 010
子公司所有者权益合计	40 300	42 610
长期股权投资权益法余额	28 210	34 487

①同一控制下,2019年12月31日,子公司所有者权益按账面价值抵销:

借:股本　　　　　　　　　　　　　　　　　　200 000 000
　　资本公积　　　　　　　　　　　　　　　　 80 000 000
　　其他综合收益　　　　　　　　　　　　　　　3 000 000
　　盈余公积　　　　　　　　　　　　　　　　 21 000 000
　　年末未分配利润　　　　　　　　　　　　　 99 000 000
　　贷:长期股权投资　　　　　　　　　　　　282 100 000
　　　　少数股东权益　　　　　　　　　　　　120 900 000

②非同一控制下,2019年12月31日,子公司所有者权益按账面价值抵销:

借:股本　　　　　　　　　　　　　　　　　　200 000 000
　　资本公积　　　　　　　　　　　　　　　　122 000 000
　　其他综合收益　　　　　　　　　　　　　　　3 000 000
　　盈余公积　　　　　　　　　　　　　　　　 21 000 000
　　年末未分配利润　　　　　　　　　　　　　 80 100 000
　　商誉　　　　　　　　　　　　　　（差额） 46 600 000
　　贷:长期股权投资　　　　　　　　　　　　344 870 000
　　　　少数股东权益　　　　　　　　　　　　127 830 000

四、将母公司的投资收益与子公司利润分配进行抵销

内部投资收益是指母公司对子公司或子公司对母公司、子公司相互之间的长期股权投资的收益,实际上就是子公司当期营业收入减去营业成本和期间费用、所得税后的余额与其持股比例相乘的结果。在子公司为全资子公司的情况下,母公司对某一子公司投资收益实际上就是该子公司当期实现的净利润。在对母公司的投资收益与子公司利润分配进行抵销时,是将子公司的营业收入、成本和费用视为母公司本身的营业收入、成本和费用同等看待,与母公司相应的项目进行合并,也就是将投资收益还原为合并利润表中的收入、成本和费用处理。

由于合并报表中的本年利润分配项目是站在整个企业集团角度,反映对母公司股东和子公司的少数股东的利润分配情况,因此,子公司的个别报表中本年利润分配各项目的金额,包括提取盈余公积、分派利润和期末未分配利润的金额都必须予以抵销。

将母公司投资收益与子公司所有者权益抵销时:

借:投资收益
　　少数股东损益
　　年初未分配利润
　　贷:提取盈余公积

对所有者（或股东）的分配
年末未分配利润

同一控制下，上述抵销分录按账面价值抵销；非同一控制下，按公允价值抵销。

[例4-5] 资料承[例4-1]、[例4-2]、[例4-3]和[例4-4]，2019年12月31日，子公司实现净利润和母公司和少数股东享有收益情况见表4-8。

表4-8 子公司实现净利润和母公司和少数股东享有收益情况 单位：万元

项目	截至2019年12月31日	
	同一控制	非同一控制
子公司实现净利润	9 000	7 110
母公司投资收益	6 300	4 977
少数股东损益	2 700	2 133

1. 同一控制下，将母公司投资收益与子公司利润分配抵销

借：投资收益　　　　　　　　　　　　　　63 000 000
　　少数股东损益　　　　　　　　　　　　27 000 000
　　年初未分配利润　　　　　　　　　　　28 000 000
　　贷：提取盈余公积　　　　　　　　　　　9 000 000
　　　　对所有者（或股东）的分配　　　　10 000 000
　　　　年末未分配利润　　　　　　　　　99 000 000

2. 非同一控制下，将母公司投资收益与子公司利润分配抵销

借：投资收益　　　　　　　　　　　　　　49 770 000
　　少数股东损益　　　　　　　　　　　　21 330 000
　　年初未分配利润　　　　　　　　　　　28 000 000
　　贷：提取盈余公积　　　　　　　　　　　9 000 000
　　　　对所有者（或股东）的分配　　　　10 000 000
　　　　年末未分配利润　　　　　　　　　80 100 000

五、连续年度长期股权投资与所有者权益合并的处理

由于合并报表是在个别报表的基础上编制的，以个别报表期初期末数进行调整和抵销，因此，连续年度长期股权投资与所有者权益合并的处理，与合并日后的处理方式是一样的。此处不再赘述。

【本章小结】

企业合并时，合并方母公司和被合并方子公司在形式上是独立的法律主体，分别编制个别财务报表，实际上母子公司构成了一个统一的经济实体——企业集团，这就需要编制合并财务报表。合并财务报表是以母公司和子公司组成的企业集团为一会计主体，以母公司和子公司单独编制的个别报表为基础，由母公司编制的综合反映企业集团财务状况、经营成果及现金流量的财务报表。

本章中介绍了合并报表的概述、前期准备事项及其程序、编制理论及合并范围的确定和基于投资关系的调整和抵销实务。其中，合并财务报表概述中应了解其组成包括合并资产负债表、合并利润表、合并现金流量表、合并所有者权益变动表及有关附注。了解合并财务报表与个别财务报表相比的特点。合并财务报表编制前需做好准备工作，包括统一母子公司的财务报表决算日和会计期间、会计政策及编报货币。掌握合并报表编制的理论（所有权理论、实体理论和母公司理论）和合并范围的确定。熟练掌握同一控制下企业合并和非同一控制下企业合并报表编制程序中调整和抵销分录的编制差异。

【本章思考与练习题】

一、思考题

1. 合并财务报表的合并理论有哪几种？它们间有何不同？
2. 编制合并报表应具备哪些前提条件？
3. 应纳入合并财务报表合并范围的子公司包括哪些？哪些子公司不能纳入合并财务报表的范围？

二、练习题

1. M股份有限公司（以下简称M公司）2019年1月1日起拥有S股份有限公司（以下简称S公司）60%的股份并自当年开始连续编制合并财务报表。M公司合并财务报表的报出时间为报告年度次年的4月15日。M公司和S公司均为增值税一般纳税企业，销售价格均为不含增值税价格。

（1）M公司2019年度按权益法调整后的财务报表有关项目和S公司2019年度调整后的个别财务报表有关项目的金额如下：

资产负债表有关项目年末数如表4-9所示。

表 4-9　　　　　　　　资产负债表有关项目情况　　　　　　　　单位：万元

项目	M公司	S公司
长期股权投资（对S公司）	2 800	—
股本	5 000	2 000
资本公积	1 000	700
盈余公积	3 000	800
未分配利润	2 800	500
股东权益合计	11 800	4 000

利润表及所有者权益变动表有关项目本年发生数如表 4-10 所示。

表 4-10　　　　　利润表及所有者权益变动表有关项目情况　　　　　单位：万元

项目	M公司	S公司
营业利润	5 900	2 200
投资收益	3 100	200
其中：对S公司投资收益	960	—
利润总额	9 000	2 400
所得税费用	2 800	800
净利润	6 200	1 600
年初未分配利润	1 700	400
提取盈余公积	1 580	300
向所有者分配利润	3 520	1 200
未分配利润	2 800	500

（2）2019 年 1 月 1 日 S 公司有关资料如表 4-11 所示。

表 4-11　　　　　　　　　　S公司资料　　　　　　　　　　单位：万元

项目	账面价值	公允价值
固定资产	2 000	2 200
——办公楼	1 000	1 200
——生产设备	1 000	1 000
无形资产	500	500

S 公司对固定资产按直线法分 10 年计提折旧，净残值为零。

要求：编制 M 公司 2019 年度合并财务报表有关内部投资的抵销分录（答案中的金额单位用万元表示）。

2. 接上题，2020 年 S 公司本年实现净利润 3 000 万元，年末计提盈余公积 300 万元，S 公司本年无其他变动。S 公司期末所有者权益如表 4-12 所示。

表 4-12　　　　　　S 公司所有者项目情况　　　　　　单位：万元

项目	S 公司
股本	2 000
资本公积	700
盈余公积	1 100
未分配利润	3 200
股东权益合计	7 000

要求：编制 M 公司 2020 年度合并财务报表有关内部投资的抵销分录（答案中的金额单位用万元表示）。

第五章 合并财务报表（下）

【引入案例】

2019年底，苏宁易购的合并财务报表显示，合并净利润93.2亿元，较2018年的合并净利润减少33.23亿元。令人迷惑的是，归属于本公司股东权益合计为879.22亿元，较2018年底增加了70.05亿元。导致这种异常现象的内在原因是什么呢？让我们带着这个问题进入本章的学习。

【学习目的与要求】

1. 了解企业集团内部交易抵销的原因；
2. 熟练掌握企业集团内部不同交易的抵销原则和方法。

第一节 企业集团内部交易的类型和抵销原因

一、企业集团内部交易的类型

企业集团为了整合资源、增强竞争优势、节约交易成本等，各成员企业间经济联系较为紧密，很多时候成员企业间形成了供产销的关系链。因此，企业集团内部交易是不可避免的，有时甚至是非常频繁地发生的。这里企业集团内部交易是指企业集团内部母公司与子公司之间或子公司相互之间所发生的交易。

企业集团的内部交易属于关联交易的范畴，按照《企业会计准则第36号——关联方披露》的分类，关联方交易分为：购买或销售商品、购买或销售商品以外的其他资产、提供或接受劳务、担保、提供资金、租赁、代理、研究与开发项目的转移、许可协议、代表企业或由企业代表另一方进行债务结算、关键管理人员的报酬等。而在这些交易中，发生在企业集团内部且会对集团内个别报表数据有影响的集团内部交易主要包括企业集团内部购买或销售商品（主要为存货）业务、购买或销售商品以外的其他资产（主要包括固定资产、无形资产等非流动资产）业务、提供或接受劳务业务、提供资金（包括集团内的借贷业务、集团内的债券售购业务）业务、租赁（主要为固定资产租赁）业务。因此，参考关联交易的分类，我们将企业集团内部交易分为：购买或销售存货交易、购买或销售其他非流动资产交易、提供劳务交易、内部借贷交易、内部租赁交易等。

按集团内部交易对个别报表影响的不同，我们还可将集团内部交易分为：只影响资产负债表的内部交易、只影响利润表的内部交易、既影响资产负债表又影响利润表的内部交易。只影响资产负债表的内部交易主要是集团内部的无息借贷业务，在编制抵销分录时，只需抵销内部债权债务。只影响利润表的内部交易主要是指集团内部按成本价进行的资产现销业务，在编制抵销分录时只需抵销销货方确认内部销售收入与销售成本。既影响资产负债表又影响利润表的内部交易包括集团内部采用按非成本价进行的资产现销业务、所有的资产赊销业务、有偿的资金借贷业务、租赁业务等。对于此类业务，在编制抵销分录时不仅应抵销未实现损益，还应抵销虚增或虚减的资产。

二、抵销企业集团内部交易的原因

在编制合并财务报表时，抵销企业集团内部交易的原因主要有两个：一是避免集团内部交易不公允导致的操纵利润现象；二是从企业集团一体化角度而言，抵销重复计算的损益。

由于企业集团内部的母公司与子公司之间、子公司相互之间存在着非同寻常的密切关系，在很多情况下，集团公司间内部交易缺乏公平的讨价还价机制，母公司常常控制着集团公司内部交易的发生还是不发生、产品与劳务的定价政策等。如果不将企业集团内部交易产生的资产、负债、权益、损益的变化在合并财务报表中进行抵销，母公司就可能会通过操纵定价政策、交易发生的频率等手段任意操纵合并财务报表的数据，使得合并财务报表失去应有的决策价值，导致合并财务报表的使用者决策失误而造成不应有的损失。因此，为了防止企业集团利用频繁的内部交易操纵利润，在编制报表时，应抵销内部交易对合并财务报表的影响。

从企业集团这一经济实体的角度看，企业集团内部各成员构成了一个统一的经济实体。因此，集团内部间的交易可以看成是厂部和车间之间的交易，内部交易本身不应使该经济实体的利润和资产等发生增减变动，只有对外发生交易，损益才会实现。即从经济实体角度看，反映企业集团这一经济实体财务状况、经营成果、现金流量等信息的合并财务报表，应该只反映企业集团对外交易的结果。但由于合并财务报表是在母、子公司单独财务报表合计的基础上形成，这些合计的资产、负债、所有者权益、损益既包括对外交易的影响，也包括内部交易的影响。因此，在编制合并财务报表时，应该将内部交易产生的虚计资产、负债、损益以及内部交易产生的现金流予以抵销，以便使合并财务报表只反映集团对外的经济活动。

这里值得注意的是，编制合并财务报表时抵销的集团内部交易，只在合并工作底稿上进行，既不影响母公司或子公司的账簿，也不影响母子公司的应交所得税。

第二节　企业集团内部债权债务的抵销

一、企业集团内部债权债务抵销原理

企业集团内部债权债务项目，是指母公司与子公司、子公司相互之间的应收账款与应付账款、预付账款和预收账款、应付债券与债券投资等项目。对于发生在母公司和子公司、子公司相互之间的这些项目，从债权方企业来说，在资产负债表中表现为一项债权资产；而从债务方来说，一方面形成一项负债，另一方面同时形成一项资产。发生的这种内部债权债务，从母公司与子公司组成的集团整体角度来看，它只是集团内部资金运动，既不增加企业集团的资产，也不增加负债。为此，在编制合并财务报表时也应当将内部债权债务项目予以抵销。

在编制合并资产负债表时需要进行合并处理的内部债权债务项目主要包括：（1）应收账款与应付账款；（2）应收票据与应付票据；（3）预付账款与预收账款；（4）债权投资与应付债券；（5）应收股利与应付股利；（6）其他应收款与其他应付款。

同时，在个别利润表中，还可能包括这些债权债务产生的内部损益。如资金借贷、债券购销在债权方产生的投资收益或财务费用的减少，在债务方产生的财务费用或在建工程的增加。另外，债权方企业还可能就其债权收回的可能性小而预先估计资产减值损失。这些损益都属于内部交易产生的未实现损益，应予以抵销。

二、业务发生当年企业集团内部债权债务抵销实务

合并当年企业集团内部债权债务是假设企业集团内部债权债务期初无余额，此时，债权债务抵销时只需在成员企业的明细资料中找出内部交易产生的债权债务的期末余额和因此确认的相关损益加以抵销。

（一）企业集团内部购销业务或资金暂时存放产生的债权债务抵销

[**例 5-1**] 某企业集团中 A 公司是母公司，B 公司和 C 公司是子公司①。2019 年末 A 公司账上有应收 B 公司账款 50 万元，预收 C 公司货款 6 万元。B 公司账上有暂收 C 公司包装物押金 2 万元。假设各单位均按 10% 对应收账款和其他应收款计提了坏账准备。则母公司在合并工作底稿中编制的抵销分录如下：

1. 按债权债务余额抵销债权债务

借：应付账款	500 000	
预收账款	60 000	
其他应付款	20 000	
贷：应收账款		500 000
预付账款		60 000
其他应收款		20 000

2. 按本期计提坏账准备数，抵销相关损益

借：应收账款　　　　　（本期应收账款计提坏账准备数）50 000
　　其他应收款　　　　（本期其他应收款计提坏账准备数）2 000
　贷：信用减值损失　　　　　　　　　　　　　　　　　52 000

（二）企业集团内部债券购销业务的抵销

企业集团内的一家公司可能持有集团内另一家公司的债券，其持有的债券可能有两种途径取得：一是直接从集团内发行债券的公司处购入；二是从集团外的证券市场购入。若是第二种方式，我们可将该业务视为投资方将发行方的债务提前偿还，将对外的债务转换为内部的债权债务关系。因此，无论采用哪种方式取得债券，从经济一体化的角度来看，报表日企业集团相互持有的债券产生的内部债权债务都不应在合并资产负债表中列示，与之相关的损益也不应在合并利润表中反映。

[**例 5-2**] 2019 年 1 月 1 日，子公司从 A 公司手中购入母公司 2018 年 1 月 1 日发行的面值为 1 000 000 元，票面利率 6%，4 年期，每年末付息一次，买价 1 003 000 元，实际利率 5.89% 的债券，子公司将其记入"债权投资"科目。2019 年 12 月 31 日，该债券在母公司的相关资料显示，"应付债券"期末余额为 1 000 000 元，相关"财务费用"为 60 000 元；子公司的相关资料显示，"债权投资"期末余额为 1 002 077 元，相关"投资收益"为 59 077 元。则母公司在合并工作底稿编制抵销分录时：

1. 抵销内部债券购销产生的债权债务

子公司个别报表"债权投资"1 002 077 元与母公司个别报表中的"应付债

---

① 本章如不作特殊说明，所举例中的 A 公司、B 公司、C 公司之间的关系保持不变。

券"1 000 000元属于内部交易产生的债权债务,但此时,债券购销产生的余额不等,将会产生一个差额,如何处理差额?一般来说,交易发生的当年差额在贷方记入"投资收益"科目,差额在借方记入"财务费用"科目。因此,抵销分录为:

  借:应付债券   1 000 000
    财务费用   2 077
    贷:债权投资   1 002 077

2. 抵销内部债券购销产生的损益

母公司个别利润表中因内部交易确认财务费用60 000元,子公司个别利润表中确认了相关投资收益59 077元,内部债券产生的损益投资方和发行方不一致。一般按相关"投资收益"与"财务费用"孰小的原则抵销。

  借:投资收益   59 077
    贷:财务费用   59 077

3. 抵销债券利息产生的现金流

无论是投资方还是发行方,都是按票面利率计提利息,抵销时:

  借:分配股利、偿付利息支付的现金   60 000
    贷:取得投资收益收到的现金   60 000

4. 抵销持有至到期投资计提的资产减值准备

如果子公司个别报表中还计提了该债券投资的减值准备,则在合并工作底稿中,还应抵销相应的信用减值准备。抵销分录类似坏账准备的抵销,不再赘述。

三、连续年度企业集团内部债权债务抵销实务

连续年度企业集团内部债权债务的抵销与合并当年不同的地方有两点:一是资产负债表和合并股东权益增减变动表中年初未分配利润的处理;二是要考虑资产负债表中内部交易产生的债权债务期初数的影响。由于合并资产负债表年初未分配利润数是以个别报表的年末未分配利润直接结转而来,没有扣除上期末内部交易未实现损益的影响。如果简单地将个别资产负债表中年初未分配利润简单相加,作为合并资产负债表、合并股东权益变动表中的年初未分配利润数,则会导致年初未分配利润虚增或虚减。因此,连续年度编制合并报表时应首先抵销上期内部交易未实现损益对本期的影响。

在连续编制合并财务报表进行合并处理时,首先,将内部应收款项与应付款项予以抵销,即按内部应付款项的数额,借记"应付账款""应付票据"等项目,贷记"应收账款""应收票据"等项目。其次,应将上期信用减值损失中抵销的各内部应收款项计提的相应坏账准备对本期期初未分配利润的影响予以抵销,即按上期信用减值损失项目中抵销的各内部应收款项计提的相应坏账准备的

数额，借记"应收账款""应收票据"等项目，贷记"年初未分配利润"项目。最后，对于本期各内部应收款项在个别财务报表中补提或者冲销的相应的坏账准备的数额也应予以抵销，即按照本期期末内部应收款项在个别资产负债表中补提的坏账准备的数额，借记"应收账款""应收票据"等项目，贷记"信用减值损失"项目。下面我们将举例说明：

（一）连续年度企业集团内部购销业务或资金暂时存放产生的债权债务抵销

[例5-3] 假设2018年末母公司账上显示有应收子公司账款60万元，当年母公司按5%对该应收账款计提了坏账准备30 000元。2019年末，母公司账上显示应收子公司账款余额为80万元，母公司补提了坏账准备10 000元。则：

2019年末母公司在合并工作底稿中编制抵销分录时：

（1）按债权债务余额抵销债权债务：

借：应付账款　　　　　　　　　　　　　　　　600 000
　　贷：应收账款　　　　　　　　　　　　　　　　　600 000

（2）按本期计提坏账准备数，抵销相关损益：

借：应收账款　　　（本期应收账款计提坏账准备数）30 000
　　贷：信用减值损失　　　　　　　　　　　　　　　30 000

2020年末母公司在合并工作底稿中编制抵销分录时：

（1）按债权债务余额抵销债权债务：

借：应付账款　　　　　　　　　　　　　　　　800 000
　　贷：应收账款　　　　　　　　　　　　　　　　　800 000

（2）抵销债权债务产生的相关损益：

截至2019年末，母公司内部债权债务产生的坏账准备的余额为40 000元，因此，应将该债权债务产生的坏账准备和相关损益全额抵销。但由于本期计提信用减值损失只有10 000元，因此对当期损益的抵销只能是10 000元。而另外30 000元损益上期已确认，使得本年的年初未分配利润虚减30 000元。因此，本期应将年初未分配利润虚减的部分调增回来。

借：应收账款　　　　　　（相关坏账准备的期末余额）40 000
　　贷：信用减值损失　　　　（本期计提相关坏账准备）10 000
　　　　年初未分配利润　　　（相关坏账准备的期初余额）30 000

在实务工作中，此时，应收账款的调减数为内部交易产生的坏账准备的期末余额，年初未分配利润数为坏账准备的期初余额，信用减值损失数为本期计提或冲销坏账准备数。上述三项数据中，只要知道其中的任意两项，第三项数据即可根据借贷差额确定。

[例5-4] 沿用[例5-3]资料，假设2019年末，母公司账上显示应收子公司账款余额为20万元，母公司冲销了坏账准备20 000元。

2020年末母公司在合并工作底稿中编制抵销分录时：
(1) 按债权债务余额抵销债权债务：

借：应付账款　　　　　　　　　　　　　　　　　　200 000
　　贷：应收账款　　　　　　　　　　　　　　　　　　200 000

(2) 抵销债权债务产生的相关损益：

借：应收账款　　　　　　（相关坏账准备的期末余额）10 000
　　信用减值损失　　　　（相关坏账准备的本期冲销数）20 000
　　贷：年初未分配利润　　（相关坏账准备的期初余额）30 000

（二）连续年度企业集团内部债券购销业务的抵销

[例5-5] 沿用[例5-2]资料，2020年12月31日，该债券在母公司的相关资料显示，"应付债券"期末余额为1 000 000元，相关"财务费用"为60 000元；子公司的相关资料显示，"债权投资"期末余额为1 001 099元，相关"投资收益"为59 022元。母公司在编制2020年合并工作底稿抵销分录时：

1. 抵销相关债权和债务

连续年度债券投资与应付债券相互抵销后，产生的差额使得年初未分配利润虚增2 000元，因此，差额先调整年初未分配利润，不足部分再恢复原"财务费用"或"投资收益"项目。

借：应付债券　　　　　　　　　　　　　　　　1 000 000
　　年初未分配利润　　　　　　　　　　　　　　　　2 077
　　贷：债权投资　　　　　　　　　　　　　　　1 001 099
　　　　财务费用　　　　　　　　　　　　　　　　　　978

2. 抵销内部债券购销产生的损益

由于内部债券购销业务产生的损益的抵销不影响年初未分配利润，因此连续年度在抵销内部购销债券产生的损益抵销中，不需要考虑年初未分配利润数，只需按本期投资收益的发生额作相关抵销分录。

借：投资收益　　　　　　　　　　　　　　　　　59 022
　　贷：财务费用　　　　　　　　　　　　　　　　　59 022

3. 抵销债券利息产生的现金流

无论是投资方还是发行方，都是按票面利率计提利息，抵销时：

借：分配股利、偿付利息支付的现金　　　　　　　60 000
　　贷：取得投资收益收到的现金　　　　　　　　　60 000

四、抵销企业集团内部现金结算债权债务产生的现金流量

母公司与子公司、子公司相互之间以现金结算的债权与债务所产生的现金流量应当抵销。以现金结算内部债权债务，对于债权方来说表现为现金的流入，而

对于债务方来说则表现为现金的流出。在现金结算的债权与债务属于母公司与子公司、子公司相互之间内部销售商品和提供劳务所产生的情况下，从其个别现金流量表来说，在债权方的个别现金流量表中表现为"销售商品、提供劳务收到的现金"的增加；而在债务方的个别现金流量表中则表现为"购买商品、接受劳务支付的现金"的增加。在编制合并现金流量表时必须将由此产生的现金流量予以抵销，在现金结算的债权与债务属于内部往来所产生的情况下，在债权方的个别现金流量表中表现为"收到的其他与经营活动有关的现金"的增加，在债权方个别现金流量表中表现为"支付的其他与经营活动有关的现金"的增加，在编制合并现金流量表时由此所产生的现金流量也必须将其予以抵销。

抵销时由于债权债务产生的原因不同，对现金流量表的影响项目也不同。主要分为以下几类：

（1）在合并工作底稿中抵销本期以现金结算的因销货产生的债权债务时：

借：购买商品、接受劳务支付的现金/购建固定资产、无形资产及其他长期资产支付的现金

　　贷：销售商品、提供劳务收到的现金

（2）在合并工作底稿中抵销本期以现金结算的因支付内部债券利息产生的债权债务时：

借：分配股利、利润或偿付利息支付的现金

　　贷：取得投资收益收到的现金

（3）抵销本期发行债券产生的内部现金流：

借：投资支付的现金

　　贷：吸收投资收到的现金

（4）抵销以现金结算的其他内部债权债务产生的现金流：

借：支付其他与经营活动有关的现金

　　贷：收到其他与经营活动有关的现金

[例5-6] 母公司2019年与子公司结算销货款6 000 000元，结算暂借款12 000 000元。则合并工作底稿中编制如下抵销分录：

借：购买商品、接受劳务支付的现金　　　　　　6 000 000

　　贷：销售商品、提供劳务收到的现金　　　　　　　6 000 000

借：支付其他与经营活动有关的现金　　　　　　12 000 000

　　贷：收到其他与经营活动有关的现金　　　　　　　12 000 000

第三节　企业集团内部非流动资产购销业务的抵销

一、企业集团内部非流动资产购销业务抵销原理

企业集团内部非流动资产购销业务指的是母子公司之间和子公司相互之间发生的固定资产、无形资产的购销业务。企业非流动资产集团内部非流动资产购销业务可分为三种类型：

第一种类型是：企业集团内部一方将自身生产的产品卖给企业集团内的另一企业作为固定资产使用。

第二种类型是：企业集团内部一方将自身使用的非流动资产变卖给企业集团内的另一企业继续作为非流动资产使用。

第三种类型是：企业集团内部一方将自身使用的非流动资产变卖给企业集团内的另一企业作为商品准备出售。

上述三种类型中，发生较多的是第一种交易类型，其次是第二种类型，第三种类型的交易形式极少，一般情况下发生的数量也不大。因此，本书主要介绍第一种类型和第二种类型的抵销处理。

当企业集团发生内部购销业务时，购销双方均以独立的会计主体的身份在其个别报表中进行了核算。销售企业已将其销售收入、销售成本或固定资产、无形资产变卖利得计入了当期损益，列示在个别利润表中；而购买企业则按内部销售价将其购入的资产列入了个别资产负债表，并按内部销售价计提折旧、摊销资产或结转对外销售成本。例如，母公司将一成本为 400 000 元的商品按 460 000 元（不含增值税）出售给子公司作固定资产用，假设该设备可以使用 10 年。对于该业务销售企业母公司将确认销售收入 460 000 元，并结转销售成本 400 000 元；购买企业子公司则按 460 000 元将该商品列为固定资产，并每年按 46 000 元计提折旧。但是，从企业集团整体的角度出发，上述购销业务只是属于集团内部领用资产活动或资产调拨活动，活动的结果只是使待售的库存商品变成了在用的固定资产，使得资产的存在形态发生了变化。业务本身既不会实现销售收入，也不会发生销售成本，资产只能按销售企业的成本价转换其存放形式，不能因为产品的存放地点或持有目的不同而发生增值。这一增值即销售企业的毛利，它只有在产品对企业集团外部销售时才能实现。故将其称为未实现内部销售利润。因此，当企业集团发生内部资产购销时，应当将销售企业因该内部资产交易确认的销售收

入、销售成本、资产变卖利得等未实现损益（上例为60 000元）以及购买企业固定资产原价中包含的未实现内部销售利润而导致的未发生的资产增值或减值部分（上例为60 000元）加以抵销，以避免虚增、虚减损益或资产。另外，在编制合并工作底稿时还必须考虑到购买企业资产原值虚增（减）导致多（少）提折旧、多（少）摊费用、多（少）结转成本的影响。假设内部非流动资产交易的款项均已支付，在编制合并工作底稿时还应抵销相关的现金流量表项目。如上例，母公司现金流量表中会反映"销售商品、提供劳务收到的现金"增加519 800元（460 000×1.13），而子公司现金流量表中反映为"购建固定资产、无形资产及其他长期资产支付的现金"增加519 800元。相对企业集团而言，该业务只是集团内部资金流动，对外现金流量并没有增减，因此，应抵销内部交易产生的现金流。内部交易产生的款项若未支付，则会在债权债务的抵销中处理。

二、业务发生当年企业集团内部非流动资产购销业务抵销调整实务

业务发生当年企业集团内部非流动资产的购销业务，对当年个别报表的影响只限于销货方企业的个别报表中将会有虚增、虚减的利润；对购货方企业个别资产负债表中资产可能会有虚增、虚减部分[①]。若款项已付，还会对现金流量表产生影响。

（一）企业集团内部一方将自身生产的产品卖给企业集团内的另一企业作为固定资产使用

[**例 5 - 7**] 假设B公司和C公司均为A公司的子公司，2019年3月1日，B公司以100 000元的价格（不含增值税）将其生产的成本为70 000元的产品销售给C公司作管理用固定资产。假设C公司对该资产按5年的使用期限计提折旧，预计净残值为零，C公司当年计提了9个月的折旧。

业务分析：B公司营业收入增加100 000元，营业成本增加70 000元，存货减少70 000元；C公司固定资产增加100 000元，管理费用中折旧费用增加15 000元，累计折旧增加15 000元。从企业集团角度看，该业务对集团的影响只能是存货减少70 000元，固定资产增加70 000元，本期计提折旧费用10 500元，管理费用中折旧费用是10 500元，累计折旧余额为10 500元。因此，应编制如下抵销分录：

（1）抵销内部交易未实现毛利和固定资产虚增部分：

借：营业收入　　　　　　　　　　　　　　　　　100 000
　　贷：营业成本　　　　　　　　　　　　　　　　　　　70 000

---

① 内部交易价大于成本价将导致资产虚增，利润虚增；内部交易价小于成本价将导致资产虚减，利润虚减。

　　　　　　　固定资产　　　　　　　　　　　　　　　　　　　　　30 000
　　（2）抵销因固定资产虚增而多提的折旧：
　　　　借：固定资产　　　　　　　　　　（本期计提折旧数）4 500
　　　　　贷：管理费用　　　　　　　　　　　　　　　　　　　4 500
　　（3）抵销内部交易产生的现金流：
　　　　借：购建固定资产、无形资产及其他长期资产支付的现金
　　　　　　　　　　　　　　　　　　　　（100 000×1.13）113 000
　　　　　贷：销售商品、提供劳务收到的现金　　　　　　　113 000

（二）企业集团内部一方将自身使用的非流动资产变卖给企业集团内的另一企业继续作为非流动资产使用

　　企业集团一方将自身使用的非流动资产卖给企业集团内的另一家企业继续作非流动资产使用，与将自产产品卖给另一方作非流动资产使用的差异是，销售方作损益的账户不同。销售方将自己使用的非流动资产出售时是通过"资产处置收益"核算损益。因此，抵销相关损益时不再通过"营业收入"或"营业成本"，而是通过"资产处置收益"进行。

　　[**例5-8**]假设B公司为A公司的子公司，2019年7月1日，A公司将其账面价值为200万元的土地使用权，以180万元的价格卖给B公司。假设该土地使用权的使用年限为20年，按直线法摊销无形资产。

　　业务分析：对于销货方A公司而言，该内部交易对其个别报表的影响是"资产处置收益"增加20万元，无形资产减少200万元。对购货方B公司而言，无形资产增加180万元，"管理费用"中无形资产摊销额增加4.5万元，"累计摊销"增加4.5万元。但从企业集团角度看，该业务对集团的影响只是土地使用权办理了个法律手续，该业务本身既不会影响损益，也不会使无形资产的账面余额减少20万元，且无形资产7—12月的"累计摊销"数应与其出售前的摊销额是一样的，即半年摊销5万元。因此，母公司在编制合并工作底稿时应作如下抵销分录：

　　（1）抵销内部交易未发生损益和无形资产虚减部分：
　　　　借：无形资产　　　　　　　　　　　　　　　　　　200 000
　　　　　贷：资产处置收益　　　　　　　　　　　　　　　200 000
　　（2）调增因无形资产虚减而少摊的费用：
　　　　借：管理费用　　　　　　　　　　（50 000-45 000）5 000
　　　　　贷：无形资产　　　　　　　　　　　　（本期摊销数）5 000
　　（3）抵销内部交易产生的现金流：
　　　　借：购建固定资产、无形资产及其他长期资产支付的现金2 000 000

贷：处置固定资产、无形资产及其他长期资产收回的现金净额
2 000 000

（三）因内部购销产生的资产减值准备的抵销

[例 5 - 9] 沿用 [例 5 - 8] 资料，假设 2019 年末该无形资产预计可收回金额为 170 万元，而在 B 公司账上该土地使用权的账面价值为 175.5 万元 (180 - 4.5)。2019 年末 B 公司为此计提了无形资产减值准备 5.5 万元。

业务分析：从企业集团角度而言，是否应提减值准备，应将该资产预计可收回金额与按销售企业原来的成本、原来的计提或摊销比率计算出来的账面价值比较。即与假设未发生购销活动应有的账面价值比。如上例，假设该无形资产未出售仍在 A 公司账上，2019 年末该资产的账面价值应为 195 万元。因此，应提减值准备 25 万元 (195 - 170)。而 B 公司只提了减值准备 5.5 万元，应再补提减值准备 19.5 万元。母公司应在合并工作底稿中补提资产减值准备 19.5 万元。

借：资产减值损失　　　　　　　　　　　　　195 000
　贷：无形资产　　　（补提无形资产减值准备）195 000

三、连续年度内部非流动资产购销业务的抵销调整实务

由于固定资产、无形资产等非流动资产的购入通常是为了使用，而不是为了转售，且它们的使用往往跨越多个会计年度，导致在使用过程中，其资产账面余额保持不变。这些非流动资产包含的内部交易产生的未实现损益，随着使用、报废或销售给集团外部企业或个人而逐期实现。因此，企业集团非流动资产购销活动产生的未实现损益和未发生的资产增值、减值，不仅会影响交易发生当期的报表，而且也会影响以后年度非流动资产使用期间的报表。其影响主要表现在两方面：一是在以后的会计期间，购买企业购入的非流动资产仍然以包含内部交易产生的未实现毛利的原价在个别资产负债表中列示。因此，连续年度首先必须将非流动资产原价中包含的未实现内部销售利润的数额调整为非流动资产原值和年初未分配利润。二是购买非流动资产的企业通常以包含企业集团内部未实现毛利的原价作为依据计提折旧、摊销费用。因此，连续年度应抵销累计多提或少提的折旧额、摊销费用等。

[例 5 - 10] 母公司 2016 年 6 月 20 日将自用的一台机器设备出售给子公司作管理用固定资产。该设备账面价值为 300 000 元，尚可使用 5 年，售价为 320 000 元。两公司均用直线法计提折旧。

1. 2016 年合并工作底稿抵销分录的编制

业务分析：如前所述，该业务会使 2016 年末母公司个别报表"资产处置收益"虚增 20 000 元，使得子公司"固定资产"虚增 20 000 元，"累计折旧"多计 2 000 元 (20 000/5 × 6/12)，"管理费用"虚增 2 000 元。

(1) 抵销资产虚增部分：
借：资产处置收益　　　　　　　　　　　　　　　　　　　20 000
　　贷：固定资产　　　　　　　　　　　　　　　　　　　　　　20 000
(2) 抵销本期多提折旧：
借：固定资产　　　　　　　　　　　（本期计提折旧数）2 000
　　贷：管理费用　　　　　　　　　　　　　　　　　　　　　　2 000
(3) 抵销内部交易产生的现金流：
借：购建固定资产、无形资产和其他长期资产支付的现金　320 000
　　贷：处置固定资产、无形资产和其他长期资产收回的现金净额
　　　　　　　　　　　　　　　　　　　　　　　　　　　320 000

2. 该业务对2017年及以后年度报表的影响及抵销分析

从个别报表而言，"固定资产"余额为320 000元，"累计折旧"的余额为96 000元（上期余额32 000＋本期计提数64 000），折旧费用为64 000元，但从企业集团角度而言，"固定资产"的余额为300 000元，"累计折旧"的余额为90 000元（300 000/5×1.5），折旧费用为60 000元。因此，2017年抵销分录为：

(1) 抵销内部交易产生的固定资产原值虚增部分：
借：年初未分配利润　　　　　　　　　　　　　　　　　　20 000
　　贷：固定资产　　　　　　　　　　　　　　　　　　　　　　20 000
(2) 抵销资产虚增导致的累计多提折旧：
借：固定资产　　　　　　　　　　　　（累计多提折旧）6 000
　　贷：年初未分配利润　　　　　　（以前年度累计多提折旧）2 000
　　　　管理费用　　　　　　　　　　　　　　（本期多提）4 000

3. 2017—2019年非流动资产持有期间的抵销分录

(1) 抵销内部交易产生的固定资产原值虚增部分：

	2017年	2018年	2019年
借：年初未分配利润	20 000	20 000	20 000
贷：固定资产	20 000	20 000	20 000

(2) 抵销资产虚增导致的累计多提折旧：

	2017年	2018年	2019年
借：固定资产	10 000	14 000	18 000
贷：年初未分配利润	6 000	10 000	14 000
管理费用	4 000	4 000	4 000

4. 固定资产处置或报废年度

在固定资产处置或报废年度，抵销原理与使用期间类似，只不过到年末购买企业内部交易固定资产实体已不复存在，因此相关的"固定资产"或"累计折

旧"账户已无余额,而是随着处置和报废,将其最终结转到了报废或处置年度的损益类账户"资产处置收益"。对整个集团而言,随着报废或处置固定资产,原值和累计多提折旧部分本期得以实现。因此,在处置或报废年度,可按使用年度抵销原理进行调整和抵销,不同的是用"资产处置收益"代替"固定资产"或"累计折旧"。

(1)按固定资产原值虚增部分编制调整分录:

借:年初未分配利润　　　　　　　　　　　　　　20 000
　　贷:资产处置收益　　　　　　　　　　　　　　　　20 000

这里假设处置年度取得净收益,若处置年度发生净损失,则调整"营业外支出",以下同理。

(2)调整累计多提折旧:

借:资产处置收益　　　　　　(固定资产累计多提折旧)20 000
　　贷:年初未分配利润　　　　　(以前累计多提折旧)18 000
　　　　管理费用　　　　　　　　(本期多提折旧)2 000

第四节　企业集团内部存货购销业务的抵销

一、企业集团内部存货购销业务的抵销原理

企业集团内部存货购销业务抵销与非流动资产抵销原理类似。所不同的是企业集团内部非流动资产购销中,购货方购买商品的目的是自用;而企业集团内部存货购销业务中,购货方购买存货是为了出售。当发生内部交易时,销售方按内部销售价确认了收入,并按外部采购价或生产成本确认了营业成本,并减少了存货;购货方按内部销售价增加了存货。当购货企业将这些内部购入的存货对外销售时,则按对外的售价确认了营业收入,并按内部销售价结转了成本。其余当期从集团内部购入但还未对外销售的存货,则仍按包含未实现毛利的销售价计入了存货,列示在个别资产负债表中。但是,从企业集团角度而言,凡是实现了对企业集团外部销售的产品,只是实现了一次销售,其销售收入只是购买该产品企业的销售收入,其销售成本只是销售该产品企业的销售成本,内部交易产生的期末存货的成本只能是内部销售企业的原成本。因此,在将企业集团内部存货销售业务的项目抵销时,既要抵销重复反映的销售收入和销售成本,也要抵销存货中包含的未实现内部销售利润。本节中我们均假设内部交易的款项已在当年进行了收付,因此,在编制抵销分录时,还应编制相关现金流量表的抵销分录。若未收

付,相关债权债务的抵销见第二节,此处不再赘述。

二、业务发生当年企业集团内部存货购销业务的抵销实务

企业集团内部存货购销业务按集团内部购货方是否对外销售,可分为三种情况:一是本期内部购入的存货,全部未对外出售;二是全部对外出售;三是部分对外出售,部分未对外出售。

(一)购货方购入的存货本期全部未对外出售

[例5-11] 子公司将其外购的成本为 600 000 元的一批库存商品,按 720 000 元①出售给了母公司作存货用。假设当年母公司内部购入的该批存货全部未对外售出。

业务分析:该业务对个别资产负债表和利润表的影响是,子公司个别报表中确认了营业收入 720 000 元,并结转了营业成本 600 000 元,减少存货 600 000 元;购货方母公司则增加存货 720 000 元。从企业集团角度而言,只是改变了存货的存放地点,不会产生损益,也不会使资产增值。因此,在编制合并工作底稿时,应编制如下抵销分录:

(1) 抵销内部交易产生的未实现毛利:

借:营业收入　　　　　　　　　　　　　　　　720 000
　　贷:营业成本　　　　　　　　　　　　　　　600 000
　　　　存货　　　　　　　　　　　　　　　　　120 000

(2) 抵销内部交易产生的现金流:

假设款已收付,该业务对个别现金流量表的影响是,子公司现金流量表中反映为"销售商品、提供劳务收到的现金"增加 813 600 元(720 000×1.13),母公司个别现金流量表中反映为"购买商品、接受劳务支付的现金"增加 813 600 元。而对于企业集团而言,该现金流为集团内部的现金流,不应在合并报表中反映。因此,在编制合并工作底稿时,应编制现金流量表抵销分录:

借:购买商品、接受劳务支付的现金　　　　　　813 600
　　贷:销售商品、提供劳务收到的现金　　　　　813 600

(二)购货方购入的存货本期全部对外售出

[例5-12] 沿用[例5-11]资料,假设当年母公司内部购入的该批存货以 730 000 元全部对外售出。

业务分析:由于购入方母公司将内部购入的存货在本期已全部对外售出,因此,母公司对外出售时,又确认了营业收入 730 000 元,并结转了 720 000 元的营业成本,该批存货在公司账上消失。到此,从个别报表看,该批存货从外购到

---

① 本章所说的售价均为不含增值税的价款,并假设母、子公司均为一般纳税人。

对集团外销售，已累计确认收入 1 450 000 元（内销时收入 720 000 元 + 外销时收入 730 000 元），已结转成本 1 320 000 元（内销时成本 600 000 元 + 外销时成本 720 000 元）。但从企业集团角度而言，只实现了一笔对外销售收入，即 730 000 元，只发生了一笔销售成本，即外购成本 600 000 元，因此，应抵销重复计算的销售收入和销售成本。在编制合并工作底稿时，应编制如下抵销分录：

(1) 抵销内部交易产生未实现毛利：

借：营业收入　　　　　　　　　　　　　　　　　720 000
　　贷：营业成本　　　　　　　　　　　　　　　　　720 000

(2) 抵销内部交易产生的现金流：

借：购买商品、接受劳务支付的现金　　　　　　　813 600
　　贷：销售商品、提供劳务收到的现金　　　　　　813 600

（三）购货方购入的存货部分对外出售，部分还未对外售出

[例5-13] 沿用 [例5-11] 资料，假设当年母公司内部购入的该批存货对外售出 40%，并取得 292 000 元销售收入。

业务分析：当母公司将购入存货的 40% 对外出售时，母公司在个别报表中确认了 292 000 元的营业收入，并结转了 288 000 元（720 000×40%）的营业成本。至此，该批存货个别资产负债表合计确认营业收入 1 012 000 元（内销时收入 720 000 元 + 外销时收入 292 000 元），合计结转营业成本 888 000 元（内销时成本 600 000 元 + 外销时成本 288 000 元），内部购入存货的期末余额为 432 000 元（720 000×60%）。但从企业集团角度而言，只有一笔对外销售收入 292 000 元，并只能按外购成本结转相应的营业成本 240 000 元（600 000×40%），期末存货的余额为 360 000 元（600 000×60%）。因此，应抵销多计的营业收入 720 000 元（1 012 000 - 292 000），多结转的营业成本 648 000 元（888 000 - 240 000），多列的存货余额 72 000 元（432 000 - 360 000）。在编制合并工作底稿时，应编制如下抵销分录：

(1) 抵销内部交易产生的未实现毛利：

借：营业收入　　　　　　　　　　　　　　　　　720 000
　　贷：存货　　　　　　　　　　　　　　　　　　　72 000
　　　　营业成本　　　　　　　　　　　　　　　　648 000

(2) 抵销内部交易产生的现金流：

借：购买商品、接受劳务支付的现金　　　　　　　813 600
　　贷：销售商品、提供劳务收到的现金　　　　　　813 600

在实务工作中，在编制集团内部存货购销的抵销分录时，无论全部出售、全部未出售或部分出售，都可套用以下分录快速进行抵销：

(1) 抵销内部交易产生的未实现毛利：

借：营业收入（内部交易价）
　　　贷：存货（期末存货包含未实现毛利）
　　　　　营业成本（差额）

期末存货包含未实现毛利 = 内部交易毛利率 × 期末存货余额
　　　　　　　　　　　 = 内部交易毛利 × 内购存货未对外售出比例

（2）抵销内部交易产生的现金流量：

借：购买商品、接受劳务支付的现金（内部交易价×1.13）
　　　贷：销售商品、提供劳务收到的现金

[例5-14] 2019年，子公司将其外购的成本为300 000元的一批库存商品，按360 000元出售给母公司作存货用。母公司期末存货中仍有108 000元从子公司购入的存货。

（1）抵销内部交易产生的未实现毛利：

期末存货包含未实现毛利 = 108 000 × [（360 000 - 300 000）/360 000]
　　　　　　　　　　　 = 18 000（元）

借：营业收入　　　　　　　　　　　　　（内部交易价）360 000
　　　贷：存货　　　　　　　　　　（期末存货未实现毛利）18 000
　　　　　营业成本　　　　　　　　　　　　　（差额）342 000

（2）抵销内部交易产生的现金流：

借：购买商品、接受劳务支付的现金　　　　　　　406 800
　　　贷：销售商品、提供劳务收到的现金　　　　　　406 800

三、连续年度企业集团内部存货购销业务的抵销实务

在连续编制合并财务报表的情况下，首先必须将上期抵销的存货价值中包含的未实现内部销售损益对本期期初未分配的影响予以抵销，调整本期期初未分配的数额；然后再对本期内部购进存货进行合并处理。其具体合并处理程序和方法如下：

（1）将上期抵销的存货价值中包含的未实现内部销售损益对本期期初未分配利润的影响进行抵销。即按照上期内部购进存货价值中包含的未实现内部销售损益的数额，借记"年初未分配利润"项目，贷记"营业成本"项目。这一抵销分录，可以理解为上期内部购进的存货中包含的未实现内部销售损益在本期视同为实现利润，将上期未实现内部销售损益转为本期实现利润，冲减当前的合并销售成本。

（2）对于本期发生内部购销活动的，将内部销售收入、内部销售成本及内部购进存货中未实现内部销售损益予以抵销。即按照销售企业内部销售收入的数额，借记"营业收入"项目，贷记"营业成本""存货"项目。

（3）将期末内部购进存货价值中包含的未实现内部销售损益予以抵销。对于期末内部购买形成的存货（包括上期结转形成的本期存货），应按照购买企业期末内部购买存货价值中包含的未实现内部销售损益的数额，借记"年末未分配利润""营业成本"项目，贷记"存货"项目。

[例 5 – 15] 2018 年，母公司将其自产的一批库存商品销售给子公司作存货用，该批商品成本为 500 000 元，售价为 600 000 元，子公司期末存货中包含有 300 000 元从母公司购入的存货。2019 年，母公司又销售了一批库存商品给子公司作存货用，此批商品成本为 800 000 元，售价为 900 000 元，子公司期末存货中包含有 540 000 元从母公司购入的存货。假设内部交易的款项已在当年进行了收付。

2018 年合并工作底稿的抵销分录：
（1）抵销本期内部交易产生的未实现毛利：
借：营业收入　　　　　　　　　　　　　　　　　　　　　600 000
　　贷：存货　　[（600 000 – 500 000）× 300 000/600 000]　50 000
　　　　营业成本　　　　　　　　　　　　　　　　　　　　550 000
（2）抵销内部交易现金流：
借：购买商品、接受劳务支付的现金　　　　　　　　　　　678 000
　　贷：销售商品、提供劳务收到的现金　　　　　　　　　678 000

2019 年合并工作底稿的抵销分录：
（1）抵销期初存货未实现毛利：
借：年初未分配利润　　　　　　　　　　　　　　　　　　50 000
　　贷：营业成本　　　　　　　　　　　　　　　　　　　50 000
（2）抵销本期内部交易产生的未实现毛利：
借：营业收入　　　　　　　　　　　　　　　　　　　　　900 000
　　贷：存货　　　　　　　　　　　　　　　　　　　　　60 000
　　　　营业成本　　　　　　　　　　　　　　　　　　　840 000
（3）抵销内部交易现金流：
借：购买商品、接受劳务支付的现金　　　　　　　　　　　1 017 000
　　贷：销售商品、提供劳务收到的现金　　　　　　　　　1 017 000

【本章小结】

　　企业集团各成员之间往往具有较为紧密的经济联系，很多时候成员企业间形成了供产销的关系链。因此，企业集团内部交易是不可避免的，有时甚至是非常频繁地发生的。这里企业集团内部交易是指企业集团内部母公司与子公司之间或子公司相互之间所发生的交易。企业集团的内部交易属于关联交易的范畴，主要包括购买或销售存货交易、购买或销售其他非流动资产交易、提供劳务交易、内部借贷交易、内部租赁交易等。企业内部交易会对报表产生各种影响，本文主要分为：只影响资产负债表的交易、只影响利润表的交易、既影响资产负债表又影响利润表的交易。

本章按照企业集团内部交易抵销的意义与依据、企业集团内部债权债务的抵销、企业集团内部非流动资产购销业务的抵销以及企业集团内部存货购销业务的抵销的逻辑顺序进行讲解。其中，内部交易抵销的意义与依据部分，介绍了内部交易的类型和对内部交易进行抵销处理的原因等内容。在内部债权债务的抵销这一部分，讲解了内部债权债务抵销的相关原理，介绍了具体会计处理，并详细说明了连续年度中集团内部债权债务抵销和集团内部现金结算债权债务产生的现金流量抵销如何进行会计处理。在内部非流动资产购销业务的抵销这一部分，介绍了内部非流动资产购销业务抵销的相关原理以及相关会计处理、连续年度中的抵销会计处理。在内部存货购销业务抵销这一部分，也按照相关原理、会计处理和连续年度中的抵销会计处理这一逻辑顺序进行讲解。

【本章思考与练习题】

一、思考题

1. 如果母公司和子公司之间发生交易，产生的集团内部损益未作抵销，合并财务报表将受什么影响？

2. 集团内部销售固定资产和无形资产会产生什么会计问题？

3. 子公司直接从母公司手中购入债券和从公开市场上购得母公司债券会产生什么不同的会计问题？

4. 结合合并理论试分析在我国是否有必要区分顺销、逆销并在编制合并财务报表时区别处理。

5. 试描述内部非流动资产购销业务抵销的一般程序。

二、练习题

1. 2019年1月，甲公司以8 000 000元购入乙公司60%发行在外的有投票表决权的股份，甲、乙公司均为一般纳税人，2019年度甲公司与乙公司发生如下内部交易事项：

（1）甲公司以300 000元的价款将其一批成本为250 000元的产品销售给乙公司作存货，乙公司期末存货中仍有180 000元为从甲公司购入的该批存货。至2019年12月31日，乙公司仍未向甲公司支付该货款，价税合计339 000元，甲公司为此计提了坏账准备 24 000 元。

（2）2019 年 6 月 20 日，乙公司向甲公司出售办公设备一台，售价为 70 000 元。该设备的原始成本为 100 000 元，已提折旧 32 000 元，剩余使用年限为 5 年，无残值。甲、乙公司均采用直线法计提折旧。款项已收付。

（3）2019 年 1 月，乙公司向甲公司定向发行面值为 400 000 元，年利率为 3%，每年付息一次，5 年期的债券，发行价为 400 000 元。所有款项当年均已结清。

要求：编制 2019 年度相关抵销分录。

2. 2019 年 1 月，甲公司投资乙公司拥有其 80% 股权，2019 年度甲公司与乙公司发生如下内部交易事项：

（1）甲公司期初存货中包含有上期从乙公司购入的存货 100 000 元，乙公司该批存货的毛利率为 20%。2019 年度甲公司又从乙公司购入了 250 000 元存货，该批存货乙公司的销货毛利率为 10%，期末甲公司账上仍有从乙公司购入的存货 120 000 元。2019 年度甲公司向乙公司共支付购货款 300 000 元。

（2）2019 年 2 月 20 日，乙公司曾向甲公司出售一土地使用权，该土地使用权账面价为 20 000 000 元，售价为 36 000 000 元，尚可使用 20 年。甲、乙公司均采用直线法摊销无形资产。款项 2019 年支付了 30%，2020 年支付了 40%。乙公司按 5% 计提了各年的坏账准备。

要求：编制 2019 年度相关抵销分录。

3. 2019 年 1 月 2 日，甲公司购买了乙公司 90% 的股权。2019 年度甲、乙公司有关个别财务报表情况如表 5-1 所示。

表 5-1　　　　甲公司和乙公司个别财务报表（简表）　　　　单位：元

项目	甲公司	乙公司（90%）
利润表		
营业收入	550 350	305 760
减：营业成本	400 000	225 000
销售费用	88 450	65 760
加：投资收益	14 520	—
利息收入	300	—
减：利息费用	—	480
净利润（忽略所得税）	76 720	14 520
所有者权益变动表		
本年利润	76 720	14 520
减：向股东分配利润	—	4 500

续表

项目	甲公司	乙公司（90%）
未分配利润	76 720	10 020
资产负债表		
应收账款	21 300	7 020
货币资金	40 500	—
存货	81 050	29 840
长期股权投资	94 520	—
固定资产	74 900	24 200
其他资产	71 150	56 200
资产合计	383 420	117 260
应付账款	23 000	7 240
应付股利	—	4 500
其他负债	105 200	15 500
股本	120 000	60 000
资本公积	58 500	20 000
未分配利润	76 720	10 020
负债和股东权益合计	383 420	117 260

补充信息：

（1）2019 年，甲公司把成本为 30 000 元的货物作价 40 000 元出售给了乙公司。按购入成本计算，2019 年 12 月 31 日乙公司的存货中尚有 10 000 元的这种货物未售出。

（2）2019 年 7 月 1 日，乙公司将账面价值为 15 000 元的设备以 17 000 元的价格出售给甲公司。甲公司在第 1 年确认了 850 元折旧费用。出售设备尚有 10 年的经济寿命，两家公司都以直线法计提折旧，且折旧费用计入销售费用。

（3）2019 年 12 月 31 日，乙公司向甲公司运送货物并记录 6 000 元的集团内部应收账款。这批货物在乙公司的账面成本为 4 800 元。由于货物在运输途中，甲公司没有记录该项交易。

（4）2019 年 12 月 31 日，乙公司宣布发放股利 4 500 元，并决定于 2020 年 1 月 10 日支付。甲公司没有对宣布发放股利作任何分录。

要求：编制甲公司及其子公司 2019 年的合并财务报表工作底稿。

第六章 外币业务

【引入案例】

随着经济全球化的不断推进,中国企业跨国并购的数量越来越多,与海外交易也越来越密切,外币业务在企业的经营管理过程中日益频繁,而如何对外币业务进行恰当的会计实务处理便显得更为重要。2019年6月,中国闻泰集团斥资268亿元收购荷兰安世半导体的交易被证监会批准,2019年12月,安世半导体董事会完成了改选及相应的变更,闻泰科技董事长张学政正式就任安世半导体董事长。这标志着中国芯片半导体行业迄今为止最大的一笔海外并购完成,这次并购将会有力提升闻泰集团在全球的竞争力,并对我国芯片半导体行业带来正面影响。需要注意的是,闻泰集团总部位于中国上海,记账本位币为人民币,而在完成购并交易之后,荷兰安世半导体总部仍将保留在荷兰奈梅亨,公司现有的高端主管与经营团队都将维持不变,并且独立运营,利用外币结算的海外子公司,在并购之后要如何将其业务和财务数据显示在闻泰集团的财务报表当中呢?因此,学会如何确认、计量和报告外币业务对以后的实务工作有很大的帮助。那么,外币报表是如何进行折算的,外币业务又是如何进行会计处理的?带着这些疑问,让我们一起开始本章的学习吧。

【学习目的与要求】

1. 了解外币业务的概念;
2. 掌握外币交易会计的一笔交易观和两笔交易观;
3. 熟悉外币交易的核算和汇兑损益的处理;
4. 了解外币报表折算的含义,能够分析比较外币报表四种折算方法的优缺点;
5. 掌握我国外币报表折算的现行规定及外币报表折算的信息披露。

第一节　外币业务概述

随着我国加入 WTO，我国对外贸易往来的进一步扩大，很多企业的生产经营范围已突破国界，发展成为大型跨国公司，进行跨国经营。企业在经营活动中必将发生诸如进口原材料，引进设备，对外提供商品和劳务，对外投融资活动等外币业务活动。跨国贸易和跨国融资在多种货币环境下运作，承担了多种货币间相对价值变化的风险，即汇率变动的风险。因此，对于从事跨国活动的企业来说，外汇风险管理政策的重要性日益凸显。而外汇管理的前提是会计上对汇率风险的恰当核算，以便为管理层提供一个恰当的预警信号。因此，在会计核算中不可避免地要涉及外币业务的核算。同时，随着国际经济一体化的发展和金融市场国际化，一些企业在境外设立分公司或设立子公司从事境外经营活动。由于这些分公司或子公司的业务活动绝大部分是以所在国或地区的货币单位进行的，其日常会计记录和会计报表编制绝大部分也是以所在国或地区的货币单位进行计量和编报的。我国《企业会计准则第 19 号——外币折算》规定，境外企业对内报送报表时，应折算为人民币。这就产生了外币报表折算的问题。对于企业外部的经营决策者（包括投资者、债权人等）而言，恰当地披露汇率风险具有极大的决策相关性。

一、外汇

外汇（foreign exchange）原意就是指外国货币，但实际上，外汇具有比外币更广泛的含义，现通常是指以外币表示的用于国际结算的支付凭证。外汇可以从动态和静态两个方面来理解。动态的外汇指的是国际汇兑这个名词的简称，它指一种活动，或者说是一种行为，就是把一个国家的货币兑换成另外一个国家的货币，借以清偿国际债权债务关系的一种专门性的经营活动。静态的外汇是指一种以外币表示的支付手段，用于国际结算。国际货币基金组织（IMF）曾将外汇定义为"外汇是货币行政当局（中央银行、货币管理机构、外汇平准基金组织及财政部）以银行存款、国库券、长短期政府债券等形式所保有的在国际收支逆差时可以使用的债权"。根据我国《外汇管理暂行条例》的规定，外汇一般包括：
（1）外国货币，包括纸币、铸币等；（2）外币有价证券，包括政府公债、国库券、公司债券、股票、息票等；（3）外汇收支凭证，包括票据、银行存款凭证、邮政储蓄凭证等；（4）其他外汇资金。

二、外币

会计核算上的外币是相对于企业选定的记账本位币而言的，记账本位币是指企业经营所处的主要经济环境中的货币。记账本位币的作用在于其能在会计上统一、汇总反映各类以不同币种计价的经济业务。企业选定的记账本位币以外的货币在会计核算上均视为外币。以企业选定的记账本位币以外的货币计价的经济业务，则均属于外币业务。

（一）企业记账本位币的确定

我国《企业会计准则第 19 号——外币折算》规定，企业通常应选择人民币作为记账本位币。业务收支以人民币以外的货币为主的企业，可以按照准则规定选定其中一种货币作为记账本位币。但是，编报的财务报表应当折算为人民币。

企业选定记账本位币，应当考虑下列因素：一是从日常活动收入的角度看，所选择的货币主要影响商品和劳务的销售价格，通常以该货币进行商品和劳务的计价和结算。二是从日常活动支出的角度看，所选择的货币主要影响商品和劳务所需人工、材料和其他费用，通常以该货币进行上述费用的计价和结算。三是融资活动获得的货币以及保存从经营活动中收取款项所使用的货币。

[例 6-1] 国内甲公司为外贸自营出口企业，超过 85% 的营业收入来自向欧盟的出口，其商品销售价格主要受欧元的影响，以欧元计价。因此，从影响商品和劳务销售价格的角度看，甲公司应选择欧元作为记账本位币。如果甲公司除厂房设施、20% 的人工成本在国内以人民币采购，生产所需原材料、机器设备及 80% 以上的人工成本以美元在美国采购，则可确定甲公司的记账本位币是美元。

但是，如果甲公司的人工成本、原材料及相应的厂房设施、机器设备等 95% 以上在国内采购并以人民币计价，甲公司取得的欧元营业收入在汇回国内时直接换成了人民币存款，且甲公司对欧元波动产生的外币风险进行了套期保值，降低了汇率波动对企业取得的外币销售收入的影响，加之甲公司主要支出现金的货币也是人民币，那么，甲公司应当选择人民币作为其记账本位币。

需要说明的是，在确定企业的记账本位币时，上述因素的重要程度因企业具体情况不同而不同，需要企业管理当局根据实际情况进行判断。但是，这并不能说明企业管理当局可以根据需要随意选择记账本位币，记账本位币一旦确定不得随意变更。

（二）境外经营记账本位币的确定

境外经营，是指企业在境外的子公司、合营企业、联营企业、分支机构。在境内的子公司、合营企业、联营企业、分支机构，采用不同于企业记账本位币的，也视同境外经营。确定境外经营，不是以位置是否在境外作为判定标准，而是要看其选定的记账本位币是否与企业的记账本位币相同。

我国《企业会计准则第 19 号——外币折算》规定，企业选定境外经营的记账本位币，除考虑前面所讲的因素外，还应当考虑下列因素：

一是境外经营对其所从事的活动是否拥有很强的自主性。如果境外经营所从事的活动是视同企业经营活动的延伸，构成企业经营活动的组成部分，则该境外经营应当选择与企业记账本位币相同的货币作为记账本位币；如果境外经营所从事的活动拥有极大的自主性，则应根据所处的主要经济环境选择记账本位币。

二是境外经营活动中与企业的交易是否在境外经营活动中占有较大比重。如果境外经营与企业的交易在境外经营活动中所占的比例较高，则境外经营应当选择与企业记账本位币相同的货币作为记账本位币；反之，则应选择其他货币。

三是境外经营活动产生的现金流量是否直接影响企业的现金流量，是否可以随时汇回。如果境外经营活动产生的现金流量直接影响企业的现金流量，并可随时汇回，则境外经营应当选择与企业记账本位币相同的货币作记账本位币；反之，则应选择其他货币。

四是境外经营活动产生的现金流量是否足以偿还其现有债务和可预期的债务。在企业不提供资金的情况下，如果境外经营活动产生的现金流量难以偿还其现有债务和正常情况下可预期的债务，则境外经营应当选择与企业记账本位币相同的货币作为记账本位币；反之，则应选择其他货币。

（三）记账本位币变更的会计处理

企业记账本位币一经确定，不得随意变更，除非企业经营所处的主要经济环境发生重大变化，使用原货币作为记账本位币已难以如实和准确反映企业主要交易业务的经济结果。主要经济环境发生重大变化，通常是指企业主要产生和支出现金的环境发生重大变化。

企业因经营所处的主要经济环境发生重大变化，确需变更记账本位币的，应当采用变更当日的即期汇率将所有项目折算为变更后的记账本位币，折算后的金额作为新记账本位币的历史成本。由于采用同一即期汇率进行折算，因此，不会产生汇兑差额。当然，企业需要提供确凿的证据，以证明其经营所处的主要经济环境发生了重大变化，并应当在附注中披露变更的理由。

企业记账本位币发生变更的，其比较财务报表应当以可比当日的即期汇率折算所有资产负债表和利润表项目。

三、汇率标价方法

汇率（exchange rate）是两个国家（或地区）的货币交换的比率。这一比率可能是固定的，由政府来确定；也可能是浮动的，由现行市场来决定。外汇是一种特殊的商品，它可以进行买卖，汇率就表现为外汇买卖时的价格。因此，汇率有时也称为汇价，即一种货币单位用另一种货币单位所表示的价格。

汇率可以有直接标价法和间接标价法两种表述方式。

（一）直接标价法

直接标价法（direct quoting method）又称应付标价法，是指每单位外币可兑换的本国货币金额。或者说，它是以一定单位的外国货币为标准，来计算应付若干单位的本国货币。

（二）间接标价法

间接标价法（indirect quoting method）又称应收标价法，是指每单位本国货币可兑换的外币金额。或者说，它是以一定单位的本国货币为标准，来计算应收若干单位的外国货币。其特点是：本国货币数额固定不变，外国货币的数额随着汇率的高低变化而变化，本国货币币值的大小与汇率的高低成反比。

例如，以人民币为本国货币，美元为外币，如表述为 USD＄1 = RMB￥6.8185 则为直接标价；如表述为 USD＄0.1467 = RMB￥1 则为间接标价。显然，直接标价和间接标价互为倒数关系。在直接标价法下，如果兑换 1 单位外币所支付的本国货币比以前多，则表明外币的币值上升，本币的币值下降；反之，则表明外币币值下降，本币币值上升。在间接标价法下，兑出 1 单位本币收回的外币比以前少，则表明外币币值上升，本币币值下降；反之，则表明外币币值下降，而本币币值上升。

直接标价法是国际上通行的汇率标价方法，我国公布的外汇牌价就是采用的直接标价法。在世界最大的两个外汇市场中，美国纽约外汇市场美元对西方主要货币的汇率报价时，对英镑、澳元等采用直接标价法，对日元、加拿大元和欧元等都采用间接标价法；而伦敦金融市场则长期采用间接标价法。

第二节 外币交易的核算

一、外币交易及外币交易的记账方法

外币交易是指以外币计价或者结算的交易，外币交易包括买入或者卖出以外币计价的商品或者劳务；借入或者借出外币资金；其他以外币计价或者结算的交易等。

外币交易的记账方法有外币统账制和外币分账制两种。在外币统账制下，企业应根据本企业的实际情况和会计管理的需要选择一种货币作为记账本位币。其他各种以非记账本位币计价、收付和核算的交易，在业务发生时均应按一定的汇率全部折为记账本位币的金额入账，非记账本位币的金额只在账上作辅助记录。外币分账制指外币业务发生时，可直接按外币金额记入各外币账户，不需要逐日逐笔折算为记账本位币。到月末编制前，将各外币账户余额一次性按月末市场汇率折算成记账本位币金额，并确认汇兑损益。此方法一般适用于外币业务比较频繁,外币种类比较多的单位。我国外币交易选择的方法是统账制。以下我们将主要介绍统账制下折算汇率的选择、汇兑损益的计算、外币货币性项目在报表中的列示等会计问题。

二、外币交易中折算汇率的选择

在统账制下要求外币交易发生时,选择一定的汇率将外币折算为记账本位币入账。在折算汇率的选择上,既可采用外币业务发生当日的即期汇率,也可采用当月1日的汇率。我国《企业会计准则第19号——外币折算》规定,企业发生外币交易的,应在初始确认时采用交易日的即期汇率或即期汇率的近似汇率将外币金额折算为记账本位币金额。这里的即期汇率可以是外汇牌价的买入价或卖出价,也可以是中间价,在与银行不进行货币兑换的情况下,一般以中间价作为折算汇率。

[例6-2] 国内甲公司记账本位币为人民币,2019年6月1日,向国外乙公司取得销售货款300 000美元,当日即期汇率为1美元=6.9元人民币,假定不考虑增值税等相关税费,货款尚未收到,甲公司应作如下会计分录:

借:应收账款——美元　　　　　　　($300 000×6.9) 2 070 000
　　贷:主营业务收入　　　　　　　　　　　　　　　2 070 000

[例6-3] 国内甲公司的记账本位币为人民币,2019年4月12日,从银行买入4 000欧元,中间价为1欧元=7.5元人民币,银行卖出价为1欧元=7.6元人民币,甲公司应作如下会计分录:

借:银行存款——欧元　　　　　　　(€4 000×7.5) 30 000
　　财务费用——汇兑差额　　　　　　　　　　　　　　400
　　贷:银行存款——人民币　　　　　　　　　　　　30 400

[例6-4] 国内甲公司的记账本位币为人民币,2019年5月2日从中国银行借入英镑60 000元,期限为6个月,年利率为6%,当日的即期汇率为1英镑=8.7元人民币,假定借入的英镑暂存入银行,甲公司应作如下会计分录:

借:银行存款——英镑　　　　　　　(£60 000×8.7) 522 000
　　贷:短期借款——英镑　　　　　　　　　　　　　522 000

[例6-5] 国内甲公司的记账本位币为人民币,2019年12月10日,收到外商投入资本80 000美元,当日即期汇率为1美元=7.0元人民币,投资合同约定汇率为1美元=7.2元人民币。甲公司应作如下会计分录:

借:银行存款——美元　　　　　　　($80 000×7.0) 560 000
　　贷:实收资本　　　　　　　　　　　　　　　　　560 000

根据我国《企业会计准则第19号——外币折算》相关规定,收到外币资本投入应采用收到出资当日的即期汇率,而无论是否有合同约定汇率,与其相对应的资产类科目也不使用与即期汇率近似的汇率。

三、外币债权债务的结算

在对外币交易进行会计处理时，由于交易发生日、结算日的汇率不同，从而导致外币债权债务在不同的时点折合成记账本位币的金额不同，由此产生外币债权债务折算差额问题。如何处理该差额，目前，对此有两种会计处理观点：一笔交易观与两笔交易观。

（一）一笔交易观

一笔交易观（single-transaction perspective）是指企业将销售或购货及随后的账款结算视为一项单一的交易，而销售或购货及随后的账款结算则被认为是这一单一交易的两个阶段。在这种观点下，汇率变动的影响应处理为对原先入账的销售收入或购货成本的调整，也就是说，对以外币标价的购、销交易，必须在结算后才算完成，按记账本位币计量的销售收入和购货成本最终应决定于结算日的汇率。

从会计计量的角度而言，外币折算只是原来的外币金额的重新表述，那么，以记账本位币计量的购货成本或销售收入，也应在收入实现时确认，而按照一笔交易观，只把它作为暂记数，这就不符合在购、销交易成立时确认收入实现的公认会计原则，也与处理国内购、销业务的会计惯例不一致。同时，把汇率变动影响反映为对购货成本和销售收入的调整而不是反映为外币交易中的汇率变动风险，也是不恰当的。再有，从实务上讲，一笔交易观下无法反映出外币的风险程度，也即提供这样的信息可能无益于企业管理当局的决策。

（二）两笔交易观

两笔交易观（two-transaction perspective）是指企业将交易的发生作为交易完成的标志，即将交易的发生和随后货款的结算看作是两笔交易。在这种观点下，购货成本或销售收入均按交易发生时的汇率将外币金额折算成记账本位币确定下来，而与以后货款的结算无关。在交易中形成的应收或应付外币账款将承受汇率变动的风险，也就是说，确认的销售收入或购货成本取决于销售或购货发生日的汇率。

至于在交易结算日由于汇率变动而产生的外币折算差额，则作为外币折算损益处理，而不再调整销售收入或购货成本。所产生的外币折算损益应归属于哪一个会计期间，则存在着不同的处理方法。

1. 当期确认法

当期确认法，即将外币折算损益计入当期损益。在持续经营假设前提下，企业必须分期确定损益。如果某笔外币交易发生日与结算日分别属于两个不同的会计期间，那么，在报表编制日和结算日汇率变动对该项交易所涉及的外币账户影响自然也应该分别归属于前后两个会计期间。因此，为了如实反映汇率变动跨越两个会计期间的实际情况，企业应该在每期期末按期末汇率将外币账户的外币金额调整为记账本位币金额，并在当期确认由于汇率变动而形成的汇兑损益。

2. 递延法

递延法，即将未实现汇兑损益反映在"递延汇兑损益"账户，递延到以后各期，待外币交易结算时，再将递延汇兑损益转入当期。汇率有升有跌，汇率变动不可能永远是单向变动。在汇率发生逆向变动时，上期期末确认并已计入上期损益的未实现汇兑损益在本期就不可能实际实现。因此，在会计期末按期末汇率将外币账户的外币金额调整为记账本位币金额时，由于汇率变动而产生的未实现汇兑损益就不应该计入当期损益，而应该将它递延到下一个会计期间的结算日。

我国会计准则对于汇兑损益确认，采用的是第一种观点，即"当期确认法"，外币交易汇兑损益全部计入当期损益，而外币报表折算差额则先递延为"其他综合收益"，待处置境外经营时再计入当期"投资收益"。

[例6-6] 某企业2018年12月1日从美国进口一批商品，价款为10 000美元。根据合同规定，货款将于2019年1月15日支付。假设该期间汇率变动情况如下：2018年12月1日汇率为1美元=6.9元人民币，2018年12月31日汇率为1美元=6.7元人民币，2019年1月15日汇率为1美元=6.8元人民币。该企业的记账本位币为人民币，并以业务发生当日的汇率作为记账汇率。

根据上述资料，按照一笔交易观和两笔交易观（当期确认法和递延法），编制会计分录如表6-1所示。

表6-1 不同交易观下的会计处理方法

日期	一笔交易观	两笔交易观	
		当期确认法	递延法
2018年12月1日	借：库存商品 69 000 　　贷：应付账款 69 000	借：库存商品 69 000 　　贷：应付账款 69 000	借：库存商品 69 000 　　贷：应付账款 69 000
2018年12月31日	借：应付账款 2 000 　　贷：库存商品 2 000	借：应付账款 2 000 　　贷：汇兑损益 2 000	借：应付账款 2 000 　　贷：递延汇兑损益 2 000
2019年1月15日	借：库存商品 1 000 　　贷：应付账款 1 000 借：应付账款 68 000 　　贷：银行存款 68 000	借：汇兑损益 1 000 　　贷：应付账款 1 000 借：应付账款 68 000 　　贷：银行存款 68 000	借：递延汇兑损益 1 000 　　贷：应付账款 1 000 借：应付账款 68 000 　　贷：银行存款 68 000 借：递延汇兑损益 1 000 　　贷：汇兑损益 1 000

(三) 一笔交易观与两笔交易观的比较

以［例6-6］资料为例，进一步分析，我们可以看到一笔交易观与两笔交易观所确定的库存商品成本不同。现将［例6-6］的处理结果进行比较如表6-2所示。

表6-2　　　　　不同交易观下的库存商品成本与汇兑损益　　　　　单位：元

项目	一笔交易观	两笔交易观	
		当期确认法	递延法
库存商品成本	68 000	69 000	69 000
现金支付总额	68 000	68 000	68 000
2018年12月31日汇兑损益	—	2 000	—
2019年1月15日汇兑损益	—	-1 000	1 000

从表6-2中可以看到，上述两种观点的三种会计处理方法都反映了汇率变动的影响，只是在财务报表上反映的时期和项目不同而已。当然，上述两种观点的三种会计处理方法的主要区别在于对汇兑损益的确认和处理不同。一笔交易观不确认汇兑损益而将其作为相应项目的调整。这种方法不符合国际公认的确认收入实现原则，也没有反映外币交易的汇率风险，因此一般较少使用。两笔交易观确认了汇兑损益，其中当期确认法将汇兑损益计入当期损益，而递延法则将未实现的汇兑损益递延到交易结算的时候才计入损益。如果未实现汇兑损益的数额不大，时间跨度也不大，那么，递延法和当期确认法所产生的差异不大。当期确认法比较简单，它使当期会计报表能够及时反映汇率变动对企业财务状况的潜在影响，但在汇率发生大幅度变动的情况下，会导致企业当期收益既包括巨额未实现汇兑损益又包括正常的经营损益，从而使会计报表不能正确地反映当期经营成果。对于注册资本以外币计价的企业，这种方法可能导致资本难以保全。例如，如果汇率不断上涨，企业外币资产大于外币负债将导致巨额汇兑损益计入当期损益并缴纳所得税，而那部分以利润表现出来的汇兑损益则可能作为利润分配出去。如此，可能导致以外币表现的注册资本被侵蚀，即需要更多的人民币方能保证账面上按原先汇率计价的外币注册资本完整无损。递延法则在一定程度上弥补了当期确认法的不足，在汇率大幅度发生逆向变动的情况下，如果发生未实现汇兑损益则可以延期纳税。

第三节　外币性项目后续计量

一、汇兑损益

（一）汇兑损益的概念

汇兑损益是指发生的外币业务折算为记账、本位币记账时，由于业务发生的时间不同，所采用的汇率不同而产生的记账本位币的差额，或者是不同货币兑换，由于两种货币采用的汇率不同而产生的折算为记账本位币的差额。

（二）汇兑损益的种类

1. 按产生原因划分

汇兑损益根据其产生的原因，可以分为四种经常性汇兑损益：

（1）外币兑换损益，是指在发生外币与记账本位币，或者一种外币与另一种外币进行兑换时产生的兑换汇兑损益。

（2）外币交易损益，是指在发生以外币计价或结算的商品交易中，因收回或偿付债权债务而产生的交易汇兑损益。

外币交易汇兑损益按其是否在本期实现，可以分为已结算交易损益和未结算交易损益两种。已结算交易损益是指外币交易事项的发生和结算在本期内全部完成，但由于交易发生时的汇率与结算时的汇率不同产生的汇兑损益；未结算交易损益则指外币交易事项的发生与结算没有在本期内全部完成，由于其交易发生日和会计报表编制日的汇率不同而产生的汇兑损益。

（3）外币性账户后续计量损益，是指在外币交易中所产生的各种外币账户的外币余额，期末时应当按照期末汇率折合为记账本位币，按照期末汇率折合的记账本位币金额与账面记账本位币金额之间的差额，作为汇兑损益，计入当期损益。

（4）外币报表折算损益，是指在编制合并会计报表时，把国外子公司或分支机构以所在国家货币编制的会计报表折算成以记账本位币表达的会计报表时，由于报表项目采用不同汇率折算而形成的汇兑损益。

2. 按本期实现与否划分

按照汇兑损益是否在本期实现，可以将其分为以下两类：

（1）已实现的汇兑损益，是指产生汇兑损益的外币业务在本期内已经全部完成所产生的汇兑损益。例如，收到的外币存款在实际支付时、应收的外币债权在实际收回时、应付的外币债务在实际偿还时、不同货币在实际兑换时。一般来说，交易损益和兑换损益属于已实现的汇兑损益。

（2）未实现的汇兑损益，是指产生汇兑损益的外币业务尚未完成。例如，收到的外币存款尚未实际支付、应收的外币债权尚未实际收回、应付的外币债务尚未实际偿还、一种货币尚未兑换为另一种货币。一般来说，调整损益和折算损益属于未实现的汇兑损益。

二、外币性项目的后续计量

根据我国《企业会计准则第 19 号——外币折算》的规定，企业发生的汇兑损益，在资产负债表日，企业应当分别按外币货币性项目和外币非货币性项目进行处理。

（一）外币货币性项目计量

货币性项目，是指企业持有的货币资金和将以固定或可确定的金额收取的资产或者偿付的负债。货币性项目分为货币性资产和货币性负债。货币性资产包括库存现金、银行存款、应收账款、其他应收款、长期应收款等；货币性负债包括短期借款、应付账款、其他应付款、长期应付款、应付债券和长期借款等。对于外币货币性项目，应当采用资产负债表日的即期汇率折算，该项目因当日即期汇率不同于该项目初始入账时或前一资产负债表日即期汇率而产生的汇率差额计入当期损益，同时调增或调减外币货币性项目的记账本位币金额；需要计提减值准备的，应当按资产负债表日的即期汇率折算后，再计提减值准备。

［例 6 - 7］沿用［例 6 - 2］资料，假定 2019 年 6 月 30 日的汇率为 1 美元 = 7.0 元人民币，则对该笔交易产生的外币货币性项目"应收账款"采用期末汇率，折算为记账本位币为 2 100 000 元人民币（300 000×7.0），与其交易日折算为记账本位币的金额 2 070 000 元人民币的差额为 30 000 元人民币，应当计入当期损益，同时调整货币性项目的原记账本位币金额，相应的会计分录如下：

借：财务费用——汇兑差额　　　　　　　　　　30 000
　　贷：应收账款——美元　　［$300 000×(7.0 - 6.9)］30 000

假定 2019 年 7 月 20 日收到上述货款，银行的美元买入价为 1 美元 = 6.95 元人民币，相应的会计分录如下：

借：银行存款——人民币　　　　（$300 000×6.95）2 085 000
　　贷：应收账款——美元　　　　（$300 000×6.9）2 070 000
　　　　财务费用——汇兑差额　　　　　　　　　　15 000

［例 6 - 8］沿用［例 6 - 4］资料，假定 2019 年 5 月 31 日的即期汇率为 1 英镑 = 9 元人民币，则"银行存款——英镑"产生的汇兑差额为 60 000×(9 - 8.7) = 18 000（元人民币），"短期借款——英镑"产生的汇兑差额为 60 000×(9 - 8.7) = 18 000（元人民币），由于借贷方均为货币性项目，产生的汇兑差额

相互抵销，相应的会计分录如下：

借：银行存款——英镑　　　　　　[£60 000×(9-8.7)]　18 000
　　贷：短期借款——英镑　　　　　　　　　　　　　　18 000

2019年11月1日以人民币归还所借英镑，当日银行的英镑卖出价为1英镑=7.5元人民币，假定借款利息在到期归还本金时一并支付，则当日应归还银行借款利息1 800英镑，按日英镑卖出价折算为人民币为13 500元（1 800×7.5）。相应的会计分录如下：

借：财务费用　　　　　　　　　　　　　　　　　　13 500
　　贷：银行存款　　　　　　　　　　（£1 800×7.5）13 500

[例6-9] 国内甲公司记账本位币为人民币，2019年6月10日以人民币从中国银行买入16 000美元，甲公司以中国人民银行公布的人民币汇率中间价作为即期汇率，当日的即期汇率为1美元=6.9元人民币，中国银行当日美元卖出价为1美元=6.95元人民币。

本例中，企业发生的外币价交易属外币兑换业务或涉及外币兑换的交易事项，应当以交易实际采用的汇率，即银行买入价或卖出价折算。

借：银行存款——美元　　　　　　（16 000×6.9）110 400
　　财务费用——汇兑差额　　　　　　　　　　　　　 800
　　贷：银行存款——人民币　　　　 （16 000×6.95）111 200

（二）外币非货币性项目计量

非货币性项目是货币性项目以外的项目，包括预付账款、预收账款、存货、长期股权投资、固定资产、无形资产、实收资本、资本公积等。

（1）对于以历史成本计量的外币非货币性项目，已在交易发生日按当日即期汇率折算，资产负债表日不应改变其原记账本位币金额，不产生汇兑差额。

[例6-10] 沿用[例6-5]资料，外商企业投入甲公司的外币资本80 000美元已按当日即期汇率1美元=7.0元折算为人民币并记入"实收资本"账户。

"实收资本"属于以历史成本计量的非货币性项目，因此，资产负债表日不需要按照当日即期汇率进行调整。

（2）对于以成本与可变现净值孰低计量的存货，如果其可变现净值以外币确定，则在确定存货的期末价值时，应先将可变现净值折算为记账本位币，再与以记账本位币反映的存货成本进行比较，确认是否计提存货跌价准备。

[例6-11] 国内甲公司的记账本位币为人民币。2019年10月，该公司接受A公司订单，为A公司生产一台设备，所需新型甲材料在内地市场没有供应，为此于12月10日以40 000美元从美国某供应商购入一批甲材料，并于当日支付了相应货款。2019年12月31日，甲材料在国际市场上的价格降至36 000美元。12月10日的即期汇率是1美元=7.0元人民币，12月31日的即期汇率是1美

元 = 6.9 元人民币。假定不考虑增值税等相关税费。

本例中，由于存货在资产负债表日采用成本与可变现净值孰低计量，因此，在以外币购入存货并且该存货在资产负债表日获得的可变现净值以外币反映时，在计提存货跌价准备时应当考虑汇率变动的影响。因此，甲公司应作会计分录如下：

12 月 10 日，购入甲材料：

借：原材料——甲　　　　　　　　　　　（40 000 × 7.0）280 000
　　贷：银行存款——美元　　　　　　　　　　　　　　　280 000

12 月 31 日，计提存货跌价准备：

借：资产减值损失　　　　　　　　　　　　　　　　　　　30 800
　　贷：存货跌价准备　　　　（40 000 × 7.0 − 36 000 × 6.9）30 800

（3）对于以公允价值计量的股票、基金等非货币性项目，如果期末的公允价值以外币反映，则应当先将该外币按照公允价值确定当日的即期汇率折算为记账本位币金额，再与原记账本位币金额进行比较，其差额作为公允价值变动损益（包括汇兑损益），计入当期损益。

[例 6 − 12] 国内甲公司的记账本位币为人民币。2018 年 12 月 10 日甲公司以每股 10 港元的价格购入乙公司 H 股股票 10 000 股作为交易性金融资产，当日即期汇率为 1 港元 = 0.82 元人民币，款项已付。2018 年 12 月 31 日，由于市价变动，当月购入的乙公司 H 股股票的市价变为每股 11 港元，当日的即期汇率为 1 港元 = 0.80 元人民币。2019 年 2 月 14 日，甲公司将所购乙公司 H 股股票按当日市价每股 12 港元全部售出，当日汇率为 1 港元 = 0.78 元人民币。假定不考虑相关税费的影响。

2018 年 12 月 10 日，甲公司购入乙公司 H 股股票 10 000 股作为交易性金融资产，会计分录如下：

借：交易性金融资产　　　　　　　　　（10 × 10 000 × 0.82）82 000
　　贷：银行存款——港元　　　　　　　　　　　　　　　　82 000

根据《企业会计准则第 22 号——金融工具确认和计量》的规定，交易性金融资产以公允价值计量。由于该项交易性金融资产是以外币计价的，在资产负债表日，不仅应考虑港元的变动，还应一并考虑港元与人民币之间汇率变动的影响，上述交易性金融资产在资产负债表日的人民币金额为 88 000 元（11 × 10 000 × 0.80），与原账面价值 82 000 元的差额为 6 000 元人民币，应计入公允价值变动损益。

2018 年 12 月 31 日，将公允价值变动（含汇率变动）计入当期损益：

借：交易性金融资产　　　　[10 000 × (11 × 0.80 − 10 × 0.82)] 6 000
　　贷：公允价值变动损益　　　　　　　　　　　　　　　　6 000

6 000元人民币既包含甲公司所购乙公司H股股票公允价值变动的影响,又包含人民币与港元之间汇率变动的影响。

2019年2月14日,甲公司将所购乙公司H股股票售出:

借:银行存款——港元　　　　　　　　　　　　　93 600
　　贷:交易性金融资产　　　　　　　　　　　　　　　88 000
　　　　投资收益　　　　　　　　　　　　　　　　　　 5 600

2019年2月14日,甲公司将所购乙公司H股股票按当日市价每股12港元全部售出,所得价款为120 000港元,按当日汇率1港元=0.78元人民币,折算为人民币93 600元,与其原账面价值人民币金额88 000元的差额为5 600元人民币。对于汇率的变动和股票市价的变动不进行区分,均作为投资收益进行处理。

(4)以公允价值计量且其变动计入其他综合收益的外币货币性金融资产形成的汇兑差额,应当计入当期损益;外币非货币性金融资产形成的汇兑差额,与其公允价值变动一并计入其他综合收益。但是,采用实际利率法计算的金融资产的外币利息产生的汇兑差额,应当计入当期损益,非交易性权益工具投资的外币现金股利产生的汇兑差额,应当计入当期损益。

[例6-13]国内甲公司的记账本位币为人民币。2019年2月10日以每股15港元的价格购入乙公司H股10 000股作为以公允价值计量且其变动计入其他综合收益的金融资产,当日汇率为1港元=0.9元人民币,款项已付。2019年12月31日,由于市价变动,购入乙公司H股的市价变为每股18港元,当日汇率为1港元=0.85元人民币。假定不考虑相关税费的影响。

2019年2月10日,该公司对上述交易应作以下处理:

借:其他权益工具投资　　　(15×10 000×0.9)　135 000
　　贷:银行存款——港元　　　　　　　　　　　　　135 000

根据《企业会计准则第22号——金融工具确认和计量》,以公允价值计量且其变动计入其他综合收益的金融资产,公允价值变动形成的利得或损失,除减值损失和外币货币性金融资产形成的汇兑差额外,应当直接计入其他综合收益,在该金融资产终止确认时转出,计入当期损益。由于该项金融资产是以外币计价,在资产负债表日,不仅应考虑股票市价的变动,还应一并考虑港元与人民币之间汇率变动的影响,上述金融资产在资产负债表日的人民币金额为153 000元(即18×10 000×0.85),与原账面价值135 000元的差额为18 000元人民币,计入其他综合收益。相应的会计分录为:

借:其他权益工具投资　[10 000×(18×0.85-15×0.9)] 18 000
　　贷:其他综合收益　　　　　　　　　　　　　　　 18 000

第四节　外币财务报表折算

　　企业一般可能出于三种目的进行外币报表折算：一是为了编制合并报表而折算国外子公司的外币报表；二是为了采用权益法核算对国外联营企业的财务报表；三是为了在国外金融市场上发行债券或股票而将财务报表折算为呈报货币(presentation currency)。前两种目的的外币报表折算所涉及的问题基本上相同，也正是本章所重点讲解的内容，外币报表折算首先必须选择一种货币作为记账本位币。编制合并财务报表所使用的记账本位币应是合并主体从事经营活动的主要经济环境中的货币。合并主体所选择的记账本位币可以是控股公司所在国的货币，也可以是国外主体所在国的货币，甚至还可以是第三国的货币。一般假定合并主体的记账本位币为母公司所在国的货币。

　　由于国外主体账面记录可能是记账本位币，也可能是外币，在编制合并财务报表时先需要对国外主体的外币财务报表进行折算或重新计量。国外主体财务报表是先折算还是先重新计量，需视国外主体所选择的记账本位币和账面是以何种货币记录而定。折算程序和重新计量程序下的合并结果是有差异的。

　　在为合并目的而进行折算或重新计量时，需采用一定的折算方法。常见的方法有流动和非流动项目法、货币性与非货币性项目法、时态法和现行汇率法四种。被广泛接受的折算方法是时态法和现行汇率法。在时态法下，折算损益应计入当期汇兑损益；在现行汇率法下，折算损益应作为所有者权益的调整数。

　　在国外主体的经营活动是母公司经营活动的延伸时，通常应按时态法对国外主体的财务报表予以重新计量，以使折算后的结果与当时国外主体在业务发生时就采用记账本位币记账一样；若国外主体的经营活动不是母公司经营活动的延伸，通常应按现行汇率法对国外主体的财务报表予以折算，以恰当反映国外主体的独立经营活动成果。各国现行实务所采用的方法往往是上述四种方法的交叉或变形。

一、外币财务报表折算的前提

　　外币报表在两种情况下需要折算：一是母公司为了编制合并财务报表的需要而折算国外子公司、分支机构的外币报表，或者投资企业出于以权益法核算国外联营企业的需要而折算联营企业的外币报表；二是企业为了跨国上市和融资等目的而将其自身的报表折算为呈报货币。本节将介绍的外币报表折算主要指上述第一种情形，至于第二种情形的外币报表折算，在方法上与母公司折算相对独立的国外实体的外币报表的方法一致，应采用现行汇率法。

在折算国外子公司或国外联营企业（以下简称国外实体）的外币报表之前，首先应当调整境外经营的会计期间和会计政策，使之与企业会计期间和会计政策相一致，根据调整后会计政策及会计期间编制相应货币（记账本位币以外的货币）的财务报表，再按照合适的折算方法对境外经营财务报表进行折算。

二、外币财务报表折算的方法及程序

外币报表折算方法是指企业外币报表所列示的各项资产、负债、收入、费用按何种汇率折算以及所产生的外币折算汇兑损益如何处理。尽管外币财务报表折算只不过是将外币表示的资产、负债和收入、费用项目乘以汇率而已，但时至今日，世界各国对外币报表的折算方法尚未形成统一的惯例。产生这一问题的根源是汇率不固定。

由于汇率的变化不一，在外币财务报表折算的历史发展过程中就衍生出多种性质不同的方法，按照是否以现行汇率折算为主可以分成两大类：（1）以现行汇率折算为主，主要有现行汇率法；（2）以历史汇率折算为主，主要有时态法。另外，在外币财务报表折算方法的演变过程中还有其他一些方法存在：流动与非流动项目法、货币性与非货币性项目法等，还有一些与流动与非流动项目法、货币性和非货币性项目法等方法稍有差别的混合变种。不同折算法下适应汇率情况见表 6-3。

表 6-3　不同折算方法下为特定资产负债表项目所选用的汇率

资产负债表项目	流动性与非流动性项目法	货币性与非货币性项目法	时态法	现行汇率法	变异方法		
					1	2	3
货币资金	C	C	C	C	C	C	C
应收账款	C	C	C	C	C	C	C
存货							
按成本	C	H	H	C	C	H	C
按市价	C	H	H	C	C	H	C
投资							
按成本	H	H	H	C	H	H	C
按市价	H	H	C	C	H	H	C
固定资产	H	H	H	C	H	H	H
其他资产	H	H	H	C	H	H	C

续表

资产负债表项目	流动性与非流动性项目法	货币性与非货币性项目法	时态法	现行汇率法	变异方法		
					1	2	3
应付账款	C	C	C	C	C	C	C
长期负债	H	C	C	C	C	C	C
股本	H	H	H	H	H	H	H
留存利润	※	※	※	※	※	※	※

注：C 代表现行汇率；H 代表历史汇率；※为轧平的平衡数字，其中在现行汇率法下，为利润和留存利润表折算结果，再通过轧算平衡得出累计折算调整数额。

（一）现行汇率法

现行汇率法（current rate method），也称期末汇率法（closing rate method），指外币报表中的所有资产和负债项目都按期末的现行汇率进行折算。现行汇率法是一种单一汇率法。将按功能货币计量的外币报表折算为母公司或投资公司的呈报货币应采用现行汇率法。具体折算程序如下：

（1）国外实体的资产和负债，无论是货币性的还是非货币性的，都应以期末汇率进行换算。

（2）除留存收益外的其他所有者权益账户都应按历史汇率折算。

（3）国外实体的收益和费用项目应以交易发生日的汇率进行核算。为便于核算，通常采用接近交易发生日的汇率，如某期间的平均汇率。

（4）留存收益的折算额应分步确定：①留存收益的期初余额为上期资产负债表的留存收益期末余额；②结转到留存收益的当期损益的折算与上述第3项相同；③减少留存收益的股利按股利宣布日的即期汇率折算。

（5）国外实体的财务报表的换算，导致了由以下事项形成的汇兑差额：①按交易发生日的汇率或平均汇率换算收益和费用项目，按期末汇率换算资产和负债项目；②对国外实体的期初净投资进行换算所采用的汇率，不同于以前对它报告时所用的汇率；③国外实体中权益的其他变动。

这些汇兑差额不能在当期确认为收益或费用，因为汇率的变动对国外实体或报告企业的经营所产生的当前和未来的现金流量几乎没有影响或不直接产生影响。因此，折算所产生的汇兑差额应当计入权益，称为外币报表折算差额，直到净投资被处置为止。

（6）现金流量表的项目按现金流动发生日的即期汇率折算，经营活动的现金流量的折算汇率与收益和费用项目的折算汇率相同，见上述第（3）项。为了调节期初和期末的现金和现金等价物金额，持有的或到期的外币现金和现金等价物受汇率变动的影响应该在现金流量表中报告。该金额应与来自经营活动、投资活动或筹资活动的现金流量分开反映。如果是按期末汇率折算的，该金额还包括汇兑差额。

(二) 流动性与非流动性项目法

流动性与非流动性项目法，是指将资产负债表上的资产和负债项目划分为流动性项目与非流动性项目两大类，按各个项目的流动性与非流动性分别选用不同的汇率进行折算：流动性资产和负债项目的外币金额按编表日的现行汇率折算；非流动性资产和负债项目则按其原入账的历史汇率折算；所有者权益中的实收资本、资本公积、盈余公积等项目按照交易或事项发生日的历史汇率折算；如果将外币报表折算差额计入当期损益，则未分配利润项目根据资产负债表的平衡关系倒挤确定；如果将外币报表折算差额作为所有者权益下的单独项目递延处理，则未分配利润项目根据利润和利润分配表的年末未分配利润项目折算后的金额填列；对利润和利润分配表各项目，除折旧费用和摊销费用按照相关资产入账时的历史汇率折算外，其他收入和费用各项目均按会计期内的平均汇率折算。

这种方法对流动性项目采用现行汇率折算，对非流动性项目采用历史汇率折算，这样处理缺乏足够的理论支持；它对存货与现金、应收账款一样采用现行汇率折算，意味着存货与现金、应收账款一样承受汇率风险，这样未能反映出存货的实际情况；它对长期应收款、长期应付款、长期借款、应付债券等项目采用历史汇率折算，没有反映这些项目承受的汇率风险。此外，这一方法与外币交易会计处理方法未能协调一致。从世界范围来看，这种方法是一种逐步被淘汰的方法。目前，只有少数国家采用。

(三) 货币性与非货币性项目法

货币性与非货币性项目法是美国学者赫普华斯于 1956 年在改进流动性与非流动性项目法的基础上提出来的。采用这一方法应将资产负债表上的资产、负债项目划分为货币性项目与非货币性项目，分别采用不同汇率折算：货币性项目采用现行汇率折算，非货币性项目则采用交易或事项发生日的历史汇率折算，未分配利润项目则按照资产负债表的平衡关系倒挤确定；对于利润和利润分配表以及折旧费用和摊销费用各项目按照相关资产入账时的历史汇率折算；对于销货成本项目则在对期初存货、期末存货、当期购货分别进行折算的基础上，按照"期初存货 + 当期购货 − 期末存货 = 当期销货"的等式来计算确定（其中，期初存货和期末存货按照各自的历史汇率折算，当期购货按照当期平均汇率折算）；对于其他收入、费用项目则按照会计期间内的平均汇率折算（从原则上说，也应是按照交易或事项发生日的汇率折算）；对于提取盈余公积、分配现金股利等利润分配项目按照发生日的汇率折算；对于年末未分配利润项目则按照资产负债表中未分配利润项目折算后的金额填列。

由于货币性项目或者是现在收到或支付的金额固定的现金，或者是将来收到或支付的金额固定的现金，因此，它会直接受到汇率变动的影响，而且这种折算方法与外币交易会计处理方法是协调一致的。所以说，这种方法的理论依据是比较充分且逻辑性较强的。但是，如果设置于国外的子公司或分支机构独立性很强，很少使用母公司货币进行收付，那么按照货币性与非货币性项目法，将由于汇率变动导致的折算差额计入当期损益，会降低利润和利润分配表反映利润的真实性。因此，这一方法的应用是有条件的，即它只适用于国外子公司或分支机构与国内母公司依赖性强、业务往来频繁，从而对母公司经营活动现金流量影响较大的情况，即通常所说的母公司经营活动在国外的延伸这样一种情况。

（四）时态法

一般情况下，国外实体按记账本位币保持其会计记录，但也存在国外实体按外币保持其会计记录的情况。如果国外实体按外币计量其财务报表，那么母公司或投资公司在折算其财务报表时便需要采用时态法。时态法（temporal method）也称时间性度量法，其实质是，应该在折算后的财务报表上保留国外主体在其自己的资产负债表上对资产和负债所用的计价方法，也即资产负债表上资产和负债项目采用的计价方法不同，为合并目的进行折算而选用的汇率也应有所不同，例如，资产负债表上资产项目的计价方法一般有原始成本、现时重置成本、可变现净值和未来收入价值四种。为合并目的进行折算时，对于上述四种计价方法，可分别确定一个与国外主体资产计价的货币金额相关的日期，从而确定折算中应使用的汇率的日期及相应的汇率。

对以原始成本计价的资产，显然应按历史汇率进行折算。对以重置成本和可变现净值计价的资产，则应按期末现行汇率进行折算。对以未来收入价值计价的资产，由于在编制合并财务报表时，往往不能确切地知道适当的未来汇率，最客观的估计数被认为就是期末现行汇率，即应以期末现行汇率进行折算。对以未来收入价值计价之资产以期末现行汇率进行折算的另一个理由是，即使确实存在着远期汇率，远期汇率与即期汇率上的差别也会因为利率的差别而抵销。

在时态法下，对外币报表的折算程序如下：

（1）货币性资产和货币性负债应按资产负债表日的即期汇率折算。

（2）非货币性资产按资产取得时日的历史汇率折算，如果该资产是以公允价值入账的，则使用评估日的汇率换算。

（3）除了可以特别辨明购买日期的项目以外，如销货成本、折旧费等，收入和费用项目应按加权平均汇率折算。

（4）折旧费按资产购置日的历史汇率折算，销货成本通过如下公式计算：

销售成本 = 期初存货 + 当期存货 − 期末存货，计算公式中的各项目按适用汇率折算。

(5) 权益账户的折算方法与现行汇率法下的折算方法相同。

(6) 折算差额应与报告企业折算其外币交易所产生的汇兑差额作相似的处理，即确认为汇兑损益，计入当期损益。

按时态法折算外币报表会产生一些特殊的问题。按历史汇率折算的非货币性资产的记账本位币金额不一定是可收回或可实现的，尽管其在外币报表里的外币金额是可收回的或可实现的。反过来说，在外币报表里需计提减值的非货币性资产在折算为记账本位币后不一定需要计提减值。这类非货币性项目的典型例子就是存货和固定资产。因此，在完成了报表折算程序后，还应测试按记账本位币计量的非货币性项目是否需要计提减值。

(五) 我国现行的规定

为与我国《企业会计准则第33号——合并财务报表》所采用的实体理论保持一致，我国外币折算准则基本采用现时汇率法。此外，我国《企业会计准则第19号——外币折算》规定，企业对境外经营的财务报表进行折算时，应当遵循下列规定：

(1) 资产负债表中的资产和负债项目，采用资产负债表日的即期汇率折算，所有者权益项目除"未分配利润"项目外，其他项目采用发生时的即期汇率折算。

(2) 利润表中的收入和费用项目，采用交易发生日的即期汇率折算，也可以采用按照系统合理的方法确定的、与交易发生日即期汇率近似的汇率（通常为当期平均汇率或者加权平均汇率）折算。

(3) 按照上述两步折算产生的外币财务报表折算差额应当在合并资产负债表中"其他综合收益"项目中单独列示，其中，属于少数股东权益的部分应列入"少数股东权益"项目。

比较财务报表的折算比照上述规定处理。

[例6-14] 国内甲公司的记账本位币为人民币，该公司在境外有一子公司乙公司，乙公司的记账本位币为美元。甲公司采用当期平均汇率折算乙公司利润表项目。2019年12月31日，甲公司编制合并报表时，需要先将乙公司的美元财务报表折算为人民币表述。有关资料如下：

2019年12月31日的汇率为1美元=7.0元人民币，2019年的平均汇率为1美元=6.9元人民币，股本、资本公积发生日的即期汇率为1美元=6.6元人民币，2018年12月31日的股本为8 000万美元，折算为人民币为52 800万元；累计盈余公积为1 200万美元，折算为人民币为8 040万元，累计未分配利润为1 000万美元，折算为人民币为6 700万元，甲、乙公司均在年末提取盈余公积，乙公司当年提取的盈余公积为320万美元。

外币报表折算相关资料见表6-4、表6-5和表6-6。

表6-4　　　　　　　　　　　利润表（简表）

2019年度　　　　　　　　　　　　　　　　单位：万元

项目	期末数（美元）	折算汇率	折算为人民币金额
一、营业收入	10 000	6.9	69 000
减：营业成本	7 500	6.9	51 750
税金及附加	200	6.9	1 380
管理费用	500	6.9	3 450
财务费用	50	6.9	345
加：投资收益	150	6.9	1 035
二、营业利润	1 900		13 110
加：营业外收入	200	6.9	1 380
减：营业外支出	100	6.9	690
三、利润总额	2 000		13 800
减：所得税费用	600	6.9	4 140
四、净利润	1 400		9 660
五、每股收益			
六、其他综合收益			
七、综合收益总额			

表6-5　　　　　　　　　所有者权益变动表（简表）

2019年度　　　　　　　　　　　　　　　　单位：万元

项目	股本			盈余公积			未分配利润		外币报表折算差额	所有者权益合计
	美元	折算汇率	人民币	美元	折算汇率	人民币	美元	人民币	人民币	人民币
一、本年年初余额	8 000	6.6	52 800	1 200		8 040	1 000	6 700		67 540
二、本年增减变动余额				320	6.9	2 208	1 080	7 452		13 660
（一）净利润							1 400	9 100		9 660
（二）其他综合收益									4 000	

续表

项目	股本			盈余公积			未分配利润		外币报表折算差额	所有者权益合计
	美元	折算汇率	人民币	美元	折算汇率	人民币	美元	人民币	人民币	人民币
其中：外币报表折算差额									4 000	4 000
（三）利润分配										
提取盈余公积				320	6.9	2 208	-320	-2 208		
三、本年年末余额	8 000	6.6	52 800	1 520		10 248	2 080	14 152		77 200

当期计提的盈余公积采用当期平均汇率折算，期初盈余公积为以前年度计提的盈余公积按相应年度平均汇率折算后金额的累计，期初未分配利润记账本位币金额为以前年度未分配利润记账本位币金额的累计。

表 6-6 资产负债表（简表）

2019 年 12 月 31 日   单位：万元

资产	期末数（美元）	折算汇率	折算为人民币金额	负债和股东权益	期末数（美元）	折算汇率	折算为人民币金额
流动资产：				流动负债：			
货币资金	1 200	7.0	8 400	短期借款	400	7.0	2 800
应收账款	3 000	7.0	21 000	应付账款	2 000	7.0	14 000
存货	4 000	7.0	28 000	其他流动负债	600	7.0	4 200
其他流动资产	200	7.0	1 400	流动负债合计	3 000		21 000
流动资产合计	8 400		58 800	非流动负债			
非流动资产：				长期借款	3 000	7.0	21 000
长期应收款	2 000	7.0	14 000	应付债券	2 000	7.0	14 000
固定资产	5 000	7.0	35 000	其他非流动负债	800	7.0	5 600
在建工程	1 200	7.0	8 400	非流动负债合计	5 800		40 600
无形资产	2 000	7.0	14 000	负债合计	8 800		61 600
其他非流动资产	1 800	7.0	12 600	股东权益：			

续表

资产	期末数（美元）	折算汇率	折算为人民币金额	负债和股东权益	期末数（美元）	折算汇率	折算为人民币金额
非流动资产合计	12 000		84 000	股本	8 000	6.6	52 800
				盈余公积	1 520		10 248
				未分配利润	2 080		14 152
				其他综合收益			4 000
				股东权益合计	11 600		81 200
资产总计	20 400		142 800	负债和股东权益总计	20 400		142 800

其他综合收益为以记账本位币反映的净资产减去以记账本位币反映的股本、资本公积、累计盈余公积及累计未分配利润后的余额。

我国所规定的外币折算方法同现行汇率法相似，但也有不同的地方。

（1）我国对会计期末以外币非货币性项目处理时，只提到了以历史成本计量的外币非货币性项目；现行汇率法则规定对以公允价值计量的外币非货币性项目应按公允价值确定日的汇率进行折算。

（2）我国对主体对境外经营的带有投资性质的长期应收、长期应付款净额，期末的汇率调整没有专门说明，现行汇率法规定在同时包括国外经营和报表主体的财务报表中，这些汇兑差额初始确认时，应单独列作权益项目，并且在对该净额进行处置时转入处置当期损益。

（3）我国只提到记账本位币，列报货币则只提到人民币，现行汇率法要求主体财务报表可以按任意一种（或几种）货币列报。如果列报货币不同于主体的功能货币，其经营成果和财务状况需要折算成列报货币。

三、恶性通货膨胀经济情况外币财务报表的折算

（一）恶性通货膨胀经济的判定

当一个国家经济环境显示出（但不局限于）以下特征时，应当判定该国处于恶性通货膨胀经济中：

（1）三年累计通货膨胀率接近或超过100%；

（2）利率、工资和物价与物价指数挂钩，物价指数是物价变动趋势和幅度的相对数；

（3）一般公众不是以当地货币，而是以相对稳定的外币为单位作为衡量货币金额的基础；

(4) 一般公众倾向于以非货币性资产或相对稳定的外币来保持自己的财富，持有的当地货币立即用于投资以保持购买力；

(5) 即使信用期限很短，赊销、赊购交易仍按补偿信用期预计购买力损失的价格成交。

（二）处于恶性通货膨胀经济中境外经营财务报表的折算

在恶性通货膨胀经济里经营的相对独立的国外实体的记账本位币本来应是该经济里的货币，母公司或投资公司在折算国外实体的外币报表时应采用现行汇率法。然而，这样做会产生一种奇怪的现象。

[例 6 - 15] 假设一家美国公司于 2007 年 12 月 31 日在阿根廷购买了一家制造厂，成本为 1 000 万津巴布韦元，当时的汇率为 1 津巴布韦元 = 0.2 美元，12 年后，汇率变为 1 津巴布韦元 = 0.00000008 美元，根据现行汇率法的折算结果如表 6 - 7 所示。

表 6 - 7   单位：元

金额 （津巴布韦元）	2007 年 12 月 31 日		2019 年 12 月 31 日	
	汇率（美元）	金额（美元）	汇率（美元）	金额（美元）
10 000 000	$0.2	$2 000 000	$0.00000008	$0.8

显然，如果采用现行汇率法折算美国公司所拥有的制造厂，这家制造厂就消失了，这样的结果显然不具备决策相关性。因此，当国外实体处于恶性通货膨胀经济里时，其外币报表的折算就需要特殊的处理了。

企业对处于恶性通货膨胀经济中的境外经营的财务报表，应当先予以重述；对资产负债表项目运用一般物价指数予以重述，对利润表项目运用一般物价指数变动予以重述，然后，按照重述后的财务报表进行折算。在境外经营不再处于恶性通货膨胀经济中时，应当停止重述，按照停止之日的价格水平重述的财务报表进行折算。

1. 资产负债表项目的重述

在对资产负债表项目进行重述时，由于现金、应收账款、其他应收款等货币性项目已经以资产负债表日的计量单位表述，因此，不需要对其进行重述；通过协议与物价变动挂钩的资产和负债，应根据协议约定进行调整；非货币项目中，有些是以资产负债表日的计量单位列示的，如存货如果已经以可变现净值列示，资产负债表日就不需要进行重述。其他非货币性项目，如固定资产、投资、无形资产等，应自购置日起以一般物价指数变动予以重述。

2. 利润表项目的重述

在对利润表项目进行重述时，所有项目金额都需要自其初始确认之日起，以一般物价指数变动进行重述，以使利润表的所有项目都以资产负债表日的计量单位表述。由于上述重述而产生的差额计入当期净利润。

对资产负债表和利润表项目进行重述后，再按资产负债表日的即期汇率将资产负债表和利润表折算为记账本位币报表。

在境外经营不再处于恶性通货膨胀经济中时，应当停止重述，按照停止之日的价格水平重述的财务报表进行折算。

四、外币折算信息的披露

与国际会计准则相比，我国企业会计准则要求披露的信息比较简单，只要求在附注中披露与外币折算有关的如下信息：

（1）企业及其境外经验选定的记账本位币及选定的原因，记账本位币发生变更的，说明变更的理由。

（2）采用近似汇率的，说明近似汇率的确定方法。

（3）计入当期损益的汇兑差额。

（4）处置境外经营对外币财务报表折算差额的影响。

【本章小结】

外币交易，是指以外币计价或者结算的交易，包括买入或者卖出以外币计价的商品或者劳务、借入或者借出外币资金和其他以外币计价或者结算的交易。随着我国加入WTO和我国对外贸易往来的进一步扩大，很多企业的生产经营范围已突破国界，发展成为大型跨国公司，进行跨国经营。企业在经营活动中必将发生诸如进口原材料、引进设备、对外提供商品和劳务、对外投融资活动等外币业务活动。跨国贸易和跨国融资在多种货币环境下运作，承担了多种货币间相对价值变化的风险，即汇率变动的风险。因此，对于从事跨国活动的企业来说，外汇风险管理政策的重要性日益凸显。

本章按照外币业务的概述、外币交易的核算、外币性项目后续计量以及外币财务报表折算的逻辑顺序进行讲解。首先在外币业务概述中，介绍了外币业务的相关概念，如外汇、外币等。在外币交易的核算部分，主要介绍了外币交易的记账方法以及汇率的选择问题。在外币性项目后续计量中，介绍了外币货币性与非货币性项目如何计量，在外币财务报表折算部分，主要讲述了外币财务报表折算的前提条件与方法，其中折算方法主要有现行汇率法、流动性与非流动性项目法、货币性与非货币性项目法以及时态法，同时还介绍了市场存在恶性通胀时外币财务报表折算的方法。

【本章练习题】

1. 甲公司系增值税一般纳税人,适用的增值税税率为12%,开设有外汇账户,会计核算以人民币为记账本位币,外币交易采用交易发生日的即期汇率折算,按月计算汇兑损益。该公司2019年12月发生如下经济业务:

(1) 12月6日,从国外乙公司进口一批原材料,货款为300 000美元,当日即期汇率为1美元=7.0元人民币,货款尚未支付。按照规定应缴纳的进口关税为192 000元人民币,支付进口增值税253 440元人民币,并取得海关完税凭证。

(2) 12月10日,向国外丙公司出口销售商品一批(不考虑增值税),货款为500 000欧元,当日即期汇率为1欧元=7.8元人民币,商品已发出,货款尚未收到,但满足收入确认条件。

(3) 12月15日,以人民币从中国银行购入800 000英镑并存入银行,当日英镑的卖出价为1英镑=9.4元人民币,中间价为1英镑=9.35元人民币。

(4) 12月18日,因增资扩股收到境外投资者投入的200 000美元,当日即期汇率为1美元=6.95元人民币,其中,以900 000元人民币作为注册资本入账。

(5) 12月26日,向乙公司支付本月6日因购买原材料所欠部分货款250 000美元,当日即期汇率为1美元=6.9元人民币。

要求:编制上述业务相关的会计分录。

2. A公司外币交易采用业务发生时的市场汇率进行折算,并按月计算汇兑损益。2019年11月30日,有关外币的即期汇率为1欧元=7.80元人民币,有关项目的余额如表6-8所示。

表6-8　　　　　　　　　　　　有关项目余额　　　　　　　　　　　　单位:元

项目	外币金额(欧元)	汇率	记账本位币金额(人民币)
银行存款	100 000	7.80	780 000
应收账款	50 000	7.80	390 000
短期借款	25 000	7.80	195 000
应付账款	20 000	7.80	156 000

A公司12月发生以下外币业务(假设不考虑有关税费):

(1) 12月7日,赊购原材料一批,价款共计250 000欧元,款项尚未支付,当日即期利率为1欧元=7.82元人民币。

（2）12月10日，对外赊销一批产品2 000件，每件单价为150欧元，当日即期汇率为1欧元=7.82元人民币。

（3）12月15日，从中国银行借入短期借款15 000欧元，款项存入银行，当日即期汇率为1欧元=7.81元人民币。

（4）12月17日，以人民币从银行购入300 000欧元并存入银行，当日的欧元卖出价为1欧元=7.77元人民币，中间价为7.70元人民币。

（5）12月19日，支付本月7日所欠部分货款200 000欧元，当日即期汇率为1欧元=7.80元人民币。

（6）12月31日，偿还部分短期借款30 000欧元，当日即期汇率为1欧元=7.81元人民币。

要求：
（1）编制上述业务的会计分录；
（2）计算期末汇兑差额，并编制相关会计分录。

【本章案例】

华迅外商投资有限责任公司（以下简称"华迅公司"）系增值税一般纳税人，使用的增值税税率为12%，开设有外汇账户，其中40%的收入来自于出口销售，其余收入均来自国内销售，生产产品所需原材料有40%进口，出口产品和进口原材料一般以美元结算。2018年12月31日，华迅公司银行存款为3 000万美元，应收账款为1 500万美元，应付账款为1 200万美元，短期借款为500万美元，长期应收款为2 500万美元，可供出售金融资产（股票类投资）为800万美元，交易性金融资产为600万美元，当日即期汇率为1美元=6.8元人民币。

2019年华迅公司因出口产品形成应收账款2 000万美元，交易日即期汇率为1美元=6.7元人民币，因赊购进口原材料形成应付账款1 200万美元，交易日即期汇率为1美元=6.7元人民币。2019年12月31日，即期汇率为1美元=7.0元人民币。

华迅公司持有在境外注册的甲公司70%股权，能够对甲公司的财务和经营政策实施控制。甲公司在美国生产的产品全部在当地销售，生产所需原材料全部在美国采购。2019年12月31日，华迅公司对甲公司有一笔长期应收款2 500万美元，该长期应收款实质上构成了对甲公司境外经营的净投资，除长期应收款外，其他资产、负债均与关联方无关。

要求：根据上述资料，回答下列问题，假设不考虑其他因素：

1. 下列各项中，华迅公司在选择其记账本位币时应当考虑的因素有（　　）。
A. 主要影响商品和劳务销售价格的货币

B. 主要影响商品和劳务所需人工、材料和其他费用的货币
C. 融资活动获得的资金所使用的货币
D. 缴纳所得税所使用的货币

2. 下列各项中，华迅公司在对境外经营财务报表进行折算时选用的有关汇率，符合会计准则规定的有（　　）。

A. 股本采用股东出资日的即期汇率折算
B. 可供出售金融资产采用资产负债表日即期汇率折算
C. 未分配利润项目采用报告期平均汇率折算
D. 当期提取的盈余公积采用当期平均汇率折算

3. 下列关于少数股东应分担的外币财务报表折算差额，应列示于华迅公司合并资产负债表的方法中，正确的是（　　）。

A. 列入资产项目
B. 列入负债项目
C. 列入少数股东权益项目
D. 列入其他综合收益项目

4. 判断华迅公司2018年12月31日资产和负债中哪些项目属于非货币性项目。

5. 计算华迅公司2019年度因汇兑损益所影响的其他综合收益金额，并编制相关会计分录。

第七章 租赁会计

【引入案例】

　　随着经济全球化及新兴经济的快速发展，对财务报表尽可能真实反映一个公司的财务状况及财务报表的可比性提出了更高的要求，会计准则的国际接轨及趋同是大势所趋。为了与2016年国际会计准则理事会发布的新国际租赁准则（IFRS16）接轨，更好地规范租赁的确认、计量和相关信息列报，2018年国家印发了新租赁准则，即《企业会计准则第21号——租赁（修订）》。新租赁准则将表外资产纳入租赁核算体系，承租人需在报表内确认与租赁相关的资产和负债，而出租方的核算与原准则相差较小。这一规定给主要作为承租方的企业带来了重大影响。

　　东方航空公司作为国有三大骨干航空公司之一，同时也是中国民航首家三地上市的航空公司，于1997年分别在纽约、香港、上海证券交易所挂牌上市。2019年第一季度，东方航空通过经营租赁方式租入的飞机数量有5架，通过融资租赁方式租入的飞机数量有53架。由于东方航空为境内外同时上市的企业，应于2019年1月1日开始实施新租赁准则，除对短期租赁或者租赁价值较低的租赁业务使用经营租赁模型以外，公司将对其他的租赁业务统一采用原租赁模式下的融资租赁模型进行确认、计量、记录与报告。2019年第一季度，东方航空通过经营租赁方式租入的5架飞机按照新租赁准则进行会计处理，公司的固定资产折旧同比增长45.36%；飞机经营性租赁费为0.06亿元，同比减少99.7%，其他财务指标也明显变化。新租赁准则的执行，从短期来看，对东方航空公司的财务指标有不利影响；但是从长期来看，新租赁会计准则的颁布使其所涉及的大部分租赁业务将会在表内进行核算和反映，能够更加真实地反映出公司的营业状况。

　　本章有助于全面理解修订后的租赁准则相关概念和租赁的划分标准，熟练掌握承租人和出租人的会计处理程序、方法和修订后租赁准则对企业产生的影响。

【学习目的与要求】
1. 掌握租赁的识别、分拆和合并相关规则；
2. 掌握融资租赁与经营租赁的划分标准；
3. 掌握与租赁时间、租赁价值计量、租赁计算比率等相关概念；
4. 掌握承租人租赁的会计处理程序和方法，以及重新计量和租赁变更的处理原则；
5. 掌握出租人对融资租赁和经营租赁的会计处理程序和方法；
6. 掌握售后租回交易的相关处理。

第一节 租赁会计概述

租赁是现代企业一项重要而又比较常见的融资活动。一方面，租赁可缓解企业购买设备时的现金流量压力。对于需要扩大生产规模，而又资金不足尤其是现金流处于困境的企业来说，购买设备会导致企业即期现金流出的大幅度增加，而租赁则凭借手续简便、引进速度快等优势成为一种较为理想的融资渠道。租赁期间，承租人仅需通过分期支付少量的租赁费用即可得到大型设备资产的使用权。另一方面，租赁还可降低设备因陈旧或贬值而带来的风险。随着现代高新技术的日益发展，购入设备可能随时因技术过时而不得不提前报废，因此当企业临时性需要某项资产时，用自有资金购买设备是没有必要的。

一、租赁的定义及性质

《国际会计准则第17号——租赁会计》（以下简称IAS17）将租赁定义为：出租人在约定的期限内，将一项资产提供给承租人使用以换取租金作为回报的一种契约形式；《美国财务会计准则第13号——租赁会计》（以下简称FAS13）将租赁定义为：在一个规定的期间内转让财产、厂房和设备（土地或可折旧资产）的使用权的协议；我国财政部于2018年12月发布修订后的《企业会计准则第21号——租赁》（以下简称CAS21）将租赁定义为：指在一定期间内，出租人将资产的使用权让与承租人以获取对价的合同。

租赁是一种契约或协议，且由于租赁行为是一项涉及经济利益的行为，为保证双方权利义务的实现，这种契约或协议必为书面合同形式。租赁行为至少牵涉两方当事人，即出租人和承租人，正因为租赁合同是一种双方有偿合同，租赁条款应由至少两方以上当事人通过自愿协商而成；租赁的性质决定了租赁资产必须以所有权和经营权可相互分离为基本前提，能够租出、使用与归还，通过租赁，一方获得了资产使用权同时支付租金,另一方失去资产使用权同时收取一定租金作为回报,因而租赁实际上是通过资产使用权的让渡获得经济利益;租赁物均为有形物,且一方必然是实体性资产(如可供企业长期使用的机器设备、房屋建筑物、土地等固定资产等),另一方必然是现金或现金等价物而不是其他物;从法律关系来看,租赁物的所有权在租赁期内属于出租人所有,其让渡的仅是资产使用权,当然所有权最终是否转移依赖于租赁条款的签订。值得注意的是,在某些情况下,企业签署的协议所包含的交易虽然未采取租赁的法律形式,但该交易或交易的组成部分就经济实质而言属于租赁业务。而确定一项合同是否属于租赁或包含租赁,需要进行识别。

二、租赁的识别

根据CAS21的规定,企业应当在合同开始日对相关合同是否为租赁或者包含租赁进行评估。如果合同一方明确让渡了控制一项或多项已识别资产一定期间内使用的权利以换取对价,则该合同为租赁或者包含租赁。

一项合同要被分类为租赁或者包含租赁,必须满足以下三个要素:

(1) 资产供应方需转让已识别资产一定期间的使用权。一定期间的判定也可以是客户对已识别资产有一定使用量,例如某项生产设备的产出量。如果客户是部分合同期内控制已识别资产的使用,则合同属于包含一项在该部分合同期间的租赁。

(2) 资产供应方提供的是已识别资产的使用权。已识别资产通常由合同明确指定的资产,也可以资产供应方提供给客户使用时隐性指定,如依行业惯例属于指定的情况判定。已识别资产还需在形式、产能等方面与其他资产可以明确物理区分,比如办公大楼的不同楼层。如果资产的某部分产能与其他部分不能明确区分,如光纤的部分容量,则该部分不属于已识别资产,除非其实质上代表该资产的全部产能,从而使客户获得因使用该资产所产生的几乎全部经济利益的权利。

属于已识别的资产,还应是资产供应方不存在实质性替换权的资产。实质替换权是资产供应商可以对资产具有实质性的替换权利。实质性表现为资产供应方拥有整个使用期间客户无法阻止替换资产的实际能力和资产供应方将受益于行使替换资产的权利两个方面。例如,因修理和维护而替换的合同约定,替换并不会使资产供应方由此获得经济利益,则资产供应方的替换权不具有实质性。

(3) 客户需实质控制了已识别资产使用权。实质控制使用权主要看企业客户是否有权获得在使用期间因使用已识别资产所产生的几乎全部经济利益,并有权主导该识别资产在使用期间按预先设定好的目的和方式进行使用或设计。

评估合同是否为租赁或是否包括租赁的程序可参照图7-1。

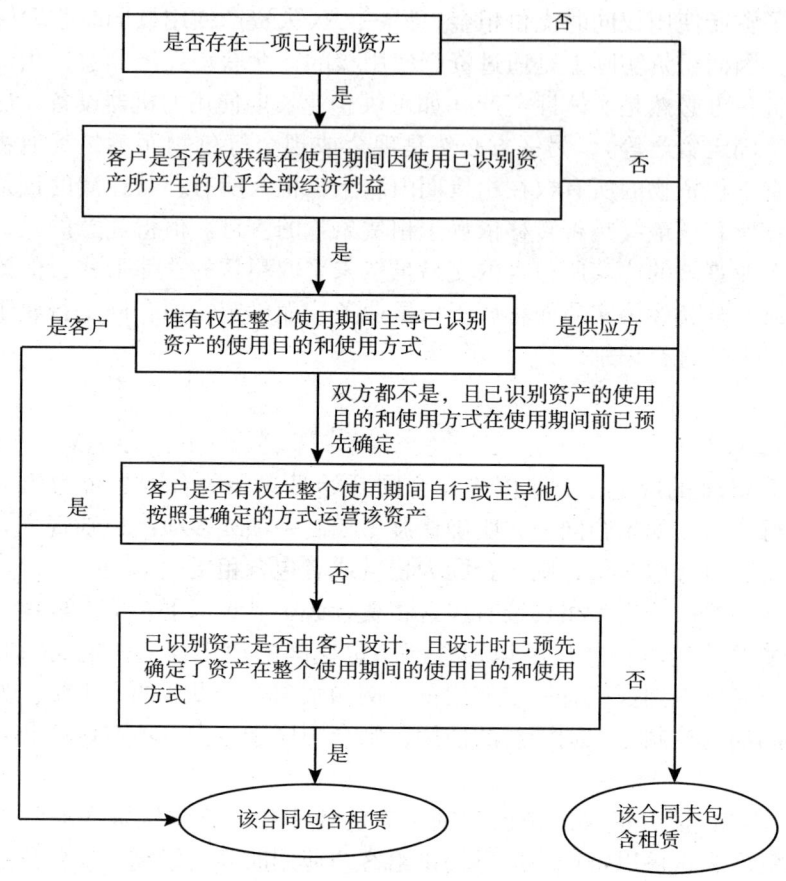

图7-1 评估是否为租赁或是否包括租赁合同流程

[例7-1] A公司（客户）与B公司（信息技术公司）签订了一项5年期使用一台指定服务器的合同。B公司根据A公司的指示在甲公司处交付和安装服务器，并在整个使用期间根据需要提供服务器的维修和保养服务。B公司仅在服务器发生故障时替换服务器。A公司有权决定在服务器中存储哪些数据以及如何将服务器与其运营整合，并在整个使用期间有权改变这些决定。

分析：本例中，合同明确指定了服务器，B公司仅在服务器发生故障时方可替换，合同存在指定服务器这项已识别资产。由于A公司有权获得在5年使用期使用服务器所产生的几乎全部经济利益，并有权决定使用该服务器支持其运营的哪些方面以及存储哪些数据，可就服务器的使用目的和使用方式作出相关决定，且A公司是使用期间唯一可对服务器的使用作出决定的一方，因此A公司主导在整个5年使用期内服务器的使用。

基于以上分析，该合同同时满足租赁的三个要素，因此可判定该合同为有包含服务器的租赁。

三、租赁的分拆和合并

（一）租赁的分拆

根据 CAS21 的规定，合同中同时包含多项单独租赁的，承租人和出租人应当将合同予以分拆，并分别各项单独租赁进行会计处理。合同中同时包含租赁和非租赁部分的，承租人和出租人应当将租赁和非租赁部分进行分拆。

使用已识别资产的权利构成合同中的一项单独租赁，必须同时符合以下条件：

（1）承租人可通过单独使用该资产而从中获利，或者将其与承租人在已经和出租人或其他供应商发生的交易获得的其他资源整合在一起使用，并从中获利。

（2）该资产与合同中的其他资产物理可区分，不存在高度依赖或关联关系。例如，如果承租人对已识别资产租赁或不租赁的决定不会影响承租人使用合同中的其他资产的权利，就表明该项资产与合同中的其他资产不存在高度依赖或高度关联关系。

承租人在分拆合同包含的租赁和非租赁部分时，首先按照资产供应方就该各个部分单独向企业收取的价格确定单独价格，再按照满足条件的单项租赁占各项租赁部分及非租赁部分的单独价格之和的相对比例来进行分摊。

为简化处理，承租人可以选择拆分或不拆分。承租人选择不拆分的，应当将各租赁部分及与其相关的非租赁部分合并为租赁，按照修订后的 CAS21 相关规定进行会计处理。出租人必须明确区分租赁部分和非租赁部分，根据《企业会计准则第 14 号——收入》准则规定的关于交易价格分摊的规定分摊合同对价。

（二）租赁的合并

如果企业与同一交易方或其关联方在同一时间或相近时间内订立了两份或多份包含租赁的合同，只要满足下列条件之一的，应当合并为一份合同进行会计处理：

（1）该两份或多份合同都是基于一个总体商业目的而订立，不作为整体无法达到或理解其总体商业目的，且构成一揽子交易。

（2）该两份或多份合同中的某份合同的对价金额的确定取决于其他合同的定价或履行情况。

（3）该两份或多份合同让渡的资产使用权合起来符合上述构成单独租赁的条件。

需要注意的是，两份或多份合同合并为一份合同进行会计处理的，仍然需要区分该一份合同中的租赁部分和非租赁部分。

四、租赁的分类

租赁有广义和狭义之分。广义的租赁泛指一切财产使用权有偿转让活动，不仅包括上述订有合同的租赁，还包括不订立合同的财产使用权转让活动；狭义的租赁又称现代租赁，它是以设备为主要对象，以融资为主要目的，租赁双方订立合同并按合同要求支付租金，租赁期满时根据合同对租赁物进行处理的租赁方式。会计中所讨论的租赁主要指狭义概念上的租赁。租赁还可以按照不同的标准进行分类，具体有以下几种分类：

（一）按租赁双方对租赁物所担的风险和报酬不同，可分为融资租赁和经营租赁

这种分类是最基本的，也是大多数国家通行的一种分类。其主要是根据租赁的目的，以与租赁资产所有权相关的风险和报酬归属于出租人或承租人的程度为依据，将租赁分为融资租赁和经营租赁。所谓与资产所有权相关的风险，是指由于经营情况变化造成相关收益的变动，以及由于资产生产能力闲置或工艺技术陈旧等而可能导致的损失等。所谓与资产所有权相关的报酬，是指在资产有效使用年限内直接使用资产而可能获得的经济利益、资产增值，以及处置资产所可能实现的收益等。对特定租赁项目而言，只有在实质上转移了与资产所有权有关的全部风险和报酬，才能认定为融资租赁。

一项租赁是否认定为融资租赁，不在于租赁合同的形式，而应视出租人是否将租赁资产的风险和报酬转移给了承租人。如果实质上转移了与资产所有权有关的全部风险和报酬，那么无论租赁合同采用什么形式，都应将该项租赁认定为融资租赁。如果实质上并没有转移与资产所有权有关的全部风险和报酬，那么应将该项租赁认定为经营租赁。

IAS17 指出，具有下列一项或数项标准的，应当归类为融资租赁：

（1）在租赁期结束时，资产的所有权转让给了承租人。

（2）承租人有购买租赁资产的选择权，且所订立的购买价款预计将充分低于行使选择权日时的公允价值，因而在租赁开始日就可以合理确定承租人将会行使这种选择权。

（3）即使资产的所有权不转让，但是，租赁期占租赁资产使用年限的大部分。

（4）在租赁开始日，最低租赁付款额的现值，几乎相当于租赁资产的公允价值。

（5）租赁资产性质特殊，以至如果不作较大调整，只有承租人才能使用。

上述是基本判断条件（如图 7-2 所示）。此外，IAS17 还补充了其他判断条件，认为出现下列一项或数种情况时，也能够导致一项租赁归类为融资租赁：如

果承租人撤销该租赁，而撤销所导致的出租人损失由承租人承担；余值的公允价值波动形成的利得或损失归于承租人；承租人能够以远低于市场租价的租金继续该租赁至第二个期间。

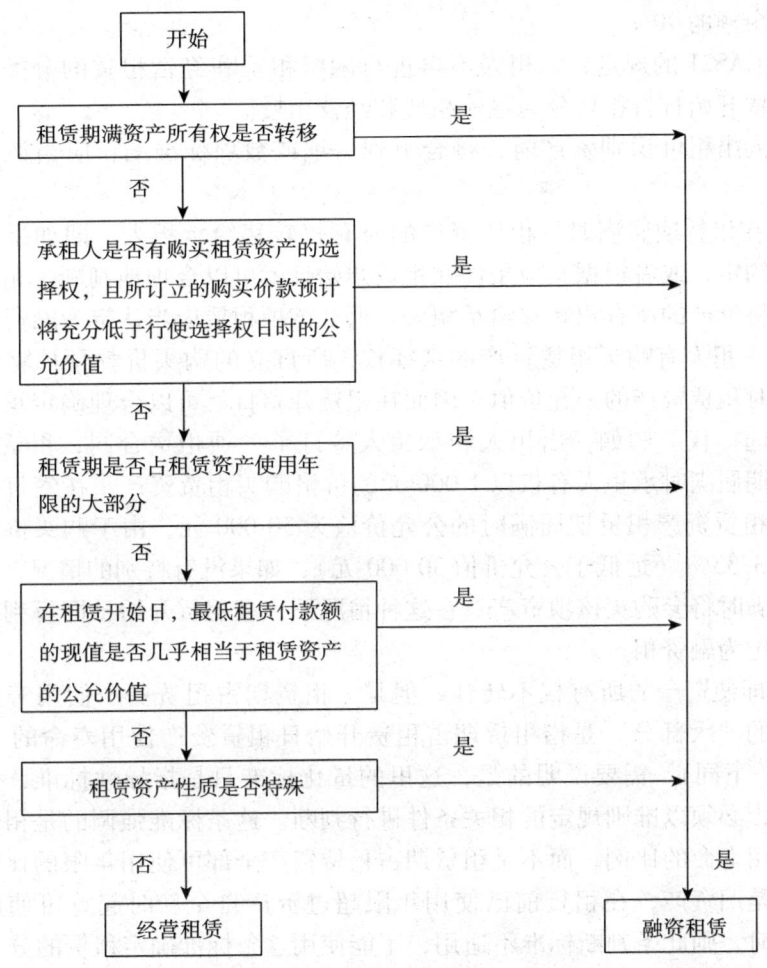

图 7-2　IAS17 对租赁的基本判断条件

FAS13 则分别从承租人和出租人的角度对租赁进行分类。若从承租人角度可将租赁分为融资租赁和经营租赁。该准则规定，某项租赁具有下列一项或多项条件时，应当归类为融资租赁：

(1) 在租赁期结束时，资产的所有权转让给承租人。
(2) 承租人包含有廉价选择购买权。
(3) 租赁期限不短于占租赁资产预计经济寿命的 75%（但是，若租赁期开始于租赁资产预计经济寿命剩余的 25%，则该项标准不适用于对租赁的分类）。

（4）在租赁开始日最低租赁付款额的现值（不包括履约成本，如保险费、维修费和出租人支付的税金，以及由履约成本产生的任何利润），不小于在租赁开始日出租人租赁资产的公允价值减去出租人保留的和预期会实现的任何投资税收抵免后余额的 90%。

根据 CAS21 的规定，承租人不再进行融资租赁和经营租赁的分类，出租人应当在租赁开始日将租赁分为融资租赁和经营租赁。

出租人出租可识别资产时，符合下列一项或数项标准的，应当认定为融资租赁：

（1）在租赁期届满时，租赁资产的所有权转移给承租人。即如果在租赁协议中已经约定，或者根据其他条件在租赁开始日就可以合理地判断，租赁期满时出租人会将资产的所有权转移给承租人，那么该项租赁应当认定为融资租赁。

（2）承租人有购买租赁资产的选择权，所订立的购买价款预计将远低于行使选择权时租赁资产的公允价值，因而在租赁开始日就可以合理确定承租人将会行使这种选择权。例如，出租人和承租人签订了一项租赁合同，租赁期限为 3 年，租赁期届满时承租人有权以 1 000 元的价格购买租赁资产，在签订租赁合同时估计该租赁资产租赁期届满时的公允价值为 30 000 元，由于购买价格仅为公允价值的 3.33%（远低于公允价值 30 000 元），如果没有特别的情况，承租人在租赁期届满时将会购买该项资产。在这种情况下，在租赁开始日即可判断该项租赁应当认定为融资租赁。

（3）即使资产的所有权不转让，但是，租赁期占租赁资产使用寿命的大部分。这里的"大部分"是指租赁期占租赁开始日租赁资产使用寿命的 75% 以上（含 75%，下同）。需要说明的是，这里的量化标准只是指导性标准，企业在具体运用时，必须以准则规定的相关条件进行判断。这条标准强调的是租赁期占租赁资产使用寿命的比例，而不是租赁期占租赁资产全部可使用年限的比例。如果租赁资产是旧资产，在租赁前已使用年限超过资产自全新时起算可使用年限的 75% 以上时，则此条判断标准不适用，不能使用这条标准确定租赁的分类。

例如，某项租赁设备全新时可使用年限为 10 年，已经使用了 3 年，从第 4 年开始租出，租赁期为 6 年，由于租赁开始时该设备尚可使用年限为 7 年，租赁期占尚可使用年限的 85.7%（6 年/7 年），符合第 3 条标准，因此，该项租赁应当归类为融资租赁；如果从第 4 年开始，租赁期为 3 年，租赁期占使用寿命的 42.9%（3 年/7 年），就不符合第 3 条标准，因此该项租赁不应认定为融资租赁（假定也不符合其他判断标准）。假如该项设备已经使用了 8 年，从第 9 年开始租赁，租赁期为 2 年，此时，该设备尚可使用年限为 2 年，虽然租赁期为尚可使用年限的 100%（2 年/2 年），但由于在租赁前该设备的已使用年限超过了可使用年限（10年）的75%（8年/10年＝80%＞75%），因此，也不能采用这条标准来判断租赁的分类。

（4）出租人在租赁开始日，对于应收的租赁收款额现值几乎相当于租赁开始日该租赁资产的公允价值。实务中，这里的"几乎相当于"通常是指90%（含90%）以上。同样需要说明的是，这里的量化标准只是指导性标准，企业在具体运用时，必须以准则规定的相关条件进行判断。

（5）租赁资产性质特殊，如果不作较大改造，只有承租人才能使用。这条标准是指租赁资产是出租人根据承租人对资产型号、规格等方面的特殊要求专门购买或建造的，具有专购、专用性质。这些租赁资产如果不作较大的重新改制，其他企业通常难以使用。这种情况下，该项租赁也应当认定为融资租赁。

而经营租赁是指除融资租赁以外的其他租赁。由于CAS21规定承租人不再进行融资租赁和经营租赁的分类，经营性租赁主要指出租人除融资租赁以外的其他租赁。对于同时涉及土地和建筑物的租赁，企业通常应当将土地和建筑物分开考虑。在我国，由于土地的所有权归国家所有，土地租赁不能归类为融资租赁。对于建筑物的租赁按租赁准则的规定标准进行相应的分类。如果土地和建筑物无法分离和不能可靠计量的，应归类为一项融资租赁，除非两部分都明显是经营租赁，在后一种情况下，整个租赁应归类为经营租赁。

（二）按交易方式的不同，可分为直接租赁、售后租回和转租赁

直接租赁，是指转移了与资产所有权有关的全部风险和报酬的租赁形式。在实际操作中，出租人根据承租人的请求，向承租人指定的出卖人，按承租人同意的条件，购买承租人指定的承租设备，并以承租人支付租金为条件，将该承租设备的占有、使用和收益权转让给承租人。这种租赁形式往往由出租人垫付租赁资产所需的全部资金。当然出租人垫付资金不一定全为内部自筹资金，部分资金可向银行借款取得。

售后租回，是指企业将自制或外购资产先行出售，然后向购买者租回的行为。售后租回又称售后回租、出售回租或回租。是否属于售后租回，关键要看承租人在资产转移给出租人之前是否已经取得对标的资产的控制，不一定需要具有法定所有权，如果承租人在资产转移给出租人之前是否已经取得对标的资产的控制，则该交易属于售后租回交易。但如果承租人未能在资产转移给出租人之前取得对标的资产的控制，即便承租人在资产转移给出租人之前已经获得其法定所有权，该交易也不属于售后租回交易。

转租赁，是指企业租赁资产后再次租给第三者的行为，具体是以同一物件为标的物的多层次融资租赁交易。转租情况下，原租赁合同和转租赁合同通常都是单独协商的，交易对象也是不同的企业，准则要求转租出租人对原租赁合同和转租赁合同分别根据承租人和出租人会计处理要求相应处理。其承租人在对转租赁

进行分类时，转租出租人应基于原租赁中产生的使用权资产，而不是租赁资产（如作为租赁对象的不动产或设备）进行分类。原租赁资产不归转租出租人所有，原租赁资产也未计入其资产负债表。

（三）按出租人对融资风险的承担程度不同，可分为委托租赁、杠杆租赁和联合租赁

委托租赁是信托同融资租赁的结合运用，是委托人基于对受托人的信任，将其货币资金财产的使用权委托给受托人，由受托人按委托人的意愿以自己的名义，为受托人的利益或特定目的，以融资租赁的方式运用和处分的行为。具体而言是指受托人运用该资金从承租人指定的出卖人那里按承租人指定的条件购买承租人指定的货物，并以收取租金为条件将该货物作为租赁物出租给承租人使用，在租赁期满时由承租人留购、续租或由出租人收回该货物的行为。需要强调的是，委托租赁中的委托人根本就不是融资租赁交易的任何当事人，作为资金提供者，类似于出租人的股权人和债权人。

杠杆租赁是一个采用"财务杠杆"方式组成的融资性节税租赁。杠杆租赁也是信托同融资租赁的结合运用。出租人主要依靠第三者提供的资金购置资产以供出租（占资产总额的60%～80%），而自筹资金约占租赁付款额的20%～40%。值得注意的是，若要享受税收上的优惠，杠杆租赁必须满足下列条件：（1）具备真实租赁的条件。（2）出租人必须在租期开始和租赁有效期间持有至少20%的有风险的最低投资额。（3）租赁期满，租赁物的残值必须相当于原设备有效寿命的20%或至少尚能使用1年。（4）承租人行使合同规定的购买选择权，价格不得低于该资产当时的公平市价。

联合租赁同样也是信托同融资租赁的结合运用。其方式是，由一家融资性租赁公司作为出租人进行融资租赁交易，但是部分租赁融资额来自其他的一家或多家融资性租赁公司。它们的相互关系仍是受托人和委托人的关系。这是融资性租赁公司之间在承办融资规模较大的项目时的一种利益分享和风险分担的合作方式。

（四）租赁的拓展分类

上述租赁分类实际上是一些国际上通行的主要分类方式，尤其是按照租赁真实的"目的和意图"将租赁分为经营租赁和融资租赁更是本章的分析要点。但是分类的标准在会计实务中可以说是形形色色，无一定之规，由于篇幅的原因概括如下：

按时代特征可分为现代租赁、传统租赁。

按租赁物的类型可分为动产租赁和不动产租赁。以不动产为租赁物时，有可能需要到政府主管部门登记。

按租赁物的产地可分为国产设备租赁和进口设备租赁。以国产设备为租赁物时，可能会享受到税收抵免的优惠；以进口设备为租赁物时，可能会有申请进口许可证的问题和需要缴纳关税。

按租赁业务的区域可分为境内租赁和跨境租赁。跨境租赁是指出租人同承租人并非同一国的居民。在跨境租赁中，会涉及法律管辖的选择问题。

按租金的币种可分为本币租赁和外币租赁。以外币计价时，将受国家外汇管理局的依法管辖。

按租赁期限的长短可分为短期租赁、中期租赁和长期租赁。但是，这里并无确切的量化界限。尤其就融资租赁而言，租赁期限很短这一点，往往是不大可能的。

按有无税收优惠可分为真实租赁（又称节税租赁）和销售式租赁（又称促销租赁或卖主租赁）。

第二节 与租赁业务相关的概念

本节依据《企业会计准则——应用指南》对 CAS21 中所涉及的一些重要的概念加以归纳和总结，并分为四类加以阐述。

一、与租赁时间相关的概念

与租赁时间相关的概念包括租赁期、租赁开始日和租赁期开始日。

1. 租赁期

租赁期是指承租人有权使用租赁资产且不可撤销的期间。如果承租人有续租选择权，即有权选择续租该资产，且合理确定将行使该选择权的，租赁期还应当包含续租选择权涵盖的期间；承租人有终止租赁选择权的，即有权选择终止租赁该资产，但合理确定将不会行使该选择权的，租赁期应当包含终止租赁选择权涵盖的期间。例如，合同约定承租人缴纳一定数量的罚金后有提前终止租赁的选择权时，如果该罚金对于承租人来说金额重大，且难以按更优惠的价格租入相似资产，就可以合理确定承租人不会选择提前终止租赁，则该租赁期应当包含终止租赁选择权涵盖的期间。如果承租人有购买选择权，其评估方式应与续租选择权或终止租赁选择权的评估方式相同。

2. 租赁开始日

租赁开始日，是指租赁协议日与租赁各方就主要条款作出承诺日中的较早者。租赁开始日的确定对租赁业务的会计处理有着重要影响。确定租赁开始日的目的有两个：一是作为确定租赁资产的公允价值和入账价值的基准日；二是作为进行租赁分类的基准日。在租赁开始日，承租人和出租人应当将租赁认定为融资租赁或经营租赁，并确定在租赁期开始日应确认的金额。因此，租赁开始日为租赁业务的反映奠定了性质上的基础。

3. 租赁期开始日

租赁期开始日，是指出租人提供租赁资产使其可供承租人使用的起始日期。出租人和承租人均在租赁期开始日进行初始计量。如果承租人在租赁协议约定的起租日或租金起付日之前，已获得对租赁资产使用权的控制，则表明租赁期已经开始。租赁协议中对起租日或租金支付时间的约定，并不影响租赁期开始日的判断。例如，在某商铺的租赁安排中，双方起租日约定是 2020 年 3 月 1 日，而出租人于 2020 年 1 月 1 日将房屋钥匙交付承租人，并约定有 3 个月的免租期，承租人取得钥匙，并能自主行使使用权，那么租赁期开始日为 2020 年 1 月 1 日，即租赁期包含出租人给予承租人的免租期。

4. 不可撤销期间

不可撤销期间是根据租赁合同条款，双方不能撤销租赁的涵盖期间。不可撤销租赁期间的评估需根据租赁条款中是否有可强制执行合同期间的约定。

如果承租人和出租人双方均有权在未经另一方许可的情况下终止租赁，且罚款金额不重大，则该租赁不再可强制执行。如果只有承租人有权终止租赁，则在确定租赁期时，不可撤销期间不包括承租人可行使的终止租赁选择权期间；如果只有出租人有权终止租赁，则不可撤销的租赁期包括终止租赁选择权所涵盖的期间。

二、与租赁价值计量相关的概念

与租赁价值计量相关的概念包括使用权资产、租赁付款额、租赁激励、可变租赁付款额、资产余值、担保余值、未担保余值、初始直接费用、租赁收款额、租赁投资总额、租赁投资净额等内容。

（1）使用权资产，是指承租人可在租赁期内使用租赁资产的权利。承租人通过合同获得相关资产的使用权，这项权利很可能为承租人带来经济利益流入，符合准则对资产的定义，由此引入此概念。

（2）租赁付款额，是指承租人根据合同条款应向出租人支付的与在租赁期内使用租赁资产的权利相关的款项。其主要包括五个方面的内容：一是承租人因取得在租赁期使用租赁资产的权利根据合同约定应固定支付的款项，以及虽有合同约定的可变因素但实质无法避免的应付款项，存在租赁激励的，扣除租赁激励相关金额；二是承租人需支付的只取决于指数或比率（如基准利率、基于租赁资产使用产生的绩效、超定额使用租赁资产等因素）的可变租赁付款额；三是可以合理确定的承租人将行使购买选择权的行权价格；四是租赁期反映出承租人将行使终止租赁选择权情形下的承租人行使终止租赁选择权需支付的款项；五是由承租人或与承租人有关的一方，以及有经济能力履行担保义务的独立第三方向出租人提供的担保余值。

（3）租赁激励，是指出租人为达成租赁向承租人提供的优惠，包括出租人向承租人支付的与租赁有关的款项、出租人为承租人偿付或承担的成本等。存在租赁激励的，承租人在确定租赁付款额时，应扣除租赁激励相关金额。

（4）可变租赁付款额，是指如果合同条款中约定，存在因租赁期开始日后的事实或情况发生变化（而非时间推移）时而相应发生变动的款项。只有取决于指数或比率的可变租赁付款额计入租赁付款额，不包括因其他因素导致付款变动数。

（5）资产余值，是指在租赁开始日估计的租赁期届满时租赁资产的公允价值。为了促使承租人谨慎地使用租赁资产，尽量减少出租人自身的风险和损失，租赁合同通常要求承租人或第三方对租赁资产余值进行担保。

（6）担保余值，是指与出租人无关的一方向出租人提供担保，保证在租赁结束时租赁资产的价值至少为某指定的金额。

（7）未担保余值，是指租赁资产余值中扣除就出租人而言的担保余值以后的资产余值。对出租人而言，如果租赁资产余值中包含未担保余值，表明这部分余值的风险和报酬并没有发生转移，其风险应该由出租人承担，因此未担保余值不能作为应收融资租赁款的一部分。

（8）初始直接费用，是指租赁双方在租赁谈判和签订租赁合同过程中为达成租赁所发生的增量成本。增量成本是指若租赁双方不取得该租赁，则不会发生的成本，如佣金、印花税等。值得注意的是，无论是否实际取得租赁都会发生的支出不属于初始直接费用，如为评估是否签订租赁而发生的差旅费、法律费用等，此类费用应当在发生时计入当期损益。

（9）租赁收款额，是指出租人因让渡在租赁期内使用租赁资产的权利而应向承租人收取的款项。其主要包括五个方面的内容，与上述租赁付款额的内容基本一致。

（10）租赁投资总额，是指在融资租赁下出租人应收的租赁收款额和应归属于出租的未担保余值。

（11）租赁投资净额，为租赁资产中未担保余值和租赁期开始日尚未收到的租赁收款额按照租赁内含利率折现的现值之和。租赁投资净额会随着租赁收款额的收回发生变化。

三、与租赁计算比率相关的概念

与租赁计算比率相关的概念包括租赁内含利率、承租人增量借款利率两个名词。

租赁内含利率,是指使出租人的租赁收款额的现值与未担保余值的现值之和等于租赁资产公允价值与出租人的初始直接费用之和的折现率。租赁内含利率可以理解为承租人真实的筹资成本,也是出租人转让租赁资产的实际收益率,该利率并不等同于租赁合同约定的利率。

承租人增量借款利率,是指承租人在租赁发生的类似经济环境下为获得与使用权资产价值接近的资产,在与租赁期相似的期间以类似抵押条件借入资金须支付的利率。该利率一般根据承租人的偿债能力和信用状况、租赁期、因租赁产生租赁负债的金额;租赁资产的性质和质量;承租人所处的司法管辖区、计价货币、合同签订时间等经济环境综合考虑等。

在具体操作时,承租人可以先根据所处经济环境,以可观察的利率作为确定增量借款利率的参考基础,然后根据承租人自身情况、标的资产情况、租赁期和租赁负债金额等租赁业务具体情况对参考基础进行调整,得出适用的承租人增量借款利率。确定承租人增量借款利率常见的参考基础包括承租人同期银行贷款利率、相关租赁合同利率、承租人最近一期类似资产抵押贷款利率、与承租人信用状况相似的企业发行的同期债券利率等,承租人所采用在参考基础上修订后的折现率。

四、与租赁合同性质相关的概念

与租赁合同性质相关的概念是指租赁合同的不可撤销性。租赁合同的不可撤销性是指租赁合同签订后,承租人一般情况下是不能撤销租赁合同的,除非出现下述一种或多种情况,租赁合同才可撤销。

(1) 经出租人同意。根据《中华人民共和国合同法》第一章第八条"依法成立的合同,对当事人具有法律约束力。当事人应当按照约定履行自己的义务,不得擅自变更或解除合同",承租人要解除租赁合同一般应征得出租人同意。

(2) 承租人与原出租人就同一资产或同类资产签订了新的租赁合同。在这种情况下,承租人与原出租人签订的原租赁合同被新租赁合同所替代。

(3) 承租人支付一笔足够大的额外款项。承租人如果解除租赁合同,这笔款项将作为对出租人的赔偿归出租人所有,承租人会遭受巨额损失,所以一般情况下承租人不会撤销租赁合同。即正是由于承租人已额外支付了一笔足够大的款项,即使提前提出撤销租赁合同,由于出租人已确定可以得到补偿,出租人才会同意撤销合同。

(4) 发生某些很少会出现的或有事项。例如,承租人破产倒闭导致无法履行租赁合同。

第三节 承租人的会计处理

2018 年修订后的 CAS21 对承租人相关会计处理作了较大的调整，准则规定：承租人需对所有租赁确认使用权资产和租赁负债，采取简化处理的短期租赁和低价值资产租赁除外。也就是说，要求承租人对租赁标的资产确认为一项使用权资产，同时确认一项租赁负债，自租赁期开始日起对使用权资产按月计提使用权资产折旧，并在租赁期内各个期间确认利息。

一、初始计量

（一）租赁负债的初始计量

租赁负债指租赁期开始日承租人因取得出租人使用权资产而承担的一项现实义务。租赁负债应当于租赁期开始日按照尚未支付的租赁付款额的现值进行初始计量。租赁付款额应在租赁期开始日识别应纳入租赁负债的相关付款项目，一般具体包括五项内容（具体识别见本章第二节）。在计算租赁付款额的现值时，承租人应当采用租赁内含利率作为折现率；如果无法确定租赁内含利率的，应当采用承租人增量借款利率作为折现率。

租赁负债需设置"租赁负债"科目，核算承租人尚未支付的租赁付款额的现值，分别设置"租赁付款额""未确认融资费用"等进行明细核算。"租赁负债"的期末贷方余额，反映承租人尚未支付的租赁付款额的现值。

（二）使用权资产的初始计量

使用权资产，是指承租人可在租赁期内使用租赁资产的权利。承租人使用权资产初始计量时需设置"使用权资产"科目，核算承租人持有的使用权资产的原价，可按租赁资产的类别和项目进行明细核算。在租赁期开始日，承租人应当按使用权资产的成本记入"使用权资产"科目的借方，而使用权资产的成本主要包括四部分：（1）承租时取得该项资产而应承担的租赁负债的初始计量金额；（2）在租赁期开始日或之前已经先行支付的租赁付款额，存在租赁激励的，应扣除已享受的租赁激励相关金额；（3）承租人在租赁时发生的手续费、印刷费等初始直接费用；（4）承租人为拆卸及移除租赁资产、复原租赁资产所在场地或将租赁资产恢复至租赁条款约定状态预计将发生的成本。承租人应根据合同在租赁期开始日需评估预计可能用于恢复租赁资产所发生的成本。

（三）承租人初始计量账务处理

（1）计算租赁期开始日租赁付款额的现值，并确认租赁负债和使用权资产。

在租赁期开始日,承租人应当按尚未支付的租赁付款额,贷记"租赁负债——租赁付款额"科目;按尚未支付的租赁付款额的现值,借记"使用权资产"科目;按尚未支付的租赁付款额与其现值的差额,借记"租赁负债——未确认融资费用"科目。

(2) 将初始直接费用和租赁期开始日支付的租赁付款额计入使用权资产的初始成本。借记"使用权资产"科目,贷记"银行存款"科目等。

(3) 按预计将发生的为拆卸及移除租赁资产、复原租赁资产所在场地或将租赁资产恢复至租赁条款约定状态等成本的现值,借记"使用权资产"科目,贷记"预计负债"科目。

(4) 将已收的租赁激励相关金额从使用权资产入账价值中扣除,借记"银行存款"等科目,贷记"使用权资产"科目。

[例7-2] A 公司 2019 年 12 月 31 日,同 B 公司签订了为期 3 年的程控生产线租赁合同,合同主要条款如下:

(1) 租赁标的物:程控生产线。

(2) 租赁期开始日:租赁物运抵 A 公司生产车间之日,即 2020 年 1 月 1 日。

(3) 租赁期:从租赁期开始日算起 36 个月,即 2020 年 1 月 1 日—2022 年 12 月 31 日。

(4) 租金支付方式:自租赁期开始日起每年末支付租金 1 000 000 元。

(5) 该项租赁确定的租赁内含利率为 8%。

(6) 该程控生产线为全新设备,估计使用年限为 5 年。

(7) A 公司在租赁谈判和签订租赁合同过程中发生可归属于租赁项目的手续费、印刷费等初始直接费用 10 000 元。

要求:编制承租人 A 公司 2020 年 1 月 1 日租赁期开始日的相关会计分录。

承租人 A 公司的会计处理如下:

第一步,计算租赁期开始日租赁付款额的现值,并确认租赁负债和使用权资产。

在租赁期开始日,A 公司每年末支付租金 1 000 000 元,租赁期为 3 年,无担保余值等其他项目,租赁付款额 = 1 000 000 × 3 = 3 000 000(元),查表可知 8%、3 期的年金现值系数(P/A, 8%, 3)= 2.5771,租赁付款额现值 = 1 000 000 ×(P/A, 8%, 3)= 2 577 100(元)。

未确认融资费用 = 租赁付款额 - 租赁付款额的现值 = 3 000 000 - 2 577 100 = 422 900(元)。

借:使用权资产　　　　　　　　　　　　　　　2 577 100
　　租赁负债——未确认融资费用　　　　　　　　422 900
　　贷:租赁负债——租赁付款额　　　　　　　　　　3 000 000

第二步,将初始直接费用计入使用权资产的初始成本。

借：使用权资产　　　　　　　　　　　　　　　　　　10 000
　　贷：银行存款　　　　　　　　　　　　　　　　　　10 000

综上，A 公司使用权资产的初始成本 = 2 577 100 + 10 000 = 2 587 100（元）。

二、后续计量

（一）租赁负债的后续计量

在租赁期开始日后，承租人应当按以下原则对租赁负债进行后续计量：

（1）在租赁期内应按实际利率法根据贴现率确认租赁负债的利息时，增加租赁负债的账面金额；

（2）每期支付租赁付款额时，应减少租赁负债的账面金额。

根据租赁负债的账面价值和折现率确定本期应承担的利息费用，借记"财务费用"（如符合资本化条件应计入相关资产成本）等科目，贷记"租赁负债"科目；支付租金时，借记"租赁负债"科目，贷记"银行存款"科目。

（二）使用权资产的后续计量

在租赁期开始日后，承租人应当采用成本模式对使用权资产进行后续计量，即需对使用权资产计提累计折旧，出现减值损失的，需计提减值准备，应当以成本减累计折旧及累计减值损失来计量使用权资产。租赁期结束如果返还租赁资产时，应冲销使用权资产和租赁负债。

1. 使用权资产的折旧

承租人应当参照《企业会计准则第 4 号——固定资产》有关折旧规定，自租赁期开始日起对使用权资产计提折旧。使用权资产通常应自租赁期开始的当月计提折旧，如果当月计提确实存在困难的，企业也可以选择自租赁期开始的下月计提折旧，但对同类使用权资产也应采取相同的折旧政策。计提的折旧金额应根据使用权资产的用途，计入相关资产的成本或者当期损益。

承租人在确定使用权资产的折旧方法时，应当参照固定资产折旧，考虑与使用权资产有关的经济利益的预期消耗方式进行确定。通常情况下，承租人按直线法对使用权资产计提折旧，如果其他折旧方法更能客观反映使用权资产有关经济利益预期消耗方式的，应采用其他折旧方法。

承租人在确定使用权资产的折旧年限时，如果承租人能够合理确定租赁期届满时取得租赁资产所有权的，应当在租赁资产剩余使用寿命内计提折旧；如果承租人无法合理确定租赁期届满时是否能够取得租赁资产所有权的，应当比较租赁期与租赁资产剩余使用寿命，选择两者孰短的期间内计提折旧；如果使用权资产的剩余使用寿命短于前两者，则应在使用权资产的剩余使用寿命内计提折旧。

承租人需设置"使用权资产累计折旧"科目核算使用权资产的累计折旧，通常应当自租赁期开始日起按月计提使用权资产的折旧，借记"营业成本""制造费用""销售费用""管理费用""研发支出"等科目,贷记"使用权资产累计折旧"科目。

2. 使用权资产的减值

在租赁期开始日后,承租人应当按照《企业会计准则第8号——资产减值》的规定,确定使用权资产是否发生减值,并对已识别的减值损失进行会计处理。使用权资产发生减值的,设置"使用权资产减值准备"科目核算使用权资产的减值准备,按应减记的金额,借记"资产减值损失"科目,贷记"使用权资产减值准备"科目。使用权资产减值准备一旦计提,不得转回。

需要注意的是,因租赁范围缩小、租赁期缩短或转租等原因减记或终止确认使用权资产时,承租人应同时结转相应的使用权资产累计折旧和使用权资产累计减值准备。当使用权发生减值的,承租人应当按照扣除减值损失之后的使用权资产账面价值进行后续折旧。

[例7-3] 承[例7-2],后续资料如下:

(1) 2020年12月31日,承租人A公司支付租金1 000 000元;
(2) 承租人采用实际利率法确认本期应分摊的未确认融资费用;
(3) 采用年限平均法计提固定资产折旧,但租赁期开始日当月无法计提折旧,下月开始计提折旧。

要求:(1) 确定承租人未确认融资费用分摊率;
(2) 编制承租人租赁期内的未确认融资费用分摊表;
(3) 编制承租人支付租金、分摊融资费用的相关会计分录;
(4) 编制使用权资产折旧计算表,以及租赁期折旧的会计分录。

分析:(1) 承租人确定融资费用分摊率时,由于租赁资产的入账价值为其最低租赁付款额的折现值,因此该折现率就是其融资费用分摊率,即8%。

(2) 在租赁期内采用实际利率法分摊未确认融资费用(如表7-1所示)。

表7-1 未确认融资费用分摊表(实际利率法)

2019年12月31日   单位:元

日期 ①	租金 ②	确认的融资费用 ③ = 期初⑤×7.72%	应付本金减少额 ④ = ②-③	应付本金余额 期末⑤ = 期初⑤-④
2020.1.1				2 577 100
2020.12.31	1 000 000	206 168	793 832	1 783 268
2021.12.31	1 000 000	142 661.44	857 338.56	925 929.44
2022.12.31	1 000 000	74 070.56*	925 929.44*	0
合计	3 000 000	422 900	2 577 100	

*作尾数调整:74 070.56 = 1 000 000 - 925 929.44
925 929.44 = 925 929.44 - 0

(3) 承租人支付租金、分摊融资费用相关账务处理：

2020 年 12 月 31 日，支付第 1 期租金：

借：租赁负债——租赁付款额　　　　　　　　　　　1 000 000
　　贷：银行存款　　　　　　　　　　　　　　　　　　1 000 000

2020 年 1—12 月，每月分摊未确认融资费用：

借：财务费用　　　　　　　（206 168÷12）17 180.67
　　贷：租赁负债——未确认融资费用　　　　　　　17 180.67

2021 年 12 月 31 日，支付第 2 期租金：

借：租赁负债——租赁付款额　　　　　　　　　　　1 000 000
　　贷：银行存款　　　　　　　　　　　　　　　　　　1 000 000

2021 年 1—12 月，每月分摊未确认融资费用：

借：财务费用　　　　　　　（142 661.44÷12）11 888.45
　　贷：租赁负债——未确认融资费用　　　　　　　11 888.45

2022 年 12 月 31 日，支付第 3 期租金：

借：租赁负债——租赁付款额　　　　　　　　　　　1 000 000
　　贷：银行存款　　　　　　　　　　　　　　　　　　1 000 000

2022 年 1—12 月，每月分摊未确认融资费用：

借：财务费用　　　　　　　（74 070.56÷12）6 172.55
　　贷：租赁负债——未确认融资费用　　　　　　　6 172.55

(4) 计提使用权资产折旧的会计处理：

使用权资产折旧的计算如表 7-2 所示。

表 7-2　　　　　　　　　　使用权资产折旧计算表

2020 年 1 月 1 日　　　　　　　　　　　　　　　　　　　　单位：元

日期	固定资产原价	估计余值	折旧率*	当年折旧费	累计折旧	固定资产净值
2020.1.1	2 587 100	0				2 587 100
2020.12.31			31.42%	812 866.82	812 866.82	1 774 233.18
2021.12.31			34.29%	887 116.59	1 699 983.41	887 116.59
2022.12.31			34.29%	887 116.59	2 587 100	0
合计	2 587 100	0	100%	2 587 100		

＊根据合同规定，由于 A 公司无法合理确定在租赁期届满时能够取得租赁资产的所有权，因此，应当在租赁期与租赁资产尚可使用年限两者中的较短的期间内计提折旧。本例中，租赁期为 3 年，短于租赁资产尚可使用年限 5 年，因此应按 3 年计提折旧。同时，由于本题租赁开始日当月计提折旧存在困难，因此当月不提折旧，从下月起计提折旧，本租赁合同应按 35 个月计提折旧，即 2020 年应按 11 个月计提折旧，其他两年分别按 12 个月计提折旧。

2020 年 2 月 28 日，计提本月折旧：

借：制造费用——折旧费　　　　　　（812 866.82÷11）73 896.98
　　贷：使用权资产累计折旧　　　　　　　　　　　　　　　　73 896.98

2020 年 3 月至 2022 年 12 月的会计分录同上。

[例 7-4] 沿用 [例 7-3] 资料，如果合同规定，A 公司除支付固定租金以外，租赁期间 A 公司当年销售额超过 1 000 000 元的，应再支付按销售额的 1% 计算的租金，于当年末支付。A 公司 2020 年实现销售收入 2 000 000 元。

分析：由于该可变租赁付款额与未来的销售额挂钩，而并非是取决于指数或比率的，因此不应被纳入租赁负债的初始计量中。A 公司 2020 年末应支付的可变租赁付款额为 20 000 元（2 000 000×1%），在实际发生时计入当期损益。

2020 年 12 月 31 日，根据租赁合同的规定，应向 B 租赁公司支付额外租金 20 000 元：

借：销售费用　　　　　　　　　　　　　　　　　　　　　20 000
　　贷：银行存款　　　　　　　　　　　　　　　　　　　　　20 000

（三）租赁负债的重新计量和租赁变更

1. 租赁负债的重新计量

在租赁期开始日后，当发生下列四种情形时，承租人应当按照变动后的租赁付款额的现值重新计量租赁负债，并相应调整使用权资产的账面价值。使用权资产的账面价值已调减至零，但租赁负债仍需进一步调减的，承租人应当将剩余金额计入当期损益。

（1）实质租赁固定付款额发生变动。例如，租赁付款额最初是可变的，但在租赁期开始日后的某一时点转为固定，那么，在潜在可变性消除时，将该付款额确认为实质固定付款额，应纳入租赁负债的计量中，承租人应按照变动后租赁付款额的现值重新计量租赁负债。在该情形下，承租人采用的折现率仍旧为租赁期开始日确定的折现率。

（2）承租人对租赁资产担保余值预计的应付金额发生变动。在租赁期开始日后，承租人应对其在担保余值下预计支付的金额进行估计。该金额发生变动的，承租人应当按照变动后租赁付款额的现值重新计量租赁负债。在该情形下，承租人采用的折现率不应该发生改变。

（3）影响租赁付款额的指数或比率发生变动。在租赁期开始日后，因用于确定租赁付款额的指数或比率（浮动利率除外）的变动而导致未来租赁付款额发生变动的，承租人应当按照变动后租赁付款额的现值重新计量租赁负债。在该情形下，承租人采用的折现率不变。但因浮动利率的变动而导致未来租赁付款额发生变动的，按照变动后租赁付款额的现值重新计量租赁负债时，承租人应采用反映利率变动的修订后的折现率进行折现。

需要注意的是，上述变动只有当现金流量发生实质变动时，承租人才应重新计量租赁负债。

（4）购买、续租或终止租赁等选择权的评估结果或实际行使情况发生变化。

租赁期开始日后，发生下列情形的，承租人应采用修订后的折现率对变动后的租赁付款额进行折现：当发生承租人可控范围内的重大事件或者出现变化，且影响承租人合理确定续租、购买或终止的选择权，承租人应当对其是否合理确定将行使相应选择权进行重新评估，并根据新的评估结果重新确定租赁期和租赁付款额，以重新计量租赁负债。计算变动后租赁付款额的现值时，应当采用剩余租赁期间的租赁内含利率作为折现率；无法确定剩余租赁期间的租赁内含利率的，应当采用重估日的承租人增量借款利率作为折现率。

2. 租赁变更的会计处理

租赁变更，是指当发生原合同条款之外的租赁范围、租赁对价、租赁期限的变更事项，导致增加或终止一项或多项租赁资产的使用权或延长或缩短合同规定的租赁期等要素发生的变更。租赁变更生效日是指双方就租赁变更达成一致的日期。

租赁发生变更首先要判断租赁变更是否为一项单独租赁，并根据不同情况进行相应会计处理。

判断原则是：当租赁发生变更同时符合下列两个条件的，该租赁变更应作为一项单独租赁，否则就不作为一项单独租赁。

（1）该租赁变更明确增加一项或多项租赁资产的使用权，从而扩大了租赁范围或延长了租赁期限；

（2）该租赁变更增加的对价与因租赁范围扩大部分或租赁期限延长部分的单独价格按合同调整后金额大致相当。

如果租赁变更作为一项单独租赁处理，处理原则是从新租赁的租赁期开始日承租人确认新增使用权资产和租赁负债。如租赁变更导致扩大了租赁范围，相应调增使用权资产和租赁负债，对原租赁处理不作任何调整。如租赁变更缩小了租赁范围，而应调减使用权资产和金融负债，对终止的租赁部分应确认与租赁终止相关的利得或损失。

如果租赁变更未作为一项单独租赁，处理原则是在租赁变更生效日，承租人应当按照CAS21准则有关租赁分拆的规定对变更后合同的对价进行分摊，同时调整变更后的租赁期，并采用变更后的折现率对变更后的租赁付款额进行折现，以重新计量租赁负债。

[例7-5] 承租人A公司与出租人B公司就1 000平方米的办公场所签订了一项为期8年的租赁合同。在第4年初，A公司和B公司同意对原租赁合同进行变更，以扩租同一办公楼内2 000平方米的办公场所。扩租的场所于第4年第二

季度末可供 A 公司使用。增加的租赁对价与新增 2 000 平方米办公场所的当前市价（根据 A 公司获取的扩租折扣进行调整后的金额）相当。

分析：在本例中，该租赁变更通过增加 2 000 平方米办公场所的使用权而扩大了租赁范围，并且增加的租赁对价与新增使用权的单独价格按该合同情况调整后的金额相当。因此，A 公司应当将该变更作为一项单独的租赁，与原来的 8 年期租赁分别进行会计处理。在新租赁的租赁期开始日（即第 4 年第二季度末），A 公司确认与新增 2 000 平方米办公场所租赁相关的使用权资产和租赁负债，A 公司对原有 2 000 平方米办公场所租赁的会计处理不会因为该租赁变更而进行任何调整。

三、短期租赁和低价值资产租赁

（一）短期租赁

根据 CAS21 的规定，短期租赁是指在租赁期开始日，租赁期不超过 12 个月的租赁。如果租赁条款中包含购买选择权，该租赁则不属于短期租赁。

对于短期租赁，承租人可以按照租赁资产的类别作出采用简化会计处理的选择，将租赁费用直接计入当期损益，不确认使用权资产和金融负债。

值得注意的是，如果承租人对某类租赁资产作出了简化会计处理的选择，那么未来对具有类似性质和用途的租赁资产都应采用简化会计处理。如果后续发生租赁变更或者其他原因导致租赁期发生变化的，承租人应当将其视为一项新租赁，重新按照上述原则判断该项新租赁是否可以选择简化会计处理。

（二）低价值资产租赁

低价值资产租赁，是指单项租赁资产为全新资产时价值较低的租赁。承租人在评估租赁资产是否是低价值资产，应考虑该项资产在全新状态下的价值，其判断标准应该是一个绝对金额，而不应受已使用的年限、承租人规模、性质以及该资产对于承租人或相关租赁交易的重要性。常见的低价值资产包括平板电脑、普通办公家具、电话等小型资产。

对于低价值资产租赁，承租人可根据每项租赁的具体情况作出简化会计处理选择。但在选择简化会计处理时，还需满足承租人能够从单独使用该低价值资产或将其与承租人易于获得的其他资源一起使用中获利，且该项资产与其他租赁资产没有高度依赖或高度关联关系的条件。

[例 7-6] 承租人与出租人签订了一份租赁合同，约定的租赁资产包括：(1) IT 设备，包括供员工个人使用的笔记本电脑、台式电脑、平板电脑、桌面打印机和手机等；(2) 服务器，其中包括增加服务器容量的单独组件，这些组件根据承租人需要陆续添加到大型服务器以增加服务器存储容量；(3) 办公家具，如桌椅和办公隔断等；(4) 饮水机。

通常，办公笔记本电脑全新时的单独价格不超过人民币 10 000 元，台式电脑、平板电脑、桌面打印机和手机全新时的单独价格不超过人民币 5 000 元，普通办公家具的单独价格不超过人民币 10 000 元，饮水机的单独价格不超过人民币 1 000 元，服务器单个组件的单独价格不超过人民币 10 000 元。

分析：上述租赁资产中，各种 IT 设备、办公家具、饮水机都能够单独使承租人获益，且与其他租赁资产没有高度依赖或高度关联关系。通常情况下，符合低价值资产租赁的资产全新状态下的绝对价值应低于人民币 40 000 元。本例中，承租人将 IT 设备、办公家具、饮水机作为低价值租赁资产，选择按照简化方法进行会计处理。对于服务器中的组件，尽管单个组件的单独价格较低，但由于每个组件都与服务器中的其他部分高度相关，承租人若不租赁服务器就不会租赁这些组件，不构成单独的租赁部分，因此不能作为低价值租赁资产进行会计处理。

[例 7-7] 东方公司因季节性需要从北方租赁公司租赁设备一台用于企业管理，租约规定，租期一年，租金按季支付，年租金 24 000 元，租赁期开始日为 2020 年 1 月 1 日。

东方公司相关的账务处理如下：

2020 年 1 月 1 日，只需在备查账中记录。

2020 年 3 月末支付租金时：

借：管理费用　　　　　　　　　　　　　　　　　6 000
　　贷：银行存款　　　　　　　　　　　　　　　　　　6 000

以后各季度均同上处理，不再赘述。租赁期满时东方公司不作任何会计处理。

第四节　出租人的会计处理

一、出租人的租赁分类

根据 CAS21 的规定，出租人应当在租赁开始日将租赁分为融资租赁和经营租赁。

出租人在租赁开始日需进行租赁类型的判别，符合下列一项或数项标准的，应当认定为融资租赁：

(1) 在租赁期届满时，租赁资产的所有权转移给承租人。即如果在租赁协议中已经约定，或者根据其他条件在租赁开始日就可以合理地判断，租赁期满时出租人会将资产的所有权转移给承租人，那么该项租赁应当认定为融资租赁。

(2) 承租人有购买租赁资产的选择权,所订立的购买价款预计将远低于行使选择权时租赁资产的公允价值,因而在租赁开始日就可以合理确定承租人将会行使这种选择权。

(3) 即使资产的所有权不转让,但是,租赁期占租赁资产使用寿命的大部分。这里的"大部分"是指租赁期占租赁开始日租赁资产使用寿命的75%以上(含75%,下同)。

(4) 在租赁开始日,租赁收款额的现值几乎相当于租赁资产的公允价值。实务中,这里的"几乎相当于"通常是指90%(含90%)以上。同样需要说明的是,这里的量化标准只是指导性标准,企业在具体运用时,必须以准则规定的相关条件进行判断。

(5) 租赁资产性质特殊,如果不作较大改造,只有承租人才能使用。

值得注意的是,区分租赁类型的关键还是交易的实质,而不是合同的形式。如果一项租赁实质上转移了与租赁资产所有权有关的几乎全部风险和报酬,出租人应当将该项租赁分类为融资租赁。出租人应当将除融资租赁以外的其他租赁分类为经营租赁。

对于同时涉及土地和建筑物的租赁,企业通常应当将土地和建筑物分开考虑。将最低租赁付款额根据土地部分的租赁权益和建筑物的租赁权益的相对公允价值的比例进行分配。在我国,由于土地的所有权归国家所有,土地租赁不能归类为融资租赁。对于建筑物的租赁按租赁准则的规定标准进行相应的分类。如果土地和建筑物无法分离和不能可靠计量的,应归类为一项融资租赁,除非两部分都明显是经营租赁,在后一种情况下,整个租赁应归类经营租赁。

租赁开始日后,除非发生租赁变更,出租人无须对租赁的分类进行重新评估。租赁资产预计使用寿命、预计余值等会计估计变更或发生承租人违约等情况变化的,出租人不对租赁进行重分类。

二、出租人对融资租赁的会计处理

在融资租赁下,出租人将与租赁资产所有权有关的风险和报酬实质上转移给了承租人,将租赁资产的使用权长期转让给了承租人,并以此获取租金。因此,出租人的租赁资产在租赁开始日实际上就变成了收取租金的债权。且从事融资租赁的出租人一般为专业租赁公司,为了正确核算其租赁业务,出租人一般需要设置租赁专用会计科目。

(一) 一般处理原则

出租人在融资租赁中一般涉及租赁期开始日租赁债权的确认,未实现融资收益的分配,应收融资租赁款坏账准备的计提,以及未担保余值发生变动时、或有租金、租赁期届满时如何进行会计处理等几方面内容。

1. 租赁期开始日租赁债权的确认

根据 CAS21 的规定，在租赁期开始日，出租人应当对融资租赁确认应收融资租赁款，并终止确认融资租赁资产。出租人对应收融资租赁款进行初始计量时，应当以租赁投资净额作为应收融资租赁款的入账价值。

租赁投资净额为未担保余值和租赁期开始日尚未收到的租赁收款额按照租赁内含利率折现的现值之和。租赁收款额具体项目和租赁内含利率详见本章第二节内容。

出租人设置"融资租赁资产"科目，核算租赁企业作为出租人为开展融资租赁业务取得资产的成本。租赁业务不多的企业，也可通过"固定资产"等科目核算。期末借方余额，反映企业融资租赁资产的成本。设置"应收融资租赁款"科目，核算出租人融资租赁产生的租赁投资净额，可分别设置"租赁收款额""未实现融资收益""未担保余值"等进行明细核算。租赁业务较多的，出租人还可以在"租赁收款额"明细科目下进一步设置明细科目核算，科目的期末借方余额，反映未担保余值和尚未收到的租赁收款额的现值之和。

租赁期开始日出租人应当按尚未收到的租赁收款额，借记"应收融资租赁款——租赁收款额"科目，按预计租赁期结束时的未担保余值，借记"应收融资租赁款——未担保余值"科目，按已经收取的租赁款，借记"银行存款"等科目，按融资租赁方式租出资产的账面价值，贷记"融资租赁资产"科目；融资租赁方式租出资产的公允价值与账面价值的差额，借记或贷记"资产处置损益"科目；按发生的初始直接费用，贷记"银行存款"等科目；差额贷记"应收融资租赁款——未实现融资收益"科目。

2. 租金收入和未实现融资收益分配的核算

出租人每期收到的租金包括本金和利息两部分，未实现融资收益应当在租赁期内各个期间进行分配，确认为各期的融资收入。分配时，出租人应当采用实际利率法计算当期应当确认的融资收入。出租人采用实际利率法分配未实现融资收益时，应当将租赁内含利率作为未实现融资收益的分配率。出租人每期收到租金时，按收到的租金金额，借记"银行存款"科目，贷记"应收融资租赁款——租赁收款额"科目，同时，根据当期应确认的融资收入金额，借记"应收融资租赁款——未实现融资收益"科目，贷记"租赁收入——利息收入"科目。

3. 应收融资租赁款坏账准备的计提

与其他企业相类似，出租人应当根据承租人的财务及经营管理情况，以及租金的逾期期限等因素，分析应收融资租赁款的风险程度和回收的可能性，对应收融资租赁款减去未实现融资收益的差额部分（在金额上等于本金的部分）合理计提坏账准备。相关核算需设置"应收融资租赁款减值准备"科目，其会计处理为：（1）发生应收融资租赁款的预期信用损失时，按应减记的金额，借记

"信用减值损失"科目，贷记"应收融资租赁款减值准备"科目。转回已计提的减值准备时，作相反的会计分录。（2）对于确实无法收回的应收融资租赁款，经批准作为信用损失，冲销计提的减值准备，借记"应收融资租赁款减值准备"科目，贷记"应收融资租赁款——租赁收款额"科目。（3）已确认并转销的减值损失，如果以后又收回，按实际收回的金额，借记"应收融资租赁款——租赁收款额"科目，贷记"应收融资租赁款减值准备"科目；同时，借记"银行存款"科目，贷记"应收融资租赁款——租赁收款额"科目。

4. 对于可变租赁付款额的处理

纳入出租人租赁投资净额的可变租赁付款额只包含取决于指数或比率的可变租赁付款额。在初始计量时，应当采用租赁期开始日的指数或比率进行初始计量。出租人应定期复核计算租赁投资总额时所使用的未担保余值。若预计未担保余值降低，出租人应修改租赁期内的收益分配，并立即确认预计的减少额。

出租人取得的未纳入租赁投资净额计量的可变租赁付款额，如与资产的未来绩效或使用情况挂钩的可变租赁付款额，应当在实际发生时计入当期损益。

5. 租赁期届满时的会计处理

租赁期届满时出租人应区别以下情况进行会计处理：（1）承租人将租赁资产交还出租人。第一种情况，存在担保余值，不存在未担保余值。应按担保余值，借记"融资租赁资产"科目，贷记"应收融资租赁款——租赁收款额"科目；如果收回租赁资产的价值低于担保余值，则应向承租人收取价值损失补偿金，借记"其他应收款"科目，贷记"营业外收入"科目。第二种情况，存在担保余值，同时存在未担保余值。应按担保余值与未担保余值之和，借记"融资租赁资产"科目，按担保余值，贷记"应收融资租赁款——租赁收款额"科目，按未担保余值，贷记"应收融资租赁款——未担保余值"科目。如果收回租赁资产的价值扣除未担保余值后的余额低于担保余值，则应向承租人收取价值损失补偿金，借记"其他应收款"科目，贷记"营业外收入"科目。第三种情况，存在未担保余值，不存在担保余值。应按未担保余值，借记"融资租赁资产"科目，贷记"应收融资租赁款——未担保余值"科目。第四种情况，担保余值和未担保余值均不存在。此时，出租人无须作账务处理，只需作相应的备查登记。（2）优惠续租租赁资产。如果承租人行使优惠续租选择权，则出租人应视同该项租赁一直存在而作出相应的账务处理。如果租赁期届满时承租人没有续租，根据租赁合同规定应向承租人收取违约金时，借记"其他应收款"科目，贷记"营业外收入"科目。同时，将收回的租赁资产按上述规定进行处理。（3）留购租赁资产。租赁期届满时，承租人行使了优惠购买选择权的，出租人应按收到的承租人支付的购买资产的价款，借记"银行存款"等科目，贷记"应收融资租赁款——租赁收款额"科目。如果还存在未担保余值，则应借记"营业外收入——

处置固定资产净损失"科目,贷记"应收融资租赁款——未担保余值"科目。

(二) 相关会计信息的披露

出租人应当在资产负债表中,将应收融资租赁款减去未实现融资收益的差额,作为长期债权列示。此外,出租人还应当在附注中披露与融资租赁有关的下列信息:

(1) 资产负债表日后连续五个会计年度每年将收到的未折现租赁收款额,以及以后年度将收到的未折现租赁收款额总额。

(2) 销售损益、租赁投资净额的融资收益以及与未纳入租赁投资净额的可变租赁付款额相关的收入。

(3) 未折现租赁收款额与租赁投资净额的调节表。

[例7-8] 2019年12月1日,A公司与B公司签订了一份租赁合同,从A公司租入一套程控生产线。租赁合同主要条款如下:

(1) 租赁资产:程控生产线。

(2) 租赁期开始日:2020年1月1日。

(3) 租赁期:2020年1月1日—2025年12月31日,共72个月。

(4) 固定租金支付:自2020年1月1日起,每年末支付租金160 000元。如果A公司能够在每年末的最后一天及时付款,则给予减少租金10 000元的奖励。

(5) 租赁开始日租赁资产的公允价值:该生产线在2019年12月31日的公允价值为700 000元,账面价值为600 000元。

(6) 初始直接费用:签订租赁合同过程中B公司发生可归属于租赁项目的手续费、佣金为10 000元。

(7) 承租人的购买选择权:租赁期届满时,A公司享有优惠购买该机器生产线的选择权,购买价为20 000元,估计该日租赁资产的公允价值为80 000元。

(8) 取决于租赁资产绩效的可变租赁付款额:2021年和2022年两年,A公司每年按该机器所生产的产品——塑钢窗户的年销售收入的5%向B公司支付。

(9) 承租人的终止租赁选择权:A公司享有终止租赁选择权。在租赁期间,如果A公司终止租赁,需支付的款项为剩余租赁期间的固定租金支付金额。

(10) 担保余值和未担保余值均为0。

(11) 程控生产线的使用寿命为7年。

1. 出租人B公司的初始计量

第一步,判断租赁类型。

本例存在优惠购买选择权,优惠购买价20 000元远低于行使选择权日租赁资产的公允价值80 000元,因此在2019年12月31日就可以合理确定A公司将会行使这种选择权。另外,在本例中,租赁期6年,占租赁开始日租赁资产使用寿命的86%(占租赁资产使用寿命的大部分)。同时,B公司综合考虑其他各种情形和迹象,认为该租赁实质上转移了与该项设备所有权有关的几乎全部风险和报酬,因此将这项租赁认定为融资租赁。

第二步,确定租赁收款额。

(1) 承租人的固定付款额为考虑扣除租赁激励后的金额。

(160 000 − 10 000)×6 = 900 000(元)

(2) 承租人购买选择权的行权价格。

租赁期届满时,A 公司享有优惠购买该机器的选择权,购买价为 20 000 元,估计该日租赁资产的公允价值为 80 000 元。优惠购买价 20 000 元远低于行使选择权日租赁资产的公允价值,因此在 2019 年 12 月 31 日就可以合理确定 A 公司将行使这种选择权。

结论:租赁付款额中应包括承租人购买选择权的行权价格 20 000 元。

(3) 终止租赁的罚款。

虽然 A 公司享有终止租赁选择权,但若终止租赁,A 公司需支付的款项为剩余租赁期间的固定租金支付金额。

结论:根据上述条款,可以合理确定 A 公司不会行使终止租赁选择权。

(4) 由承租人向出租人提供的担保余值:A 公司向 B 公司提供的担保余值为 0 元。

综上所述租赁收款额 = 900 000 + 20 000 = 920 000(元)

第三步,确认租赁投资总额。

租赁投资总额 = 在融资租赁下出租人应收的租赁收款额 + 未担保余值

本例中租赁投资总额 = 920 000 + 0 = 920 000(元)

第四步,确认租赁投资净额的金额和未实现融资收益。

租赁投资净额在金额上等于租赁资产在租赁期开始日公允价值 700 000 + 出租人发生的租赁初始直接费用 10 000 = 710 000(元)

未实现融资收益 = 租赁投资总额 − 租赁投资净额 = 920 000 − 710 000 = 210 000(元)

第五步,计算租赁内含利率。

租赁内含利率是使租赁投资总额的现值(即租赁投资净额)等于租赁资产在租赁开始日的公允价值与出租人的初始直接费用之和的利率。

本例中列出公式 150 000 × (P/A, r, 6) + 20 000 × (P/F, r, 6) = 710 000(元),计算得到租赁的内含利率为 7.82%。

第六步,账务处理。

2020 年 1 月 1 日:

借:应收融资租赁款——租赁收款额　　　　　　　　　920 000

　　贷:银行存款　　　　　　　　　　　　　　　　　　　10 000

	融资租赁资产	600 000
	资产处置损益	100 000
	应收融资租赁款——未实现融资收益	210 000

2. 出租人 B 公司融资租赁的后续计量

第一步，计算租赁期内各期的利息收入（如表 7-3 所示）。

表 7-3　　　　　　　　　　租赁期各期利息收入　　　　　　　　　　单位：元

日期 ①	租金 ②	确认的利息收入 ③ = 期初④ × 7.82%	租赁投资净额余额 期末④ = 期初④ - ② + ③
2020 年 1 月 1 日			710 000
2020 年 12 月 31 日	150 000	55 522	615 522
2021 年 12 月 31 日	150 000	48 134	513 656
2022 年 12 月 31 日	150 000	40 168	403 824
2023 年 12 月 31 日	150 000	31 579	285 403
2024 年 12 月 31 日	150 000	22 319	157 722
2025 年 12 月 31 日	150 000	12 278 *	20 000
2025 年 12 月 31 日	20 000		
合计	920 000	210 000	

注：* 作尾数调整 12 278 = 150 000 + 20 000 - 157 722。

第二步，会计分录：

2020 年 12 月 31 日收到第一期租金时：

借：银行存款　　　　　　　　　　　　　　　　　　　150 000
　　贷：应收融资租赁款——租赁收款额　　　　　　　　　　　150 000
借：应收融资租赁款——未实现融资收益　　　　　　　　55 522
　　贷：租赁收入　　　　　　　　　　　　　　　　　　　　　55 522

2021 年 12 月 31 日收到第二期租金：

借：银行存款　　　　　　　　　　　　　　　　　　　150 000
　　贷：应收融资租赁款——租赁收款额　　　　　　　　　　　150 000
借：应收融资租赁款——未实现融资收益　　　　　　　　48 134
　　贷：租赁收入　　　　　　　　　　　　　　　　　　　　　48 134

3. 发生取决于租赁资产绩效的可变租赁付款额的处理

假设 2021 年和 2022 年，A 公司分别实现塑钢窗户年销售收入 1 000 000 元和 1 500 000 元。根据租赁合同，B 公司 2021 年和 2022 年应向 A 公司收取的与销售收入挂钩的租金分别为 50 000 元和 75 000 元。

会计分录为：

2021年：

借：银行存款（或应收账款）　　　　　　　　　　　　　　50 000
　　贷：租赁收入　　　　　　　　　　　　　　　　　　　　　　50 000

2022年：

借：银行存款（或应收账款）　　　　　　　　　　　　　　75 000
　　贷：租赁收入　　　　　　　　　　　　　　　　　　　　　　75 000

4. 租赁期届满时的处理——承租人行使购买权

借：银行存款　　　　　　　　　　　　　　　　　　　　　20 000
　　贷：应收融资租赁款——租赁收款额　　　　　　　　　　　　20 000

（三）融资租赁变更的会计处理

融资租赁发生变更且同时符合下列条件的，出租人应当将该变更作为一项单独租赁进行会计处理：

（1）该变更通过增加一项或多项租赁资产的使用权而扩大了租赁范围或延长了租赁期限；

（2）增加的对价与租赁范围扩大部分或租赁期限延长部分的单独价格按该合同情况调整后的金额相当。

如果融资租赁的变更未作为一项单独租赁进行会计处理，且满足假如变更在租赁开始日生效，该租赁会被分类为经营租赁条件的，出租人应当自租赁变更生效日开始将其作为一项新租赁进行会计处理，并以租赁变更生效日前的租赁投资净额作为租赁资产的账面价值。

如果融资租赁的变更未作为一项单独租赁进行会计处理，且满足假如变更在租赁开始日生效，该租赁会被分类为融资租赁条件的，出租人应当按照《企业会计准则第22号——金融工具确认和计量》（2017）第四十二条关于修改或重新议定合同的规定进行会计处理。即，修改或重新议定租赁合同，未导致应收融资租赁款终止确认，但导致未来现金流量发生变化的，应当重新计算该应收融资租赁款的账面余额，并将相关利得或损失计入当期损益。重新计算应收融资租赁款账面余额时，应当根据重新议定或修改的租赁合同现金流量按照应收融资租赁款的原折现率或按照《企业会计准则第24号——套期会计》（2017）第二十三条规定重新计算的折现率（如适用）折现的现值确定。对于修改或重新议定租赁合同所产生的所有成本和费用，企业应当调整修改后的应收融资租赁款的账面价值，并在修改后的应收融资租赁款的剩余期限内进行摊销。

三、出租人对经营租赁的会计处理

出租人出租资产是为了取得租赁收入，而不是为了最终销售租赁资产，即与资产所有权有关的主要风险和报酬仍然保留在出租人一方。因而，经营租出的租赁资产仍属于出租人自有资产，需在资产负债表中列示。出租人对经营租赁的会计处理比较简单，主要问题是解决应收的租金与确认为当期收入之间的关系，以及经营租赁资产折旧的计提。此外，从事经营租赁的出租人可能是一般的企业，也可能是专门的租赁公司，两者的区别在于账务处理中设置的账户略有不同。

（一）一般处理原则

经营租赁业务中，出租人将租赁期内各个期间的租赁收款额采用直线法或者其他系统合理的方法确认为租金收入。如果其他方法更为系统合理的，也可以采用其他方法予以反映（如可根据租赁资产的使用量来确认租赁收入）。某些情况下，出租人可能对经营租赁提供激励措施，如免租期、承担承租人某些费用等。在出租人提供了免租期的情况下，应将租金总额在不扣除免租期的整个租赁期内，按直线法或其他合理的方法进行分配，免租期内应确认为租赁收入。在出租人承担了承租人的某些费用的情况下，应将该费用从租金收入总额中扣除，并将租金收入余额在租赁期内进行分配。发生的与经营租赁有关的初始直接费用一般计入当期损益，如果应资本化至租赁标的资产成本的，应该在租赁期内按照与租金收入相同的确认基础分期计入当期损益。出租人取得的与经营租赁有关的可变租赁付款额，如果是与指数或比率挂钩的，应在租赁期开始日计入租赁收款额；除此之外的，应当在实际发生时计入当期损益。

如果出租人是一般的企业，则出租人在经营租赁中一般涉及以下账务处理：发生的初始直接费用，应借记"管理费用"等科目，贷记"银行存款"等科目；确认租赁收入时，应借记"银行存款"或"应收账款"等科目，贷记"其他业务收入"等科目；对于经营租赁资产中的固定资产，出租人应当采用与自有同类固定资产相同的折旧政策计提折旧。

如果出租人是专门的租赁公司，则需设置专用会计科目。这些专用会计科目有：（1）"经营租赁资产"，资产类科目。该科目核算企业为经营租赁购建的资产的实际成本，包括租赁资产的价款、运输费、运输保险费、贸易手续费、银行手续费、国内运输费、运输保险费、仓储保管费、财产保险费、增值税等税款及租前借款费用等。如果租赁资产是从境外购入的，还应包括境外运输费、境外运输保险费和进口关税。（2）"应收经营租赁款"，资产类科目。该科目核算企业采用经营租赁方式租出资产而应向承租人收取的租金。（3）"累计折旧——经营租赁资产累计折旧"，资产类科目。该科目核算企业采用经营租赁方式租出资产的累计折旧。（4）"租赁收入——经营租赁收入"，损益类科目。该科目核算租赁企业根据租赁准则确认的经营租赁收入。

(二) 相关会计信息的列报

出租人对经营租赁，应当披露各类租出资产在资产负债表日的账面价值，即如果租出资产已经计提折旧或发生了减值等情况，应披露原价扣除已计提的折旧或已确认的减值后的净值。

[例7-9] 2019年1月1日，天明租赁公司租给大华公司全新办公用房一套，租期为3年。办公用房原账面价值为30 000 000元，预计使用年限为25年。租赁合同规定，租赁开始日天明租赁公司向大华公司一次性预收租金1 200 000元，第1年末收取租金100 000元，第2年末收取租金100 000元，第3年末收取租金250 000元。租赁期满后预收租金不退回，天明租赁公司收回办公用房使用权。在租赁期间，天明租赁公司每月按照直线法计提出租资产的折旧费用，为简便起见忽略该资产净残值。

分析：该项租赁不符合融资租赁的任何一条标准，应作为经营租赁处理。确认租金收入时，不能依据各期实际收到租金的金额确定，而应采用直线法平均分配确认各期的租金收入。此项租赁租金总额为1 650 000元，按直线法计算，每年应确认的租金收入为550 000元。

出租人（租赁公司）相关的账务处理如下：

2019年1月1日预收租金时：
借：银行存款　　　　　　　　　　　　　　　　　　　1 200 000
　　贷：应收账款　　　　　　　　　　　　　　　　　　　1 200 000

2019年12月31日收取第1年租金时：
借：银行存款　　　　　　　　　　　　　　　　　　　　100 000
　　应收账款　　　　　　　　　　　　　　　　　　　　450 000
　　贷：租赁收入——经营租赁资产　　　　　　　　　　　550 000

2020年12月31日收取第2年租金时：
借：银行存款　　　　　　　　　　　　　　　　　　　　100 000
　　应收账款　　　　　　　　　　　　　　　　　　　　450 000
　　贷：租赁收入——经营租赁资产　　　　　　　　　　　550 000

2021年12月31日收取第3年租金时：
借：银行存款　　　　　　　　　　　　　　　　　　　　250 000
　　应收账款　　　　　　　　　　　　　　　　　　　　300 000
　　贷：租赁收入——经营租赁资产　　　　　　　　　　　550 000

如果出租人不是专门从事租赁业务的企业，而是一般企业，则上述租金收入应通过"其他业务收入"科目核算，应收账款则通过"其他应收款"核算。

此外，该租赁企业按月计提固定资产折旧，每月折旧费用为100 000元

(30 000 000÷25÷12)，相关账务处理如下：
　　借：主营业务成本　　　　　　　　　　　　　　100 000
　　　　贷：累计折旧　　　　　　　　　　　　　　　　　100 000

第五节　售后租回交易的会计处理

一、售后租回交易的判断

售后租回交易是一种特殊形式的租赁业务，是指卖主（即资产的所有者）将资产出售后，又将该项资产从买主（即资产的新所有者）租回，习惯上称之为"回租"。售后租回方式下，卖主同时是承租人，买主同时是出租人。通过售后租回交易，资产的原所有者（即承租人）在保留对资产的占有权、使用权和控制权的前提下，将固定资本转化为货币资本，在出售时可取得全部价款的现金，而租金则是分期支付的，从而获得了所需的资金；而资产的新所有者（即出租人）通过售后租回交易，找到了一个风险小、回报有保障的投资机会。20世纪90年代以来，售后租回交易在我国也得到了充分的发展，大部分租赁公司尤其是中外合资租赁公司最近几年的租赁业务以售后回租交易为主。

如果企业（卖方兼承租人）将拥有控制权的资产转让给其他企业（买方兼出租人），并从买方兼出租人又租回该项资产，则卖方兼承租人和买方兼出租人均应按照售后租回交易的规定进行会计处理。是否属于售后租回交易，关键看承租人在将资产转移给出租人之前是否取得对标的资产的控制权，而非法定所有权，如果承租人在将资产转移给出租人之前，未能取得对标的资产的控制权，即便拥有该资产的法定所有权，此交易也不属于售后租回交易。

售后租回交易会计处理中，承租方应当按照2017年修订后的《企业会计准则第14号——收入》的规定，评估确定售后租回交易中的资产转让是否属于销售，并区别进行会计处理。

二、资产转让不属于销售的售后租回会计处理

如果售后租回交易中的资产转让不属于销售业务的，承租方（兼卖方）不终止确认所转让的资产，而应当将收到的现金作为金融负债，并按照《企业会计准则第22号——金融工具确认和计量》进行会计处理；出租方（兼买方）不确认被转让资产，而应当将支付的现金作为金融资产，并按照《企业会计准则第22号——金融工具确认和计量》进行会计处理。

[例 7-10] A公司（卖方兼承租人）以货币资金 14 000 000 元的价格向 B公司（买方兼出租人）出售一栋建筑物，交易前该建筑物的账面原值是 14 000 000 元，累计折旧是 4 000 000 元。与此同时，A公司与 B公司签订了租赁合同，取得了该建筑物 10 年的使用权（全部剩余使用年限为 30 年），年租金为 1 000 000 元，于每年末支付，租赁期满时，甲公司将以 100 元购买该建筑物。根据交易的条款和条件，A公司转让建筑物不满足《企业会计准则第 14 号——收入》（2017）中关于销售成立的条件。假设不考虑初始直接费用和各项税费的影响。该建筑物在销售当日的公允价值为 26 000 000 元。

在租赁期开始日，A公司对该交易的会计处理如下：

借：银行存款　　　　　　　　　　　　　　　　　　14 000 000
　　贷：长期应付款　　　　　　　　　　　　　　　　　　14 000 000

在租赁期开始日，B公司对该交易的会计处理如下：

借：长期应收款　　　　　　　　　　　　　　　　　　14 000 000
　　贷：银行存款　　　　　　　　　　　　　　　　　　　14 000 000

三、资产转让属于销售的售后租回交易会计处理

售后租回交易中的资产属于销售业务的，承租方（兼卖方）应当按原资产账面价值中与租回获得的使用权有关的部分，计量售后租回所形成的使用权资产，并仅就转让至买方兼出租人的权利确认相关利得或损失；出租方（兼买方）根据相关资产购买业务进行会计处理，并根据 CS21 准则对资产出租进行会计处理。

值得注意的是，如果当销售对价低于公允价值，承租人可将差额作为预付租金，并按照公允价值调整相关销售利得或损失；如果销售对价高于市场价格，其款项可以作为买方兼出租人向卖方兼承租人提供的额外融资进行会计处理。

[例 7-11] H公司（卖方兼承租人）以货币资金 40 000 000 元的价格向 G公司（买方兼出租人）出售一栋建筑物，交易前该建筑物的账面原值是 24 000 000 元，累计折旧是 4 000 000 元。与此同时，H公司与 G公司签订了合同，取得了该建筑物 18 年的使用权（全部剩余使用年限为 40 年），年租金为 2 400 000 元，于每年末支付。根据交易的条款和条件，H公司转让建筑物符合《企业会计准则第 14 号——收入》（2017）中关于销售成立的条件。假设不考虑初始直接费用和各项税费的影响。该建筑物在销售当日的公允价值为 36 000 000 元。

分析：由于该建筑物的销售对价并非公允价值，H公司和 G公司分别进行了调整，以按照公允价值计量销售收益和租赁应收款。超额售价 4 000 000 元（40 000 000 - 36 000 000）作为 G公司向 H公司提供的额外融资进行确认。

H、G公司均确定租赁内含年利率为 4.5%。

年付款额现值为 29 183 980 元（年付款额 2 400 000 元，共 18 期，按每年

4.5%进行折现),其中4 000 000元与额外融资相关,25 183 980元与租赁相关(分别对应年付款额328 948元和2 071 052元),具体计算过程如下:

年付款额现值 = 2 400 000 × (P/A, 4.5%, 18) = 29 183 980(元)

额外融资年付款额 = 4 000 000 ÷ 29 183 980 × 2 400 000 = 328 948(元)

租赁相关年付款额 = 2 400 000 - 328 948 = 2 071 052(元)

(1)在租赁期开始日,H公司对该交易的会计处理如下:

第一步,按与租回获得的使用权部分占该建筑物的原账面金额的比例计算售后租回所形成的使用权资产。

使用权占租赁资产的比例 = 使用权资产的公允价值(18年使用权资产的租赁付款额现值)÷ 该建筑物的公允价值

使用权资产账面价值 = 建筑物的账面价值 × 使用权资产部分占总租赁资产公允价值的比例

使用权资产 = (24 000 000 - 4 000 000) × 25 183 980 ÷ 36 000 000 = 13 991 100(元)

第二步,计算与转让至G公司的权利相关的利得。

出售该建筑物的全部利得 = 36 000 000 - 20 000 000 = 16 000 000(元),其中:

①与该建筑物使用权相关利得 = 16 000 000 × (25 183 980 ÷ 36 000 000) = 11 192 880(元);

②与转让至G公司的其他权利相关的利得 = 16 000 000 - 11 192 880 = 4 807 120(元)。

第三步,H公司的初始计量。

①与额外融资相关的处理:

借:银行存款	4 000 000
贷:长期应付款	4 000 000

②与租赁相关的处理:

借:银行存款	36 000 000
使用权资产	13 991 100
固定资产——累计折旧	4 000 000
租赁负债——未确认融资费用	12 094 956
贷:固定资产——建筑物——原值	24 000 000
租赁负债——租赁付款额	37 278 936
资产处置损益	4 807 120

以上分录中"租赁负债——租赁付款额"的金额为甲公司年付款2 400 000元中的2 071 052元乘以18年计算得到。

第四步，H 公司的后续计量。

支付租金时：

借：租赁负债——租赁付款额　　　　　　　　　　　　2 071 052
　　　长期应付款　　　　　　　　　　　　　　　　　　328 948
　　贷：银行存款　　　　　　　　　　　　　　　　　　　　2 400 000
借：财务费用（如资本化计入相关资产成本）　　　　　1 313 279
　　贷：长期应付款——应计利息　　　　　　　　　　　　180 000
　　　　租赁负债——未确认融资费用　　　　　　　　　1 133 279

（2）综合考虑租期占该建筑物剩余使用年限的比例等因素，G 公司将该建筑物的租赁分类为经营租赁。

在租赁期开始日，G 公司对该交易的会计处理如下：

借：固定资产——建筑物　　　　　　　　　　　　　　36 000 000
　　长期应收款　　　　　　　　　　　　　　　　　　　4 000 000
　　贷：银行存款　　　　　　　　　　　　　　　　　　　　40 000 000

租赁期开始日之后，G 公司将从 H 公司处年收款额 2 400 000 元中的 2 071 052 元作为租赁收款额进行会计处理。从 H 公司处年收款额中的其余 328 948 元作为以下两项进行会计处理：①结算金融资产 4 000 000 元而收到的款项；②利息收入。以第一年末为例：

借：银行存款　　　　　　　　　　　　　　　　　　　2 400 000
　　贷：租赁收入　　　　　　　　　　　　　　　　　　　　2 071 052
　　　　利息收入　　　　　　　　　　　　　　　　　　　　180 000
　　　　长期应收款　　　　　　　　　　　　　　　　　　　148 948

【本章小结】

市场经济条件下，租赁已成为一项重要的财务活动，企业广泛地将租赁用作筹措资金的手段。在相当长的一段时期里，租赁所引起的负债无须纳入资产负债表，从而能够达到表外筹资、粉饰财务报表的目的。2018 年修订的 CAS21 在 2006 年颁布的租赁准则基础上进行了较大的调整，取消了以前对承租人区分资产负债表内融资租赁和资产负债表外经营租赁的双重会计模型，转而使用单一的资产负债表内会计模型（短期租赁和低价值资产租赁除外）；专门规范出租人的会计处理和售后租回等特殊交易的会计处理规范完善了租赁识别、分拆及合并等相关原则。修订后的租赁准则标志着租赁会计新时代的到来，进一步提高承租人和出租人会计信息的透明度和相关性。但同时也存在承租人和出租人会计模型不对称等一系列问题。因此，如何对租赁业务处理进行规范，如何进行确认、计量和报告是一直需要不断探讨的问题。

本章以2018年财政部修订颁布的CAS21为依据，系统介绍了租赁的识别、承租人和出租人租赁业务的会计处理原则和方法。通过对本章的学习，首先，应理解与租赁业务相关的概念，其中尤以租赁付款额、租赁收款额、租赁内含利率等概念最为重要；其次，应熟悉租赁分类的判定标准，注意承租人和出租人分类的不同，实务中进行判断还应注意贯彻实质重于形式原则；再次，掌握承租人使用权资产和租赁负债的初始计量和后续计量，掌握出租人融资租赁会计处理，这两部分内容也是本章的重点和难点；最后，出租人对经营租赁如何作出会计处理，以及售后租回这类特殊业务的会计处理也是需要关注的知识点。

【本章思考与练习题】

一、思考题

1. 请简要论述实质重于形式原则在出租人融资租赁和经营租赁划分的具体标准中如何得到体现。
2. 怎样对租赁业务进行分类？可以分为几类？
3. 说明融资租赁与分期付款购买业务的区别。
4. 为什么即使有些企业的租赁类型实质上属于融资租赁，但企业却总想将该项租赁归类为经营租赁？
5. 比较国际会计准则、美国财务会计准则、中国会计准则对于融资租赁的判断标准有何差异，说明产生这些差异的内在原因。
6. 承租人使用权资产的成本有哪些部分？
7. 承租人租赁付款额由哪些部分构成？
8. 承租人在计算租赁付款额现值时应该如何选择合适的贴现率？
9. 出租人融资租赁下如何确定租赁收款额？
10. 出租人用实际利率法确认融资收益的相关账务处理是怎样的？
11. 出租人所发生的初始直接费用在会计上应如何处理？
12. 售后租回业务对于销售过程的损益处理的原则是什么？

二、练习题

1. 群华公司2019年12月31日将一台设备按公允价值270万元的价格销售给伟梦公司，该设备的账面原值为300万元，已提折旧60万元，已提减值准备5万元。同时还签订了一份合同将该设备租回，租赁期为5年，该租赁协议属于融资租赁，未实现售后回租损益按平均年限法分5年平均摊销。

要求：

（1）计算群华公司的未实现售后回租损益；

（2）编制群华公司2019年12月31日向伟梦公司销售设备的会计分录；

（3）编制群华公司2019年12月31日确认本年应分摊的未实现售后回租损益的会计分录。（金额用万元表示）

2. 2019年12月1日，东方公司与大新租赁公司签订了一份租赁合同。合同主要条款如下：

（1）租赁标的物：某大型机器设备。

（2）起租日：2019年12月31日。

（3）租赁期：2019年12月31日—2021年12月31日，共计36个月。

（4）租金支付方式：自起租日起每6个月于月末支付租金225 000元。

（5）该设备的保险、维护等费用均由东方公司负担，估计每年另外支付约15 000元。

（6）该设备在2019年12月31日的公允价值为1 050 000元。

（7）租赁合同规定年利率为14%。

（8）该设备的估计使用年限为9年，已使用4年，期满无残值，承租人采用年限平均法计提折旧。

（9）租赁期满时，东方公司享有优惠购买选择权，购买价150元，估计期满时的公允价值为500 000元。

（10）未确认融资费用采用实际利率法摊销。

此外，（PA，6，7%）=4.7665；（PV，6，7%）=0.6663。

要求：

（1）判断租赁类型；

（2）计算租赁开始日最低租赁付款额的现值，确定租赁资产入账价值并编制东方公司有关租赁会计分录；

（3）编制2019年6月30日、12月31日东方公司未确认融资费用分摊的会计分录。

第八章 养老金会计

【引入案例】

近几年养老金等退休后福利成为人们关注的焦点。2014年12月，十二届全国人大常委会第十二次会议举行的第二次全体会议中通过养老金并轨方案，方案指出养老金改革的基本思路是"一个统一、五个同步"。所谓"一个统一"，即党政机关、事业单位建立与企业相同基本养老保险制度，实行单位和个人缴费，改革退休费计发办法，从制度和机制上化解"双轨制"矛盾；而"五个同步"，则是指机关与事业单位同步改革，职业年金与基本养老保险制度同步建立，养老保险制度改革与完善工资制度同步推进，待遇调整机制与计发办法同步改革，改革在全国范围同步实施。

合理的企业年金计划有助于建立和谐的劳资关系，提升企业在人才市场的竞争力，以吸引、留住、激励和开发员工，从而提高企业的核心能力，提高企业的劳动生产率。2019年4月10日，中国社会科学院世界社保研究中心发布《中国养老金精算报告2019—2050》显示，养老金制度可持续性隐忧正在浮现，为了解决职工们的后顾之忧，如今很多大型企业开始给员工提供"企业年金"，企业年金可以作为养老金很好的补充。因此，养老保险和企业年金也是企业养老金会计的主要核算内容。即将踏上财务岗位的你，想必现在对企业养老金会计产生了浓厚的兴趣，那么，让我们开始本章的学习吧。

【学习目的与要求】

1. 了解养老金性质、养老金计划的类型以及我国养老金保险制度概况；
2. 理解养老金会计的核算基础和基本特征；
3. 理解设定提存养老金计划和设定受益养老金计划的基本概念；
4. 掌握设定提存养老金计划的会计处理方法与报告；
5. 重点掌握设定受益养老金计划的会计处理方法与报告；
6. 理解企业年金与企业年金基金的基本含义；

7. 重点掌握企业年金基金的确认与计量方法;
8. 了解企业年金基金的财务报告及披露。

第一节　养老金概述

一、养老金的性质

养老金又称退休金,是企业支付给职工服务酬劳的一部分,在职工退休时一次或分次支付。养老金作为支付给退休职工用于保障日后生活的资金,人们对其性质的认识有两种主要观点:一是社会福利观;二是劳动报酬观。

(一) 社会福利观

社会福利观认为,职工在职时取得工资收入已经体现了按劳分配,在退休后不再劳动却领取养老金,体现了社会优越性。养老金是对剩余价值的分配,是国家和企业对职工的福利。我国在传统计划经济体制下的养老金制度即是该观点的体现,养老金支付往往由国家和企业包揽,企业职工在职服务期间并不确认养老金费用。在会计处理上采用的是收付实现制,在养老金实际支付或拨存时作为"营业外支出"处理,而不作为生产经营费用的必要支出。随着市场经济的发展,这一观点的弊端日渐暴露:一是养老金费用没有预提,企业无法估计未来应付养老金数额;二是费用和收益不相配比,使得企业各期的损益缺乏可比性,不利于企业间的竞争。因此,社会福利观逐渐被另一种观点——劳动报酬观所取代。

(二) 劳动报酬观

劳动报酬观克服了社会福利观的弊端,它认为养老金是劳动力价值的组成部分,是职工在职服务期间提供劳务所赚取的劳动报酬的一部分。职工退休后领取的养老金,是以其在职时提供的服务为依据的,其实质是递延工资,是现在工资的预扣和递延。它与工资相比,相同之处是两者都是职工必要劳动时间所创造的,是劳动力价值的实现形式;不同之处在于,工资是劳动报酬的即付部分,而养老金是职工劳动报酬分期支付中的延期支付部分。既然养老金是劳动力价值的组成部分,是劳动报酬的一部分,那么职工对这部分附加价值就有请求权和追索权,企业也不能无偿占有职工的这部分权利。因此在职工提供服务期间,企业在支付工资的同时,还要及时确认和计量这部分延期支付的附加价值,并计入当期成本;企业在获得了职工提供当期服务的权利时,也就负有了确认养老金负债的义务。所以,企业的养老金费用必须在相关的权利义务发生当期进行确认和计量,作为企业生产经营活动的必要费用。因此,企业养老金会计处理应采用权责发生制原则，一方面确认和计量在职职工的养老金费用，计入当期损益；另一方面为职工提存养老金准备（负债）。现行养老金会计核算的原则也就是建立在这种观点之上的。

二、养老金计划的主要类型

养老金计划，指企业在职工退休时或退休后，向职工提供养老金（按年支付或一次付清）的安排，其受益金额或雇主的提存金额，可在职工退休前按合同条款规定或企业惯例加以设定或估算。简言之，养老金计划是一种计划的主办者与参与者之间关于职工退休后按规定的方法计算给付一定养老金的协议，企业往往将养老金计划作为其对职工工资报酬计划的一个部分。养老金计划一般可按以下三种方式进行分类。

（一）按养老金的筹措方式分类

1. 置存基金养老金计划

所谓置存基金的养老金计划，是指企业提取养老基金交给独立的信托机构，如银行或保险公司，由其保管运用，在职工退休时由信托机构从养老基金中支付养老金。企业除非已完全履行养老金的给付义务，否则不得将养老金收回。

2. 未置存基金养老金计划

所谓未置存基金养老金计划，是指企业未提取养老基金交付给信托机构保管运用，或者企业虽提取了养老基金，但自行保管应用而未交付给信托机构保管使用，在职工退休时企业自行筹措资金支付养老金。与置存基金的养老金计划相比，这种计划下职工的养老金较缺乏保障。

（二）按养老金受益的确定方式分类

1. 设定提存养老金计划

所谓设定提存养老金计划，是指根据基金的提存额及其此后的投资收益来设定养老金支付额的计划。在设定提存养老金计划中，企业为每一个职工建立一个个人账户，规定对个人账户的提存额如何确定，并记录提存金积累的多少，将来在他有资格领取养老金的时候，就可以根据参加者的个人账户上的记录来决定怎样向他计发养老金。按照这种计划，企业向信托机构的缴费金额（即提存额）是确定的，而职工将收到的养老金额是不确定的。职工退休时所能领取的养老金额大小取决于当时养老基金的多寡和基金资产的投资收益。企业只要依据养老金计划中所订条款，按期提存定额的资金给信托机构就解除了其责任。换句话说，在设定提存养老金计划下，与基金资产、负债相关的风险（如通货膨胀、生活费用的上升、死亡年龄的推迟等风险）一律由职工承担。

2. 设定受益养老金计划

所谓设定受益养老金计划是指参照职工的收益和供职年限为基础的公式，来设定养老金支付额的计划。在设定受益养老金计划中，未来的养老金水平由企业预先承诺，而企业向信托机构的缴费金额是不确定的，每期提存额的大小取决于基金资产的盈利、未来养老金的支付数。既然企业对未来养老金的支付水平作出承诺，就应负完全责任。因此，如果养老金基金小于应发放的养老金数额，企业必须负责提存足额的基金以供发放，而如果养老金计划清偿后基金仍有盈余，这部分盈余属于企业所有，企业可以抽回。也就是说，与基金资产、负债相关的风险完全由企业承担。按照未来养老金水平的确定方式，设定受益养老金的计划又可以分为两种：（1）最终工资计划。在最终工资计划下，养老金福利水平与职工未来工资水平和服务年限有关。例如，雇员服务满十年，退休时可按前一个月的工资收入的40%按月领取养老金，每多服务一年就提高5个百分点。（2）平直福利计划。在平直福利计划下，养老金福利水平只与服务年限有关，而与未来工资水平无关。比如，雇员服务满10年，退休时可一次性领取150 000元的养老金或按月领取2 000元/月的养老金。

设定提存养老金计划与设定受益养老金计划的划分是养老金会计处理的前提，对两者的划分要遵循"实质重于形式"的原则，也就是划分取决于计划的主要条款和条件所包含的经济实质。在设定提存养老金计划下，企业的义务仅以企业应向相关独立主体缴存的提存金金额为限，职工未来所能取得的养老福利金额取决于向独立主体支付的提存金金额，以及提存金所产生的投资回报，从而相关的风险实质上要由职工来承担。而在设定受益养老金计划下，企业的义务是为现在及以前的职工提供约定的福利，并且精算风险和投资风险实质上由企业来承担。在实践中，一项计划既可能具有每期设定缴存金额，又规定企业对特定养老金或承诺过的计划基金资产的回报率负有责任，因而看起来同时具有设定提存养老金计划与设定受益养老金计划两方面的特点。在这种情况下，该计划实质上是设定受益养老金计划，应按该类型的要求进行会计处理。因此，划分标准要依据其经济实质，其关键在于企业是否负有提供承诺了的养老金福利的责任。

（三）按职工是否共同缴纳养老基金分类

1. 共同缴纳养老金计划

所谓共同缴纳养老金计划，是指企业与职工共同缴纳养老金，交给独立的信托机构保管应用，双方提取的比例不一定相同。职工如果提前离职，可将其自身缴纳的本金及利息收回，而是否共享企业缴纳的基金则视养老金计划的规定而定。

2. 非共同缴纳养老金计划

所谓非共同缴纳养老金计划，是指养老金全部由企业缴纳，职工不参与缴纳的养老金计划。大部分养老金属于此类。

在上述分类中，对于置存与未置存养老金计划，仅养老基金资产保管和运用所产生的利息部分会影响到养老金费用的计算；共同缴纳与非共同缴纳养老金与养老金费用的计算无关。设定提存养老金计划由于风险不由企业承担，因此其会计处理较为简单。设定受益养老金计划会计处理最为复杂，这种复杂性来源于一些不确定的事项。在设定受益养老金计划下，企业未来的义务范围往往是无法确定的，因为存在许多变量，影响着最后的养老金金额，进而影响到应在各期确认的养老金费用，而且这种不确定性很可能保留相当长的一段时间。因此，设定受益养老金计划会计处理将在本章的第三节进行详细讲解。

三、我国的养老保险制度概况

养老保险是企业提供给职工离职后福利的主要形式，我国现阶段的养老保险制度分为基本养老保险、补充养老保险和个人储蓄性养老保险三个层次。

第一个层次，是社会统筹与职工个人账户相结合的基本养老保险。基本养老保险是养老保险制度中最重要的组成部分，它保证职工退休后的基本生活需要，由政府或公共机构经办并强制执行，构成最低养老金的社会安全网。根据我国养老保险制度相关文件的规定，企业为职工缴纳基本养老保险的比例，一般不超过企业工资总额的20%，具体比例由省、自治区、直辖市人民政府确定，个人缴纳的基本养老保险费全部计入个人账户。职工退休后按月发给基本养老金，基本养老金由基础养老金和个人账户养老金组成。从我国企业基本养老保险制度下企业和职工养老保险待遇的计算和发放方法来看，职工基本养老保险费中企业缴费的金额，与职工退休时能够享受的养老保险待遇完全是两种计算方法，职工养老保险待遇即受益水平与企业在职工提供服务各期的缴费水平不直接挂钩，企业承担的义务仅限于按照规定标准提存的金额，属于设定提存计划。企业为职工建立的除基本养老保险以外的其他社会保险，如医疗保险、失业保险、工伤保险和生育保险，也是根据国家相关规定，由社会保险经办机构负责收缴、发放和保值增值，企业承担的义务亦仅限于按照企业所在地政府等规定的标准，与基本养老保险一样，同样属于设定提存计划。

第二个层次，是企业补充养老保险。为建立多层次的养老保险制度，更好地保障企业职工退休后的生活，依法参加基本养老保险并履行缴费义务、具有相应的经济负担能力并已建立集体协商机制的企业，经有关部门批准，可申请建立企业年金。企业年金是企业及其职工在依法参加基本养老保险的基础上，自愿建立的补充养老保险制度。根据国家有关部门的现行规定，企业建立年金所需资金由企业和职工个人共同缴纳，其中，企业缴费每年不超过本企业上年度职工工资总额的1/12，企业和职工个人缴费合计一般不超过本企业上年度职工工资总额的1/6。从我国已建立企业年金计划的部分地区的年金计划条款来看，我国以年金形式建立的补充养老保险制度属于企业"缴费确定型"，不是职工养老"待遇承诺型"。所谓缴费确定型,就是以缴费的情况确定企业年金待遇的养老金模式,企业缴费亦是根据参加计划职工的工资、级别、工龄等因素,在计划中明确规定;待遇确定型则是指在参保时就承诺将来的退休待遇水平的养老金模式,即承诺职工退休后享有固定金额的福利,以此为基础确定每一期间企业缴费,由于物价变动、职工流动等原因,每期企业缴费可能会有所调整。由此可见,我国企业为职工缴纳的补充养老保险费,从企业承担义务的角度来看,也属于设定提存计划。

第三个层次,是个人储蓄性养老保险。个人储蓄性养老保险是职工个人为自己的退休生活而作的一种预防性储蓄安排,这种养老保险按"谁投保谁受益,多投保多受益"的商业原则办事,领取养老金的多少取决于个人投保的额度。该计划是一种个人行为,只是在个人生命期内或家庭成员内部的收入再分配,并不是社会意义上的养老计划,因此一般不纳入养老金会计的范畴。

第二节 养老金会计的核算基础与基本特征

一、养老金会计的核算基础

《美国财务会计准则第 87 号——雇主对养老金的会计处理》规定,"企业养老金费用的确认和计量采用权责发生制",即在职工为企业提供服务的期间逐期确认为一项生产经营费用,以便于与该期间职工为企业带来的经济效益相配比。因此,养老金的分期确认还需运用配比原则,合理地将养老金费用分配到应归属的会计期间。《国际会计准则第 19 号——雇员福利》和《国际会计准则第 26 号——退休福利计划的会计和报告》也作出了类似的规定,要求采用权责发生制的原则,计提养老金服务费用,分期报告养老金计划的资产与负债,并对具体处理方法提供了指南。目前,我国采用"多层次"的养老金计划,在会计处理上实行规定受益计划和规定缴费制相结合,即在基本养老保险计划中的社会统筹部分实行规定受益制,而在基本养老保险计划中的个人账户部分和企业补充养老保险部分实行的是规定缴费制。目前,我国尚无单独的养老金会计准则,相关的会计处理由《企业会计准则第 9 号——职工薪酬》和《企业会计准则第 10 号——企业年金基金》规范。

从以上规定可知,养老金成本确认基础是权责发生制而非收付实现制。以权责发生制为确认基础的养老金成本包含以下两层含义:(1)按照劳动报酬观,养老金成本应在职工提供服务期间确认,而非在职工领取养老金时确认;(2)在职工提供服务的每一个期间确认的养老金成本不必等于该期间企业向养老金基金缴存的金额。

二、养老金会计的基本特征

养老金成本的确认虽然以权责发生制为基础，但由于养老金会计的复杂性，养老金的会计处理呈现出与一般会计处理明显不同的三个基本特征：（1）递延确认。递延确认是指与养老金有关的某些事项递延到后期确认。企业的养老金债务和养老基金资产经常发生变动，这些变动并不在其发生年度一次确认，而是以系统的方法分期摊销，以免对企业的财务状况和经营成果产生太大的冲击（而在一般会计处理中，如果对后期没有影响，事项应在其发生期间确认，不得进行递延）。（2）净额反映。企业每期确认的养老金费用包括五个项目：服务费用、利息费用、养老基金资产的预期报酬、未确认前期服务费用的摊销以及未确认养老金净损益的摊销。这些项目汇总成一个净额，在财务报表中列示（这些项目在性质上存在差异，如利息费用和基金资产的收益属于财务项目，同员工的服务费用不同，在其他情况下可能需要单独报告）。（3）资产负债相互抵销。企业所确认的养老金负债与提取的养老基金资产在财务报表上相互抵销，以其净额反映（即使负债未被清偿，资产仍在很大程度上被控制，并且与两者金额相关的风险和报酬仍由企业承担）。

三、设定提存养老金计划的会计处理与报告

2014年我国财政部修订后的《企业会计准则第9号——职工薪酬》（以下简称 CAS9）明确退休福利（如养老金）属于离职后福利，企业应当在职工提供服务的会计期间进行确认和计量。企业根据实质重于形式原则，可以将养老金分类为设定提存养老金计划和设定受益养老金计划，设定提存养老金计划和设定受益养老金计划参照修订后 CAS9 对于设定提存计划和设定受益计划的相关规定进行会计处理。根据 CAS9 的规定，无论是否设立了独立主体来接受提存金，只要是属于职工离职后享受的福利，均应当适用该准则的相关要求进行会计处理。

（一）设定提存养老金计划的会计处理

企业养老金会计主要核算企业各期应确认的养老金费用以及相关的养老金资产或负债。其中，养老金费用的确认与计量是养老金会计的核心，这直接影响到企业一定时期收益的核算。在设定提存养老金计划下，由于与基金资产有关的风险不由企业承担，会计处理较为简单。根据权责发生制原则，企业各期应确认的养老金费用通常是当期应付的提存金。

按照我国现行法律法规和企业年金计划条款的规定，我国现行的基本养老保

险和补充养老保险制度,企业对职工的义务仅限于按照省、自治区、直辖市、地(市)政府或企业年金计划规定缴费的部分,没有进一步的支付义务,均应当按照与国际会计准则中设定提存计划相同的原则处理。因此,根据 CAS9 的规定,无论是支付给社会保险经办机构的基本养老保险费,还是支付给企业年金基金相关管理人的补充养老保险费,企业都应当在职工提供服务的会计期间根据规定标准计提,按照受益对象进行分配,计入相关资产成本或当期损益。具体会计处理为,企业根据受益对象计提养老保险金时,借记"管理费用"等科目,贷记"应付职工薪酬——设定提存计划(养老保险)"科目;实际缴纳时,借记"应付职工薪酬——设定提存计划(养老保险)"科目,贷记"银行存款"等科目。由于基本养老保险费和补充养老保险费一般应在到期后 12 个月内支付完毕,属于流动负债,因此,计量由基本养老保险缴费和补充养老保险缴费产生的职工薪酬义务时不需要折现。考虑到物价变动、职工生活所需费用等因素,按照企业所在地政府的规定,社会保险经办机构在年度开始时有时也会调整企业缴费比例,调整后的缴费水平影响该期或以后期间企业应确认为负债的社会保险费金额,但不需要调整前期已确认薪酬义务金额和已计入成本费用的社会保险费金额。

(二)设定提存养老金计划的报告与披露

企业应当在资产负债表日将本期缴费金额以及应付未付的金额分别在当期的资产负债表、利润表和现金流量表中进行报告。在会计报表附注中,企业还应当披露以下信息:所设立或参与的设定提存计划的性质、提存养老金计划所覆盖职工的情况、每期确认的提存公式和实际缴存金额、应付未付的金额等信息说明以及相关处理依据。

虽然我国现阶段养老保险大多采用设定提存养老金计划的会计处理方法,但是通过对我国养老金会计与国际养老金会计的对比不难发现:设定提存养老金计划不考虑对缴费的精算,容易造成提存金额的确定缺乏科学性;设定受益养老金计划的会计处理尽管复杂,但由于其核算原则及披露内容的合理性仍然受包括美国在内的西方发达国家的青睐。因此,随着我国经济的发展和各方面条件的成熟,很有必要重点阐述设定受益养老金计划的会计处理和报告。

第三节 设定受益养老金计划的会计处理

设定受益养老金计划的会计核算比较复杂,尤其是涉及精算工作。企业在计量养老金费用、确认养老金负债时,要考虑职工为企业服务的年限、职工工资水平、生活费用水平以及养老金资产的投资效益等因素,甚至还要对职工可能的死亡时间作出预测,在对这些不确定因素进行假定之后,才能估计出企业的养老金费用和负债。而这项工作会计人员很难胜任，一般要由精算师来完成。因此，设定受益养老金计划下的会计处理仅依靠会计师是无法完成的，必须在精算师、基金组织及企业内部的会计信息的基础上完成。

设定受益计划存在形式多样化的特点，可以是全部或部分地由企业（有时由其职工）向独立主体（如基金公司）以缴纳提存金形式注入资金，也可以不注入资金，存在某标的资产由独立主体管理，由独立主体向职工支付约定的福利，独立主体根据注资或标的资产财务状况和投资业绩和企业清算，如果资产不足以支付，企业需补足，如果有盈余也属于企业的权益。企业实质上承担着与计划相关的精算风险和投资风险。

具体来说，设定受益养老金计划的会计处理主要涉及以下几个方面：（1）运用精算技术对员工当期和前期服务所应得的养老金金额进行可靠估计。（2）确定设定受益义务的现值和当期服务费用。（3）确定养老金资产的公允价值。（4）确定精算利得和损失的总额和应确认的精算利得和损失的金额。（5）确认因结算日确定的设定受益养老金计划义务现值与结算价格之间的差额产生的一项结算利得或损失。结算价格是指转移的计划资产的公允价值和企业直接发生的与结算相关的支付。（6）确定设定受益养老金计划净负债或净资产产生的利息净额。（7）确定因重新计量设定受益计划净负债或净资产所产生的变动金额。

一、设定受益养老金计划的账务处理

根据 CAS9 规定，界定为设定受益养老金计划的核算主要分以下四大步骤：

第一步：通过精算假设确定设定受益养老金计划义务现值和当期服务成本。

在设定受益养老金计划下，养老金会计处理最复杂的工作是精算。通常，这项工作由精算师来完成。精算师根据合理的精算假设，计算出企业的养老金成本和各种养老金债务，最后提出精算报告。企业会计人员根据精算报告编制养老金工作底稿，然后根据工作底稿编制会计分录。

精算假设是指为计算养老金成本，对影响养老金成本的未来事项发生情况进行的估计。精算假设包括以下内容：一是人口统计假设，如雇佣期间和雇佣期后雇员的死亡率、雇员的流动比率、提前退休比率等；二是财务假设，如折现率、未来工资和福利水平、计划资产预期回报率等，其中折现率应当参照资产负债表日与设定受益养老金计划义务期限内存在的相匹配的国债收益率（或活跃市场上的高质量公司债券的市场收益率）来确定。精算假设应是企业对确定养老金成本的各种变量的最佳估计，应强调在客观公正和相互可比、无偏且相互一致的前提下进行。在缺乏计划非持续经营的证据时，所有的假设应假定计划将继续存在。精算假设具有长期性，因为这些假设一直存续到最后一个领取养老金人员的预期死亡日为止。在没有发生重大事件或获得充分的反面证据以证明基金资产和养老金负债估价已发生变化时，适用于以前年度的精算假设同样适用于后续年度中养老金成本的计算。为了防止假设严重脱离现实，要定期对精算假设进行重新评价，如果在间隔期内假设和实际情况之间已形成重大差异，并且这些差异会对财务报表产生潜在的重大影响，就必须变更精算假设。例如，实际的工资增长率已超过假定的工资增长率，而且这种趋势预计将持续下去，就有必要修改这些假设。如果企业设定受益养老金计划对于未来福利水平调整未作出明确规定的，还需结合经验假设。在某些情况下，企业确认精算假设与实际经验存在的差异，或计划的修改，需要运用职业判断进行确认。

根据 CAS9 的核算原则，本步骤具体账务处理程序如下：首先通过预期累计福利单位法的运用，采用无偏且相互一致的精算假设对有关人口统计变量和财务变量等作出估计，从而确定设定受益养老金计划未来所产生的义务，以及这些相关义务应归属的期间；其次选择资产负债表日与设定受益养老金计划义务期限以及币种相匹配的国债收益率（或活跃市场上的高质量公司债券的市场收益率）作为折现率，将设定受益养老金计划未来产生的义务进行折现，从而确定设定受益养老金计划产生义务的现值和当期服务成本。

设定受益养老金计划义务的现值，是指企业为获得当期和以前期间职工服务而应该承担未来将预期支付的金额的现值。而企业应承担的最终义务受到很多因素影响，如职工离职率、死亡率、职工缴付的提存金等，企业需运用预期累计福利单位法进行精算假设前提下，针对报告期内重大交易及环境的其他重大变化导致最终义务可能存在的调整，在每年年末进行复核。当期服务成本是指因职工当期提供服务所导致的设定受益养老金计划义务现值的增加额，也就是应归属于当期的设定受益义务的现值。

预期累计福利单位法的应用原理是，职工每提供一个期间的服务，就会增加一个单位的福利权利，企业将每一单位的福利权利进行合理估计，并将所有单位的福利权利累计形成最终义务，再根据将这些福利权利的现值在其归属的期间，分别计入当期损益或相关资产成本。其中，归属期是指从职工提供服务以获取企业在未来报告期间预计支付的设定受益计划福利的期间。这样将未来发生的义务合理在职工提供服务期间分摊的处理符合权责发生制原则。

[例8-1] 假设 A 企业在 2018 年 1 月 1 日设立了一项设定受益养老金计划，并于当日开始实施。该设定受益养老金计划具体规定如下：

（1）A 企业向所有在职员工提供统筹外补充退休金，这些职工在退休后每年可以额外获得 10 万元退休金，直至去世。

（2）职工获得该额外退休金基于自该计划开始日期为公司提供的服务，而且应当自该设定受益计划开始日起一直为公司服务至退休。为简化起见，假定符合计划的职工为 100 人，当前平均年龄为 40 岁，退休年龄为 60 岁，还可以为公司服务 20 年。假定在退休前无人离职，退休后平均剩余寿命为 15 年。假定适用的折现率为 10%，并且不考虑未来通货膨胀影响等其他因素。

要求：通过精算假设确定设定受益义务现值和当期服务成本。

分析：(1) 根据题目资料计算设定受益养老金计划义务及其现值，如表 8 - 1 所示。

表 8 - 1　　　　　　　计算设定受益计划义务及其现值　　　　　单位：万元

项目	退休后第 1 年	退休后第 2 年	退休后第 3 年	退休后第 4 年	…	退休后第 14 年	退休后第 15 年
(1) 当年支付	1 000	1 000	1 000	1 000	…	1 000	1 000
(2) 折现率	10%	10%	10%	10%	…	10%	10%
(3) 复利现值系数	0.9091	0.8264	0.7513	0.6830	…	0.2633	0.2394
(4) 退休时点现值 = (1) × (3)	909	826	751	683	…	263	239
(5) 退休时点现值合计	7 606						

通过表 8 - 1 的测算，未来设定受益养老金计划最终义务 = 1 000 × 15 = 15 000（万元）。以 10% 为折现率，将每年预计支付的 1 000 万元进行折现加总，这项设定受益养老金计划未来义务的现值为 7 606 万元。

(2) 根据表 8 - 1 核算的设定受益养老金计划义务的现值计算职工服务期间每期服务成本，如表 8 - 2 所示。

表 8 - 2　　　　　　　计算职工服务期间每期服务成本　　　　　单位：万元

项目	服务第 1 年	服务第 2 年	…	服务第 19 年	服务第 20 年
福利归属			…		
——以前年度	0	380.3	…	6 845.4	7 225.7
——当年	380.3	380.3	…	380.3	380.3
——以前年度 + 当年	380.3	760.6	…	7 225.7	7 606
期初义务	0	62.18	…	5 657.36	6 568.82
当期服务成本	62.18 *	68.42 **	…	345.73 ***	380.3

注：服务第 1 年当期服务成本 = 380.3/(1 + 10%)^{19} = 62.18 *
服务第 2 年当期服务成本 = 380.3/(1 + 10%)^{18} = 68.42 **
服务第 19 年当期服务成本 = 380.3/(1 + 10%) = 345.73 ***
* 代表含尾数调整。

分析：(1) 将预计支付时设定受益最终义务现值分摊至服务期间，表 8 - 1

核算这项设定受益计划预计在支付形成未来总义务的现值为 7 606 万元；分摊至服务期 20 年，每年应分摊数 = 7 606÷20 = 380.3（万元）。

（2）根据先后顺序将每年分摊的义务现值进行折现，从而确认每期应确定的当期服务成本，见表 8-2 中的数据。

第 1 年应承担的当期服务成本 = 380.3/(1 + 10%)^{19} = 62.18（万元）

第 2 年应承担的当期服务成本 = 380.3/(1 + 10%)^{18} = 68.42（万元）

第 19 年应承担的当期服务成本 = 380.3/(1 + 10%) = 345.73（万元）

第二步：确定设定受益养老金计划的净负债或净资产。

设定受益养老金计划可以是全部或部分地由企业（有时由其职工）向独立主体（如基金公司）以缴纳提存金形式注入资金，可以是存在某标的资产由独立主体管理。如果设定受益养老金计划存在资产的（如长期职工福利基金持有的资产或符合条件的保险单），企业应当核算出设定受益养老金计划未来义务现值减去设定受益计划资产公允价值所形成的赤字或盈余，将产生的赤字或盈余确认为一项设定受益养老金计划的净负债或净资产。如果存在赤字，应确认为设定受益养老金计划净负债；如果存在盈余，需比较盈余与企业预计可得的退款或减少未来对缴存资金而获得的经济利益的现值（准则中称此金额为资产上限）孰低，基于谨慎性原则考虑，确认较低数额为设定受益养老金计划净资产。

[例 8-2] 承[例 8-1]，假设 A 企业共有 5 000 名管理人员，按照预期累计福利单位法计算出上述设定受益计划的总负债为 3 亿元，若该企业专门购置了国债作为计划资产，这笔国债 2019 年的公允价值为 1 亿元，假设该国债仅能用于偿付企业的福利计划负债（除非在支付所有计划负债后尚有盈余），且除福利计划负债以外，该企业的其他债权人不能要求用以偿付其他负债，公司没有最低缴存额的限制，则整个设定受益计划净负债为 2 亿元。

如果该笔国债 2020 年的公允价值为 4 亿元，则该项设定受益计划存在盈余为 1 亿元，假设该企业可从设定受益计划退款或减少未来对该计划缴存资金而获得的经济利益的现值（简称资产上限）为 1.5 亿元，则该项设定受益计划净资产为 1 亿元。

第三步：确定设定受益养老金计划应当计入当期损益的金额。

根据 CAS9 的规定，在报告期末，企业应当将设定受益养老金计划产生的服务成本和设定受益净负债或净资产的利息净额等职工薪酬成本计入当期损益。其中，服务成本应包括当期服务成本、过去服务成本和结算利得或损失三部分内容。计入当期损益的养老金费用计算公式如下：

养老金费用 = 当期服务成本 + 过去服务成本 ± 结算利得或损失 + 设定受益净负债或净资产的利息净额

当期服务成本就是指因职工当期提供服务所导致的设定受益计划义务现值分

摊至当期的增加额，如在［例 8-1］中，A 企业服务第 1 年末应当计入当期损益的当期服务成本为 62.18 万元，第 2 年末应当计入当期损益的当期服务成本为 68.42 万元。

过去服务成本是指由于设定受益养老金计划修改所导致的与以前期间职工服务相关的设定受益养老金计划义务现值发生的增加或减少。如果设立或改变设定受益养老金计划导致设定受益计划义务现值增加或减少，其增加或减少的金额都应计入当期损益。

结算利得或损失，是指由结算日确定的设定受益计划义务现值与结算价格（包括转移的计划资产的公允价值和企业直接发生的与结算相关的支付）之间的差额形成的一项利得或损失。此项结算并未在计划条款中规定的福利支付中体现，也未纳入精算假设中，根据 CAS9 规定，此项结算利得或损失计入当期损益。

设定受益养老金净负债或净资产的利息净额，主要包括三部分：一是设定受益养老金计划存在资产的（简称为计划资产），其资产当期产生的利息收益；二是设定受益计划义务现值当期产生的利息费用；三是预计设定受益养老金计划的退款或减少未来对该计划缴存资金而获得的经济利益的现值（简称为资产上限）当期产生的利息收益。

上述服务成本和设定受益养老金净负债或净资产的利息净额，除非其他相关会计准则要求或允许计入资产成本的，都应当计入当期损益。

［例 8-3］承［例 8-1］，计算职工服务期间每期服务成本和利息费用，并进行当期服务成本的相关会计处理，如表 8-3 所示。

表 8-3　　　　　计算职工服务期间每期服务成本　　　　　单位：万元

项目	服务第 1 年	服务第 2 年	…	服务第 19 年	服务第 20 年
福利归属			…		
——以前年度	0	380.3	…	6 845.4	7 225.7
——当年	380.3	380.3	…	380.3	380.3
——以前年度+当年	380.3	760.6	…	7 225.7	7 606
期初义务	0	62.18	…	5 657.36	6 568.82
利息	0	6.22	…	565.74	656.88
当期服务成本	62.18*	68.42**	…	345.73***	380.3
期末义务	62.18	136.82	…	6 568.83	7 606****

当期服务成本计算过程同表 8-2，设定受益养老金计划现值的分摊产生的利息费用的计算过程如下：

第 2 年末利息费用 = 第 1 年末当期服务成本 × 折现率 = 62.18 × 10% = 6.218（万元）

第 3 年末利息费用 = 第 2 年末当期服务成本 × 折现率 = 68.42 × 10% = 6.842（万元）

以此类推以后年份的利息费用计算。

服务第 1 年至服务第 20 年设定受益养老计划计入当期损益的当期服务成本账务处理如下：

服务第 1 年末：
  借：管理费用（或相关资产成本）   621 800
    贷：应付职工薪酬——设定受益计划义务 621 800

服务第 2 年末：
  借：管理费用（或相关资产成本）   684 200
    贷：应付职工薪酬——设定受益计划义务 684 200
  借：财务费用（或相关资产成本）   62 180
    贷：应付职工薪酬——设定受益计划义务 62 180

服务第 3 年至服务第 20 年，以此类推处理。

[例 8 - 4] 承 [例 8 - 1]，假设 A 企业 2018 年初有设定受益计划净负债 2 亿元，2018 年初折现率为 10%，假设没有福利支付和提存金缴存，则其利息费用净额为 2 亿元 × 10%。2019 年初有设定受益计划净资产 1 亿元，假设 2019 年初折现率为 10%，则其利息收入净额为 1 亿元 × 10%。2018 年末企业应当进行如下会计处理：

  借：财务费用   20 000 000
    贷：应付职工薪酬   20 000 000

2019 年末企业应当进行如下会计处理：

  借：应付职工薪酬   10 000 000
    贷：财务费用   10 000 000

第四步：确定因设定受益净负债或净资产重新计量应当计入其他综合收益的金额。

职工薪酬准则规定，设定受益净负债或净资产发生重新计量，其产生的变动额应当计入其他综合收益，而且在后续期间不应重分类计入损益，但是企业可以在权益范围内转移这些在其他综合收益中确认的金额。

重新计量设定受益计划净负债或净资产所产生的变动主要包括以下三部分：

（1）精算利得和损失。精算利得和损失，是指由于企业对原先估计的职工流动率、提前退休率、死亡率、折现率变化等影响设定受益养老金计划现值的因素进行精算假设和经验调整，导致设定受益计划义务现值发生增加或减少的金额。注意，精算利得或损失不包括因引入、修改、缩减或结算设定受益计划所导致的设定受益义务现值的变动，或者设定受益计划下应付福利的变动，因为这些变动应属于过去服务成本或结算利得或损失。

（2）计划资产的回报。计划资产的回报，指计划资产可能产生的利息、股利和其他收入，以及计划资产已实现和未实现的利得或损失。准则规定，计入其他综合收益的计划资产回报是扣除设定受益净负债或净资产利息净额，以及管理该计划资产的成本以及计划本身的应付税款后的回报。

（3）资产上限影响的变动。资产上限，指设定受益养老金计划因退款或减少未来对该计划缴存资金而获得经济利益的现值。准则规定，当资产上限影响发生的变动需扣除包括在设定受益净负债或净资产的利息净额中的金额计入其他综合收益。

[例8-5] 承[例8-2]，假设2019年末A企业进行精算重估的时候发现折现率已经变为8%，假设不考虑计划资产回报和资产上限影响的变动，假设A企业由于折现率变动导致重新计量设定受益计划净负债的增加额共计400万元。则2020年末A企业应当进行如下会计处理：

借：其他综合收益——精算损失　　　　　　　　4 000 000
　　贷：应付职工薪酬——设定受益计划义务　　　　4 000 000

以后各年，以此类推。

设定受益养老金计划的核算历时长、程序复杂、影响因素多，需要掌握每个核算环节的处理原则，尤其要注意的是，设定受益养老金计划核算中计入当期损益的金额和应当计入其他综合收益的金额要区分清楚。计入当期损益金额包括四部分：当期服务成本、过去服务成本、结算利得和损失以及设定受益计划净负债或净资产的利息净额。而计入其他综合收益的金额包括精算利得和损失、计划资产回报和资产上限影响的变动三部分，且计划资产回报和资产上限影响的变动计算中还需扣除设定受益计划净负债或净资产利息净额。

二、设定受益养老金计划相关信息披露

企业除了上述核算在财务报表中列示外，通常还应以附注方式披露以下信息：（1）设定受益养老金计划的特征和情况说明，包括适用养老金计划的职工、养老金受益公式、养老基金资产的内容等，以及计划可能带来的风险；（2）有关设定受益养老金计划的会计政策，如前期服务费用和未确认养老金损益的摊销方法等；（3）设定受益养老金计划在财务报表中确认的金额及其变动，包括计入当期损益和计入其他综合收益的项目和金额；（4）设定受益养老金计划对企业未来现金流量金额、时间和不确定性的影响；（5）其他影响各期财务报表比较的重大事项及其影响等。

第四节 企业年金基金

企业年金作为养老保障的第二支柱,能对整个社会保障体系起到延伸和完善的作用。基本养老保险制度虽然覆盖面广,但保障水平较低,且一般采用的是"现收现付"体系,对于解决老龄化等人口年龄结构失衡问题具有制度上的先天缺陷。即当人口老龄化趋势加快,缴费人员变化不大,退休人员急剧增加的情况下,必然导致支付危机。而企业年金作为一种与职工薪酬挂钩的退休保障制度,可以最大限度地保障参加人在退休后维持原有的生活水平。企业年金主要采用完全的基金运作模式,是一种个人收入的纵向调节机制,即人们在工作阶段将雇主缴费和自己的一部分收入存放在企业年金账户里,通过相关机构投资运营获得收益,当他们退休时再把钱从账户中取出。企业年金在投资工具上具有更大的灵活性,可以最大幅度地调动社会资本,并实现资本配置的最优化。企业年金是对基本养老保险的补充,企业年金的运行不仅涉及所有劳动者的切身利益,还关系到整个社会经济的协调运行。因此,劳动者、企业、国家有关部门都十分关心企业年金的运营情况,需要及时了解掌握企业年金财务状况和运营成果的信息。不论是企业年金制度的设计,还是企业年金基金的科学管理,都离不开企业年金基金会计为其提供必要的信息。要掌握企业年金基金会计首先必须了解企业年金与企业年金基金的含义。

一、企业年金与企业年金基金

企业年金,在国外又称为职业年金、私人养老金计划、公司年金计划等,是指企业及其职工在依法参加基本养老保险的基础上,自愿建立的补充养老保险制度,是社会保障体系的重要组成部分,与基本养老保险、个人储蓄性养老金一起构成"多支柱"养老保障体系。企业年金制度是对基本养老保险制度的重要补充,其直接目的是提高退休职工的养老金水平。同时,企业年金计划也被企业视为人力资源管理战略的重要组成部分,即作为人力资源管理系统中的报酬管理或员工福利管理项目,是雇主为吸引和留住雇员长期为企业服务和提高劳动生产率,向雇员提供的一笔退休年金。

1991年在《国务院关于企业职工养老保险制度改革的决定》(国发〔1991〕33号)中,我国第一次提出"国家提倡、鼓励企业实行补充养老保险"。由于我国一直是以基本养老保险为主导的社会保障体系,所以企业年金在我国最初提出时就通俗地称为"补充养老保险"。1996年实施的《劳动法》第五十七条明确

"国营农场鼓励用人单位根据本单位的实际情况为劳动者建立补充保险"。至 2000 年，为适应社会保障体系改革的需要并与国际接轨，《国务院关于印发完善城镇社会保障体系试点方案的通知》（国发〔2000〕42 号），将企业补充养老保险正式更名为"企业年金"，并提出有条件的企业可为职工建立企业年金，并实行市场化运营和管理。2004 年 5 月 1 日起，《企业年金试行办法》和《企业年金基金管理试行办法》开始施行，标志着我国的企业年金进入制度化、规范化、标准化发展阶段。《企业年金试行办法》规定，企业年金采取自愿原则，国家给予税收政策支持，实行基金完全积累，采用个人账户方式管理和市场化运作，费用由企业和职工个人共同缴纳，企业缴费在工资总额 4% 以内的部分，可在成本中列支。

企业年金基金，是指依法制定的企业年金计划筹集的资金及其投资运营收益形成的企业补充养老保险基金。因此，企业年金基金由两部分组成：一是企业和职工依照企业年金计划的缴费，即企业年金基金本金；二是企业年金基金投资运营形成的收益。根据《企业年金基金管理试行办法》的规定，企业年金基金由企业缴费、职工个人缴费和企业年金基金投资运营而形成的收益组成，实行完全积累，采用个人账户方式进行管理。

企业年金既是一项重要的经济制度，也是一项重要的社会制度，对于调动企业职工的劳动积极性、增强企业的凝聚力和竞争力、完善国家多层次养老保险体系、推动金融市场发展、促进社会和谐发展等具有积极的促进作用。我国企业年金采用信托型管理模式，实行以信托关系为核心，以委托代理关系为补充的治理结构。企业和职工作为委托人将企业年金基金财产委托给受托人管理运作，是一种信托行为。企业年金基金是一种信托资产，存入企业年金基金专户，独立于委托人、受托人、账户管理人、托管人、投资管理人和其他为企业年金基金提供服务的自然人、法人或其他组织的固有财产及其管理的其他财产。企业年金基金只能用于履行企业补充养老保险的义务，不能支付给企业自己的债权人，也不能返还给企业。企业年金基金的管理和运作必须保证其长期性、安全性和稳定性，以及追求长期稳定的投资回报。

企业年金会计的目的在于对企业年金的筹集、运营和发放进行全面、系统、连续的反映和监督。企业年金会计可以比较清晰地反映出企业年金业务对企业的财务状况、经营成果和现金流量的影响，有利于财务报表使用者了解与企业年金相关的会计信息；还有利于加强企业年金基金投资、收益的会计核算，反映和监督企业年金基金资产的保值增值能力，确保职工利益。企业年金核算涉及企业年金筹集及缴费环节和企业缴费后形成的企业年金基金的运营、保值、发放环节。因此，企业年金会计主体应包含两个：

第一，在企业年金的筹集阶段，会计主体为企业（缴费单位）。企业年金计划明确了企业对职工应承担的年金给付义务,这种义务一方面是职工在为本企业提供服务的期间应得到的,另一方面要在职工退休时才发生实际支付。由此产生的会计问题是,如何将这种将来给付的现时义务合理地反映到企业的成本与费用中。所以,在企业年金的筹集阶段,企业年金会计的会计主体仍然是企业,会计处理属于企业财务会计的范畴。由于企业年金的性质是递延工资,因此在这一阶段企业按工资总额的一定比例提取企业年金时,其现行义务就得到履行。因而,根据权责发生制原则,企业应在职工为企业提供服务的会计期间确认这部分延期支付的价值,并作为费用计入当期损益;企业在获得职工当期服务时,也应履行确认企业年金负债的义务。

第二,在企业年金的投资、运营阶段,企业缴费之后形成的企业年金基金,成为企业年金计划为偿还企业年金债务而积累的储备资金。这笔资金只能依赖企业年金合同的约定运营,形成自身资产、负债、收支、节余,构成一个独立财务体系。对于基金会计,由于其经济活动比较单一,不像企业那样广泛和复杂,特别是社会保障基金不以营利为目的,因此不计算成本和利润。这一阶段的企业年金基金主要处于投资运营阶段,投资对象主要是市场上流通的证券类资产。为反映企业年金基金的真实价值,需要对企业年金基金的价值进行科学、合理的确认与计量。按"现行市价"计量企业年金基金的公允价值是最客观和最相关的。

我国财政部2006年颁布了新的企业会计准则体系,其中有两项准则涉及企业年金会计,分别是《企业会计准则第9号——职工薪酬》和《企业会计准则第10号——企业年金基金》。《企业会计准则第9号——职工薪酬》中明确规定企业应为职工缴纳养老保险费,除了基本养老保险,企业年金是唯一的补充养老保险形式。企业在为职工缴纳养老保险费时应按职工为其服务的会计期间和受益对象,计入相关资产的成本或确认为期间费用。《企业会计准则第10号——企业年金基金》中明确规定企业年金基金应当作为独立的会计主体进行会计处理和列报,委托人、受托人、托管人、账户管理人、投资管理人和其他为企业年金基金管理提供服务的主体,应当将企业年金基金与其固有资产和其他资产严格区分,确保企业年金基金的安全。

二、企业年金基金管理各方当事人

企业年金基金管理各方当事人包括委托人、受托人、账户管理人、托管人、投资管理人和中介服务机构等。

(1)委托人,是指设立企业年金基金的企业及其职工。企业和职工是企业年金计划的参与者,按规定缴纳企业年金供款,并作为委托人与受托人签订书面合同,将企业年金基金财产委托给受托人管理和运作。

(2)受托人,是指受托管理企业年金基金的企业年金理事会或符合国家规定的养老金管理公司等法人受托机构。受托人是编制企业年金基金财务报表的法定责任人。受托人的主要职责包括：选择、监督、更换账户管理人、托管人、投资管理人以及中介服务机构；制定企业年金基金投资策略；编制企业年金基金管理和财务会计报告；根据合同对企业年金基金管理进行监督；根据合同收取企业和职工缴费，并向受益人支付企业年金待遇；接受委托人、受益人查询，定期向委托人、受益人和有关监管部门提供企业年金基金管理报告等。

（3）账户管理人，是指受托人委托管理企业年金基金账户的专业机构。账户管理人的主要职责是根据账户管理合同建立企业年金基金企业账户和个人账户，记录企业、职工缴费以及企业年金基金投资收益情况，计算企业年金待遇，提供账户查询和报告活动等。

（4）托管人，是指受托人委托保管企业年金基金财产的商业银行或专业机构。托管人根据托管合同负责企业年金基金会计核算和估值，复核、审查投资管理人计算的基金财产净值，定期向受托人提交企业年金基金财务报表等。

（5）投资管理人，是指受托人委托投资管理企业年金基金财产的专业机构。投资管理人根据投资管理合同负责对企业年金基金财产进行投资，及时与托管人核对企业年金基金会计处理和估值结果等。

（6）中介服务机构，是指为企业年金管理提供服务的投资顾问公司、信用评估公司、精算咨询公司、律师事务所、会计师事务所等。

上述六者之间的关系如图 8-1 所示。

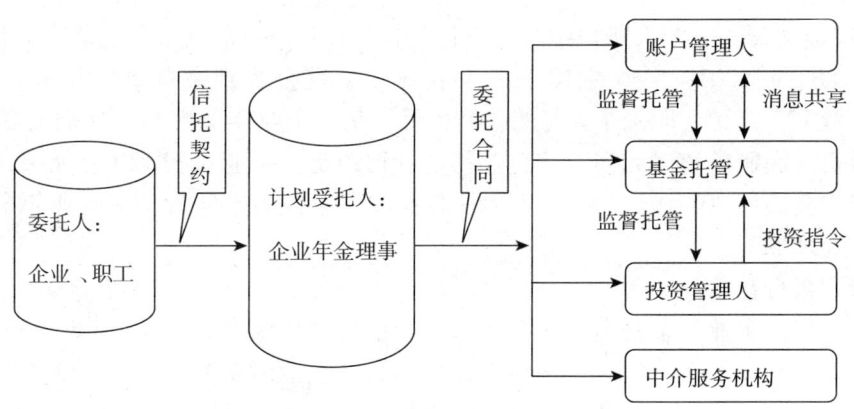

图 8-1 企业年金基金各方当事人关系

三、企业年金基金的确认与计量

我国《企业会计准则第 10 号——企业年金基金》及其应用指南，明确了企业年金基金作为独立的会计主体，规范了企业年金基金的确认、计量和报告等，以真实反映企业年金基金的财务状况、投资运营情况、净资产变动情况,及时揭示企业年金基金的管理风险等信息。按该准则的要求,企业年金基金受托人、托管人、投资管理人根据各自的职责,设置相应的会计科目和会计账簿,对企业年金基金发生的有关交易或事项进行会计处理和报告,分别对基金资产、基金负债、基金收入、基金费用和净资产进行确认和计量。下面从企业年金基金缴费核算、投资运营核算、收入核算、费用核算、净资产核算五个方面阐述企业年金基金的确认和计量。

(一) 企业年金基金缴费核算

企业年金基金资产的来源有三个:企业缴费、职工个人缴费和企业年金基金投资运营收益。现行法规制度规定,企业缴费每年不超过上年度工资总额的1/12,企业和职工个人缴费合计一般不超过上年度工资总额的1/6。企业可根据自身的经济效益情况和目标,在国家统一范围内,自主决定企业缴费的具体比例,并按照企业年金计划约定的参保范围、企业年金种类和缴费方式,定期进行缴费。对企业来说,企业按照企业年金计划进行的缴费,属于企业职工薪酬范围,其确认与计量适用《企业会计准则第9号——职工薪酬》。

为了核算企业年金基金收到的缴费等业务,企业年金基金应当设置"企业年金基金"科目,核算企业年金基金资产的来源和运用。该科目应按个人账户结余、企业账户结余、净收益、个人账户转入、个人账户转出,以及支付受益人待遇等设置明细科目,期末贷方余额反映企业年金基金净值。企业年金基金在收到企业及职工个人缴费时,按实际收到的金额,借记"银行存款"科目,贷记"企业年金基金——个人账户结余""企业年金基金——企业账户结余"科目。

[例8-6] 2019年1月10日,某企业年金基金收到缴费200万元,其中,企业缴费120万元,职工个人缴费80万元,存入企业年金账户,实收金额与提供的缴费总额账单核对无误。按企业年金计划约定,企业缴费120万元中,归属个人账户金额为70万元,另50万元的权益归属条件尚未实现。该企业年金基金的会计处理如下:

借:银行存款　　　　　　　　　　　　　　　　2 000 000
　　贷:企业年金基金——个人账户结余(个人缴费)　　800 000
　　　　　　　　　　　——个人账户结余(企业缴费)　　700 000
　　　　　　　　　　　——企业账户结余(企业缴费)　　500 000

(二) 企业年金基金投资运营核算

企业年金基金作为企业职工退休后的"养命钱",关系到每一位职工的切身利益和社会的和谐稳定,客观上要求企业年金基金的日常管理和投资运营必须遵循谨慎、分散风险的原则,确保企业年金基金的安全和保值增值。根据现行制度的规定,企业年金基金投资运营必须选择具有良好流动性的金融产品,投资范围限于银行存款、国债和其他具有良好流动性的金融产品,包括短期债券回购、信用等级在投资级以上的金融债和企业债、可转换债、投资性保险产品、证券投资基金、股票等。为了确保企业年金基金投资运营的安全性和流动性,《企业年金基金管理试行办法》规定,企业年金基金的投资按市场价计算应当符合下列规定:(1)投资银行活期存款、中央银行票据、短期债券回购等流动性产品及货币市场基金的比例,不得低于基金净资产的20%;(2)投资银行定期存款、协议存款、国债、金融债、企业债等固定收益类产品及可转换债、债券基金比例,不得高于基金净资产的50%,其中投资国债的比例不低于20%;(3)投资股票等权益类产品及投资性保险产品、股票基金的比例,不得高于基金资产的30%,其中投资股票的比例不得高于20%。企业年金基金有关监管部门将根据金融市场的变化和投资运营情况,适时对企业年金投资产品和比例等进行调整。

企业年金基金投资运营的会计核算一般需要设置"交易性金融资产""公允价值变动损益""证券清算款""结算备付金""交易保证金""投资收益""交易费用""本期收益"等科目。其中,"交易性金融资产"科目核算企业年金基金投资运营中持有的以公允价值计量且其变动计入当期损益的金融资产,包括为交易目的所持有的债券投资、股票投资、基金投资等;该科目应当按照交易性金融资产的类别和品种,分别设置"成本""公允价值变动"进行明细核算。"证券清算款"科目核算企业年金基金在投资运营中因买卖债券、基金、股票等业务而发生的且应与证券登记结算机构办理资金清算的款项;该科目应按不同证券登记结算机构设置明细账,其所属明细科目期末借方余额反映尚未收回的证券清算款,贷方余额反映尚未支付的证券清算款。"投资收益"科目核算企业年金基金投资持有期间,收到被投资单位发放的现金股利、基金红利,或资产负债表日按债券票面利率计算的利息收入,以及投资处置收益等;该科目按投资项目进行明细核算,期末余额转入"本期收益"科目。"交易费用"科目核算企业年金基金投资运营中发生的、支付给代理机构、券商的手续费、佣金以及相关税费等。

企业年金基金在投资运营中根据国家规定的投资范围取得的国债、信用等级在投资级以上的金融债和企业债、可转换债、投资性保险产品、证券投资基金、股票等具有良好流动性的金融产品,其初始取得和后续估值应当以公允价值为基础。企业年金基金投资公允价值的确定,适用《企业会计准则第22号——金融工具确认和计量》。

1. 初始投资的会计处理

初始取得投资时,应当以交易日支付的成交价款(不含支付价款中包含的已宣告但尚未发放的现金股利、基金红利或已到付息期但尚未领取的利息)作为其公允价值,计入投资成本。发生的交易费用及相关税费直接计入当期损益("交易费用")。支付的价款中包含的已宣告但尚未发放的现金股利、基金红利或已到付息期但尚未领取的利息，分别计入应收股利、应收红利或应收利息。

[例8-7] 2019年3月1日，长江公司企业年金的投资管理人用该公司的年金进行了如下投资：购买A公司股票10万股，每股6元；按面值购买10年期国债50万元，票面利率6%，另发生券商佣金、手续费、印花税等相关税费2 000元。投资时会计处理如下：

(1) 交易日（T日，即3月1日）与证券登记结算机构清算应付证券款时：

借：交易性金融资产——成本（A股票） 600 000
　　　　　　　　　　——成本（债券） 500 000
　　交易费用 2 000
　　贷：证券清算款 1 102 000

(2) 资金交收日（T+1日，即3月2日）与证券登记结算机构交收资金时：

借：证券清算款 1 102 000
　　贷：结算备付金 1 102 000

2. 投资持有期间的会计处理

企业年金基金投资持有期间，被投资单位宣告发放的现金股利，或资产负债表日按债券票面利率计算的利息收入，应确认为投资收益，借记"应收利息""应收股利"科目等，贷记"投资收益"科目。

[例8-8] 承[例8-7]，该企业年金基金持有国债期间按日计提利息，假设一年按365天计算，每日计提利息的会计处理如下：

(1) 每日应计利息 = 500 000 × 6% × 1/365 = 82.19（元）：

借：应收利息 82.19
　　贷：投资收益 82.19

假设2019年4月20日，根据A公司公告，每股分配现金股利0.3元，5月20日，该股利到达托管账户。该企业年金基金的会计处理如下：

(2) 4月20日，分配现金股利时：

借：应收股利 30 000
　　贷：投资收益 30 000

(3) 5月20日，收到现金股利时：

借：银行存款 30 000
　　贷：应收股利 30 000

根据企业年金基金准则规定，企业年金基金的投资应当按日估值，或至少按周进行估值，以估值日的公允价值计量。公允价值与上一估值日公允价值的差额，计入当期损益，并调整原账面价值。

[例8-9] 承[例8-7]，假设在某估值日该企业年金基金持有的A股票公允价值与上一估值日公允价值的差额为10 000元，则会计处理如下：

借:交易性金融资产——公允价值变动(A股票)　　　　10 000
　　贷:公允价值变动损益　　　　　　　　　　　　　　　　10 000

3. 投资处置的会计处理

企业年金基金的投资处置时,应在交易日按照出售投资所得价款与其账面价值的差额,确认投资损益。

[例8-10] 承[例8-7],假设该企业年金基金出售所有A股票10万股,每股市价8元,另发生相关税费1 200元。成交总额800 000元扣减相关税费1 200元,共计798 800元为应收证券清算款。出售前A股票的账面价值为610 000元,其中成本600 000元,公允价值变动10 000元。

(1)交易日与证券登记结算机构清算应收证券款时:

借:证券清算款　　　　　　　　　　　　　　　　798 800
　　交易费用　　　　　　　　　　　　　　　　　　 1 200
　　贷:交易性金融资产——成本(A股票)　　　　　600 000
　　　　　　　　　　　——公允价值变动(A股票)　 10 000
　　　　投资收益　　　　　　　　　　　　　　　　190 000

(2)资金交收日与证券登记结算机构交收资金时:

借:结算备付金　　　　　　　　　　　　　　　　798 800
　　贷:证券清算款　　　　　　　　　　　　　　　798 800

(三)企业年金基金收入核算

企业年金基金收入,是指企业年金基金在投资运营中所形成的经济利益的流入,主要包括存款利息收入、买入返售证券收入、公允价值变动收益、投资收益和风险准备金补亏等其他收入。其中,公允价值变动收益、投资收益等有关内容及会计处理已在前面"企业年金基金投资运营核算"中作了介绍。下面简要介绍存款利息收入、买入返售证券收入、其他收入会计处理的有关内容。

1. 存款利息收入

存款利息收入包括活期存款、定期存款、结算备付金、交易保证金等利息收入。根据企业年金基金会计准则及其应用指南的规定,企业年金基金应每日或每周计算、确认存款利息收入,并按存款本金和适用利率计提利息金额,借记"应收利息"科目,贷记"存款利息收入"科目。

2. 买入返售证券收入

买入返售证券业务是指企业年金基金与其他企业以合同或协议的方式,按一定价格买入证券,到期日再按合同规定的价格将该批证券返售给其他企业,以获取利息收入的业务。根据企业年金基金会计准则及其应用指南的规定,企业年金基金应于买入证券时,按实际支付的价款确认为一项资产,在融券期限内每日或每周计算、确认买入返售证券收入,并进行账务处理。买入证券付款时,按实际支付款项，借记"买入返售证券"科目，贷记"结算备付金"科目。计提利息时，借记"应收利息"科目，贷记"买入返售证券收入"科目。到期时按实际收到的金额，借记"结算备付金"科目，按买入时价款，贷记"买入返售证券"科目，按已计未收利息，贷记"应收利息"科目，按本期应计利息，贷记"买入返售证券收入"科目。

3. 其他收入

其他收入指除上述收入以外的其他收入，如风险准备金补亏。根据《企业年金基金管理试行办法》的规定，投资管理人应当按照当期收取的投资管理人管理费的一定比例提取企业年金基金投资管理风险准备金，由托管人专户存储，作为专项用于弥补企业年金基金投资亏损。企业年金基金投资管理风险准备金提取比例为20%，余额累计达到投资管理企业年金基金净资产的10%时可不再提取。企业年金基金取得投资管理风险准备金用于弥补亏损时，按实际收到金额计入其他收入。

（四）企业年金基金费用核算

企业年金基金费用，是指企业年金基金在投资运营等日常活动中所发生的经济利益的流出，主要包括交易费用、受托人管理费、托管人管理费、投资管理人管理费、卖出回购证券支出及其他费用。根据企业年金基金会计准则及其应用指南的规定，企业年金基金应每日或每周计算、确认基金费用，并进行账务处理。下面简要介绍各类费用账务处理的有关内容。

1. 交易费用

交易费用，是指企业年金基金在投资运营中发生的手续费、佣金以及相关税费，包括支付给代理机构、咨询机构、券商的手续费和佣金以及相关税费等其他必要支出。企业年金基金应设置"交易费用"科目，按照实际发生的金额，借记"交易费用"科目，贷记"证券清算款""银行存款"等科目。

2. 受托人、托管人和投资管理人管理费

受托人、托管人和投资管理人管理费，是指根据企业年金计划或合同文件规定的比例提取的相应管理费。企业年金基金费用的开支范围受到法规制度的严格约束。根据《企业年金基金管理试行办法》的规定，受托人、托管人提取的管理费不得高于企业年金基金净值的0.2%，投资管理人提取的管理费不得高于企业年金基金净值的1.2%。企业年金基金应当设置"受托人管理费""托管人管理费""投资管理人管理费""应付受托人管理费""应付托管人管理费""应付投资管理人管理费"等科目，对上述管理费分别进行账务处理。企业年金基金计提相关费用时，应当按照应付的实际金额，借记"受托人管理费""托管人管理费""投资管理人管理费"科目，同时确认为负债，贷记"应付受托人管理费""应付托管人管理费""应付投资管理人管理费"科目；支付相关管理费用时，借记"应付受托人管理费""应付托管人管理费""应付投资管理人管理费"科目，贷记"银行存款"等科目；期末，将"受托人管理费""托管人管理费""投资管理人管理费"科目的借方余额全部转入"本期收益"科目。

[例8-11] 2019年7月20日，某企业年金基金市值为5 000 000元。按投资管理合同、受托管理合同和托管合同中的约定，投资管理费、受托人管理费和托管人管理费的年费率分别为基金净值（市值）的1%、0.2%和0.25%。假设一年按365天计算，按日估值。

当日应计提的投资管理费 = 5 000 000 × 1% ÷ 365 = 136.99（元）

当日应计提的受托人管理费 = 5 000 000 × 0.2% ÷ 365 = 27.40（元）

当日应计提的托管人管理费 = 5 000 000 × 0.25% ÷ 365 = 34.25（元）

该企业年金基金的账务处理如下：

借：投资管理人管理费——××投资管理人　　　　136.99
　　受托人管理费——××受托人　　　　　　　　 27.40
　　托管人管理费——××托管人　　　　　　　　 34.25
　　贷：应付投资管理人管理费　　　　　　　　　136.99
　　　　应付受托人管理费　　　　　　　　　　　 27.40
　　　　应付托管人管理费　　　　　　　　　　　 34.25

3. 卖出回购证券支出

卖出回购证券业务，是指企业年金基金与其他企业以合同或协议的方式，按照一定价格卖出证券，到期日再按合同约定的价格买回该批证券，以获得一定时期内资金的使用权的证券业务。企业年金基金应设置"卖出回购证券支出""卖出回购证券款"等科目，对卖出回购证券业务进行账务处理。卖出证券收到款时，按实际收到价款，借记"结算备付金"科目，同时确认一笔负债，贷记"卖出回购证券款——××证券"科目；证券持有期内计提利息时，按计提的金额，借记"卖出回购证券支出"科目，贷记"应付利息"科目；到期回购时，按卖出证券时实际收款金额，借记"卖出回购证券款——××证券"科目，按应计提未到期的卖出回购证券利息，借记"应付利息"科目，按实际支付的款项，贷记"结算备付金"科目，差额借记或贷记"卖出回购证券支出"科目；期末将"卖出证券支出"科目余额转入"本年收益"科目。

4. 其他费用

其他费用是指除上述费用以外的其他各项费用，包括注册登记费、上市年费、信息披露费、审计费用、律师费用等。按照现行法律制度的规定，基金管理各方当事人因未履行义务导致的费用支出或资产的损失以及处理与基金运作无关的事项发生的费用不得列入企业年金费用。企业年金基金应当设置"其他费用"等科目，按照实际发生的金额，对发生的其他费用进行账务处理。

(五) 企业年金基金净资产核算

企业年金基金净资产,是指企业年金基金资产减去负债后的余额,是企业年金受益人在企业年金基金财产中享有的经济利益。企业年金基金应当设置"企业年金基金"科目核算企业年金基金资产的来源与运用,并按个人账户结余、企业账户结余、净收益、个人账户转入、个人账户转出以及支付受益人待遇等设置相应明细科目,本科目期末贷方余额反映企业年金基金净值。因此,企业年金基金净资产计算公式如下:

企业年金基金净资产=期初净资产+本期净收益+收取企业缴费+收取职工个人缴费+个人账户转入-支付受益人待遇-个人账户转出

从公式中可以看出,除了前面已介绍过的收到缴费引起企业年金基金净资产增加之外,净资产的变化还涉及以下几种情形:

1. 企业年金待遇给付

企业年金待遇,指企业年金计划受益人符合退休年龄等法定条件时,应当享受的企业年金养老待遇。企业年金待遇给付方式由企业年金计划约定,一次或分次给付。给付企业年金待遇时,按应付金额,借记"企业年金基金——支付受益人待遇"科目,贷记"应付受益人待遇"科目;实际支付时,借记"应付受益人待遇"科目,贷记"银行存款"科目。

[例8-12] 2019年12月20日,某企业年金基金根据企业年金计划和委托人指令,支付退休人员企业年金待遇共计100 000元。

(1) 计算、确认给付年金待遇时,该年金基金会计处理为:

借:企业年金基金——支付受益人待遇　　　　　　100 000
　　贷:应付受益人待遇　　　　　　　　　　　　　　　　100 000

(2) 实际支付受益人待遇时,该年金基金会计处理为:

借:应付受益人待遇　　　　　　　　　　　　　　100 000
　　贷:银行存款　　　　　　　　　　　　　　　　　　　100 000

2. 职工个人账户转入或转出

职工调离或调入企业时,会发生个人账户转入或转出金额,基金净资产也因此增加或减少。企业年金基金应设置"企业年金基金——个人账户转入"和"企业年金基金——个人账户转出"等科目,按受益人设置明细账进行账务处理。

3. 结转净收益

根据企业年金基金准则的规定,资产负债表日,应当将当期企业年金基金各项收入和费用结转至净资产,并根据企业年金计划按期将运营收益分配记入企业和职工个人的账户。企业年金基金应设置"本期收益"等科目,核算本期实现的基金净收益或净亏损。期末,将"存款利息收入""买入返售证券收入""公允价值变动收益""投资收益""其他收入"等科目的余额转入"本期收益"科目的贷方;将"交易费用""受托人管理费""托管人管理费""投资管理人管理费""卖出回购证券支出""其他费用"等科目的余额转入"本期收益"科目的借方。"本期收益"科目余额即为企业年金基金净收益或净亏损。净收益转入企业年金基金时,借记"本期收益"科目,贷记"企业年金基金——净收益"科目;如为净亏损,作相反分录。将净收益按企业年金计划约定比例转入个人和企业账户时,借记"企业年金基金——净收益"科目,贷记"企业年金基金——个人账户结余""企业年金基金——企业账户结余"科目。

四、企业年金基金的信息披露

根据现行相关法规规定,受托人应在年度结束后45日内向委托人和监管机构提交经会计师事务所审计的企业年金基金财务报告。也就是说,受托管理企业年金基金的企业年金基金理事会或符合国家规定的养老金管理公司等法人受托机构是编报企业年金基金财务报表的法定责任人。此外,为了保证企业年金基金财务报表的真实和完整,托管人、投资管理人还要定期向受托人提供相关信息。企业年金基金各方当事人之间报告流程如图8-2所示。

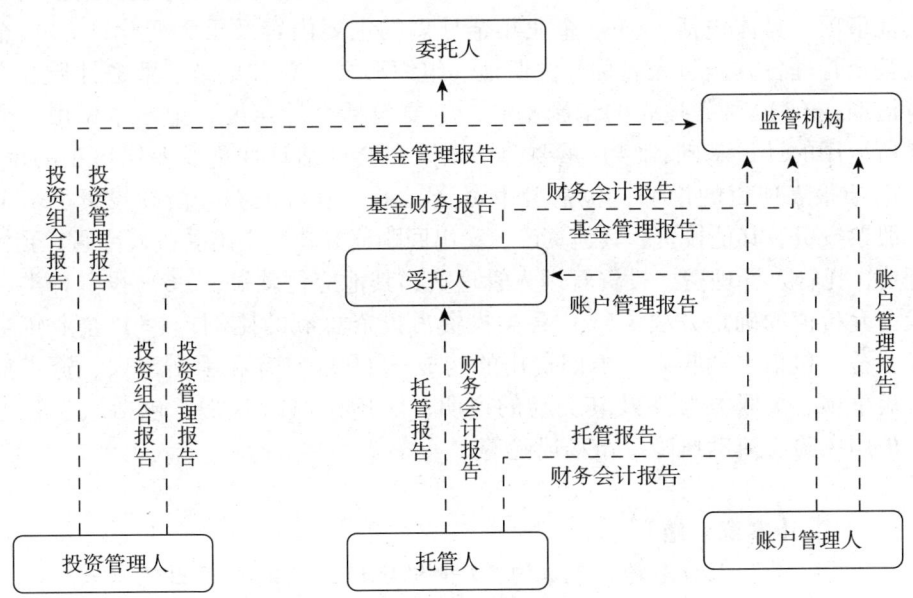

图8-2 企业年金基金各方当事人之间报告

企业年金基金财务报表包括资产负债表、净资产变动表和附注。

（一）资产负债表

资产负债表反映企业年金基金在某一特定日期的财务状况，应当按照资产、负债和净资产分类列示。（1）资产类项目至少应列示以下信息：货币资金、应收证券清算款、应收利息、买入返售证券、债券投资、基金投资、股票投资、其他投资和其他资产。（2）负债类项目至少应列示以下信息：应付证券清算款、应付受益人待遇、应付受托人管理费、应付托管人管理费、应付投资管理人管理费、应交税费、卖出回购证券款、应付利息、应付佣金及其他应付款等。（3）净资产类项目列示企业年金基金净值。

（二）净资产变动表

净资产变动表反映企业年金基金在一定会计期间的净资产增减变动情况。净资产变动表应列示以下信息：（1）期初净资产；（2）本期净资产增加数，包括本期收入、收取企业和职工个人缴费、个人账户转入；（3）本期净资产减少数，包括本期费用、支付受益人待遇、个人账户转出；（4）期末净资产。

（三）附注

附注应当披露企业年金计划的主要内容及重大变化，投资种类、金额及公允价值的确定方法，各类投资占投资总额的比例以及可能使投资价值受到重大影响的其他事项。具体包括：（1）企业年金计划的主要内容及重大变化；（2）企业年金基金管理各方当事人名称、注册地、组织形式、总部地址、业务性质、主要经营活动；（3）财务报表的编制基础，主要包括会计年度、记账本位币、会计计量所运用的计量基础；（4）重要会计政策和会计估计变更及差错更正的说明；（5）重要报表项目的说明，包括货币资金、买入返售证券、债券投资、基金投资、股票投资、其他投资、其他资产、卖出回购证券款、支出受益人待遇、受托人管理费、托管人管理费、投资管理人管理费、其他应付款等；（6）投资种类、金额及公允价值的确定方法；（7）各类投资占投资总额的比例；（8）企业年金基金净收益，包括本期收入、本期费用的构成；（9）或有和承诺事项、资产负债表日后事项、关联方关系及其交易的说明；（10）风险管理，包括风险管理政策、信用风险、流动风险、市场风险等。

【本章小结】

人口老龄化现象自19世纪后期在发达国家出现以来，已引起各国的关注。据专家预计，到2030年全球老龄人口占总人口比例将上升至16%。面对全球性的银色浪潮，世界各国一直在探索解决人口老龄化带来的养老问题，尤其是国家如何完善养老金会计规范，企业如何利用企业年金计划吸引和留住雇员。我国出于种种原因，对企业养老金会计的研究还处于初始阶段，即使2006年新准则的颁布填补了我国企业养老金会计规范的空白，2014 年修订后职工薪酬准则针对设定提存计划和设定受益计划的分类和核算进一步加以完善，使得养老金会计核算有了明确的依据。

本章包括两大部分内容，即基本养老金计划和企业年金计划。第一部分，基本养老金计划。主要阐述了养老金的性质及其分类、养老金计划的会计特征和核算基础、各种养老金计划的会计处理及信息披露。我国目前采用的主要是设定提存养老金计划，而设定受益养老金计划虽然复杂但却由于其合理性受到西方发达国家的青睐。因此，设定受益养老金计划的会计处理是本章的重点和难点。第二部分，企业年金计划。除基本养老保险外，企业年金作为唯一的补充养老保险形式，近年来在我国发展迅速。该部分内容介绍了企业年金与企业年金基金的概念、企业年金基金的信息披露，以及企业年金基金的会计处理。

【本章思考与练习题】

一、思考题

1. 简述关于对养老金性质的两种认识，你赞同哪种观点？
2. 按养老金受益的确定方式来分，养老金计划有哪两种类型？有何特点？
3. 如何设定提存养老金计划和设定受益养老金计划？
4. 设定受益养老金计划会计处理复杂性的根源是什么？
5. 为什么养老金损益不在当期确认，而是递延到后期进行摊销？
6. 简述设定受益养老金计划的核算步骤。
7. 计入当期损益的养老金费用有哪些？
8. 简述什么是企业年金和企业年金基金。
9. 企业年金基金的各方当事人包括哪些？它们之间是什么样的关系？
10. 为了确保企业年金基金的安全性和流动性，企业年金基金的投资有何限制？
11. 企业年金基金的收入和费用有哪些？
12. 引起企业年金基金净资产发生变化的情形有哪些？

二、练习题

东方股份有限公司（以下简称"东方公司"）于 2018 年 1 月 1 日开始实行养老金计划，该养老金计划为不用职工缴款的设定受益养老金计划。请根据以下资料回答相应的问题：

（1）该养老金计划规定雇员每服务 1 年，于 60 岁退休后，每年可按最后一年薪资的 3% 领取养老金，直到雇员死亡。雇员李某 2019 年 12 月 31 日满 50 岁，已经在东方公司服务20年，预计他将会继续服务10年，满60岁退休。假设李某退休时年薪资为120 000元，其寿命为75岁，折现率为10%。试计算东方公司关于李某的预计养老金负债。

（2）假设2019年末东方公司进行精算重估的时候发现折现率已经变为8%，假设不考虑计划资产回报和资产上限影响的变动，东方公司由于折现率变动导致重新计量设定受益养老金计划净负债的增加额共计300万元。

要求：

（1）计算东方公司这项受益养老金计划义务的现值；

（2）计算东方公司2018年、2019年因这项计划应计入当期损益的金额，并作相关会计分录；

（3）完成因折现率发生改变导致重新计量设定受益养老金计划净负债增加的会计分录。

第九章 衍生金融工具

【引入案例】

　　甲公司是在中国注册的外贸企业，主营业务是服装生产与销售。公司生产用材料在国内采购，生产的服装全部出口国外，出口业务采用美元结算。2019年7月1日，甲公司接到一笔国外客户的服装订单，订单金额为1 000万美元，交货日期为2019年12月31日，货到付款。公司计划2019年10月1日开始生产这批服装，2019年12月31日完成生产。生产这批服装需要采购材料，当前的原材料价格是1 000万元人民币，但公司预计未来三个月这批原材料的价格将上涨。材料成本是企业主营业务成本的重要组成部分，对利润有重大影响。为了控制材料价格上涨导致利润降低的风险，公司与材料供应商签订了一份材料远期合约，约定供应商于2019年10月1日出售材料，价格为1 050万元人民币。2019年10月1日，原材料的市场价格为1 200万元人民币，而甲公司根据远期合约只需1 050万元就可购买所需材料，市价与合约价的150万元人民币差额是公司运用远期合约这一衍生金融工具的收益。甲公司通过远期合约提前锁定材料采购成本，而不用考虑3个月内材料价格的变化。

　　同时，近期由于人民币升值，公司结汇时相同金额的美元换成人民币金额逐渐减少，由此造成公司人民币利润下降。2019年10月1日人民币对美元的汇率为7.07元，公司预计未来人民币将继续升值，甲公司为了减少这笔订单收入的损失，决定利用期货合同来对货款进行套期保值，并于当日在交易所卖出20份美元期货，每份合同50万美元，汇率是1美元等于7元人民币。2019年12月31日人民币对美元汇率为6.98元，公司收到1 000万美元的货款，可以兑换成6 980万元人民币，产生汇兑损失90万元人民币。同日，公司从交易所买入20份美元期货，每份合同50万美元，汇率是1美元等于6.91元人民币，则公司通过期货合同的买卖获得了90万元人民币的期货收益。公司在现货市场产生了90万元人民币的损失，而在期货市场获得90万元人民币的收益，综合损益为0，实现了公司对货款套期保值的目的。甲公司通过期货合约提前锁定现货结汇损益，降低了外汇波动对企业利润产生的风险，而不用再考虑3个月内即期汇率的变化。远期合约与期货合约只是众多衍生金融工具中较为常见的工具，衍生金融工具还包括期权合同和互换合同等。通过例子可知衍生金融工具的合理运用可以帮助企业解决很多实际问题，是企业防范经营风险的重要手段。那么，衍生金融工具有哪些特点？衍生金融工具的会计处理程序与方法有何特殊性？带着这些问题，我们一起来学习衍生金融工具这一章吧。

【学习目的与要求】
1. 了解衍生金融工具的定义、特点与分类；
2. 熟悉远期合同、期货合同、期权合同以及互换合同等金融工具的具体操作；
3. 明确衍生金融工具会计处理方法的基本程序和要求；
4. 重点掌握衍生金融工具及商品期货套期保值的会计处理方法；
5. 了解衍生金融工具投机套利的会计处理方法。

第一节 衍生金融工具概述

20世纪70年代以来，国际金融市场上的衍生金融工具蓬勃兴起、不断创新，其对传统的会计理论和事物都产生了巨大的冲击。由于其收益的不确定性和巨大的风险性，又使得会计上对其反映和监督成为一种必然的趋势。因此，有必要全面深入研究衍生金融工具交易，规范衍生金融工具的会计处理。

一、衍生金融工具的定义

衍生金融工具，又称派生金融工具、金融衍生产品等，是20世纪70年代以后全球金融创新的结果。顾名思义，它是与基本金融工具相对应的一个概念，是建立于基础产品或基础变量之上，且价值派生于某些标的物价格的金融产品。其中，标的物包括债券、汇率、商品、利率和某种指数等。

《国际会计准则第39号——金融工具：确认与计量》中将衍生金融工具定义为具有以下特征的金融工具：(1) 其价值随特定利率、证券价格、商品价格、汇率、价格或利率指数、信用等级或信用指数、类似变量的变动而变动；(2) 不要求初始净投资，或与对市场条件变动具有类似反映的其他类型合同相比，要求较少的净投资；(3) 在未来某一日期结算。

《美国财务会计准则第 133 号——衍生工具与避险业务会计准则》通过描述衍生金融工具的重要特性，对其作出了定义：（1）有一个或多个标的，且有一个或多个名义数额或支付条款，或两者兼备。这些条款决定结算的数额，以及在某些情况下是否需要结算。（2）无须作初始净投资，或与有类似市场效应的合同相比，所需的初始净投资较少。（3）其条款要求或允许净额结算，或可通过合同规定以外的方式净额结算，或以交割资产的方式使得资产接受方的结算后果类似于净额结算。

我国财政部 2017 年 3 月 31 日印发的《企业会计准则第 22 号——金融工具确认和计量》（以下简称 CAS22）中将衍生金融工具定义为同时具备下列特征的金融工具或其他合同：（1）其价值随特定利率、金融工具价格、商品价格、汇率、价格指数、费率指数、信用等级、信用指数或其他变量的变动而变动，变量为非金融变量的，该变量不应与合同的任何一方存在特定关系。（2）不要求初始净投资，或者与对市场因素变化预期有类似反应的其他合同相比，要求较少的初始净投资。（3）在未来某一日期结算。CAS22 指出，常见的衍生工具包括远期合同、期货合同、互换合同和期权合同等。

二、衍生金融工具的基本特点

衍生金融工具的基本特点可以概括如下：

（一）衍生性

衍生性是衍生金融工具的本质特征。衍生性金融商品，指其价值由资产、利率、汇率或指数等所衍生的交易合约，如期货、远期合约、利率交换、货币交换及选择权合约等。也就是说，是在传统或基础金融市场的基础上（包括货币市场、债券和股票市场、外汇市场等）衍生出来的商品。衍生金融工具是以一个或几个基本金融工具作为标的，通过金融创新构成不同的衍生金融工具，其价值随着作为标的的基础金融工具的价格变动而变动。正是由于衍生性的存在，才使得衍生金融工具存在更大的发展空间，能够通过不断地创新适应日新月异的金融市场的需求。然而，从会计学的角度，衍生性的存在使得衍生金融工具具有很大的不确定性，各种衍生金融工具之间存在很大差异。同时，金融工具创新速度很快，对会计部门对衍生金融工具的确认、计量和披露造成了很多困难。如果会计政策不能适应金融工具的衍生和发展，在很大程度上会影响企业财务报告的公允性，从而使相关利益者无法通过财务报告获得更准确、更有用的信息，导致错误决策，影响企业发展。

（二）合约性

衍生金融工具是一种面向未来、代表权利义务关系的合约，具有明显的合约性质。金融衍生产品是指其价值依赖于基础资产价值变动的合约。这种合约可以是标准化的，也可以是非标准化的。标准化合约是指其标的物（基础资产）的交易价格、交易时间、资产特征、交易方式等都是事先标准化的，因此，此类合约大多在交易所上市交易，如期货。非标准化合约是指以上各项由交易的双方自行约定，因此具有很强的灵活性，如远期协议。这一特性表明衍生金融工具所代表的并非已经发生的交易事项，而是企业在未来某一时点发生某种交易事项的权利或义务。这一特性对衍生金融工具的确认与传统的资产、负债所规定的"由过去发生的事项所形成"相矛盾，因此对衍生金融工具的确认造成了很大困难。

（三）杠杆性

衍生产品的交易采用保证金制度，即交易所需的最低资金只需满足基础资产价值的某个百分比。保证金可以分为初始保证金、维持保证金，并且在交易所交易时采取盯市制度，即如果交易过程中的保证金比例低于维持保证金比例，那么，将收到追加保证金通知，如果投资者没有及时追加保证金，其将被强行平仓。可见，衍生品交易具有高风险、高收益的特点。这一点明确了衍生金融工具的杠杆性，即一般只需要支付少量的保证金或权利金就可签订远期大额合约或互换不同的金融工具，实现了以小搏大的效果，对企业的融资、金融风险规避都有着重要的意义。传统会计规定了会计计量的历史成本原则，然而，衍生金融工具不需要初始投资或仅需要少量净投资。因此，如果采用历史成本原则对衍生金融工具进行计量，显然不能公允、准确地记录衍生金融工具的真实价值，从而影响财务报表的公允性和财务信息的质量。

（四）风险性

未来日期结算是衍生金融工具定义中提出的重要特征之一，由于衍生金融工具合约的执行是在未来某一时点，这使得整个合约具有一定的不确定性。同时由于衍生性和杠杆性的存在，衍生金融工具价格波动的不确定性很高，因此相应的风险也会增大。正是由于衍生金融工具的未来日期结算使得衍生金融工具的风险可以通过衍生金融工具交易将风险在交易者之间进行转移，交易者可以通过衍生交易对冲已有头寸来进行套期保值或承担风险进行投机。因此，使得运用衍生金融工具进行风险规避和风险投资成为可能。同时，由于风险性对企业的运营和财务状况可能产生巨大影响，因此对衍生金融工具可能产生的风险进行更加深入的研究具有非常重要的作用。

（五）创新性

衍生金融工具处于不断的发展创新之中。创新性决定了衍生金融工具的种类会不断翻新，相应的规章制度（尤其是相应的会计准则）往往不能及时更新，因而对衍生工具难以监管。这一特性又决定了衍生金融工具的监管必须采用实质重于形式的原则，否则衍生工具不断创新发展的外在形式将使监管部门难以应对。

总而言之，衍生金融工具与基础金融工具之间的联系与区别在于衍生金融工具的价值是在作为标的的基础金融工具的基础上衍生而来的，所以它具备基础产品或基础变量的特征；同时，又由于它的复杂性，它又具有其独特的性质。

三、衍生金融工具的分类

国际市场上衍生金融产品种类繁多，活跃的金融创新活动接连不断地推出了新的衍生产品。一般来说，衍生金融产品主要有以下几种分类。

（一）按照衍生产品的交易方法与特点分类

根据衍生产品交易方法与特点的不同，衍生金融工具可以分为金融远期、金融期货、金融期权和金融互换四大类。

1. 金融远期

金融远期是远期合约的一种，是指规定合约双方同意在将来某一特定日期按照事先约定的价格（如汇率、利率或股票价格等），以预先确定的方式买卖约定数量的某种金融工具的合约。根据标的物的不同，远期主要包括远期外汇合约、远期利率协议、远期股票合约和远期商品合约等。由于远期合约是非标准化合约，因此它流通性差，难以转让，绝大部分远期合约都必须在到期时进行实际交割。但是由于金融远期合约能够满足银行等专业机构的需要，在20世纪70—80年代国际金融市场价格出现大幅度波动后，金融远期交易得到了进一步的发展，并突显出其强大的生命力，在现代国际金融市场上发挥的重要作用仍是其他衍生金融产品无法替代的。

2. 金融期货

金融期货，或称金融期货合约，是指买卖双方在有组织的交易所内，以公开竞价的方式达成协议（包括交割价格、交割地点和交割方式等），约定在未来某一特定时间交割标准数量特定金融工具或商品的交易合约。期货合同虽然与远期合同颇为相似，但两者间却存在着许多方面的差异。两者的主要区别有：(1)远期交易合同中的商品数量、规格、价格、交割日期等都是由交易双方协商确定，没有统一的交割日期。期货交易合同除了价格这一唯一的变量以外，商品数量、规格等级、交割日期等都是严格标准化了的，交易双方都不得随意变更期货合约的这些规定。(2)远期交易的对象是实际的商品或金融资产，期货的交易对象是期货合约。(3)远期交易没有固定的交易地点，而期货交易必须在指定的期货交易所内进行。(4)远期交易在未到期前不能随意转手，必须按远期合同规定在到期时进行实际交割。期货交易在到期前可多次转手，允许交易双方通过相反方向的买卖方式解除原合同中承担的责任和义务，使双方均能通过期货市场来避免和转移价格风险。(5)期货交易者需支付给结算机构一定数量的保证金，作为履约的保证，远期交易一般不需缴纳保证金，但可能由某一方按合约金额的一定比例支付给对方一笔定金。

3. 金融期权

金融期权又称交易选择权，即买方有权利根据市场行情的变化决定是否履行合约。期权的买方向卖方支付一定数额的期权费后，就获得了这种权利，即拥有在一定时间内以一定的价格（执行价格）出售或购买一定数量的标的物（实际商品、证券或期货合约等）的权利。期权的买方行使权利时，卖方必须按期权合约规定的内容履行义务。相反，买方可以放弃行使权利，此时买方只是损失了期权费，而卖方则赚取了期权费。总之，期权的买方拥有执行期权的权利而无执行的义务，期权的卖方则只有履行期权的义务。金融期权主要包括外汇期权、利率期权、股票期权和股票指数期权等。期权与其他衍生金融工具最大的区别点在于其具有交易的选择权。

4. 金融互换

金融互换是指交易双方按一定的条件在金融市场上进行不同金融工具的交换的交易合约。互换交易产生于20世纪70年代中期，经过30年来的发展和完善，该种衍生金融工具已流行于国际金融市场，备受投资者、筹资者等青睐。金融互换的参与者多为一些大公司和机构，它们为了一些特殊的需求（如规避风险等），进行金融工具的互换（互换的期间通常较长）。金融互换交易由于考虑了交易各方的独特情况和利用了交易各方的独特优势，因此，常常可以同时增加交易各方的经济利益，形成双赢或多赢的局面。金融互换的形式很多，其中两种最基本的互换类型是货币互换和利率互换：（1）货币互换是指交易双方在一定期限内将一定数量的货币和另一种一定数量的货币进行交换；（2）利率互换是指将计息方法不同（一方以固定利率计息，另一方以浮动利率计息）或利率水平不一致的同一币种的债券（债务）进行转换的方式。

（二）按照原生标的物分类

根据原生标的物的不同，衍生金融工具大致可以分为四类，即商品类衍生金融工具、汇率类衍生金融工具、利率类衍生金融工具和股权类衍生金融工具。

如果再加以细分，商品类衍生金融工具又包括商品远期交易、商品期货、商品期权、商品互换等；汇率类衍生金融工具又包括远期外汇交易、外汇期货、外汇期权、货币互换等；利率类衍生金融工具又包括远期利率协定、利率期货、利率期权、利率互换等；股权类衍生金融工具又包括股票期货、股票指数期货、股票期权、股价指数期权、股价指数互换等。

第二节　衍生金融工具确认与计量原则

数年来，金融工具的确认、计量与报告问题一直困扰着会计界，衍生金融工具的出现及迅速发展更加剧了这一状况，使得传统财务会计在其会计处理上面临着新的挑战。

一、衍生金融工具会计确认

财务会计传统的确认标准是建立在权责发生制的基础上，强调以权利和责任的实际发生作为会计计量的基础，而对未来发生的交易和事项则不予确认，因此，将衍生金融工具排除在会计确认项目之外。但由此就无法反映其对未来财务状况的重大影响，财务报表因此而产生了残缺性甚至虚假性。衍生金融工具对权责发生制的纵深发展提出了新的要求，要求权责发生从形式上扩展到实质上，即从风险和报酬的实现原则扩展到以风险和报酬的实质性发生和控制作为会计确认的原则。在实际操作中，主要以对某项金融资产拥有的权利和义务具有的控制权作为实质性风险和报酬的判断标准，这样也更符合会计中的可控制思想和实质重于形式原则。

衍生金融工具是基于未来交易事项的合约，从合约签订到履行，其价值随基本金融工具价值的变化而变化，价值波动具有很大的不确定性。衍生金融工具无法满足"过去交易或事项的结果"的传统会计确认的条件，因此，其资产项目和损益项目均无法在传统会计中得到确认。但衍生金融工具不同于一般的合约，它是不可任意撤销的合约，一旦签订生效后，债权、债务关系即宣告成立，相应的风险并存的交易也发生了实质性的转移。而且衍生金融工具是一种高收益与高风险并存的交易方式，从合约的订立到履行过程，价值变化很大，如果等到合同履约时再确认，将无法把衍生金融工具所产生的高风险、高收益完整地反映在会计信息中，整个会计信息相关性有所下降，无法满足信息使用者的要求，也无法达到"决策有用性"这一会计目标。因此，衍生金融工具应在合约订立、风险和报酬实质转移时，就开始确认，由于其价值是不断变化的，其确认不可能一步到位，它包括初始确认、再确认和终止确认三个过程。

（一）衍生金融工具的初始确认

在签订合约时，虽然合约所约定的风险和报酬并未实现，但由于衍生金融工具的契约性，使其在签订时就已经拥有了对未来风险和报酬的控制权，因此符合扩展后的权责发生制原则，达到会计确认的要求，在合约签订时即可进行相应的会计确认程序。

考虑到衍生金融工具巨大交易额的确认会不合理地扩大企业资产和负债的规模，在账务处理时，就只以实际交付金额计价，即以取得该项资产所付出或产生该项负债所得到补偿的实际价值作为"衍生金融工具"的入账金额。

对于签订过程中发生的交易费用，可以区分为金融资产和金融负债分别进行处理：对于金融资产，交易费用可以视为取得合同的利益而支付的对价，直接借记"衍生金融工具"科目，即作为资产入账，并在实际履约时与有关收入相配比，转入"衍生金融工具损益"科目；而对于金融负债，交易费用与日后的交易不存在配比关系，也并非收到的对价，所以，根据谨慎性原则，可以在发生的当期即计入财务费用。

（二）衍生金融工具的再确认

再确认，是指对初始确认的项目是否列入财务报表、如何列入财务报表以及列入报表后发生变动的确认。衍生金融工具从签约到最终履约，其价值并非恒定不变，而呈现了较高的价值波动性，为了及时反映市场参与者所持有的衍生金融工具的真实价值，传递财务状况和经营业绩的动态信息，在每一会计报表结算日，有必要对衍生金融工具进行再确认。

（三）衍生金融工具的终止确认

当合同约定的未来交易发生时，企业也即丧失了对衍生金融工具及其风险和报酬的控制权，就要进行衍生金融工具的终止确认。由于衍生金融工具风险和报酬的可分割性，其交易也可呈现两种状态：（1）已确认的衍生金融工具资产或负债已注销或全部转移；（2）衍生金融工具资产或负债已转移，但转移方保留了与之相关的部分风险和报酬。第一种情况符合传统的终止确认标准，而在第二种情况下，为了防止风险和报酬的分割带来的任意性，建议与第一种情况采用相同的处理方法：在转移发生时，即对原衍生金融工具全额进行终止确认；而转移方所保留的与原衍生金融工具相关的部分风险和报酬可作为新的衍生金融工具资产或负债重新加以确认和计量。

在会计处理方面，在衍生金融工具终止确认时，要将交易日的浮动盈亏全额计入资产及损益科目，即假设是公允价值上升的金融资产，则借记"衍生金融工具"科目，贷记"衍生金融工具损益"科目，公允价值下降作相反分录；最后将"衍生金融工具"科目余额全部转入"存入保证金"科目，完成整个交易过程。

会计一旦对衍生金融工具予以确认，随之而来的就是会计计量问题。在衍生金融工具的初始确认、再确认和终止确认中，都涉及了如何合理地对衍生金融工具进行量化反映的问题。

二、衍生金融工具会计计量原则

长期以来，历史成本一直以其数据易得，客观性强而占据会计计量的主导地位，但是，衍生金融工具的价值波动性决定了其势必打破原有的财务会计的历史成本原则；而且随着金融工程技术的发展和经济环境变动不确定性的增大，会计报表的使用者更加关注的是合约标的物的现时价值而非签订时的实际价值。因此，公允价值计量在衍生金融工具会计计量中的作用将逐渐增强，并且不只是单纯地作为历史成本的辅助计量方式出现，而将成为与历史成本计量并重的计量方法。

以公允价值作为计量基础，就是在财务报表上对衍生金融工具的公允价值进行再确认和计量，并合理处理由此带来的未实现持有利得和损失。对衍生金融工具来说，采用公允价值作为计量基础更能体现出信息相关性的特征，更能反映它的风险及其对企业的可能影响程度。

（一）衍生金融工具的初始计量

确立了公允价值的计量地位以后，CAS22 提出的初始计量观点为：当金融资产和金融负债初始确认时企业应以其成本进行计量。其中，就金融资产而言，成本是指放弃的对价的公允价值；就金融负债而言，成本是指收到的对价的公允价值。交易费用应计入各金融资产和金融负债的成本或费用。

（二）衍生金融工具的后续计量

采用公允价值计量属性对金融工具进行后续计量，要解决的关键问题主要有两个：一是财务报告日衍生金融工具公允价值较初始计量日发生的变化如何在财务报表中反映；二是公允价值如何确定的问题。

1. 公允价值变化在财务报表中的反映

CAS22 规定，对于公允价值套期和非套期衍生金融工具公允价值变动而引起的利得或损失，应在当期损益中确认；对于现金流量套期和国外经营实体净投资的外币套期公允价值变动而引起的利得或损失，应在综合收益中确认；对衍生金融工具现金流量套期公允价值变动所引起的利得或损失，既可以确认为当期损益，也可以在权益中确认。

2. 公允价值的形成

用公允价值计量衍生金融工具有诸多优点，但潜在的缺点也不容忽视。公允价值的确定与历史成本原则相比较，需要更多的会计人员的主观估计，计量上的主观性也可能成为管理当局操纵利润的工具。而且衍生金融工具的种类繁多，既有公开上市交易的期权、期货等，又有各种场外交易，如买卖双方自主交易的远期、互换交易等。为提高公允价值计量的可操作性，在不同情况下需选择恰当的计量属性作为它的估计。不同市场上的衍生金融工具交易的公允价值可按如下原则确定：

（1）在公开交易市场挂牌交易的衍生金融工具。公允价值实际上代表的是一种潜在的交换价值。公开交易市场的规模一般比较大，交易较频繁，而且信息透明度好，交易价格基本反映了所有的相关信息，既包括所有公开的信息，也包括部分尚未公开或属于保密的内幕信息。实际交易过程中所产生的价格是买方市场和卖方市场充分利用各种信息博弈的结果，所以，在活跃市场上的公开标价最符合公允价值的定义，是衍生金融工具公允价值的最佳估计。

（2）不在公开交易市场挂牌交易但可以获得其市场价格的衍生金融工具。此类衍生金融工具交易主要在交易商市场和经纪人市场进行，其特点是交易规模相对偏小，信息的透明度不高。这类金融工具的公允价值，一般不能直接以市场价格为准。一方面，即使是同时发生的相同交易，也可能因交易者拥有信息的差异产生价格上的差距；另一方面，当前我国衍生金融市场尚处于起步阶段，市场规模相对较小。若某一投资者持有某一衍生金融工具数量较多、比例较大，则其能够影响甚至支配该衍生金融工具的定价。这些拥有控制权的投资者就可能为了达到企业自身的目的，拉高或压低衍生金融工具的价格，使其偏离于实际价值。价格与价值的差额形成企业的控制权溢价。这时的市场价格不宜作为公允价值的估计值。

确定此类交易的公允价值，比较恰当的做法是在考虑相关影响因素的基础上，参照相同衍生金融工具的最近交易价格或类似衍生金融工具的最近交易价格对获得的市场价格进行调整，使其入账价格回归价值。

（3）不能或不易于获得市场价格的衍生金融工具。不能或不易于获得市场价格的衍生金融工具，主要是买卖双方直接进行交易的衍生金融工具。此类交易的价格属于商业机密，交易者一般不披露其价格，而且交易量较少，或独一无二。对于此类衍生金融工具，可以采用估计的方法确定其公允价值，估价的方法主要有两种：第一，现值法。现值法是指以衍生金融工具未来将给企业带来的现金流入量或流出量的贴现值作为其公允价值的一种方法。这是财务管理中经济事项的价值确定方法在衍生金融工具会计中的应用。第二，模型法。模型法即将若干变量输入既定的模型，计算确定被计量衍生金融工具公允价值的方法。常用的模型有：资本资产定价模型、因子定价模型等线性定价模型，以及可以为各种衍生金融工具合理定价的期权定价模型。

第三节　衍生金融工具投机套利会计处理

一、衍生金融交易的目的

企业进行衍生金融工具交易的目的有两类，即投机套利和套期保值。

（一）投机套利的特点

投机套利是指在期货市场上以获取价差收益为目的的期货交易行为。这里的"投机"一词用于期货、证券交易行为中，并不是贬义词，而是中性词，是指根据对市场的判断，把握机会，利用市场出现的价差进行买卖，从中获得利润的交易行为。投机者预测价格将要上升时（即看多时）选择先买后卖的策略，在预测价格将要下跌时（即看空时）选择先卖后买的策略，从而赚取利差。由于投机套利的利润赚取是建立在未来价格的预测上，一旦预测不准，作出相反的买卖决策，就会出现损失。

虽然大多数参与者是进行套期保值的避险者，但若市场上没有以交易为目的的投机者，避险的目的就难以实现。因为就套期保值而言，买入者希望以最低的价格买入，卖出者则期望价格越高越好，但是投机者关心的不是实际价格、汇率或利率，而是预期的价格、汇率或利率的变动。所以他们愿意在各种价格水平上买卖，投机交易增强了市场的流动性，承担了套期保值交易转移的风险，是期货市场正常运营的保证。故本章先介绍与投机交易有关的会计处理。

（二）套期保值的特点

套期保值是指买入（卖出）与现货市场数量相当但交易方向相反的期货合约，以期在未来某一时间通过卖出（买入）期货合约来补偿现货市场价格变动所带来的实际价格风险。简言之，就是企业指定某项衍生金融工具进行风险管理的过程。如：在股市趋跌的预期下，卖空股价指数期货对手头持有的股票组合进行套期保值。在期货市场中，套期保值者主要是产品的生产者、使用者以及经营者，他们进入期货市场的目的是为了寻找一种理想的保值手段，因而总希望价格能够平稳，这与投机者不同，投机者希望价格波动频繁才会有获利机会。应该说，套期保值是衍生金融市场的第一目的，衍生金融工具也正是由于套期保值的需要而得以存在。

二、金融远期投机交易的会计处理

远期外汇投机交易是投机者根据对汇率变化的预测，运用远期外汇合约谋取利润的过程。以投机为目的的远期外汇交易，在合约签订时不确认损益，所涉及的本币"应收（应付）期汇合同款"账户和外币"应付（应收）期汇合同款"账户，均应按照合约约定的远期汇率折算记录。在各会计期末对外币账户重新计量时，由于合约的损益与自该会计期末到合约到期日的远期汇率直接相关，因此，所涉及的外币"应付（应收）期汇合同款"账户均按相应的远期汇率折算记录，并确认损益。

[例9-1] 国内一家母公司 M 在英国有一家附属公司 N，这家附属公司的功能性货币是人民币，在 2019 年 9 月 30 日有受险净负债 10 000 英镑。预计在年

末，英镑可能升值，我国这家母公司 M 为避免汇率波动的风险，与银行签订了一份金融远期，从银行购入 90 天后的 10 000 英镑。有关汇率为：

2019 年 9 月 30 日即期汇率 GBP 1 = RMB 8.72

2019 年 9 月 30 日 90 天远期汇率 GBP 1 = RMB 8.8

2019 年 12 月 31 日即期汇率 GBP 1 = RMB 9.15

若以金融远期购入英镑，并预计英镑从升值中获得利润，这就是一种投机性质的外汇买卖，即外币投机交易。在这种情况下，签订金融远期直接按远期汇率入账，不确认贴水或升水。

假定对英镑进行投机，签订外汇金融远期，月末和年末均编制会计报表，2019 年 10 月 31 日的 60 天远期汇率是 GBP 1 = RMB 9.12，2019 年 10 月底金融远期汇兑利得是 3 200 元 [10 000 × (9.12 - 8.8)]，并在当期损益中确认，各项业务会计分录如下：

2019 年 9 月 30 日（签约日）按 90 天远期汇率签订合同：

借：应收期汇合同款——外币　　　　　　　　　　88 000
　　贷：应付期汇合同款　　　　　　　　　　　　　88 000

2019 年 10 月 31 日（月底结账日）按 60 天远期汇率签订确认汇兑利得：

借：应收期汇合同款——外币　　　　　　　　　　3 200
　　贷：汇兑损益　　　　　　　[10 000 × (9.12 - 8.8)] 3 200

2019 年 12 月 31 日（结清日）按到期的即期汇率确认汇兑利得：

借：应收期汇合同款——外币　　　　　　　　　　300
　　贷：汇兑损益　　　　　　　[10 000 × (9.15 - 9.12)] 300

结清应付合同款：

借：应付期汇合同款　　　　　　　　　　　　　　88 000
　　贷：银行存款　　　　　　　　　　　　　　　　88 000

收到 10 000 英镑，并兑换成人民币：

借：银行存款——外币　　　　　　　　　　　　　91 500
　　贷：应收期汇合同款——外币　　　　　　　　　91 500
借：银行存款　　　　　　　　　　　　　　　　　91 500
　　贷：银行存款——外币　　　　　　　　　　　　91 500

三、金融期货投机交易的会计处理

外汇期货交易用于投机与用于套期保值的目的不同，损益的含义不同，并且也没有相应的规避对象。

[**例 9 - 2**] 2019 年 10 月 1 日，甲公司以 135 元报价购入代码为 000196 的 6 月期国债期货合同 10 手（10 个面值为 20 000 元的标准合同），每手合同须向期

货经纪商缴纳保证金 500 元，共计 5 000 元。假设同年 12 月 31 日甲公司决定出售 10 手同类型国债，并结清其保证金账户。有关交易及会计分录如下：

2019 年 10 月 1 日，缴纳原始保证金 5 000 元：

借：存出保证金——期货保证金　　　　　　　　　5 000
　　贷：银行存款　　　　　　　　　　　　　　　　5 000

2019 年 10 月 31 日，该国债期货的结算价格为 135.50 元，则收市后以当日期货市场价格计算持仓合同的浮动盈亏为 $(135.50 - 135)/100 \times 10 \times 20\,000 = 1\,000$（元），实现的利益 1 000 元由经纪商直接转入保证金账户，甲公司有关会计分录如下：

借：存出保证金——期货保证金　　　　　　　　　1 000
　　贷：期货损益　　　　　　　　　　　　　　　　1 000

2019 年 11 月 30 日，该国债期货价格上涨至 136.20 元，则持仓合同的浮动盈亏为 $(136.20 - 135.50)/100 \times 10 \times 20\,000 = 1\,400$（元），实现的利益 1 400 元由经纪商直接转入保证金账户，甲公司有关会计分录如下：

借：存出保证金——期货保证金　　　　　　　　　1 400
　　贷：期货损益　　　　　　　　　　　　　　　　1 400

2019 年 12 月 31 日，该国债期货价格下跌至 135.80 元，发生浮动损失 800 元〔$(136.20 - 135.80)/100 \times 10 \times 20\,000$〕，应自保证金账户扣抵。

借：期货损益　　　　　　　　　　　　　　　　　　800
　　贷：存出保证金——期货保证金　　　　　　　　　800

2019 年 12 月 31 日，该公司出售相同单位国债期货，以了结其权利义务，并结转所剩保证金余额 6 600 元（5 000 + 1 000 + 1 400 - 800），则有关会计分录如下：

借：银行存款　　　　　　　　　　　　　　　　　6 600
　　贷：存出保证金——期货保证金　　　　　　　　6 600

四、商品期货投机套利的会计处理

企业进行期货投资，从投资的性质和目的来看，包括投机套利、套期保值两种。不管属于何种性质的期货投资，企业具备交易所会员资格条件的，可向交易所申请会员资格，批准后直接进入交易所自行经营期货交易；否则，只能委托期货经纪公司代理。

作为会员单位的期货投资企业，期货交易结算直接与交易所结算部门进行，会计核算的内容包括：会员资格费及与此相关的年会费的缴纳，转让或被取消资格时，收回会员资格费的核算；席位占用费及保证金的核算；平仓和实物交割、支付手续费、结转期货损益和提交质押品等业务的核算。

[**例 9-3**] 某企业 2019 年发生以下期货业务:

(1) 以银行存款支付 100 万元,取得了某期货交易所会员资格。
(2) 以银行存款支付 2 万元作为年会费。
(3) 为进行期货交易,该会员在交易所存入期货保证金 500 万元,以银行存款支付。
(4) 买入 20 手某农产品合约,每手 10 吨,每吨 2 000 元,同日卖出 10 手某有色金属合约,每手 20 吨,每吨 18 500 元。
(5) 将上述农产品合约对冲平仓,平仓成交价每吨 1 950 元。
(6) 将上述有色金属合约进行实物交割,最后交易日的结算价是每吨 19 000 元,实际交割货款每吨 19 210 元(含增值税),增值税税率为 13%,实际成本为每吨 14 500 元。

根据资料编制会计分录如下:

(1) 借:长期股权投资——期货会员资格投资　　1 000 000
　　　贷:银行存款　　　　　　　　　　　　　　　　　1 000 000
(2) 借:管理费用　　　　　　　　　　　　　　　　20 000
　　　贷:银行存款　　　　　　　　　　　　　　　　　　20 000
(3) 借:存出保证金——期货保证金　　　　　　5 000 000
　　　贷:银行存款　　　　　　　　　　　　　　　　　5 000 000
(4) 不需要作会计分录。
(5) 借:期货损益　　　　　　　　　　　　　　　　10 000
　　　贷:存出保证金——期货保证金　　　　　　　　　10 000
(6) 借:存出保证金——期货保证金　　　　　　　100 000
　　　贷:期货损益　　　　　　　　　　　　　　　　　　100 000
　　借:存出保证金——期货保证金　　　　　　3 842 000
　　　贷:主营业务收入　　　　　　　　　　　　　　3 400 000
　　　　　应交税费——应交增值税(销项税额)　　　442 000
　　借:主营业务成本　　　　　　　　　　　　　2 900 000
　　　贷:库存商品　　　　　　　　　　　　　　　　2 900 000

第四节　衍生金融工具套期保值会计处理

一、套期保值的分类

企业为规避外汇风险、利率风险、商品价格风险、股票价格风险、信用风险等，往往会指定一项或一项以上套期工具，使套期工具的公允价值或现金流量变动，预期抵销被套期项目全部或部分公允价值或现金流量变动。简言之，就是企业利用某项衍生金融工具进行风险管理的过程。套期分为公允价值套期、现金流量套期和境外经营净投资套期。

（一）公允价值套期

公允价值套期是指对已确认资产或负债、尚未确认的确定承诺，或上述项目组成部分的公允价值变动风险敞口进行的套期。该类价值变动源于某类特定风险，且将影响企业的损益或其他综合收益。其中，影响其他综合收益的情形，仅限于企业对指定为以公允价值计量且其变动计入其他综合收益的非交易性权益工具投资的公允价值变动风险敞口进行的套期。

例如，航空公司签订了一项3个月后以固定外币金额购买飞机的合同（未确认的确定承诺），为了规避外汇风险，使用远期外汇或外汇期货对该确定承诺的外汇风险进行套期，属于公允价值套期。

（二）现金流量套期

所谓现金流量，是指未来的现金收付量，或称现金流入、流出量。现金流量套期是指对现金流量变动风险进行的套期。该类现金流量变动源于与已确认资产或负债、极可能发生的预期交易，或与上述项目组成部分有关的某类特定风险，且将影响企业的损益。

例如，企业在未来6个月里预计需要消耗100个单位的原材料，目前库存有40个单位，预期采购60个单位，在未来6个月内，原材料的价格存在波动，但库存的40个单位与预期采购的60个单位因价格变动所面临的风险并不一样，其中，库存的40个单位的原材料所承受的是公允价值变动风险，而预期采购的60个单位原材料所承受的是现金流量风险。

（三）境外经营净投资套期

境外经营净投资套期是指对境外经营净投资外汇风险敞口进行的套期。境外经营净投资，是指企业在境外经营净资产中的权益份额。境外经营净投资套期中的被套期风险是指境外经营的记账本位币与母公司的记账本位币之间的折算差额。

例如，A国企业设在B国的经营单位，通常是以所在B国货币作为记账货币。因此，其期末报送A国的财务报表必须要折算为A国货币，此时按期末即期汇率进行折算，会产生汇率风险。通常总是资产大于负债，故相抵的结果为净资产上产生的汇率风险。为了防止这种外汇风险的影响，投资企业常采用借入一笔贷款（非衍生金融工具）或购买一笔远期外汇合约（衍生金融工具）来规避。

二、套期保值会计的几个概念

套期工具和被套期项目是企业管理者为适应风险管理策略需要开展保值业务而指定的套期关系中最重要的两个因素。

(一) 套期工具

套期工具是指企业为进行套期而指定的、其公允价值或现金流量变动预期可抵销被套期项目的公允价值或现金流量变动的金融工具。衍生工具通常可以作为套期工具。衍生工具包括远期合同、期货合同、互换和期权合同，以及具有远期合同、期货合同、互换合同和期权合同中一种或一种以上特征的工具。比如，企业为规避库存铜品价格下跌的风险，可以通过卖出一定数量铜品的期货合同加以实现，其中，卖出铜品的期货合同即是套期工具。对外汇风险进行套期还可以将非衍生金融资产（选择以公允价值计量且其变动计入其他综合收益的非交易性权益工具投资除外）或非衍生金融负债的外汇风险成分作为套期工具。在理解套期工具概念时，需要注意以下几点：（1）衍生工具如无法有效地降低被套期项目的风险，不能作为套期工具。比如，对于利率上下限期权或由一项发行的期权和一项购入的期权组成的期权，其实质相当于企业发行一项期权的（即企业收取了净期权费），不能将其指定为套期工具。（2）非衍生金融资产或非衍生金融负债，只有用于对外汇风险进行套期时，才能被指定为套期工具。（3）无论是衍生工具还是某些非衍生金融资产或非衍生金融负债，其作为套期工具的基本条件就是公允价值能够可靠计量。（4）在运用套期会计方法时，只有涉及报告主体以外的主体的工具才能作为套期工具。

企业在确立套期关系时，应当对套期工具整体或其一定比例（不含套期工具剩余期限内的某一时段）进行指定，但下列情况除外：（1）对于期权，企业可以将期权的内在价值和时间价值分开，只就内在价值变动将期权指定为套期工具。（2）对于远期合同，企业可以将远期合同的利息和即期价格分开，只就即期价格变动将远期合同指定为套期工具。（3）对于金融工具，企业可以将金融工具的外汇基差单独分拆，只将排除外汇基差后的金融工具指定为套期工具。企业可以将套期工具的一定比例指定为套期工具，但不可以将套期工具剩余期限内某一时段的公允价值变动部分指定为套期工具。企业可以将两项或两项以上衍生工具的组合或该组合的一定比例指定为套期工具。对于外汇风险套期，企业可以将两项或两项以上非衍生工具的组合或该组合的一定比例，或将衍生工具和非衍生工具的组合或该组合的一定比例指定为套期工具。

企业通常可将单项衍生工具指定为对一种风险进行套期，但同时满足下列条件的，可以指定单项衍生工具对一种以上的风险进行套期：（1）各项被套期风险可以清晰辨认；（2）套期有效性可以证明；（3）可以确保该衍生工具与不同风险头寸之间存在具体指定关系。套期有效性，是指套期工具的公允价值或现金流量变动能够抵销被套期风险引起的被套期项目公允价值或现金流量变动的程度。

对于符合套期工具条件的衍生工具，在套期开始时，通常应当将其整体或其一定比例指定为套期工具。单项衍生工具通常被指定为对一种风险进行套期。附有多种风险的衍生工具也可以被指定为对一种以上风险进行套期，前提是可以清晰地辨认这些被套期风险，可以证明套期有效性，同时可以确保该衍生工具与不同风险之间存在具体指定关系。比如，某企业的记账本位币是人民币，发行了一期5年期美元浮动利率债券。为规避该金融负债的外汇风险和利率风险，该企业与某金融企业签订一项交叉货币互换合同，并将其指定为套期工具，同时将美元浮动利率债券指定为被套期项目。执行此项合同后，该企业将从金融企业定期收到浮动利率美元利息，以支付债券持有者，并按固定利率支付人民币利息给金融企业。在此例中，该企业将浮动利率美元利息转化成了固定利率人民币利息，从而规避了美元对人民币汇率变动风险及美元利率变动风险。

（二）被套期项目

被套期项目，是指使企业面临公允价值或现金流量变动风险，且被指定为被套期对象的、能够可靠计量的项目。企业可以将下列单个项目、项目组合或其组成部分指定为被套期项目：（1）已确认资产或负债；（2）尚未确认的确定承诺；（3）极可能发生的预期交易；（4）境外经营净投资。确定承诺，是指在未来某特定日期或期间，以约定价格交换特定数量资源、具有法律约束力的协议。预期交易，是指尚未承诺但预期会发生的交易。库存商品、债权投资、其他权益工具投资、贷款、长期借款、预期商品销售、预期商品购买、对境外经营净投资等项目使企业面临公允价值或现金流量风险变动的，均可被指定为被套期项目。

在指定被套期项目时，应注意以下几点：（1）被套期风险是信用风险或外汇风险的，债权投资可以指定为被套期项目。被套期风险是利率风险或提前还款风险的，债权投资不能指定为被套期项目。（2）企业集团内部交易形成的货币性项目的汇兑收益或损失，不能在合并财务报表中全额抵销的，该货币性项目的外汇风险可以在合并财务报表中指定为被套期项目。企业集团内部很可能发生的预期交易，按照进行此项交易的主体的记账本位币以外的货币标价（即按外币标价），且相关的外汇风险将影响合并利润或损失的，该外汇风险可以在合并财务报表中指定为被套期项目。（3）对于与金融资产或金融负债现金流量或公允价值的一部分相关的风险，其套期有效性可以计量的，企业可以就该风险将金融资产或金融负债指定为被套期项目。（4）在金融资产或金融负债组合的利率风险公允价值套期中，可以将某货币金额（如人民币、美元或欧元金额）的资产或负债指定为被套期项目。（5）企业可以将金融资产或金融负债现金流量的全部指定为被套期项目。但金融资产或金融负债现金流量的一部分被指定为被套期项目的,被指定部分的现金流量应当少于该金融资产或金融负债现金流量总额。(6)非金融资产或非金融负债指定为被套期项目的,被套期风险应当是该非金融资产或非金融负债相关的全部风险或外汇风险。

对具有类似风险特征的资产或负债组合(即被套期项目)进行套期时,该组合中的各单项资产或单项负债应当同时承担被套期风险,且该组合内各单项资产或单项负债由被套期风险引起的公允价值变动,应当预期与该组合由被套期风险引起的公允价值整体变动基本成比例。比如,当被套期组合整体因被套期风险形成的公允价值变动10%时,该组合中各单项金融资产或单项金融负债因被套期风险形成的公允价值变动通常应限制在9%~11%的较小范围内。

三、套期保值会计方法

套期保值会计方法,是指将套期工具和被套期项目公允价值变动或现金流量变动抵销结果在同一财务报表期间的损益中予以确认的方法。

套期保值会计是一种特殊的会计处理方法,它将套期工具和被套期项目作为一个经济业务组合来进行会计处理,改变了套期工具和被套期项目的常规的确认和计量程序。从套期会计的原理来看,被套期项目的被套期风险应该是能够影响利润表的风险,否则就不适于被指定为被套期风险。

(一)套期保值会计方法的适用条件

我国《企业会计准则第24号——套期会计》(以下简称CAS24)规定,套期关系只有符合以下全部条件时,企业才能运用CAS24规定的套期会计方法进行处理:

(1)套期关系仅由符合条件的套期工具和被套期项目组成。

(2)在套期开始时,企业正式指定了套期工具和被套期项目,并准备了关于套期关系和企业从事套期的风险管理策略和风险管理目标的书面文件。该文件至少载明了套期工具、被套期项目、被套期风险的性质以及套期有效性评价方法(包括套期无效部分产生的原因分析以及套期比率确定方法)等内容。

(3)套期关系符合套期有效性要求。套期关系符合以下全部条件时,表明套期关系符合套期有效性要求:①被套期项目和套期工具之间存在经济关系。该经济关系使得套期工具和被套期项目的价值因面临相同的被套期风险而发生方向相反的变动。②被套期项目和套期工具经济关系产生的价值变动中,信用风险的影响不占主导地位。③套期关系的套期比率,应当等于企业实际套期的被套期项目数量与对其进行套期的套期工具实际数量之比,但不应当反映被套期项目和套期工具相对权重的失衡,这种失衡会导致套期无效,并可能产生与套期会计目标不一致的会计结果。例如,企业确定拟采用的套期比率是为了避免确认现金流量套期的套期无效部分，或是为了创造更多的被套期项目进行公允价值调整以达到增加使用公允价值会计的目的，可能会产生与套期会计目标不一致的会计结果。

（二）套期关系再平衡

套期关系由于套期比率的原因而不再符合套期有效性要求，但指定该套期关系的风险管理目标没有改变的，企业应当进行套期关系再平衡。套期关系再平衡，是指对已经存在的套期关系中被套期项目或套期工具的数量进行调整，以使套期比率重新符合套期有效性要求。基于其他目的对被套期项目或套期工具所指定的数量进行调整，不构成本准则所称的套期关系再平衡。

企业在套期关系再平衡时，应当首先确认套期关系调整前的套期无效部分，并更新在套期剩余期限内预期将影响套期关系的套期无效部分产生原因的分析，同时相应更新套期关系的书面文件。

（三）终止使用套期会计处理的情况

发生以下情况之一时，企业应当终止运用套期会计：

（1）因风险管理目标发生变化，导致套期关系不再满足风险管理目标。

（2）套期工具已到期、被出售、合同中止或已行使，表明企业事实上不存在套期工具和被套期项目的对应关系，应终止运用套期保值会计方法。例如，某公司为规避外币应付款汇率上升的风险而购买的期权合同因故出售，出售时应终止运用套期保值会计方法。套期工具展期或被另一项套期工具替换时，如展期或替换是企业正式书面文件所载明套期策略的组成部分，不作为已到期或合同中止处理。

（3）被套期项目与套期工具之间不再存在经济关系，或者被套期项目和套期工具经济关系产生的价值变动中，信用风险的影响开始占主导地位。

（4）套期关系不再满足运用套期会计方法的其他条件。在适用套期关系再平衡的情况下，企业应当首先考虑套期关系再平衡，然后评估套期关系是否满足准则所规定的运用套期会计方法的条件。

终止套期会计可能会影响套期关系的整体或其中一部分，在仅影响其中一部分时，剩余未受影响的部分仍适用套期会计。

（四）套期保值会计核算

套期保值会计的核算方法和涉及的主要会计科目如下：

1. 核算方法

套期工具的初始计量、后续计量按照 CAS24 进行会计处理。如表 9-1 所示。

表 9-1　　　　　　　　　　套期会计核算方法一览表

项目	套期工具期末公允价值变动形成的利得（损失）		被套期项目因被套期风险形成的利得（损失）	
	有效套期部分	无效套期部分	有效套期部分	无效套期部分
公允价值套期	损益	—	损益，并调整被套期项目的账面价值	—
现金流量套期	其他综合收益	损益	其他综合收益	损益
境外经营净投资套期	其他综合收益	损益	其他综合收益	损益

注：（1）现金流量套期保值、境外经营净投资套期会计处理中，除预期交易类外，原直接计入其他综合收益中的套期工具利得或损失，应当在被套期预期交易影响利润或损失的同一期间转出，计入当期损益。（2）现金流量套期保值中，有效部分金额，按以下两项的绝对额较低者确定：①套期工具自套期开始的累计利得或损失；②被套期项目自套期开始的预计未来现金流量现值累计变动额。无效部分为直接确认为其他综合收益后的其他利得或损失。

2. 涉及的主要会计科目

衍生金融工具所涉及的主要会计科目包括"衍生工具""套期工具""被套期项目"等科目。

（1）"衍生工具"科目，核算企业衍生金融工具业务中的衍生金融工具的公允价值及其变动形成的衍生资产或衍生负债。本科目应当按照衍生金融工具类别，分别"成本""公允价值变动"进行明细核算。衍生工具的主要账务处理：①企业取得衍生工具时，按其公允价值，借记本科目，按发生的交易费用，借记"投资收益"科目，按实际支付的金额，贷记"银行存款""存放中央银行款项"等科目。②资产负债表日，衍生工具的公允价值高于其账面余额的差额，借记或贷记本科目（公允价值变动），贷记或借记"公允价值变动损益"科目；公允价值低于其账面余额的差额，作相反的会计分录。③衍生工具终止确认时，应当比照"交易性金融资产"科目的相关规定进行处理。本科目期末借方余额，反映企业衍生金融工具形成的资产的公允价值；本科目期末贷方余额，反映企业衍生金融工具形成的负债的公允价值。

（2）"套期工具"科目，核算企业开展的套期业务中套期工具公允价值变动形成的资产或负债，包括公允价值套期、现金流量套期和境外经营净投资套期公允价值变动形成的资产或负债。本科目应当按照套期工具类别进行明细核算。套期工具的主要账务处理：①企业将已确认的金融资产或金融负债指定为套期工具时，应按该金融资产或金融负债的账面价值，借记或贷记本科目，贷记或借记"衍生工具"等科目。②资产负债表日，企业应按套期工具产生的利得，借记本科目，贷记"公允价值变动损益""投资收益""主营业务成本""利息收入"

"其他综合收益"等科目；按套期工具产生的损失，作相反的会计分录。③当金融资产或负债不再作为套期工具核算时，应按套期工具形成的资产或负债，借记或贷记相关科目，贷记或借记本科目。原计入其他综合收益的利得或损失，应按金融工具确认和计量准则规定的时点转出。企业应按转出的金额，借记或贷记"其他综合收益"科目，贷记或借记"投资收益"、"利息收入"、相关资产或负债等科目。本科目期末借方余额，反映企业套期工具形成的资产；本科目期末贷方余额，反映企业套期工具形成的负债。

（3）"被套期项目"科目，核算企业开展的套期业务中被套期项目变动形成的资产或负债。本科目应当按照套期项目类别进行明细核算。被套期项目的主要账务处理：①企业将已确认的资产或负债指定为被套期项目时，应按该资产或负债的账面价值，借记或贷记本科目，贷记或借记"库存商品""长期借款""债权投资"等科目。②资产负债表日，企业应按被套期项目产生的利得，借记本科目，贷记"投资收益""主营业务成本""利息收入""其他综合收益"等科目；按被套期项目产生的损失，作相反的会计分录。③当资产或负债不再作为被套期项目核算时，应将被套期项目形成的资产或负债，借记或贷记相关科目，贷记或借记本科目。本科目期末借方余额，反映企业被套期项目形成的资产；本科目期末贷方余额，反映企业被套期项目形成的负债。

四、套期会计处理

套期工具的初始计量、后续计量按照金融工具的确认和计量处理，对于不同套期类型的套期事项，适用不同的会计处理程序。

（一）公允价值套期的会计处理

公允价值套期满足运用套期会计方法条件的，应当按照下列规定处理：（1）套期工具产生的利得或损失应当计入当期损益。如果套期工具是对选择以公允价值计量且其变动计入其他综合收益的非交易性权益工具投资（或其组成部分）进行套期的，套期工具产生的利得或损失应当计入其他综合收益。（2）被套期项目因被套期风险敞口形成的利得或损失应当计入当期损益，同时调整未以公允价值计量的已确认被套期项目的账面价值。被套期项目为按照 CAS22 第十八条分类为以公允价值计量且其变动计入其他综合收益的金融资产（或其组成部分）的，其因被套期风险敞口形成的利得或损失应当计入当期损益，其账面价值已经按公允价值计量，不需要调整；被套期项目为企业选择以公允价值计量且其变动计入其他综合收益的非交易性权益工具投资（或其组成部分）的，其因被套期风险敞口形成的利得或损失应当计入其他综合收益，其账面价值已经按公允价值计量，不需要调整。

对于金融资产或金融负债组合一部分的利率风险公允价值套期，为符合被套期项目因被套期风险形成的利得或损失应当计入当期损益，同时调整被套期项目的账面价值，企业对被套期项目形成的利得或损失可按下列方法处理：（1）被套期项目在重新定价期间内是资产的，在资产负债表中资产项下单列项目反映（列在金融资产后），待终止确认时转销；（2）被套期项目在重新定价期间内是负债的，在资产负债表中负债项下单列项目反映（列在金融负债后），待终止确认时转销。

满足下列条件之一的，企业应终止运用公允价值套期会计：（1）套期工具已到期、被出售、合同终止或已行使。套期工具展期或被另一项套期工具替换时，展期或替换是企业正式书面文件所载明的套期策略组成部分的，不作为已到期或合同终止处理。（2）该套期不再满足准则所规定的运用套期会计方法的条件。（3）企业撤销了对套期关系的指定。

公允价值套期中，被套期项目为以摊余成本计量的金融工具（或其组成部分）的，企业对被套期项目账面价值所作的调整应当按照开始摊销日重新计算的实际利率进行摊销，并计入当期损益。该摊销可以自调整日开始，但不应当晚于对被套期项目终止进行套期利得和损失调整的时点。被套期项目为按照CAS22第十八条分类为以公允价值计量且其变动计入其他综合收益的金融资产（或其组成部分）的，企业应当按照相同的方式对累计已确认的套期利得或损失进行摊销，并计入当期损益，但不调整金融资产（或其组成部分）的账面价值。

被套期项目为尚未确认的确定承诺（或其组成部分）的，其在套期关系指定后因被套期风险引起的公允价值累计变动额应当确认为一项资产或负债，相关的利得或损失应当计入各相关期间损益。当履行确定承诺而取得资产或承担负债时，应当调整该资产或负债的初始确认金额，以包括已确认的被套期项目的公允价值累计变动额。

在购买资产或承担负债的确定承诺的公允价值套期中，该确定承诺因被套期风险引起的公允价值变动累计额（已确认为资产或负债），应当调整履行该确定承诺所取得的资产或承担的负债的初始确认金额。

这种套期保值主要涉及商品期货的会计处理、金融期权的会计处理、金融期货的会计处理以及金融远期的会计处理。

1. 期货的会计处理

[例9-4] 2019年7月1日，甲公司为规避所持有存货公允价值变动风险，与某金融机构签订了一项衍生工具合同（即衍生工具），并将其指定为2019年下半年存货价格变化引起的公允价值变动风险的套期。衍生工具的标的资产与被套期项目存货在数量、质次、价格变动和产地方面相同。

2019年7月1日，衍生工具的公允价值为零，被套期项目（存货）的账面价值和成本均为200 000元，公允价值是220 000元。2019年12月31日，衍生工具的公允价值上涨了5 000元，存货的公允价值下降了5 000元。当日，甲公司将存货出售，并将衍生工具结算。

甲公司采用比率分析法评价套期有效性，即通过比较衍生工具和存货的公允价值变动评价套期有效性。甲公司预期该套期完全有效。

假定不考虑衍生工具的时间价值、商品销售相关的增值税及其他因素，甲公司的账务处理如下：

(1) 2019年7月1日：

借：被套期项目——库存商品	200 000
贷：库存商品	200 000

(2) 2019年12月31日：

借：套期工具——衍生工具	5 000
贷：套期损益	5 000
借：套期损益	5 000
贷：被套期项目——库存商品	5 000
借：应收账款或银行存款	215 000
贷：主营业务收入	215 000
借：主营业务成本	195 000
贷：被套期项目——库存商品	195 000
借：银行存款	5 000
贷：套期工具——衍生工具	5 000

注：由于甲公司采用了套期策略，规避了存货公允价值变动风险，因此，其存货公允价值下降没有对预期毛利额20 000元（220 000 - 200 000）产生不利影响。

假定2019年12月31日衍生工具的公允价值上涨了4 500元，存货的公允价值下降了5 000元。其他资料不变，甲公司的账务处理如下：

(1) 2019年7月1日：

借：被套期项目——库存商品	200 000
贷：库存商品	200 000

(2) 2019年12月31日：

借：套期工具——衍生工具	4 500
贷：套期损益	4 500
借：套期损益	5 000
贷：被套期项目——库存商品	5 000
借：应收账款或银行存款	215 000
贷：主营业务收入	215 000

借：主营业务成本	195 000
贷：被套期项目——库存商品	195 000
借：银行存款	4 500
贷：套期工具——衍生工具	4 500

说明：两种情况的差异在于，前者不存在"无效套期损益"，后者存在"无效套期损益"500元，从而对甲公司当期利润总额的影响相差500元。

2. 金融期权的会计处理

同其他衍生金融工具一样，金融期权也具有避险功能和投机功能。金融期权的买方只需投入占标的物价格一定比率的期权费就可享有权利，不必承担义务。金融期权的卖方虽然收取一定金额的期权费，但买方的利益即卖方的损失，该损失可能性极大。因此，在使用金融期权时，会计上面临的主要问题是如何恰当处理期权费及期权价格变动所产生的损益。

在进行会计处理时，只有当期权合同被指定为有效套期工具时，才有必要将期权的内在价值和时间价值分开核算。其他情况下，也就是利用期权作为投机工具获取风险收益时，期权合同在资产负债表上都是按照整体公允价值报告的，并且整体公允价值的变动均应计入当期损益。

[例9-5] 2017年1月1日，甲公司以每股10元的价格，从二级市场上购入乙公司股票20 000股（占乙公司有表决权股份的3%），且将其划分为其他权益工具投资。为规避该股票价格下降风险，甲公司于2017年12月31日支付期权费24 000元购入一项看跌期权。该期权的行权价格为每股13元，行权日期为2019年12月31日。甲公司购入的乙股票和卖出期权的公允价值如表9-2所示。

表9-2　　　　甲公司购入的乙股票和卖出期权的公允价值　　　　单位：元

项目	2017年12月31日	2018年12月31日	2019年12月31日
乙股票			
每股价格	13	12	11.4
总价	260 000	240 000	228 000
卖出期权			
时间价值	24 000	14 000	0
内在价值	0	20 000	32 000
总价	24 000	34 000	32 000

甲公司将该卖出期权指定为对其他权益工具投资（乙股票投资）的套期工具，在进行套期有效性评价时将期权的时间价值排除在外，即不考虑期权的时间

价值变化。

假定甲公司于 2019 年 12 月 31 日行使了卖出期权，同时不考虑税费等其他因素的影响。

据此，甲公司套期有效性分析及账务处理如下：

（1）套期有效性分析。具体分析如表 9-3 所示。

表 9-3　　　　　　　　　　　套期有效性分析

日期	期权内在价值变化 （利得）损失（元）	乙股票市价变化 （利得）损失（元）	套期有效率（%）
2018 年 12 月 31 日	（20 000）	20 000	100
2019 年 12 月 31 日	（12 000）	12 000	100

（2）账务处理：

①2017 年 1 月 1 日，确认购买乙股票：

借：其他权益工具投资　　　　　　　　　　　　　　200 000
　　贷：银行存款　　　　　　　　　　　　　　　　　　　200 000

②2017 年 12 月 31 日，确认乙股票价格上涨：

借：其他权益工具投资　　　　　　　　　　　　　　 60 000
　　贷：其他综合收益　　　　　　　　　　　　　　　　　 60 000

指定其他权益工具投资为被套期项目：

借：被套期项目——其他权益工具投资　　　　　　 260 000
　　贷：其他权益工具投资　　　　　　　　　　　　　　 260 000

购入卖出期权并指定为套期工具：

借：套期工具——卖出期权　　　　　　　　　　　　 24 000
　　贷：银行存款　　　　　　　　　　　　　　　　　　　 24 000

③2018 年 12 月 31 日，确认套期工具公允价值变动——内在价值变动：

借：套期工具——卖出期权　　　　　　　　　　　　 20 000
　　贷：套期损益　　　　　　　　　　　　　　　　　　　 20 000

确认套期工具公允价值变动：

借：套期损益　　　　　　　　　　　　　　　　　　 20 000
　　贷：被套期项目——其他权益工具投资　　　　　　　 20 000

确认套期工具公允价值变动——时间价值：

借：套期损益　　　　　　　　　　　　　　　　　　 10 000
　　贷：套期工具——卖出期权　　　　　　　　　　　　 10 000

④2019年12月31日，确认套期工具公允价值变动——内在价值变动：

借：套期工具——卖出期权　　　　　　　　　　　　12 000
　　贷：套期损益　　　　　　　　　　　　　　　　　　12 000

确认被套期项目公允价值变动：

借：套期损益　　　　　　　　　　　　　　　　　　12 000
　　贷：被套期项目——其他权益工具投资　　　　　　12 000

确认套期工具公允价值变动——时间价值：

借：套期损益　　　　　　　　　　　　　　　　　　14 000
　　贷：套期工具——卖出期权　　　　　　　　　　　14 000

确认卖出期权行权：

借：银行存款　　　　　　　　　　　　　　　　　　260 000
　　贷：套期工具——卖出期权　　　　　　　　　　　32 000
　　　　被套期项目——其他权益工具投资　　　　　　228 000

将直接计入其他综合收益的其他权益工具投资价值变动转出，计入当期损益：

借：其他综合收益　　　　　　　　　　　　　　　　60 000
　　贷：套期损益　　　　　　　　　　　　　　　　　　60 000

3. 金融期货的会计处理

金融期货交易是买卖双方根据事先约定的合约，在未来某一时间按照某一约定价格买入或卖出某种交易对象的交易。其中，外汇期货交易是最为常见的一种期货交易。金融期货交易的目的，同样也有两种情况：避险与投机。金融期货与金融远期一样，交割日都在未来，但金融期货实行保证金制度，期货交易者在期货交易所进行交易。保证金有两种：一是原始保证金，在期货交易开始时缴纳，代表履约的限制性条款；二是维持保证金，每日终了，清算所将交易者的期货头寸按市价计算，损益通过保证金账户进行清算。当产生损失时，其金额自原始保证金扣减。若达不到清算所规定追缴的保证金水准，则必须补足至原始保证金水平。由于期货交易按市场的变动逐日结清，差额加回保证金，或自保证金扣除，所以这种逐日清算可以反映每日市场价格，但也会造成会计报表利润的变动。

[例9-6] 甲公司为境内商品生产企业，采用人民币作为记账本位币。2019年10月31日，甲公司与某境外公司签订了一项设备购买合同（确定承诺），设备价格为外币X（本题简称FCX）270 000元，交货日期为2019年12月31日。

2019年10月31日，甲公司签订了一项购买外币Y（本题简称FCY）240 000元的远期合同。根据该远期合同，甲公司将于2019年12月31日支付人民币147 000元购入FCY240 000元，汇率为1FCY = 0.6125人民币元（即2019年12月31日的现行远期汇率）。

甲公司将该远期合同指定为对由于 FCX/人民币元汇率变动可能引起的、确定承诺公允价值变动风险的套期工具，且通过比较远期合同公允价值总体变动和确定承诺人民币元公允价值变动评价套期有效性。假定最近两个月，人民币元对 FCY、人民币元对 FCX 之间的汇率变动具有高度相关性。2019 年 12 月 31 日，甲公司履行确定承诺并以净额结算了远期合同。与本例套期有关的远期汇率资料如表 9-4 所示。

表 9-4　　　　　　　　　与本例套期有关的远期汇率资料

日期	2019 年 12 月 31 日 FCY/人民币元的远期汇率	2019 年 12 月 31 日 FCX/人民币元的远期汇率
2019 年 10 月 31 日	1FCY = 0.6125 人民币元	1FCX = 0.5454 人民币元
2019 年 11 月 30 日	1FCY = 0.5983 人民币元	1FCX = 0.5317 人民币元
2019 年 12 月 31 日	1FCY = 0.5777 人民币元	1FCX = 0.5137 人民币元

根据上述资料，甲公司进行如下分析和账务处理：

（1）套期有效性评价。

甲公司预期该套期高度有效，原因在于：第一，2019 年 10 月 31 日，FCY240 000 元与 FCX270 000 元按 2019 年 12 月 31 日的远期汇率换算，相差（仅为 258 人民币元）不大；第二，远期合同和确定承诺将在同一日期结算；第三，最近两个月，人民币元对 FCY、人民币元对 FCX 之间的汇率变动具有高度相关性。但是，该套期并非完全有效，因为与远期合同名义金额 FCY240 000 元等值人民币元的变动，与将支付的 FCX270 000 元等值人民币元的变动存在差异。另外，应注意即期汇率与远期汇率之间的差异无须在评价套期有效性时考虑。远期合同和确定承诺的公允价值变动如表 9-5 所示。

表 9-5　　　　　　　　　远期合同和确定承诺的公允价值变动

项目	10 月 31 日	11 月 30 日	12 月 31 日
A. 远期合同			
2019 年 12 月 31 日结算用的人民币元/FCY 的远期汇率	0.6125	0.5983	0.5777
金额单位：FCY	240 000	240 000	240 000
远期价格（FCY240 000 元折算成人民币元）	147 000	143 592	138 648
合同价格（人民币元）	(147 000)	(147 000)	(147 000)

续表

项目	10月31日	11月30日	12月31日
A. 远期合同			
以上两项的差额（人民币元）	0	(3 408)	(8 352)
公允价值（上述差额的现值，假定折现率为6%）	0	(3 391)	(8 352)
本期公允价值变动		(3 391)	(4 961)
B. 确定承诺			
2019年12月31日结算用的人民币元/FCX的远期汇率	0.5454	0.5317	0.5137
金额单位：FCX	270 000	270 000	270 000
远期价格（FCX270 000元折算成人民币元）	(147 258)	(143 559)	(138 699)
初始远期价格（人民币元）(270 000×0.5454)	147 258	147 258	147 258
以上两项的差额（人民币元）	0	3 699	8 559
公允价值（上述差额的现值，假定折现率为6%）	0	3 681	8 559
本期公允价值变动		3 681	4 878
C. 无效套期部分（以FCY标价的远期合同和以FCX标价的确定承诺两者公允价值变动的差额）		290	(83)

（2）账务处理如下：

为了简化核算，假定不考虑设备购买有关的税费因素、设备运输和安装费用等。

①2019年10月31日：

无须进行账务处理。因为远期合同和确定承诺当日公允价值均为零。

②2019年11月30日：

借：被套期项目——确定承诺　　　　　　　　　　　3 681
　　贷：套期损益　　　　　　　　　　　　　　　　　　　3 681
借：套期损益　　　　　　　　　　　　　　　　　　3 391
　　贷：套期工具——远期合同　　　　　　　　　　　　　3 391

③2019年12月31日：

借：被套期项目——确定承诺　　　　　　　　　　　4 878
　　贷：套期损益　　　　　　　　　　　　　　　　　　　4 878
借：套期损益　　　　　　　　　　　　　　　　　　4 961
　　贷：套期工具——远期合同　　　　　　　　　　　　　4 961

确认远期合同结算：

借：套期工具——远期合同　　　　　　　　　　　　8 352
　　贷：银行存款　　　　　　　　　　　　　　　　　　　8 352

确认履行确定承诺购入固定资产：
借：固定资产——设备　　　　　　　　　　　　　147 258
　　贷：银行存款　　　　　　　　　　　　　　　138 699
　　　　被套期项目——确定承诺　　　　　　　　　8 559

(二) 现金流量套期的会计处理

现金流量套期满足运用套期会计方法条件的，应当按照下列规定处理：(1) 套期工具产生的利得或损失中属于套期有效的部分，作为现金流量套期储备，应当计入其他综合收益。现金流量套期储备的金额，应当按照下列两项的绝对额中较低者确定：一是套期工具自套期开始的累计利得或损失；二是被套期项目自套期开始的预计未来现金流量现值的累计变动额。每期计入其他综合收益的现金流量套期储备的金额应当为当期现金流量套期储备的变动额。(2) 套期工具利得或损失中属于无效套期的部分（即扣除直接确认为所有者权益后的其他利得或损失），应当计入当期损益。(3) 在风险管理策略的正式书面文件中，载明了在评价套期有效性时将排除套期工具的某部分利得或损失或相关现金流量影响的，被排除的该部分利得或损失的处理适用《企业会计准则第 22 号——金融工具确认和计量》。对确定承诺的外汇风险进行的套期，企业可以作为现金流量套期或公允价值套期处理。现金流量套期保值中预期交易类的会计核算方法如表 9－6 所示。

表 9－6　　　　现金流量套期保值中预期交易类的会计核算方法

被套期项目	预期交易	预期交易
随后确认	一项金融资产或一项金融负债	一项非金融资产或一项非金融负债
原直接在其他综合收益中确认的相关利得或损失	应当在该金融资产或金融负债影响企业损益的同一期间转出，计入当期损益	应当在该非金融资产或非金融负债影响企业损益的同一期间转出，计入当期损益
企业预期原直接在其他综合收益中确认的净损失全部或部分在未来一个或一个以上财务报告期间不能补偿时	应当将不能补偿的部分转出，计入当期损益	应当将不能补偿的部分转出，计入当期损益；或将原直接在其他综合收益中确认的相关利得或损失转出，计入该非金融资产或非金融负债的初始入账价值

在下列情况下，企业不应当再按上述规定处理：(1) 套期工具已到期、被出售、合同终止或已行使。在套期有效期间直接计入其他综合收益中的套期工具利得或损失不应当转出，直至预期交易实际发生时，再按照准则规定处理。套期工具展期或被另一项套期工具替换，且展期或替换是企业正式书面文件所载明套期策略组成部分的，不作为已到期或合同终止处理。(2) 该套期不再满足运用

准则规定的套期会计方法的条件。在套期有效期间直接计入其他综合收益中的套期工具利得或损失不应当转出，直至预期交易实际发生时，再按照准则的规定处理。(3) 预期交易预计不会发生。在套期有效期间直接计入其他综合收益中的套期工具利得或损失应当转出，计入当期损益。(4) 企业撤销了对套期关系的指定。对于预期交易套期，在套期有效期间直接计入其他综合收益中的套期工具利得或损失不应当转出，直至预期交易实际发生或预计不会发生。预期交易实际发生的，应当按照准则的规定处理；预期交易预计不会发生的，原直接计入其他综合收益中的套期工具利得或损失应当转出，计入当期损益。

这种套期保值主要涉及金融互换、金融定期的会计处理。

1. 金融互换

金融互换是在跨国公司及其国外附属公司之间常用的一种财务活动安排，是由交易双方协议以一定价格，在固定时间互相交换债务或现金流量的一种合同。这种交换可由交易双方直接进行，也可通过银行等中介机构进行。从性质上说，金融互换本身在某些方面与金融远期比较相近，两者都可按使用者的需求规格签订合同。在实务中，金融互换交易双方常以本金计算现金流量，但通常本金并非互换的标的，故又称名义金额。

(1) 货币互换的会计处理。货币互换是交易双方在币种不同的情况下，通过签订合约相互交换不同币种的货币与利率的一种交易行为。货币互换的前提是要存在两个在期限和金额上利益相同却对货币种类需求相反的双方。货币互换的利息流量可以固定对浮动，或固定对固定，或浮动对浮动，而汇率变动则在互换开始时事先约定。因此，货币互换既可以规避汇率变动风险，又可以规避利率变动风险，在到期日，可以不交换本金，仅以汇率变动所发生的差额交割（美国财务会计准则第52号明确指出，货币互换会计处理应与金融远期会计处理一致）。

(2) 利率互换的会计处理。利率互换是交易双方在债务币种相同的情况下相互交换不同形式的利率。利率互换的目的是利用交易双方在国际金融市场上的比较优势来管理债务或降低筹资成本以及规避风险。在利率互换中，由于交换的货币是相同的，只是利率形式不同，所以应当采用净额支付的方法来支付利息，即按相同本金和两种利率形式计算出的利息差额，由利息支出较高的一方向利息支出较低的一方支付。利率互换涉及的会计问题因性质和对象的不同而有所不同，除了考虑不同计息方式互换现金流量的影响，还应同时考虑标的资产或标的负债的影响。利率互换一般期初或期末都没有实际本金的互换，只是在协议约定的各个期间互换因利率不同而产生的利息差额，因此，利率互换的资金流动只发生在计息日，而且由于是净额结算，所以资金的流动是单向的。利率互换的会计处理举例如表9-7所示。

表 9-7 利率互换的会计处理举例

利率互换套期保值		A 公司于 2018 年 1 月 1 日以 10% 的利率签订了一笔为期 2 年的 1 000 万美元的借款协议，每半年付息一次	A 公司同时签订了一项名义本金为 1 000 万美元、期限 2 年的利率互换协议。互换协议规定每半年收取 10% 固定利息的同时支付 LIBOR + 0.5 的利息
计息日 1		(1) 2018 年 6 月 30 日：LIBOR 为 9.6%，应收利息 50 万美元，应付利息 50.5 万美元	
计息日 2		(2) 2018 年 12 月 31 日：LIBOR 为 9.2%，应收利息 50 万美元，应付利息 48.5 万美元	
计息日 3		(3) 2019 年 6 月 30 日：LIBOR 为 9.4%，应收利息 50 万美元，应付利息 49.5 万美元	
计息日 4		(4) 2019 年 12 月 31 日：LIBOR 为 9.1%，应收利息 50 万美元，应付利息 48 万美元	
		被套期项目	套期工具
交易日 2018 年 1 月 1 日	套期零确认	借：银行存款 1 000 万 　贷：长期借款 1 000 万	不作财务处理，将套期保值作表外登记
利息日 1 2018 年 6 月 30 日	付息日	借：财务费用 50 万 　贷：银行存款 50 万	借：其他综合收益（50.5－50）0.5 万 　贷：套期工具——利率互换协议 0.5 万
利息日 2 2018 年 12 月 31 日	付息日	借：财务费用 50 万 　贷：银行存款 50 万	借：套期工具——利率互换协议 1.5 万 　贷：其他综合收益 1.5 万
利息日 3 2019 年 6 月 30 日	付息日	借：财务费用 50 万 　贷：银行存款 50 万	借：套期工具——利率互换协议 0.5 万 　贷：其他综合收益 0.5 万
利息日 4 2019 年 12 月 31 日	付息日（到期日）	借：财务费用 50 万 　贷：银行存款 50 万 借：长期借款 1 000 万 　贷：银行存款 1 000 万	借：套期工具——利率互换协议 2 万 　贷：其他综合收益 2 万 借：银行存款 3.5 万 　贷：套期工具——利率互换协议 3.5 万 借：其他综合收益 3.5 万 　贷：其他业务收入 3.5 万
固定利率利息支出 200 万美元，套期交易后实际利息负担为 196.5 万美元，通过套期规避的利息支出损失为 3.5 万美元			

注：假定记账本位币是美元。

在国际金融市场上，1981年首先出现了货币互换交易，1982年出现了利率互换交易，此后得到了迅猛增长，至1995年，其交易额就已达到12.81万亿美元，以至于西方大银行在投资业务中"言必谈互换"，使互换市场迅速扩大成长。当前，全球互换交易每年签约金额达数十万亿美元之巨。因而，互换被公认为是20世纪80年代最重大的金融工具之一。

2. 金融远期

金融远期是由买卖双方签订的，在未来某一特定时间按约定价格买入或卖出某种交易对象的合约。其中，买卖双方主要是指金融机构与金融机构之间，或金融机构与企业之间。目前，最为常见的金融远期交易是以外汇为交易对象的远期外汇交易。签订金融远期的目的：一是避险，即套期保值。凡金融远期是为避免外币应收款或应付款、外币承诺、受险外币净资产或净负债的汇率变动风险者，即属避险性外汇金融远期。二是非避险，即投机牟利。凡是为赚取汇率变动差价者，即属投机性的外汇金融远期。远期外汇套期保值是通过锁定远期汇率来规避外汇风险的，远期外汇交易的会计处理主要有三种：

（1）外币债权、债务的套期保值。即企业签订金融远期作为外币应收款或应付款的套期保值。

（2）外币承诺的套期保值。即企业签订金融远期作为外币承诺的套期保值。

（3）受险净资产或净负债的套期保值（这种套期保值一般属于境外经营净投资套期）。

[例9-7] 甲公司于2019年11月1日与境外DEF公司签订合同，约定2019年12月31日以外币（FC）每吨60元的价格购入100吨橄榄油。甲公司为规避购入橄榄油成本的外汇风险，于当日与某金融机构签订一项2个月期的远期外汇合同，约定汇率为1FC=45人民币元，合同金额为FC6 000元。2019年12月31日，甲公司以净额方式结算该远期外汇合同，并购入橄榄油。

假定：（1）2019年11月30日，1个月FC对人民币远期汇率为1FC=44.8人民币元，人民币的市场利率为6%；（2）2019年12月31日，FC对人民币即期汇率为1FC=44.6人民币元；（3）该套期符合运用套期保值准则所规定的运用套期会计的条件；（4）不考虑增值税等相关税费。

简要提示：根据套期保值准则，对外汇确定承诺的套期既可以划分为公允价值套期，也可以划分为现金流量套期。

情形1：甲公司将上述套期划分为公允价值套期。

（1）2019年11月1日：

远期合同的公允价值为零，不作账务处理，将套期保值进行表外登记。

（2）2019年11月30日：

远期外汇合同的公允价值 = (45 - 44.8) × 6 000/(1 + 6% × 1/12) = 1 194

（人民币元）

借：套期损益 1 194
  贷：套期工具——远期外汇合同 1 194
借：被套期项目——确定承诺 1 194
  贷：套期损益 1 194

(3) 2019 年 12 月 31 日：

远期外汇合同的公允价值 =（45 – 44.6）×6 000 = 2 400（人民币元）

借：套期损益 1 206
  贷：套期工具——远期外汇合同 1 206
借：套期工具——远期外汇合同 2 400
  贷：银行存款 2 400
借：被套期项目——确定承诺 1 206
  贷：套期损益 1 206
借：库存商品——橄榄油 267 600
  贷：银行存款 267 600
借：库存商品——橄榄油 2 400
  贷：被套期项目——确定承诺 2 400

（将被套期项目的余额调整为橄榄油的入账价值）

情形 2：甲公司将上述套期划分为现金流量套期。

(1) 2019 年 11 月 1 日：

不作账务处理，将套期保值进行表外登记。

(2) 2019 年 11 月 30 日：

远期外汇合同的公允价值 =（45 – 44.8）×6 000/(1 + 6% × 1/12) = 1 194
（人民币元）

借：其他综合收益（套期工具价值变动） 1 194
  贷：套期工具——远期外汇合同 1 194

(3) 2019 年 12 月 31 日：

远期外汇合同的公允价值 =（45 – 44.6）×6 000 = 2 400（人民币元）

借：其他综合收益（套期工具价值变动） 1 206
  贷：套期工具——远期外汇合同 1 206
借：套期工具——远期外汇合同 2 400
  贷：银行存款 2 400
借：库存商品——橄榄油 267 600
  贷：银行存款 267 600

甲公司将套期工具于套期期间形成的公允价值变动累计额（净损失）暂记

在其他综合收益中,在处置橄榄油影响企业损益的期间转出,计入当期损益。该净损失在未来会计期间不能弥补时,将全部转出,计入当期损益。

(三)境外经营净投资套期的会计处理

对境外经营净投资的套期,包括对作为净投资的一部分进行会计处理的货币性项目的套期,应当按照类似于现金流量套期会计的规定处理:(1)套期工具形成的利得或损失中属于套期有效的部分,应当计入其他综合收益。全部或部分处置境外经营时,上述计入其他综合收益的套期工具利得或损失应当相应转出,计入当期损益。(2)套期工具形成的利得或损失中属于套期无效的部分,应当计入当期损益。这种套期保值主要涉及金融远期的受险净资产或净负债的套期保值。

受险净资产或净负债的套期保值,主要是跨国公司的母公司利用远期外汇交易,规避在国外子公司或分支机构中的外币投资净额所面临的外汇风险。在编制合并报表时,一家国外附属公司的受险净资产,相对于母公司来说,若外币贬值,则产生换算损失;而国外附属公司的受险净负债,当功能性货币是母公司货币时,相对于母公司货币来说,外币升值,也会产生换算损失。企业以金融远期进行套期保值,可使换算损失冲销汇兑利得,以实现账面损失最小化。

[例9-8] 丙公司是国内企业,拥有一家国外子公司,净投资额为外币500万美元。假定投资日历史汇率与2018年8月1日汇率一致。2018年8月1日,丙公司与某金融机构签订了一项6个月期限的远期合约,卖出500万美元。2018年8月1日,汇率为100美元=683人民币元,银行6个月远期汇率为100美元=681人民币元。2018年12月31日,汇率为100美元=686人民币元。交割日2019年2月1日,汇率为100美元=671人民币元。

(1) 2018年8月1日:

借:被套期项目——境外经营净投资　　(500×6.81) 34 050 000
　　贷:长期股权投资　　　　　　　　　　　　　　　34 050 000

(外汇远期合同的公允价值为零,不作账务处理)

(2) 2018年12月31日:

借:外币报表折算差额　　　　　　　　　　500 000
　　贷:被套期项目——境外经营净投资　　　　　500 000

借:套期工具——远期外汇合约　　　　　　500 000
　　财务费用　　　　　　　　　　　　　　250 000
　　贷:其他综合收益　　　　　　　　　　　　　750 000

(被套期项目自套期日起累计变动额为75万人民币元,大于套期工具累计利得50万人民币元,所以确认套期有效额为50万人民币元,无效额为25万人民币元)

(3) 2019 年 2 月 1 日：

借：外币报表折算差额　　　　　　　　　　　　　　500 000
　　贷：被套期项目——境外经营净投资　　　　　　　500 000
借：套期工具——远期外汇合约　　　　　　　　　　500 000
　　贷：其他综合收益　　　　　　　　　　　　　　500 000

以交割日汇率购入结算货币 500 万美元：

借：银行存款——美元　　　　（500×6.71）33 550 000
　　贷：银行存款——人民币　　　　　　　　　33 550 000

交割：

借：银行存款——人民币　　　　　　　　　　33 550 000
　　贷：套期工具——远期外汇合约　　　　　　33 550 000

【本章小结】

　　衍生金融工具是指根据货币利率或债务工具的价格、外汇汇率、股价或股票指数、商品期货价格等基础金融资产价格走势的预期而定价，并从这些基础金融产品的价值中派生出自身价值的金融工具。

　　本章按照衍生金融工具概述、衍生金融工具确认与计量原则、衍生金融工具投机套利会计处理、衍生金融工具套期保值会计处理的逻辑顺序展开讲解。其中，衍生金融工具概述，介绍了衍生金融工具的定义、基本特点以及分类；衍生金融工具确认与计量原则，详述了衍生金融工具会计确认包括初始确认、再确认和终止确认。衍生金融工具的计量包括初始计量和后续计量；衍生金融工具投机套利会计处理，分别介绍了金融远期、金融期货、商品期货等投机交易的会计处理方法；衍生金融工具套期保值会计处理，介绍了套期保值的分类和两个重要的概念，并阐述了套期保值的会计处理方法。

【本章思考与练习题】

一、思考题

1. 什么是衍生金融工具，有哪些特点？
2. 简述衍生金融工具的主要种类。
3. 简述保值的定义及分类。
4. 简述公允价值套期保值处理方法。
5. 简述现金流量套期保值会计处理方法。

6. 简述境外经营净投资套期会计处理方法。
7. 什么是套期高度有效？

二、练习题

1. 2019年7月1日，甲公司为规避所持有库存商品A的公允价值变动风险，与某金融机构签订了一项衍生工具合约，并将其指定为2019年下半年该库存商品A价格变动引起的公允价值变动风险的套期工具。衍生工具的标的资产与被套期项目的库存商品A在数量、质量、价格变动和产地方面相同。甲公司预期该套期完全有效。

2019年7月1日，衍生工具的公允价值为0，被套期项目（库存商品A）的账目价值和成本均为1 000 000元，公允价值是1 100 000元。2019年12月31日，衍生工具的公允价值上涨了25 000元，库存商品A的公允价值下降了25 000元。当日，甲公司将库存商品A售出，并结算用于套期的衍生工具合约。假定不考虑衍生工具的时间价值、商品销售相关的税收及其他因素。

要求：为甲公司编制与上述业务相关的会计分录。

2. 2019年10月1日，S公司在股票市场上的交易价格为20元，同日，A公司以每份2元的价格买入20 000份S公司的欧式看涨期权，每份期权可以买入1股S公司股票，执行价格为23元。该期权的到期日为2019年12月31日。2019年11月30日，S公司股票价格为27元，每份期权的市场价格为4.50元。到期日，S公司股票的价格为28元，每份期权的市场价格为5元。A公司在当天执行期权。

要求：根据上述业务，为A公司编制相关会计分录。

3. 2019年3月1日，国内甲企业通过经纪公司在交易所以0.580RMB/FC的交易价卖出12月份到期的1 000 000FC（外币）的期货合约，缴纳初始保证金为交易金额的10%，维持保证金为50 000RMB。当日持仓的清算价为0.590RMB/FC，之后平仓的交易价为0.578RMB/FC。

要求：根据上述业务，为甲企业编制相关会计分录（以人民币为记账本位币）。

4. 2019年7月1日，XYZ公司（记账本位币为人民币）在其境外子公司FS有一项境外净投资外币5 000万元（即FC5 000万元）。为规避境外经营净投资外汇风险，XYZ公司与某境外金融机构签订了一项外汇远期合同，约定于2019年12月31日卖出FC5 000万元。XYZ公司每季度对境外净投资余额进行检查，且依据检查结果调整对净投资价值的套期。其他有关资料如表9-8所示。

表 9-8　　　　　　　　　　　XYZ 公司相关资料　　　　　　　　　　单位：元

日期	即期汇率 （FC/RMB）	远期汇率 （FC/RMB）	远期合同的公允价值
2019 年 7 月 1 日	1.71	1.70	0
2019 年 10 月 1 日	1.64	1.63	3 430 000
2019 年 12 月 31 日	1.60	不适用	5 000 000

XYZ 公司在评价套期有效性时，将远期合同的时间价值排除在外。假定 XYZ 公司的上述套期满足运用套期会计方法的所有条件。

要求：对 XYZ 公司业务进行会计处理。

5. 2019 年度佳庭公司发生以下期货投资业务：

（1）支付存款 100 万元，取得 A 期货交易所的会员资格。

（2）存入交易所期货保证金 300 万元。

（3）买入大豆期货 20 手，每手 10 吨，2 000 元/吨，交易手续费为 4 元/手；同日卖出铜期货 10 手，每手 20 吨，19 000 元/吨，交易手续费为成交金额的 4‰。

（4）将上述大豆期货全部平仓，平仓成交价为 1 950 元/吨，交易手续费为 4 元/手。

（5）将上述铜期货按规定进行实物交割，最后交易日的结算价为 18 500 元/吨，实际交割货款 19 210 元/吨（含增值税），增值税税率为 13%；实际成本 14 500 元/吨；交割手续费 2 元/吨。

要求：

（1）对以上业务编制相应的会计分录。

（2）计算该公司本年度实现的期货损益。

第十章　中期财务报告和分部报告

【引入案例】

华泰汽车集团有限公司（以下简称"华泰汽车"）是一家以新能源汽车业务为核心，集整车和动力总成研发、设计、制造、销售以及汽车金融为一体，多元化发展的大型跨国集团，目前在全球拥有北京、天津、上海、慕尼黑等四大研发中心，天津、山东荣成、内蒙古鄂尔多斯三大核心生产基地，拥有SUV、客车、轿车及动力系统四大产业平台，销售与服务网络遍布30多个国家和地区。2020年1月2日，一则来自证监会《关于对华泰汽车集团有限公司采取责令改正措施的决定》的消息引起了华泰汽车及其利益相关者的重视。该项决定中指出，截至2019年11月25日，华泰汽车未按照规定披露2019年度中期报告，并未及时披露多项重大事项。据调查，2019年7月，华泰汽车位于天津、山东荣成、内蒙古鄂尔多斯的三大核心生产基地已停产，属于生产经营发生重大变化；2019年8月12日，大公国际资信评估有限公司将华泰汽车主体长期信用评级下调为C，评级展望为负面；截至2019年11月9日，华泰汽车在其合并范围内上市子公司辽宁曙光汽车集团股份有限公司账面直接负债逾期金额合计约28.92亿元；2019年2月和2019年8月，华泰汽车多家重要子公司的股权结构发生变更，股权变更事项属于对投资者作出投资决策有重大影响的应披露事项。华泰汽车对于上述生产经营发生重大变化、信用评级变化、高额负债逾期未还、母子公司涉及的多项重大诉讼、主要资产冻结情况以及重要子公司的股权变更等情况均未在中期财务报告和季度报告中予以充分披露。

《公司债券发行与交易管理办法》第四十五条规定，公开发行公司债券的发行人应当及时披露债券存续期内发生可能影响其偿债能力或债券价格的重大事项。华泰汽车2019年发生的经营重大变化、信用评级变化、高额负债逾期未还、母子公司涉及的多项重大诉讼、主要资产冻结情况以及重要子公司的股权变更等情况均属于可能影响华泰汽车偿债能力或债券价格的重大事项。由于华泰汽车违反信息披露要求，在履行中期财务报告和季度报告信息披露义务时存在重大缺失，造成公司财务信息失真，进而影响相关信息使用者的决策。会计信息使用者为了及时获取所需要的会计信息，越来越重视中期报告所披露的内容。同时，华泰汽车旗下子公司众多，类似于主要子公司发生资产冻结、股权结构变化等重大情形的情况仅在合并报表中披露已无法满足投资者对该企业进行实质性分析的需求，即合并财务报表的内容很难全面地反映控股子公司的相关会计信息的披露，因此，编制分部报告是非常有必要的。那么，根据我国企业会计准则的规定，在编制中期报告时，中期报告有哪些内容，中期报告如何确认计量，中期财务报告附注应披露哪些内容；经营分部需要哪些条件，分部报告应该按什么方式披露？让我们带着这些疑问，一起来学习吧。

【学习目的与要求】
  1. 了解中期财务报告的概念、组成和编制基础；
  2. 熟悉中期财务报告的编制原则；
  3. 掌握中期财务报告的内容、编制中期财务报告的方法以及中期财务报告的确认和计量方法；
  4. 了解分部报告的类型；
  5. 熟悉分部报告中报告分部的确定。

第一节　中期财务报告

一、中期财务报告概述

  随着市场竞争的日益激烈以及经济环境的不断变化，为有助于信息使用者的决策，向投资者、债权人等相关信息使用者提供更及时和相关的信息，各国证券市场都要求上市公司除提供年报外还必须提供中期财务报告。会计信息的一个重要特征就是及时性，会计信息的披露与传递越快越好，而中期报告正好可以在很大程度上满足这一要求，弥补年度财务报告时间间隔过长的缺陷，提高会计信息的质量。如我国证监会规定，上市公司必须在季度终了 45 日内编制完成季报。报告完成后，应立即将中期财务报告报送中国证券监督管理委员会和其股票挂牌交易的证券交易所，并在指定的报刊上刊登。

（一）中期财务报告的定义
  中期财务报告，是指以中期为基础编制的财务报告。中期是指短于一个完整的会计年度的报告期间（即自公历 1 月 1 日起至 12 月 31 日止），它既可以是一个月、一个季度或者半个年度，也可以是其他短于一个会计年度的期间。由此可以看出，中期财务报告主要包括：月报、季报、半年报、年初至本中期末的财务报告。在界定中期时应注意以下几个方面：

（1）界定中期时，如果企业在某一会计年度中期内开业，企业应将开业日至中期期末视为一个中期。

[例 10-1] 2019 年 6 月 18 日，经过工商行政管理部门等政府主管部门的批准，东方股份有限公司开始营业。根据企业会计准则的规定，东方股份有限公司应当按季度提供中期财务报告。所以，东方股份有限公司应将 2019 年 6 月 18 日至 12 月 31 日这一期间视为一个中期（季度），编制 2019 年度第三季度的中期财务报告。

（2）界定中期和编制中期财务报告时，不应当受到企业在年度中间暂时停止营业的影响。

[例 10-2] 东方股份有限公司进行整体装修，公司于 2019 年 8 月、9 月暂时停止营业两个月。此时，虽然东方股份有限公司在 8—9 月间暂时停止营业，但是仍然应当把 2019 年 1 月 1 日至 9 月 30 日视为一个中期，而不应当将暂时停止营业的期间排除在中期的计算之外。

（3）中期的界定不能受到企业在会计年度中间发行股票或者改制上市的影响，应当按照正常的公历年度予以确定。

[例 10-3] 2018 年 12 月 1 日，经过国家有关部门的批准，某企业改组为股份有限公司，并于 2019 年 8 月 18 日获得中国证券监督管理委员会的批准对外公开发行股票，股票于 2019 年 9 月 18 日正式挂牌交易。根据证券交易所的内部管理要求及企业会计准则的规定，该股份有限公司应该按季编制季度财务报表。因此，该股份有限公司应当于 2019 年 9 月 30 日按照正常的公历年度编制第三季度的财务报表。

（二）中期财务报告的理论基础

对于中期财务报告所依据的理论基础，国内外会计界有两种不同看法，即独立论（观）和整体论（观）。

（1）独立论将每一个中期财务报告期间视为一个基本会计期间，因此，每一个中期经营成果的确定，采用与会计年度期间相同的方法。在这种理论下，每一个中期期末的递延、应计及估计，应按与年度报告相同的原理、判断及估计来确定。

（2）整体论将每一个中期财务报告期间视为整个会计年度的一部分。在这种理论下，每一个中期期末的递延、应计及估计均受到其对年度经营成果所作的判断的影响。因此，若某一时间影响整个年度，则要根据估计的时间、销售量、生产量或其他基础,在各个中期财务报告之间分配。

我国现行准则侧重于"独立论",明确规定"企业在中期财务报告中应当采用与年度财务报告相一致的会计政策"。

二、中期财务报告的编制要求

(一)中期财务报告的内容和格式

根据《企业会计准则第32号——中期财务报告》的要求,中期财务报告至少应当包括以下组成部分:资产负债表、利润表、现金流量表、附注。即资产负债表、利润表、现金流量表和会计报表附注是企业在编制中期财务报告时,至少应当编制的法定内容,对于其他相关信息或财务报表,如所有者权益(或股东权益)变动表等,企业可根据其需要自行决定。企业在中期财务报告中所提供的资产负债表、利润表、现金流量表应当是完整的财务报表,其格式和内容应当与上年度财务报表相一致。如果法律、行政法规或者规章(如当年新施行的会计准则)对当年度财务报表的格式和内容进行了修改,则中期财务报表应当按照修改后的报表格式和内容编制,与此同时,在中期财务报告中提供的上年度比较财务报表的格式和内容也应当作相应的调整。也就是说,企业在编制中期财务报表时,中期财务报表各项目的名称、内容及其含义、各项目在报表中的列报顺序等,均应当与上年度财务报表保持一致,企业不得随意增删财务报表项目或者改变财务报表项目的名称和内涵。

(二)中期财务报告编制应遵循的原则

1. 一致性原则

中期财务报告应当被视为一个独立的会计期间,所采用的会计政策应当与年度财务报告所采用的会计政策相一致,包括会计要素确认和计量原则相一致。企业在编制中期财务报告时不得随意变更会计政策。

2. 重要性原则

在遵循重要性原则时应当注意:(1)重要性程度的判断应以中期财务数据为基础,而不以预计的年度财务数据为基础。这里的"中期财务数据"既包括本中期财务数据,也包括年初至本中期末的财务数据,因为有些信息,虽然对于预计的年度财务数据来说显得不重要,但是,对于中期财务数据,却有可能是重要的。(2)重要性原则的应用还应当保证中期财务报告包括那些便于会计信息使用者理解企业中期末财务状况和中期经营成果及现金流量相关的信息。企业在运用重要性原则时,应当避免在中期财务报告中由于不确认、不披露或者忽略某些信息而对信息使用者的决策产生误导。(3)重要性程度的判断还应当根据具体情况作具体分析和判断。通常,在判断某一项目的重要性程度时,应当将项目的金额和性质结合在一起予以考虑,而且在判断项目金额的重要性时,应当以资产、负债、净资产、营业收入、净利润等直接相关项目数字作为比较基础，并综合考虑其他相关因素。在一些特殊情况下，单独依据项目的金额或者性质就可以判断其重要性。例如，企业发生会计政策变更，该变更事项对当期期末财务状况或者当期损益的影响可能比较小，但对以后期间财务状况或者损益的影响却比较大，因此，会计政策变更从性质上属于重要事项，应当在财务报告中予以披露。

[例10-4] 2019年第一季度，东方股份有限公司因遭受火灾而发生资产损失达100万元，公司第一季度的净利润为200万元，预计全年的净利润总额为2 000万元。本例中，如果公司在判断该事项的重要性程度时，以预计的全年净利润总额为基础进行判断，该损失仅占预计全年净利润总额的5%，会认为该事项不属于重要事项，不应予以披露，其最终结果是有可能误导东方股份有限公司第一季度财务报告使用者的经济决策。然而，东方股份有限公司第一季度因遭受自然灾害而发生的资产损失占该季度净利润的50%，因此可以判断它属于重要事项，公司应当在其第一季度的财务报表中予以披露，以正确引导投资者决策。

3. 及时性原则

为了体现企业编制中期财务报告的及时性原则，中期财务报告的计量相对于年度财务数据的计量而言，很大程度上依赖于估计。例如，企业通常在会计年度末对存货进行全面、翔实的实地盘点，因此，对年末存货可以达到较为精确的计价。但是在中期末，由于时间上的限制和成本方面的考虑，有时不大可能对存货进行全面、翔实的实地盘点，在这种情况下，对于中期末存货的计价就可在更大程度上依赖于会计估计。但是，企业应当确保所提供的中期财务报告包括了相关的重要信息。

（三）中期财务报告中关于合并财务报表的编制要求

根据企业会计准则的规定，如果企业在上年度编制合并财务报表的，则企业在中期期末也应当编制合并财务报表；如果企业在上年度财务报表中还包括母公司财务报表，则企业在中期财务报表中也应当提供母公司财务报表。如果企业上年度财务报表中既包括了合并财务报表，也包括了母公司财务报表，但是在报告中期内，企业处置了所有纳入上年度合并财务报表编制范围的子公司，则企业在中期财务报表中只需要提供母公司财务报表，但是根据企业会计准则的规定要求提供的上年度比较财务报表应当包括合并财务报表，除上年度可比中期的财务报表没有提供合并财务报表外。

1. 企业如果在上年度编报合并财务报表，则中期财务报表也应当按照合并基础编报

如果企业上年度财务报表中包括合并财务报表，那么，企业的中期财务报表

也应当按照合并基础编报，即企业的中期财务报表也应当编制合并财务报表；同时，合并财务报表的合并范围、编制原则、编制方法和合并财务报表的格式与内容等也应当与上年度合并财务报表保持一致。如果在本会计年度内国家发布了新的会计准则或者有关法规，其对合并财务报表的合并范围、编制原则、编制方法和合并财务报表的格式与内容等作了新的规定和要求，那么，企业应当按照新发布的会计准则或者有关法规编制中期合并财务报表。

2. 企业如果在本会计中期内的合并范围发生了变化，则应当区别具体情况进行会计处理

（1）上一会计年度内编制合并财务报表时纳入合并范围的子公司，在本中期不再符合合并范围的要求，不必将该子公司的个别财务报表纳入合并财务报表的合并范围。但中期财务报告应包括当年子公司处置前的相关财务信息。

[例10-5] 东方股份有限公司有一家B子公司，2018年12月31日，东方股份有限公司拥有B公司70%的股权，同时拥有控制权，因此，东方股份有限公司在2018年12月31日将B公司的个别财务报表纳入了其合并财务报表中。2019年2月12日，东方股份有限公司将B公司45%的股权有偿转让给了另外一家股份有限公司。股权转让后，东方股份有限公司仅拥有B公司25%的股权，并失去了对该公司的控制权；因此，东方股份有限公司在编制合并财务报表时，由于B公司不再符合股份有限公司编制合并财务报表的合并范围要求，所以，东方股份有限公司在编制2019年度中期财务报表时，就不应当再将B公司的个别财务报表纳入合并财务报表的合并范围。如果东方股份有限公司只有B公司这一家子公司，那么东方股份有限公司在编制2018年度的财务报表时应当编制合并财务报表，而在编制2019年度各中期的财务报表时就不需要再编制合并财务报表，而只需要编制东方股份有限公司的个别财务报表。同时东方股份有限公司编制的中期财务报告也应包括2019年B公司处置前的相关财务信息。

（2）本会计中期内公司增加了符合合并范围要求的子公司，在这种情况下，公司在本中期期末就需要将该子公司的个别财务报表纳入合并财务报表的范围。

[例10-6] 2018年12月31日，南方股份有限公司没有进行任何长期股权投资项目，因此，不拥有子公司，在编制2018年度的财务报表时南方股份有限公司就不需要编制合并财务报表。2019年2月15日，南方股份有限公司股东大会通过了董事会关于收购A实业股份有限公司70%股权的决议，并于3月1日完成所有收购事宜，股权收购完成后，南方股份有限公司取得了A实业股份有限公司70%的股权，并获得对A实业股份有限公司的控制权。本例中，虽然南方股份有限公司在编制2018年度的财务报表时不需要编制合并财务报表，但是，在2019年3月之后编制各中期的财务报表时，就需要将A实业股份有限公司纳

入其合并财务报表的合并范围,编制合并财务报表。

(3) 如果某一公司需要编制合并财务报表,在中期财务报表中除了应当包括合并财务报表外,还应当提供母公司的财务报表。鉴于我国目前规定上市公司年度财务报表在提供合并报表的同时,必须提供母公司的财务报表,因此,对于上市公司的中期财务报表,应当同时提供合并财务报表和母公司报表。

(四) 比较财务报表的编制要求

根据企业会计准则的规定,企业在各中期期末除了编制资产负债表、利润表和现金流量表外,还需要提供以前期间的比较财务报表。中期财务报表应当按照下列规定提供比较财务报表:

(1) 本中期末的资产负债表和上年度末的资产负债表。

(2) 本中期的利润表、年初至本中期末的利润表以及上年度可比期间的利润表。其中,上年度可比期间的利润表包括:上年度可比中期的利润表和上年度年初至上年可比中期末的利润表。

(3) 年初至本中期末的现金流量表和上年度年初至上年可比本期末的现金流量表。

如果要求企业按照季度提供中期财务报表,那么,季度财务报表中应当分别提供如下报表(如表10-1至表10-3所示)。

表 10-1　　　　　　　2019 年第一季度应当提供的财务报表

报表类别	本年度中期财务报表时间(期间)	上年度比较财务报表时间(期间)
资产负债表	2019 年 3 月 31 日	2018 年 12 月 31 日
利润表	2019 年 1 月 1 日至 3 月 31 日	2018 年 1 月 1 日至 3 月 31 日
现金流量表	2019 年 1 月 1 日至 3 月 31 日	2018 年 1 月 1 日至 3 月 31 日

表 10-2　　　　　　　2019 年第二季度应当提供的财务报表

报表类别	本年度中期财务报表时间(期间)	上年度比较财务报表时间(期间)
资产负债表	2019 年 6 月 30 日	2018 年 12 月 31 日
利润表	2019 年 4 月 1 日至 6 月 30 日	2018 年 4 月 1 日至 6 月 30 日
	2019 年 1 月 1 日至 6 月 30 日	2018 年 1 月 1 日至 6 月 30 日
现金流量表	2019 年 1 月 1 日至 6 月 30 日	2018 年 1 月 1 日至 6 月 30 日

表 10-3　　　　　　　　2019 年第三季度应当提供的财务报表

报表类别	本年度中期财务报表时间（期间）	上年度比较财务报表时间（期间）
资产负债表	2019 年 9 月 30 日	2018 年 12 月 31 日
利润表	2019 年 7 月 1 日至 9 月 30 日	2018 年 7 月 1 日至 9 月 30 日
	2019 年 1 月 1 日至 9 月 30 日	2018 年 1 月 1 日至 9 月 30 日
现金流量表	2019 年 1 月 1 日至 9 月 30 日	2018 年 1 月 1 日至 9 月 30 日

如果要求企业按照半年度提供中期财务报表，那么，在截至 2019 年 6 月 30 日的上半年内，半年度财务报表中应当提供如下报表（如表10-4所示）。

表 10-4　　　　　　　　　　半年度财务报表

报表类别	本年度中期财务报表时间（期间）	上年度比较财务报表时间（期间）
资产负债表	2019 年 6 月 30 日	2018 年 12 月 31 日
利润表	2019 年 1 月 1 日至 6 月 30 日	2018 年 1 月 1 日至 6 月 30 日
现金流量表	2019 年 1 月 1 日至 6 月 30 日	2018 年 1 月 1 日至 6 月 30 日

企业编制的中期财务报表中提供比较财务报表时，应当注意以下三个方面：

（1）企业如果在中期根据新发布的企业会计准则或其他有关法规的规定对财务报表项目进行了调整或者修订，或者为了使财务报表使用者更恰当地理解和使用财务报表所反映的会计信息，企业对财务报表各项目作了调整，从而导致本年度中期财务报表项目及其分类与以前年度财务报表项目及其分类不同时，比较财务报表中的有关金额应当按照本年度中期财务报表的要求予以重新分类，从而使得其与本年度中期财务报表所反映的会计信息相互可比。同时，企业应当在附注中说明财务报表项目重新分类的原因及内容。企业如果因原始数据的收集、整理或者记录等方面的限制，导致企业无法对比较财务报表中的有关金额进行重新分类，则企业可以不对比较财务报表进行重新分类。但是，企业应当在本年度附注中说明不能进行重新分类的原因。

（2）企业如果在本中期内发生了会计政策变更或者重大会计差错更正等事项，应当调整相关比较财务报表期间的净损益和其他有关项目，视同该会计政策在比较财务报表期间一贯运用，或者该重大会计差错在发生的当期已经得到了更正；对于比较财务报表可比期间以前的会计政策变更的累积影响数或者重大会计差错，应当调整比较财务报表最早期间的期初留存收益，财务报表其他相关项目的数字也应当一并调整。

（3）企业对于在本中期内发生的调整以前年度损益事项，应当调整本年度财务报表相关项目的年初数,同时,中期财务报表相应的比较财务报表也应当在调整以前年度损益的基础上进行编制。

三、中期财务报告编制应注意的事项

中期财务报告编制不需要提供与年报一致的完整附注信息。一般情况下,年度财务报告中的附注要求企业提供非常完整的会计信息。但是,相对于年度财务报告中的附注而言,中期财务报告中的附注可以适当予以简化。也就是说,中期财务报告附注的编制可以是有所选择的,但是,在选择过程中也应当遵循重要性原则。如果某一信息没有在中期财务报告附注中披露,就会影响到中期财务报告会计信息使用者据此作出正确的经济决策,那么就认为这一信息是重要的,企业应当在中期财务报告附注中予以披露。但是企业至少应当在中期财务报告附注中披露中期财务报告准则规定的信息。

四、中期财务报告的确认和计量

(一)中期会计要素的确认和计量原则应当与年度财务报告相一致

通常情况下,中期财务报告中各会计要素的确认和计量原则应当与年度财务报告所采用的原则相一致。即企业在中期对于资产、负债、所有者权益、收入、费用和利润等各会计要素的确认和计量原则,应当符合这些会计要素的定义和确认、计量标准,不能因为中期财务报告的会计期间短于年度财务报告的会计期间而相应改变会计要素的确认和计量标准。

(二)中期会计计量应当以年初至本中期末为基础

根据《企业会计准则第32号——中期财务报告》的规定,企业财务报告的编制频率不应当影响其年度结果的计量。也就是说,无论企业中期财务报告的频率是月度、季度还是半年度,企业中期会计计量的结果最终应当与年度财务报告中的会计计量结果相一致。在同一会计年度内,以前中期财务报告项目在以后中期发生了会计估计变更的,以后中期财务报告应当反映该会计估计变更后的金额,但对以前中期财务报告项目金额不作调整。

[例10-7] 2017年5月,东方股份有限公司利用专门借款资金开工兴建厂房。2018年8月1日,办公楼建造工程由于原材料供应困难而停工。公司预计在2个月内即可获得原材料供应,工程可以重新施工。根据我国《企业会计准则第17号——借款费用》的规定,固定资产的购建活动发生非正常中断,并且中断时间连续超过3个月的,应当暂停借款费用的资本化,将其确认为当期费用,直至资产的购建活动重新开始。据此,在第三季度末,公司考虑到所购建办公楼的非正常中断时间将短于3个月,所以,在编制2018年第三季度财务报表时,没

有中断借款费用的资本化,将3月份发生的符合资本化条件的借款费用继续资本化,计入了在建工程成本。后来的事实发展表明,公司直至2019年2月10日才获得原材料供应,工程才重新开工。

本例中,东方股份有限公司在编制2019年第三季度中期财务报告时,如果仅以第三季度发生的交易或者事项作为会计计量的基础,那么,公司在第三季度发生工程非正常中断的时间也只有2个月,短于《企业会计准则第17号——借款费用》规定的借款费用应当暂停资本化的3个月的期限,从而在第三季度内将8月1日至9月30日之间所发生的与购建固定资产有关的借款费用继续资本化,计入在建工程成本。很明显,东方股份有限公司第三季度的会计处理是错误的,因为,如果公司只需编制年度财务报表,不必编制季度财务报表,那么,从全年来看,企业建造固定资产工程发生非正常中断的时间为5个月,企业应当暂停这5个月内所发生借款费用的资本化。也就是说,如果以整个会计年度作为会计计量的基础,上述8月1日至12月31日之间发生的借款费用都应当予以费用化,计入当期损益。而如果仅仅以每一报告季度作为会计计量的基础,则上述8月1日至9月30日之间发生的相关借款费用都将继续资本化,计入在建工程成本。显然,季度计量的结果与年度计量的结果发生了不一致,而这种不一致的产生就是由于财务报表的编制频率由按年编报变为按季编报所致。因此,单纯以季度为基础对上述固定资产建造中断期间所发生的借款费用进行计量是不准确的。为了避免企业中期会计计量与年度会计计量的不一致,防止企业因财务报表的编制频率而影响其年度财务结果的计量,企业应当以年初至本中期末为期间基础进行中期会计计量。在本例中,东方股份有限公司在编制2018年度第三季度财务报表时,对于所购建固定资产中断期间所发生的借款费用的会计处理,应当以2018年1月1日至12月31日的期间为基础。显然,在1月1日至12月31日的期间基础之上,所购建固定资产的中断期间超过了3个月,应当将中断期间所发生的所有借款费用全部费用化。所以在编制第四季度财务报表时,不仅第四季度10月1日至12月31日之间发生的借款费用应当费用化,计入第四季度的损益,而且,上一季度已经资本化了的2个月份的借款费用也应当费用化,调减在建工程成本,调增财务费用,这样计量的结果将能够保证中期会计计量结果与年度会计计量结果相一致,实现财务报表的编制频率不影响年度结果计量的目标。

(三)中期应当采用与年度财务报告相一致的会计政策

根据企业会计准则的规定,企业应当在中期财务报告中采用与年度财务报告相一致的会计政策。即企业在中期进行确认和计量时所采用的会计政策应当与年度财务报告相一致,企业在中期不得随意变更会计政策,而应当保持前后各期会计政策的统一性。

（四）中期变更会计政策应当符合规定

根据企业会计准则的规定，企业在中期发生了会计政策变更的，应当按照《企业会计准则第 28 号——会计政策、会计估计变更和差错更正》进行处理，并在财务报表附注中作相应披露。如果企业在上年度资产负债表日之后按规定变更了会计政策，且该变更后的会计政策将在本年度财务报告中采用，中期财务报告应当采用该变更后的会计政策。会计政策变更的累积影响数能够合理确定，且涉及本会计年度以前中期财务报告相关项目数字的，应当予以追溯调整，视同该会计政策在整个会计年度一贯采用；同时，上年度可比财务报表也应当作相应调整。另外，中期财务报告中的附注应当说明会计政策变更的性质、内容、理由及其影响数；无法进行追溯调整的，应当说明理由。

[例 10-8] 东方股份有限公司在 2019 年度第一季度将企业存货的计价方法由 2018 年度采用的加权平均法变更为先进先出法，第二季度又将先进先出法变更为个别计价法，并根据个别计价法编制当年度会计报表。本例中，将存货的计价方法由加权平均法变更为先进先出法，但是先进先出法并没有在年度会计报表中采用，所以，该项会计政策变更是不允许的，属于企业随意变更会计政策，企业应当仍然采用原来的加权平均法。反之，如果企业在 2019 年度第一季度考虑到物价变动等因素，将存货的计价方法由加权平均法变更为先进先出法，而且该方法将在以后期间得到一贯的使用，即在当年度会计报表中仍将采用先进先出法，则该项中期会计政策变更是允许的。

（五）在中期会计计量过程中，会计估计变更的处理应当符合规定

根据《企业会计准则第 32 号——中期财务报告》的规定，企业财务报表的编制频率不应当影响其年度结果的计量，因此，中期会计计量应当以年初至本中期末为基础。如果会计年度内以前中期的财务报表项目在以后中期发生了会计估计变更，则不对以前中期已经报告过的会计估计金额作追溯调整，也不重编以前中期的财务报表，企业只需在变更当期或者以后期间按照变更后的会计估计进行会计处理。

（六）季节性、周期性或者偶然性取得的收入的确认和计量

根据中期财务报告准则的规定，对于企业季节性、周期性或者偶然性取得的收入，如股利收入、特许权使用费收入、补贴收入等，除了在会计年度末允许预计或者递延外，企业都应当在发生时予以确认和计量，不应当在中期财务报表中预计或者递延。企业经营的季节性特征，是指企业营业收入的取得或者营业成本的发生主要集中在全年度的某一季节或者某段期间内。例如，供暖企业的营业收入主要来自于冬季；冷饮企业的营业收入主要来自于夏季。企业经营的周期性特征，是指企业每隔一个周期就会稳定地取得一定的收入或者发生一定的成本的情况。例如某房地产开发企业开发房地产通常需要一个周期，如需要 2~3 年才能

完成开发，而该企业又不同时开发多个项目，这样在房地产开发完成并出售之前，企业不能确认收入，所发生的相关成本费用则作为房地产的开发成本，企业通常只有在将所开发完成的房地产对外出售之后才能确认收入。这些收入的确认和计量原则应当遵循《企业会计准则第 32 号——中期财务报告》《企业会计准则第 14 号——收入》《企业会计准则第 15 号——建造合同》《企业会计准则第 21 号——租赁》的规定处理。

（七）会计年度中不均匀发生费用的确认和计量

对于会计年度中不均匀发生费用，诸如员工培训费、年度财务报表审计费等费用，应根据《企业会计准则第 32 号——中期财务报告》的规定，除了在会计年度末允许预提或者待摊之外，企业都应当在发生时予以确认和计量，不应当在中期财务报告中预提或者待摊。

五、中期财务报告附注披露的内容

企业编制中期财务报告附注是对中期资产负债表、利润表、现金流量表等报表中列示项目的文字描述或明细阐述，以及对未能在这些报表中列示项目的说明等。其目的主要是为了向中期财务报告使用者及时提供对决策更加相关有用的信息。根据企业会计准则的规定，在考虑成本效益的原则下，企业中期财务报告附注至少应当包括以下内容：

1. 中期财务报告所采用的会计政策与上年度财务报告相一致的声明

企业会计政策发生变更的，应当说明会计政策变更的性质、内容、原因及其影响数；无法进行追溯调整的，应当说明原因。

[例 10-9] 东方股份有限公司于 2018 年 1 月 1 日开始进行某项新技术的研发，截至 2018 年 12 月 31 日，累计发生研究支出 300 万元，开发支出 200 万元。在编制 2018 年度财务报告时，公司考虑到相关技术不成熟，能否带来经济利益尚不确定，将全部研究和开发费用均计入当期损益。2019 年 12 月 31 日，相关技术的开发取得重大突破，管理层判断其未来能够带来远高于研发成本的经济利益流入，且甲公司有技术、财务和其他资源支持其最终完成该项目。

东方股份有限公司应在会计报表附注中对会计政策变更作出如下说明：

会计政策的说明：

根据我国财政部颁布的《企业会计准则第 6 号——无形资产》的规定，企业内部研究开发项目开发阶段的支出，同时满足下列条件的，才能确认为无形资产：①完成该无形资产以使其能够使用或出售在技术上具有可行性；②具有完成该无形资产并使用或出售的意图；③无形资产产生经济利益的方式，包括能够证明运用该无形资产生产的产品存在市场或无形资产自身存在市场，无形资产将在内部使用的，应当证明其有用性；④有足够的技术、财务资源和其他资源支持，以完成该无形资产的开发,并有能力使用或出售该无形资产;⑤归属于该无形资产开发阶段的支出能够可靠地计量。在 2019 年 12 月 31 日,该相关技术的开发取得重大突破,管理层判断其未来能够带来远高于研发成本的经济利益流入,且甲公司有技术、财务和其他资源支持其最终完成该项目,符合会计准则中关于企业内部研究开发项目开发阶段的支出予以资本化,计入无形资产成本的条件。公司应将后续年度该项目开发阶段的支出计入无形资产的成本中。但是,对于 2019 年 12 月 31 日之前,已投入的 600 万元研发支出尚未满足资本化条件,根据我国会计准则的规定,在满足资本化条件后对于未满足资本化条件时已经费用化的研发支出,不需要进行追溯调整。

2. 会计估计变更的内容、原因及影响数;影响数不能确定的,应当说明原因

[例 10 – 10] 东方股份有限公司根据企业会计准则的规定,需要按季度编制中期财务报告。2016 年 12 月 20 日,东方股份有限公司购买了一台管理用设备,该设备的入账价值为 1 000 000 元,预计使用年限为 8 年,预计净残值为 40 000 元,按照直线法计提折旧。2019 年 1 月 1 日,公司考虑到设备损耗较大,技术更新较快,对原估计的使用年限和净残值进行了修正,修正后该设备的使用年限调整为 6 年,净残值调整为 16 000 元。则东方股份有限公司在编制 2019 年各季度财务报告时,应作如下说明:

在第一季度财务报告附注中,会计估计变更的说明:

本公司一台管理用设备,原始价值 1 000 000 元,原预计使用年限为 8 年,预计净残值为 40 000 元,按直线法计提折旧。由于该设备损耗较大,技术更新较快,本公司于 2018 年末变更该项设备的预计使用年限为 6 年,预计净残值为 16 000 元,以如实反映该项设备的真实可使用年限和净残值。此项会计估计变更使本季度净利润减少了 12 375 元〔(46 500 – 30 000)×(1 – 25%)〕。

在第二季度财务报告附注中,会计估计变更的说明:

本公司一台管理用设备,原始价值 1 000 000 元,原预计使用年限为 8 年,预计净残值为 40 000 元,按直线法计提折旧。由于该设备损耗较大,技术更新较快,本公司于 2018 年末变更该项设备的预计使用年限为 6 年,预计净残值为 16 000 元,以如实反映该项设备的真实可使用年限和净残值。此项会计估计变更使本季度净利润减少了 12 375 元〔(46 500 – 30 000)×(1 – 25%)〕,使本年度 1—6 月份的净利润减少了 24 750元(12 375 + 12 375)。

3. 前期差错的性质及其更正金额;无法进行追溯重述的,应当说明原因

前期差错,是指由于没有运用或错误运用以下两种信息,而对前期财务报告造成遗漏或误报:(1)编报前期财务报告时预期能够取得并加以考虑的可靠信息;(2)前期财务报告批准报出时能够取得的可靠信息。前期差错通常包括计

算错误、应用会计政策错误、疏忽或曲解事实及舞弊产生的影响以及存货、固定资产盘盈等。

如果企业在本中期发现了以前年度的重大会计差错或者本年度以前中期的重大会计差错，企业应当按照《企业会计准则第 28 号——会计政策、会计估计变更和差错更正》的要求，在会计报表附注中披露：（1）前期差错的性质；（2）各个列报前期财务报告中受影响的项目名称和更正金额；（3）无法进行追溯重述的，说明该事实和原因以及对前期差错开始进行更正的时点、具体更正情况。

4. 企业经营的周期性或者季节性特征

（1）企业经营的周期性特征说明。为了使中期财务报告使用者更准确地理解企业的财务状况、经营成果和现金流量，企业应在中期财务报告附注中披露其经营的周期性特征，以正确反映企业的经营活动周期性因素。大型造船行业的生产经营活动通常有一个周期（如 2~4 年等），在造船企业所建造的船舶尚未完工之前，企业所发生的成本有可能非常大。为了避免中期财务报告使用者直接利用中期经营成果来估计全年的经营成果，导致决策失误，因此，如果企业的生产经营活动明显地受周期性因素的影响，企业应当在中期财务报告附注中对其经营的周期性特征作出说明，具体包括周期性经营的业务内容及特征、相关的周期性收入及其对损益的影响等。

［例 10－11］南运造船股份有限公司根据企业会计准则的规定，需要按季度编制季度财务报告。2019 年 1 月 1 日，南运造船股份有限公司开始承建一条 20 万吨的货轮，建造完成时间约为 3 年。预计造船成本 20 000 万元，可实现收入 27 000 万元。2019 年第一季度，公司为该项目共发生成本 2 000 万元，发生亏损 1 500 万元。

2019 年第一季度，南运造船股份有限公司在其第一季度财务报告附注中，应当作如下披露：

公司经营的周期性特征的说明：

本公司的生产经营业务主要为船舶建造，由于所建造的船舶在建造初期需要投入巨额成本，公司实现的收入一般也具有周期性特征。本公司于 2019 年 1 月 1 日开始承建一条油轮，建造周期为 3 年，建造完成后，预计能够实现销售毛利 7 000 万元。

（2）企业经营的季节性特征说明。由于各企业生产经营活动不一样，有的受季节性因素影响的比较大，为了使中期财务报告使用者更准确地理解企业的财务状况、经营成果和现金流量，企业应在中期财务报告附注中披露其经营的季节性特征。例如，制糖生产企业的主营业务收入一般情况下主要集中在冬季。为了避免中期财务报告使用者直接利用中期经营成果来估计全年的经营成果，导致决策失误。因此，如果企业的生产经营活动明显地受季节性因素的影响，则企业应当在中期财务报告附注中对其季节性经营的业务内容及特征、相关的季节性收入及其对损益的影响等作出说明。

[例 10-12] 南方制糖股份有限公司根据企业会计准则的规定，需要按季度编制季度财务报告。该公司的生产和销售活动主要集中在冬季，相应地，其主营业务收入也主要来自于冬季。因此，南方制糖股份有限公司在 2019 年第三季度财务报告附注中作如下披露：

公司经营的季节性特征的说明：

本公司的生产经营活动受季节性因素的影响明显，生产和销售活动主要集中在 10 月、11 月、12 月及第二年的一季度，其他月份基本上处于半停产状态。公司在 1—9 月共实现销售收入 60 000 000 元，销售毛利 4 250 000 元，其中，9 月实现销售收入 300 000 元，发生销售成本 280 000 元，扣除有关税费后，9 月的销售毛利为 20 000 元，9 月的销售收入和销售毛利分别占到 2019 年 1—9 月销售收入和净利润总额的 0.5% 和 0.47%。

5. 存在控制关系的关联企业发生变化的情况；关联方之间发生交易的，应当披露关联方关系的性质、交易类型和交易要素

根据《企业会计准则第 36 号——关联方披露》的规定，一方控制、共同控制另一方或对另一方施加重大影响，以及两方或两方以上同受一方控制、共同控制或重大影响的构成关联方。

关联方之间存在的情况及交易不同，关联方之间披露也有所不同：

（1）关于关联方关系的信息。企业无论是否发生关联方交易，均应当在附注中披露母公司和子公司的下列信息：①母公司和子公司的名称。若母公司不是该企业最终控制方的，还应当披露最终控制方名称。母公司和最终控制方均不对外提供财务报表的，还应当披露母公司之上与其最相近的对外提供财务报表的母公司名称。②母公司和子公司的业务性质、注册地、注册资本（或实收资本、股本）及其变化。③母公司对该企业或者该企业对子公司的持股比例和表决权比例。

（2）关于关联方交易的披露。关联方之间发生交易的，企业应当在附注中披露该关联方关系的性质、交易类型及交易要素。交易要素至少应包括：交易的金额；未结算项目的金额、条款和条件以及有关提供或取得担保的信息；未结算应收项目的坏账准备金额；定价政策。

6. 合并财务报表的合并范围发生变化的情况

企业应当根据企业会计准则的规定，在中期财务报告附注中披露合并财务报表合并范围发生变化的情况。企业合并财务报表的合并范围在本中期内发生了增减变化的，企业应当在其中期财务报告附注中披露合并范围发生变化的原因及其内容。

[**例 10-13**] 东方股份有限公司根据企业会计准则的规定，需要对外提供按季度编制的中期财务报告。2019 年度，东方股份有限公司共发生如下导致公司合并财务报表合并范围发生增减变动的事项：

2月1日，向南海股份有限公司作价转让了 C 实业股份有限公司，转让价为 20 000 000 元，转让时长期股权投资的账面价值为 18 000 000 元。东方股份有限公司持股比例从 30% 降为 0。

7月29日，投资 30 000 000 元与东海股份有限公司共同设立红海实业股份有限公司，红海实业股份有限公司注册资本为 50 000 000 元，东方股份有限公司拥有红海实业股份公司 60% 的股权，并拥有控制权。

根据上述情况，东方股份有限公司在编制 2019 年度各季度财务报告时，应当在附注中作如下披露：

(1) 2019 年第一季度财务报表。

合并范围发生变化情况的说明：

本公司编制 2019 年度合并财务报表时纳入合并范围的 C 实业股份有限公司，在 2019 年 2 月 1 日作价转让给了南海股份有限公司，因此，与上年度相比，本季度合计财务报表的合并范围减少了 C 实业股份有限公司。

(2) 2019 年第二季度财务报表。

合并范围发生变化情况的说明：

本公司编制 2019 年度合并财务报表时纳入合并范围的 C 实业股份有限公司，在 2019 年 2 月 1 日作价转让给了南海股份有限公司，因此，与上年度相比，本季度合并财务报表的合并范围减少了 C 实业股份有限公司。

(3) 2019 年第三季度财务报表。

合并范围发生变化情况的说明：

本公司编制 2019 年度合并财务报表时纳入合并范围的 C 实业股份有限公司，在 2019 年 2 月 1 日作价转让给了南海股份有限公司，因此，与上年度相比，本季度合计财务报表的合并范围减少了 C 实业股份有限公司。

另外，本公司在 2019 年 7 月 29 日出资 30 000 000 元，与东海股份有限公司投资设立红海实业股份有限公司，本公司拥有红海实业股份有限公司股权的 60%，本季度合并财务报表的合并范围增加了红海实业股份有限公司。

7. 对性质特别或者金额异常的财务报表项目的说明

财务报表包括资产、负债、所有者权益等资产负债表项目，也包括收入、费用和利润等利润表项目，同时也包括现金流入和流出等现金流量表项目。

在通常的情况下，财务报表某一项目是否性质特别或金额异常，需要企业根据具体情况作出分析判断。例如，某一季节，公司库存的材料大量变质损坏，给公司造成损失，它暴露出公司的内部管理问题，有可能对投资者的经济决策产生影响。因此,企业应当在其财务报告附注中将其作为性质特别项目予以披露。如果企业在中期财务报告附注中披露这些性质特别的项目,则应当对这些项目的内容、金额及其影响等作具体说明。同时,如果中期财务报告中披露的财务数据与上年末资产负债表数据或者上年度可比期间的财务报表数据相比变动幅度较大,则应当作为发生金额异常项目,在中期财务报告附注中对该项目的内容、金额及其异常情况和金额发生异常的原因等作出说明。

另外,对于企业在本中期内因那些明显区别于正常生产经营活动的、预期不会经常发生或者不再重复发生的交易或者事项等所产生的损益项目,例如,企业因地震或者其他自然灾害所造成的损失、企业资产被征用所产生的损失等,企业应当分别项目在财务报告附注中披露其内容及金额。

8. 证券发行、回购和偿还情况

企业在本中期有发行、回购或者偿还债务性证券或者权益性证券的交易或者事项时,应当在其中期财务报告附注中披露本中期发行、回购和偿还的证券的种类、日期、金额等相关信息。

9. 向企业所有者分配利润的情况,包括在中期内实施的利润分配和已提出或者已批准但尚未实施的利润分配情况

如果企业在本中期内实施了向所有者分配利润的方案,或者在本中期财务报告批准报出日之前提出或者批准了向所有者分配利润的预案但尚未实施的,根据企业会计准则的规定,企业均应当在中期财务报告附注中披露这一事项及其相关金额。披露向所有者分配利润的相关金额既应当包括所分配的现金利润(或者现金股利)和股票股利的总额,也应当包括每股现金股利金额。

10. 根据《企业会计准则第 35 号——分部报告》规定应当披露分部报告信息的,应当披露主要报告形式的分部收入与分部利润(亏损)

企业应当根据企业会计准则的规定,在中期财务报告附注中披露分部报告信息,披露的内容包括业务分部和地区分部的分部收入和分部利润信息。此外,企业在中期财务报告附注中披露上述信息时,应当同时披露本中期和年初至本中期末的相关财务数据,与此同时,企业还应当提供上年度可比期间(包括可比本中期和年初至本中期末)的相关财务数据。

[例 10-14] 南方股份有限公司根据企业会计准则的规定,需要按季度编制季度中期财务报告。根据其业务的性质及特点,南方股份有限公司在全国形成了三个报告分部——家电、建筑、印染。2019 年第一季度,南方股份有限公司在其季度财务报告中根据业务分部披露的分部收入和分部利润信息如下:

分部报告信息:

本公司在全国形成了三个主要经营报告分部——家电、建筑、印染,这三个分部的分部收入和分部利润如表 10-5 所示。

表 10-5　　　　　　　　　报告分部收入和分部利润表　　　　　　单位：万元

报告部分	分部收入		分部利润	
	2019 年 1月1日至3月31日	2018 年 1月1日至3月31日	2019 年 1月1日至3月31日	2018 年 1月1日至3月31日
家电	4 300	3 500	700	560
建筑	3 600	2 000	800	470
印染	5 200	3 800	600	500
合计	13 100	9 300	2 100	1 530

11. 中期资产负债表日至中期财务报告批准报出日之间发生的非调整事项

在中期资产负债表日至中期财务报告批准报出日之间发生的资产负债表日后事项，根据企业会计准则的规定需要披露的重大非调整事项，企业应当在其中期财务报告附注中予以披露。这些事项主要包括在中期资产负债表日之后、中期财务报告批准报出日之前发生的，会影响到中期财务报告使用者作出正确估计和决策的重要事项。如股票和债券的发行、资本公积转增资本、对外的巨额投资、发生巨额亏损、自然灾害导致的资产损失、外汇汇率发生重大变动、税收政策发生重大变化、分配股利的决议、发生重大企业合并或处置子公司、对外提供重大担保、对外签订重大抵押合同、发生重大诉讼、仲裁或承诺事项、发生重大会计政策变更、资产负债表日后董事会作出的债务重组的决定、资产负债表日后出现的情况引起固定资产或投资上的减值、资产负债表日后引起的交易性投资等的市价减值等事项。企业在中期财务报告附注中披露这些事项时，应当说明这些事项的内容、估计会对企业财务状况和经营成果产生的影响等。如果无法估计这些事项对中期财务报告数据的影响数，则应当在中期财务报告附注中说明其原因。

12. 上年度资产负债表日以后所发生的或有负债和或有资产的变化情况

根据《企业会计准则第 13 号——或有事项》的规定，企业应在财务报告中披露如下或有负债：（1）预计负债，企业应当披露的信息包括：①预计负债的种类、形成原因以及经济利益流出不确定性的说明。②各类预计负债的期初、期末余额和本期变动情况。③与预计负债有关的预期补偿金额和本期已确认的预期补偿金额。（2）或有负债（不包括极小可能导致经济利益流出企业的或有负债），企业应当披露的信息包括：①或有负债的种类及形成原因，包括已贴现商业承兑汇票、未决诉讼、未决仲裁、对外提供担保等形成的或有负债。②经济利益流出不确定性的说明。③或有负债预计产生的财务影响，以及获得补偿的可能性，无法预计的，应当说明原因。

企业通常不应当披露或有资产。但或有资产很可能会给企业带来经济利益的，应当披露其形成的原因、预计产生的财务影响等。

13. 企业结构变化情况

如果在本中期内企业的结构发生了变化，企业应当根据企业会计准则的规定，在中期财务报告附注中对此予以说明。常见的企业结构变化的情况包括企业合并和重组，对被投资单位具有重大影响、共同控制关系或者控制关系的长期股权投资的购买或者处置、终止营业等，企业应当在中期财务报告附注中说明这些事项的内容和对企业财务状况、经营成果、现金流量的影响等。

14. 其他重大交易或者事项

除了上述事项之外，企业还应当在中期财务报告附注中对在中期内发生的其他重大交易或者事项予以说明。这些重大交易或者事项包括重大的长期资产转让及出售情况、重大的固定资产和无形资产投资情况、重大的非货币性交易事项、重大的债务重组事项、重大的研究和开发支出、重大的资产减值损失及减值损失的转回情况等。

根据企业会计准则的规定，在同一会计年度内，如果以前中期财务报告中所披露的会计估计在最后一个中期发生了重大变更，而企业又不单独披露该最后中期的财务报告，则企业应当在其年度财务报告附注中披露该项会计估计变更的内容、理由及影响金额。

同样，如果根据企业会计准则的规定，某一公司需要按照半年度编制半年度中期财务报告，但不单独披露下半年的财务报告，那么，如果该公司对于上半年财务报告中所采用的会计估计在下半年作了重大变更，也应当在其年度财务报告附注中予以说明。

第二节 分部报告

一、分部报告的作用及适用范围

分部报告，是指企业对外提供的财务报告中，按照确定的企业内部组成部分（经营分部）提供的各组成部分有关收入、资产和负债等有关信息的报告。分部报告是利润表的附表，它属于年度财务报告。

（一）分部报告的作用

随着市场经济的发展，企业合并的浪潮此起彼伏，企业的经营规模日益扩大，在激烈的市场竞争中，出现了包括不同行业或市场的综合性企业，由此引出了反映行业分部信息的方法问题。集团公司通过编制合并财务报表，能够从整体上反映合并主体的财务状况和经营成果。但合并财务报表在揭示集团整体状况的同时，也掩盖了集团由于跨行业、跨地区、跨国界经营而使其内部各部分面临的不同风险和机会，不同的盈利水平和增长趋势，降低了以公司整体为基础的财务信息有用性，使信息使用者难以全面、准确地判断。为了更好地分析各种因素对企业的影响、更好地理解企业的经营业绩，并对其未来的发展趋势作出合理的预测和判断，企业必须编制分部报告。分部报告在现实中具有重要的作用：

1. 通过分部报告提供的信息，可以更好地理解企业以往的经营成果

企业生产经营的最终成果，是通过各项经营活动收入减去费用的综合反映，是由企业生产的各种（或各类）产品，或提供的各种（或各类）劳务的盈亏综合而成的。企业各种（或各类）产品在其整体的经营活动中所占的比重各不相同，其营业收入、成本及所产生的利润也不同。要了解企业的经营成果，不仅要分析企业的整体情况，而且要分析每一种（或每一类）产品的生产经营情况，从而才能更全面地理解企业取得的经营成果。从企业生产经营的地区来说，企业整体的生产经营成果是由各生产经营地区的经营业绩所组成的，要了解和把握企业取得的经营成果，就需要分析各生产经营地区的经营业绩，分析各生产经营地区的资产占用情况、销售情况等，从而才能准确地把握企业的生产经营业绩。

2. 通过分部报告提供的信息，可以更好地评估企业的风险和报酬

在激烈的市场竞争环境下，准确地评估企业的经营风险和报酬，对于会计信息使用者进行决策具有十分重要的作用。企业的整体风险是由企业生产经营地区的风险和报酬所组成。企业生产的各种产品所具有的风险和回报的程度和性质是各不相同的，不同地区的生产经营活动所具有的风险和报酬的程度和性质也是不相同的。要具体了解企业的经营风险和报酬的详细情况，就必须借助分部报告按经营分部提供的收入、费用、经营成果以及资产占用等较为详细的分部信息。通过分析经营分部报告提供的信息，可以了解各种产品或业务所处的发展阶段、风险的大小、回报率的高低等。

（二）分部报告的适用范围

随着企业生产规模的不断扩大，产品由单一的品种向多品种发展，市场占有从国内市场发展到国际市场。在企业存在跨行业或跨地区经营的情况下，为了提供企业不同类型产品和劳务以及在不同地区经营的信息，企业应当编制分部报告，以便于会计信息使用者更好地理解企业以往的业绩、更好地评估企业的风险和报酬，并从整体上对企业作出更有根据的判断。

企业在披露分部信息时，应当以对外提供的财务报表为基础。如果企业对外提供合并财务报表，那么应当以合并财务报表为基础披露分部信息。

二、经营分部的确定

企业应当以内部组织结构、管理要求、内部报告制度为依据确定经营分部，以经营分部为基础确定报告分部。

经营分部，是指企业内同时满足下列条件的组成部分：（1）该组成部分能够在日常活动中产生收入、发生费用；（2）企业管理层能够定期评价该组成部分的经营成果，以决定向其配置资源、评价其业绩；（3）企业能够取得该组成部分的财务状况、经营成果和现金流量等有关会计信息。需要特别注意的是，企业提供分部报告的信息主要在于分析企业的经营业绩，把握企业的经营风险。因此，企业以经营分部为基础确定报告分部时，应当根据企业生产经营的实际情况，结合企业内部管理要求，并考虑下列因素予以确定。

1. 各单项产品或劳务的性质

企业生产的产品或提供劳务的性质相同者（含产品或劳务的规格、型号、最终用途等），通常其风险、回报率及成长率可能较为接近各单项产品或劳务的性质，可以将其划分到同一经营分部中。对于企业生产的产品或提供的劳务的性质不相同的，则不能划分到同一经营分部中。例如，某一股份有限公司的生产经营范围包括机器制造、餐饮业、娱乐业、化肥农药生产等，在确定业务分部时，必须分别将其作为不同的经营分部，而不能将机器制造与餐饮业作为一个经营分部来处理。

2. 生产过程的性质

企业可将生产过程中性质相同（含采用劳动密集或资本密集方式组织生产）、使用相同或者相似设备、耗用相同原材料、采用委托生产或加工方式相同的单位等划分为一个经营分部，如按资本密集型和劳动力密集型划分经营分部。对于劳动力密集型部门来说，其使用的劳动力较大，相对来说劳动力的成本较多，即人工费用的影响较大，其经营成果受人工成本的升降影响较大；而对于资本密集型的部门来说，其占用的设备较为先进，占用的固定资产较多，相应负担的折旧费也较多，其经营成果受资产折旧费用影响较大，受技术进步因素的影响很大。

3. 购买产品或劳务的客户类型

购买产品或劳务的客户类型或类别（含大宗客户、零散客户等），可以按不同的标准进行划分，对于不同的企业有着不同的分类。对于购买产品或接受劳务的同一类型或类别客户，一般来说其销售条件基本相同，如相同或相近的销售价格、销售折让、售后服务等，因而具有相同或相似的风险和回报率，可以划分为一个经营分部。对于购买产品或接受劳务的不同类型或类别的客户，其销售条件不尽相同，由此产生的经营风险和回报率也各不相同，则不能划分为一个经营分部。例如计算机生产企业,其生产的计算机分为商用计算机和个人用计算机。其中,商用计算机主要销售客户是企业,一般是大宗购买,对计算机专用性要求较强,对售后服务要求相对较为集中;而个人用计算机,其客户对计算机的通用性要求较高,其售后服务要求相对较为分散。

4. 销售产品或提供劳务的方式

企业销售产品或提供劳务的方式(含批发、零售、自产自销、委托销售、承包等)不同,承受的风险和回报率也不相同。企业可将销售产品或提供劳务的方式相同者划分为一个经营分部。一般来说,采用直销方式销售产品或提供劳务的情况下,其所直接发生的销售费用较高;而在采用代销方式销售产品或提供劳务的情况下,发生的代理销售费用较多。在赊销情况下,有利于销售规模的扩大,但发生的收账费用较大,并且发生应收账款坏账的风险很大;在现销情况下,则不存在应收账款坏账问题,不会发生收账费用,但销售规模的扩大受到影响。

5. 生产产品或提供劳务所处的法律环境、行政法规

企业生产产品或提供劳务受所处环境的影响(含经营范围或交易定价限制等),特别是其所处的法律环境对企业经营状况影响极大,可能直接影响到该产品生产和劳务提供的收缩和扩张,影响该产品生产或劳务提供的收入、费用及盈利状况。对不同环境的产品生产或劳务提供进行分类,向会计信息使用者提供不同法律环境下产品生产或劳务提供的信息,有利于会计信息使用者对企业的未来发展作出判断和预测。对相同或相似法律环境下的产品生产或劳务提供进行归类,提供其经营活动所产生的信息,同样有利于明晰地反映该产品生产和劳务提供的会计信息。因而,企业可将生产产品或提供劳务等所处法律环境相同者合并为一个经营分部。企业存在相似经济特征的两个或多个经营分部。例如,对于商业银行、保险公司等易受特别的、严格的政策监管的金融企业而言,在确定其某组成部分的产品和劳务是否相关时,应当考虑其所受监管政策的影响。

三、报告分部的确定

报告分部,是指符合经营分部的定义,按要求应当予以报告的分部。通常情况下,企业应当以经营分部为基础确定报告分部。各经营分部大部分收入是对外交易收入,且满足下列条件之一的,应当将其确定为报告分部:

(1)该分部的分部收入占所有分部收入合计的10%或者以上。这里所说的分部收入,是指可归属于分部的对外交易收入和对其他分部交易收入,通常为营业收入,如销售产品、提供劳务等。注意下列项目分部不包括在内:其一,除分部的日常收入是金融性质的以外的利息收入和股利收入,如采用成本法核算的长期股权投资的股利收入(投资收益)、债券投资的利息收入、对外贷款的利息收

入、对其他分部贷款的利息收入等；其二，除分部的日常收入是金融性质的以外，采用权益法核算的长期股权投资在被投资单位实现的净利润中应享有的份额以及处置投资产生的净收益；其三，营业外收入，如处置固定资产、无形资产等产生的净收益。

(2) 该分部的分部利润（亏损）的绝对额，占所有盈利分部利润合计额或者所有亏损分部亏损合计额的绝对额两者中较大者的10%或者以上。这里所说的营业利润或营业亏损，是指分部收入扣除分部费用后的余额。在合并报表中，分部利润（亏损）应当在调整少数股东权益前确定。

注意此处的分部费用，既包括可归属于分部的对外交易费用，也包括对其他分部交易的费用，通常包括营业成本、税金及附加、销售费用等。

(3) 该分部的分部资产占所有分部资产合计额的10%或者以上。如果某一分部的收入、营业利润或营业亏损及其可辨认的资产，每一项均达到全部分部合计数90%以上时，则企业的合并财务报表就可以提供该分部在风险及经营业绩方面的会计信息。此时，企业只需在财务报告附注中予以说明即可，没有必要提供分部报告。

(4) 该分部未能满足10%的标准的，可以按照下列规定确定报告分部：

①企业管理层认为披露该经营分部信息对会计信息使用者有用的，可以将其确定为报告分部。在这种情况下，企业可以直接将其指定为报告分部。

②将该经营分部与一个或一个以上的具有相似经济特征、满足经营分部合并条件的其他经营分部合并，作为一个报告分部。对于经营分部的10%的重要性测试可能导致企业存在大量未满足10%数量临界线的经营分部，在这种情况下，如果企业没有直接将这些经营分部指定为报告分部，可以将一个或一个以上具有相似经济特征、满足经营分部合并条件的经营分部合并成一个报告分部。

③除上述两种情况外企业在披露分部信息时，应将该经营分部的信息与其他组成部分的信息合并，作为其他项目单独披露。

(5) 企业提供报告分部的对外交易收入合计额应占合并总收入或企业总收入的75%。若企业提供报告分部的对外交易收入合计额占合并总收入或企业总收入的比重未达到75%的，应当将其他的分部确定为报告分部（即使它们未能满足上述条件之一），直到该比重达到75%。但需注意的是，报告分部的数量通常不应超过10个。报告分部的数量超过10个需要合并的，应当以经营分部的合并条件为基础，对相关的报告分部予以合并。

(6) 企业在确定报告分部时除应当遵循相应的确定标准外，还应当考虑不同会计期间分部信息的一贯性和可比性。某一经营分部，在上期可能满足报告分部的确定条件，而在本期有可能就不满足条件。此时，如果企业认为单独披露该经营分部的信息能够更有助于会计信息使用者了解企业的整体情况，企业仍应当将该经营分部确定为本期的报告分部。反之，在本期满足条件而上期不满足确定条件时，企业出于比较目的，对于提供的以前会计期间的分部信息应当重述，即使其不满足确定为报告分部的条件，也应将该经营分部反映为一个报告分部。如果无法获得重述所需要的信息或者重述信息不符合成本效益原则，则不需要重述以前会计期间的分部信息。但是，无论是否对以前期间相应的报告分部信息进行重述，企业都应当在报表附注中披露这一信息。

四、报告分部信息的披露

企业报告分部确定后，应当披露下列信息：

1. 确定报告分部考虑的因素、报告分部的产品和劳务的类型

[例10-15] 甲公司是一家全球性公司，总部设在美国，主要生产A、B、C三个品牌的皮箱、手提包、公文包、皮带等，以及相关产品的运输、销售，每种产品均由独立的业务部门完成。该公司各项业务2019年12月31日的有关资料如表10-6所示。

表10-6　　　　　　　　甲公司有关业务资料　　　　　　　　单位：万元

项目	品牌A	品牌B	品牌C	手提包	公文包	销售公司	运输公司	合计
营业收入	106 000	130 000	100 000	260 000	230 000	270 000	50 000	114 600
其中：对外交易收入	100 000	120 000	80 000	180 000	150 000	270 000	50 000	950 000
分部间交易收入	6 000	10 000	20 000	80 000	80 000			196 000
销售费用	74 200	92 300	69 000	156 000	142 600	220 000	30 000	784 100

该公司披露的确定报告分部考虑的因素如下：

本公司的报告分部都是提供不同产品或服务的业务单元。由于各种业务需要不同的技术和市场战略，因此，本公司分别独立管理各个报告分部的生产经营活动，分别评价其经营成果，以决定其配置资源、评价其业绩。

该公司披露的报告分部的产品业务的类型如下：

本公司有4个报告分部，分别为手提包分部、公文包分部、销售公司分部和运输分部。手提包分部负责生产手提包；公文包分部负责生产公文包；销售公司分部负责销售本公司各个组成部分生产的各种产品，运输分部负责商品运输。

2. 每一报告分部的利润（亏损）总额相关信息

该信息包括利润（亏损）总额组成项目及计量的相关会计政策信息。企业管理层在计量报告分部利润（亏损）时运用了下列数据，或者未运用下列数据

但定期提供给企业管理层的，应当在附注中披露每一报告分部的下列信息：①对外交易收入和分部间交易收入。②利息收入和利息费用。但是报告分部的日常活动是金融性质的除外。报告分部的日常活动是金融性质的，可以仅披露利息收入减去利息费用的净额，同时披露这一处理方法。③折旧费用和摊销费用，以及其他重大的非现金项目。④采用权益法核算的长期股权投资确认的投资收益。⑤所得税费用或所得税收益。⑥其他重大的收益或费用项目。

企业应当在附注中披露计量每一报告分部利润（亏损）的下列会计政策：①分部间转移价格的确定基础；②相关收入和费用分配给报告分部的基础；③确定报告分部利润（亏损）使用的计量方法发生变化的性质，以及这些变化产生的影响。

3. 每一报告分部的资产总额、负债总额相关信息

该信息包括资产总额组成项目的信息，以及有关资产、负债计量相关的会计政策。企业管理层在计量报告分部资产时运用了下列数据，或者未运用下列数据但定期提供给管理层的，应当在附注中披露每一报告分部的下列信息：①采用权益法核算的长期股权投资金额；②非流动资产（不包括金融资产、独立账户资产、递延所得税资产）金额。报告分部的负债金额定期提供给企业管理层的，企业应当在附注中披露每一报告分部的负债金额。企业应当在附注中披露将相关资产或负债分配给报告分部的基础。分部负债，是指分部经营活动形成的可归属于该分部的负债，不包括递延所得税负债。如果与两个或多个经营分部共同承担的负债相关的费用分配给这些分部，该共同承担的负债也应当分配给这些经营分部。

4. 除上述已经作为报告分部信息组成部分披露的外，企业还应当披露的信息

①每一产品和劳务或每一类似产品和劳务组合的对外交易收入。但披露相关信息不切实可行的除外。企业披露相关信息不切实可行的，应当披露这一事实。②企业取得的来自于本国的对外交易收入总额以及企业从其他国家取得的对外交易收入总额。但披露相关信息不切实可行的除外。企业披露相关信息不切实可行的，应当披露这一事实。③企业取得位于本国的非流动资产（不包括金融资产、独立账户资产、递延所得税资产，下同）总额，以及位于其他国家的非流动资产总额。但披露相关信息不切实可行的除外。企业披露相关信息不切实可行的，应当披露这一事实。④企业对主要客户的依赖程度。企业与某一外部客户交易收入占合并总收入或企业总收入的 10% 或以上的，应当披露这一事实，以及来自该外部客户的总收入和相关报告分部的特征。

5. 报告分部信息总额和企业信息总额的衔接

报告分部收入总额应当与企业收入总额相衔接；报告分部利润（亏损）总

额应当与企业利润（亏损）总额相衔接；报告分部资产总额应当与企业资产总额相衔接；报告分部负债总额应当与企业负债总额相衔接。

6. 比较信息

企业在披露分部信息时，为可比起见，应当提供前期的比较数据。对于某一经营分部，如果本期满足报告分部的确定条件确定为报告分部，即使前期没有满足报告分部的确定条件而未确定为报告分部，也应当提供前期的比较数据。企业内部组织结构改变导致报告分部组成发生变化的，应当提供前期比较数据。但是提供比较数据不切实可行的除外。企业未提供前期比较数据的，应当在报告分部组成发生变化的当年，同时披露以新的报告分部和旧的报告分部为基础编制的分部信息。不论企业是否提供前期比较数据，均应披露这一事实。

【本章小结】

为了向信息使用者及时提供重要的会计信息，财政部颁布了《企业会计准则第32号——中期财务报告》，对中期财务报告的内容和编制时应遵循的确认与计量原则作出了明确的规定。同时，为了弥补合并财务报表的不足，财政部颁布了《企业会计准则第35号——分部报告》，对规范分部报告的编制和相关信息的披露作出了明确的规定。本章以这两个准则为基础，并参阅《企业会计准则解释第3号》撰写而成。

中期财务报告部分，介绍了中期财务报告应包括的内容、编制观点、编制原则和编制方法。其重点是，中期财务报告在附注披露时应如何运用重要性判定标准，以及企业在提供中期比较财务报告时应该注意的问题。分部报告部分，阐述了分部报告的作用、适用范围、报告分部的确认、分部报告应披露的内容。其重点是，如何筛选报告分部，以及分部报告应披露哪些信息。

【本章思考与练习题】

一、思考题

1. 简述经营分部的概念。
2. 如何确定报告分部？
3. 简述企业应当在附注中披露报告分部的哪些信息。
4. 简述中期财务报告的定义及其构成。
5. 简述中期财务报告的编制要求。

二、练习题

甲公司是一家上市公司，需要编制季度财务报告。

（1）公司在 2019 年 4 月 5 日发生了场火灾，造成重大损失，预计直接资产净损失为 2 230 万元。公司 2018 年年度财务报告已于 3 月 10 日报出。公司第一季度财务报告的批准报出日为 4 月 13 日。

（2）公司在 2019 年 5 月 3 日至 14 日期间，向社会公众溢价发行了期限为 2 年、年利率为 4%、总额为 2 000 万元的公司债券，扣除债券发行手续费、佣金等支出，实筹资金 2 500 万元。

（3）公司在第二季度转回前期计提的应收账款坏账准备 100 万元。

（4）公司于 2019 年 6 月 1 日与一家外资手机生产商签订了一项总金额为 3 000 万元的技术合作协议，合作开发新产品，合作期限为 2 年，当月投入 200 万元。

（5）2019 年第三季度，公司购并了 A 公司，获得了该公司 75% 的股权，从而使得该公司成为甲公司的控股子公司。

（6）甲公司由于扩大生产的需要，于 2018 年 11 月利用专门借款资金开工兴建一条生产线。2019 年 3 月 1 日，生产线建造工程由于资金周转发生困难而停工。公司预计在一个半月内即可获得补充专门贷款，工程可以重新施工。根据我国《企业会计准则第 17 号——借款费用》的规定，固定资产的购建活动发生非正常中断，并且中断时间连续超过 3 个月的，应当暂停借款费用的资本化，将其确认为当期费用，直至资产的购建活动重新开始。据此，在编制 2019 年第一季度财务报告时，公司考虑到所购建生产线的非正常中断时间将短于 3 个月，没有中断借款费用的资本化，将 3 月发生的符合资本化条件的借款费用计入在建工程成本。后来的事实发展表明，公司直至 2019 年 6 月 15 日才获得补充专门借款，工程才重新开工。

（7）2019 年 1 月 1 日至 9 月 30 日，甲公司累计实现净利润 400 万元，其中，第三季度实现净利润 20 万元，在第三季度，由于甲公司所处地区发生洪涝灾害，造成甲公司直接经济损失 10 万元。

要求：根据以上事项，分别指出甲公司在 2019 年前三个季度编制的中期财务报告时应遵循的确认和计量原则以及编制处理。

第十一章 公开发行证券公司信息披露[①]

【引入案例】

2014年10月,一则"存货异常"的公告将獐子岛公司推向了风口浪尖,公告称,受到北黄海异常冷水团影响,公司大量虾夷扇贝死亡,导致第三季度亏损约7.63亿元。次年6月1日,獐子岛又发布公告称:"公司底播虾夷扇贝生长正常,符合预期,尚不存在减值的风险。"公告立即引来一片惊呼:"獐子岛去年10月失踪的价值8亿多元的虾夷扇贝又游回来了?"事情远不止于此,在2018年2月、2019年4月以及2020年5月,獐子岛公司故技重施,发布关于"存货异常,虾夷扇贝受灾"的公司公告,再次引起业界的一片哗然。这一系列的事件让我们不得不怀疑,獐子岛公司的"扇贝劫"到底是天灾,还是人祸。

2020年6月,獐子岛公司扇贝"六年跑四次"的闹剧终于落下帷幕,证监会借助北斗导航系统,对獐子岛公司的采补船只进行航行轨迹还原,发现其存在信息造假。然而,部分责任人却以自己"对违法行为不知情"或者自己"不是财务方面的专家,不具备辨识虚假信息披露的能力"为由,意图推卸对违规信息披露应承担的法律责任。在广泛调查取证以及充分听取各方意见后,证监会认定獐子岛"董监高"及相关责任人知道或应当知道獐子岛公司存货异常的事实,但未对公司信息披露尽到应尽义务,客观上放任了獐子岛公司信息披露违法行为的发生,应当承担相应的法律责任。

獐子岛公司的"扇贝劫"让我们不禁想到,上市公司信息披露对公司的影响为何会如此深远,资本市场以及公众为何如此重视信息披露,而上市公司又应当如何做好信息披露?相信同学们学习本章内容后,这些疑问都会迎刃而解。

[①] 由于上市公司信息披露规范变化较快,学习本章时,同学们可关注中国证监监督管理委员会法律法规信息披露专栏追踪最新规定(http://www.csrc.gov.cn/pub/zjhpublic/index.htm? channel = 3300/3302)。本章的案例可到巨潮资讯网站(http://www.cninfo.com.cn/)下载任何一家上市公司信息披露案例参阅。

【学习目的与要求】
1. 掌握公开发行证券公司信息披露的概念及基本原则。
2. 了解公开发行证券公司信息披露应遵循的法律规范体系。
3. 了解公开发行证券公司信息披露评价机制。
4. 了解公开发行证券公司相关责任人应承担信息披露的法律责任。

第一节 公开发行证券公司信息披露的类型和原则

这里的公开发行证券公司,是指中华人民共和国境内公开发行证券并在证券交易所上市的股份有限公司。公开发行证券公司信息披露制度是指上市公司在证券发行与流通中,向信息使用者提供有效的信息以满足其需要的正式制度与非正式制度的综合,信息披露制度也称为信息公开制度、信息公示制度、信息公开披露制度。

公开发行证券公司与非公开发行证券公司相比,其股东和债权人具有广泛性、公众性的特点。公开发行证券公司的股东为了解企业的财务状况、经营成果、现金流量、公司发展战略等信息,以便做出相关的投资决策,就会要求公开发行证券公司的管理层提供相关信息。为维护证券市场秩序、保护广大投资者利益,世界各国都建立了较为严格的公开发行证券公司信息披露制度。

一、公开发行证券公司信息披露的分类

(一)按信息披露内容分类

按照披露的具体内容,上市公司信息披露一般包括财务信息披露、公司治理信息披露、重大事件信息披露、管理层讨论与分析信息披露和证券发行信息披露(上海证券交易所研究中心,2008)。

财务信息在上市公司信息披露体系中占据核心地位,是资本市场功能发挥的重要保证。从历史来看,在各国资本市场发端之初,投资者最早提出需求的公司信息就是财务会计信息,监管者最早强制要求披露的信息也是财务报告信息。但由于证券价格对财务信息的高度敏感性,财务信息往往也是违法违规者企图操纵的重点。由于会计制度的复杂性和技术性,对财务信息的监管难度也较大。

公司治理信息主要是指狭义上的公司治理结构信息。一方面公司治理信息是上市公司信息披露的重要部分;另一方面公司治理对于上市公司绩效及信息披露质量有着明显的影响,因此上市公司治理信息披露重要性日益得到认可和重视。

重大事件信息会对公司的经营活动产生实质性影响，这些事件通过对公司业绩或投资预期的影响而引致股价波动。因此，在金融实践中，重大事件更多地会与内幕交易纠缠在一起，重大事件披露过程中容易滋生内幕交易行为。所以，研究重大事件披露的有效性对于信息披露制度建设和证券市场建设具有重要的意义。

管理层讨论与分析信息是上市公司定期报告中管理层对于公司过去经营状况的评价分析以及对未来发展趋势的前瞻性判断，是财务报告的"核心和灵魂"，是上市公司对外披露的信息中最具价值的部分，它提供了基于公认会计准则而产生的表内信息以及报表附注所无法提供的信息，满足了投资者对信息的相关性和前瞻性的更高要求。通过这一披露途径，投资者可以了解公司管理层对重大历史事项的理解、对重大风险的评价以及对未来重大事项的预测及预测基础。

证券发行信息是指发行人在公开发行证券时，根据法律、法规的规定，公开的与证券发行有关的重大事实。证券发行信息披露制度是一个完整的信息披露制度体系的重要组成部分。完善的证券信息披露制度对于强化证券发行监管、提高IPO定价效率和促进证券市场持续健康发展具有重要意义。

（二）按信息披露时间分类

把时间作为分类维度，即信息披露可分为证券发行时的信息披露和证券上市后在流通中的持续性信息披露，即证券交易市场信息披露。具体可见表11-1。

表11-1　　　　中国公开发行证券公司信息披露的形式和内容

披露时间	披露形式和内容	
发行市场信息披露	招股说明书	
	上市公告书	
交易市场信息披露	临时报告	重大事件公告
		公司收购公告
	定期报告	年度报告
		中期报告

证券发行时的信息披露，也称为证券一级市场的信息披露，是指证券首次发行时公布的信息。发行市场的信息披露是初次信息披露行为，其主要的载体是招股说明书和上市公告书。

证券上市后在流通中的持续性信息披露，也称为交易市场的信息披露、持续性信息披露或证券一级市场信息披露，是指在证券的流通和交易过程中发布的信息，主要包括定期报告（年报与中期报告）和临时报告。

(三) 按信息披露意愿分类

根据信息披露内容是否是上市公司自己的主观意愿，披露信息可以划分为两种：自愿性信息披露和强制性信息披露。表 11-2 从概念界定、动力与动机、披露内容、制衡机制四个方面分析了自愿性信息披露和强制性信息披露之间的主要区别。

表 11-2　强制性信息披露与自愿性信息披露的主要区别

区分项目 \ 披露方式	强制性信息披露	自愿性信息披露
概念界定	强制性信息披露是指按照相关法律、法规的要求，上市公司必须披露的信息，属于管制论所坚持的主张	自愿性信息披露是指超出强制性披露信息范畴的、企业确定的对外报告的事项和信息，属于非管制论的主张
动力与动机	法律规范的强制要求	以经济利益为目的的自立性行为
披露内容	公司概况、基本财务信息、重大关联方交易、主管业务、审计意见、董事及高管基本信息等	公司发展战略、企业竞争优势分析、市场风险分析、公司实际运作信息、前瞻性预测信息、并购信息、投资项目分析、环境保护、社会责任、公司治理效果等
制衡机制	以法律的制定和执行作为制衡机制	有效的公司治理机制及诚信机制

强制性信息披露指的是由上市公司信息披露制度强制规定上市公司必须披露的信息，包括定期报告的年报、半年报和季报，以及临时报告中的重大关联交易事项等。信息不完全市场中，委托人与代理人之间存在利益冲突，代理人以自己的利益作为行为出发点和目的，会尽可能隐瞒对自己不利的信息，相反地，希望对外宣布对自己有价值的信息。委托人由于信息不对称，无法实施有效的监督，这会使代理人披露的信息变得不可信，受到证券市场使用者的质疑，进而投资者的信心可能受创。而在强制性信息披露规范下，重要信息被强制披露，并且真实性有所保证，所以投资者对于信息有用性的信心提高，也能公平地获取公开披露的信息。另外，强制性信息披露对经营者形成监督，能减少经营者选择性信息披露、虚假信息披露和偏向性信息披露。

除了强制性披露的信息以外，上市公司出于自身利益考虑会主动向社会公开一些其他的信息，这就是自愿性信息披露。例如，企业为了提高公司的美誉度，为了进行公关关系外交，为了提高投资者的信心，可以自愿披露某些信息。

需要注意的是，某类信息是强制披露或是自愿披露，并不是绝对的，而是要随具体的制度约束而变化。一个信息在某些国家和地区的信息披露制度体系下属于强制性披露，但是可能在其他国家和地区属于自愿性披露的信息。强制性信息披露与自愿性信息披露相互补充，它们之间并没有替代关系，也并不是说自愿性披露优于强制性披露。

二、公开发行证券公司信息披露的基本原则

中国证监会 2020 年 7 月公布的《上市公司信息披露管理办法（修订稿）》中第一章第二条规定："信息披露义务人应当真实、准确、完整、及时地披露信息，简明清晰、通俗易懂，不得有虚假记载、误导性陈述或者重大遗漏。"

（一）真实性原则

真实性是指信息披露义务人所公开的情况不得有任何虚假成分，公司披露的信息资料必须真实可靠，与客观事实相符，能够全面反映客观情况。公司披露信息的最初目的在于向投资者提供有利于投资的相关信息，所以说，信息的真实性是信息披露最根本也是最重要的要求，该原则成为信息披露制度的前提性假设。

信息披露失真是目前公开发行证券公司信息披露中最为严重的问题，对资本市场的健康发展十分不利。公开发行证券公司披露的信息失真，无疑会对证券市场产生极大的破坏作用，而且会损害上市公司自身利益。要保护投资者的利益，维护证券市场的健康发展，上市公司必须真实地披露公司相关信息，不得有任何虚假记载或者诱导性陈述。

（二）准确性原则

准确性是指公开发行证券公司信息披露时必须确切表明其含义，其内容与表达方式不得使人误解。它包括可理解性和明晰性。它不仅强调已披露信息与信息所反映的客观事实上的一致性，而且还强调信息接受者与信息发布者以及各个信息接受者之间对同一信息在理解上的一致性。

上市公司信息披露主要通过语言文字表达来实现，而语言表达方式的多样性和语言内容的多义性，使信息披露制度在规范上市公司信息披露行为时必须包括准确性标准。信息的准确性是投资者做决策的重要前提。而现实中往往存在虚假陈述与重大遗漏的现象，误导性陈述则利用了语言的多义性并可能把责任推给投资者。因而，"使人误解"便成为公司信息公开活动中较为多见的违法行为。信息披露的准确性体现在信息的可理解性和明晰性两个方面：

1. 可理解性

可理解性要求企业提供的会计信息应当清晰明了，便于财务报告使用者理解和使用。准确性原则要求处理好表达准确与易于理解之间的关系。公司所披露的信息应容易被理解，即信息公开的表达方式、使用的术语及采用的形式，能被具有一般文化水平和精英知识的人所理解，而不只是财务专家所理解。但公司披露

信息所涉及的经营活动是一种专业性活动，专业术语又往往具有不可替代性。为了兼顾信息公开的准确性与易于理解，公司在公开信息时，应该对所使用的术语进行必要的解释，有利于投资者的理解。

2. 明晰性

明晰性就是会计记录和会计报表应当清晰明了，便于理解和利用。会计信息的价值在于对决策有用，每一个会计信息都应当让信息使用者理解它的含义和用途，懂得怎样加以利用。而要让使用者能够理解和利用会计信息，就要让使用者知晓会计信息所涵盖的内容，了解会计信息的构成和产生的程序，粗略了解会计核算和处理的方法等。这就要求会计信息的确认、计量、记录和报告的全过程都要清晰、简明，容易为使用者所理解和利用。

此外，准确性原则还要求处理好正式信息与非正式信息的关系。投资者对公司经营状况的了解并不完全通过正式发布的公司信息，公司非正式发布的信息或者不是公司发布的但与公司相关的信息，也是投资者判断的依据。但是正式信息与非正式信息内容的差异，有时也会使人误解，因此不能将公开公司信息准确性的义务仅局限在正式信息方面。法律同时规定公司有责任确保自己发布的非正式信息与正式信息的一致性，对于发布的非正式信息，如果足以影响众多投资者的投资判断，公司有义务说明。

（三）及时性原则

及时性是一项重要的会计信息质量特征，是指会计信息能够在规定的时间范围内或使用者要求的时间限度内到达使用者。不同的会计信息使用者对于会计信息的及时性要求并不相同。对于满足投资者及多个利益主体共同需求的财务会计信息的及时性要求，通常在制度中予以明确规定，对于上市公司，由于投资者是社会公众，报告的及时性就成为会计信息公开披露的及时性。财政部发布的《企业会计准则——基本准则》提出了对会计信息的质量要求，其中一项质量要求即及时性，它要求企业对于已经发生的交易或者事项，应当及时进行会计确认、计量和报告，不得提前或者延后。

对于上市公司的内部人（管理当局与内部股东）与外部人（监督机构和公众投资者）来说，会计信息广泛存在着"信息不对称"现象，这类"信息不对称"现象，从时间特征的角度来看，企业内部管理层由于接触相关会计信息的时间比较早，总是处于信息优势，而外部利益相关者则总是处于信息劣势。这使得外部利益相关者在做决策时，缺少具有确定性的决策依据，为某些公司操纵会计信息、编制虚假报表，创造了时间条件。从这个意义上说，不具备及时性的会计信息还影响到资本市场的效率公平。所以，解决信息不对称问题的措施还在于使上市公司的会计信息及时对外披露。

(四）完整性原则

信息披露的完整性，是指所有可能影响投资者决策的信息都应该得到披露。在披露某一具体信息时，必须对该信息的所有方面进行周密、完整和全面的揭示，不仅要披露对公司股价有利的信息，更要披露对公司股价不利的诸种潜在或现实风险因素，不能有所遗漏。完整性原则要求上市公司在信息披露时不得忽略任何有效信息，对信息使用者不得隐瞒任何重要的信息。完整性原则是上市公司信息披露有效性的一个重要原则，也是解决信息不对称的有效途径。因此，上市公司披露的信息必须完整，投资者只有在掌握完整的信息条件下才能做出正确的决策。

（五）规范性原则

截至 2020 年 7 月 3 日，中国证监会已颁布《公开发行证券的公司信息披露内容与格式准则》第 1~45 号，对公开发行证券公司的信息披露格式做出了具体规定，中国证监会 2020 年 7 月公布的《上市公司信息披露管理办法（修订稿）》第一章第六条规定："上市公司及其他信息披露义务人依法披露信息，应当在证券交易所的网站和符合中国证券监督管理委员会规定条件的媒体发布，同时将其置备于公司住所、证券交易所，供社会公众查阅。"因此，我们可以认为，公开发行证券公司信息披露规范性原则是指与信息披露的形式以及与所披露信息的有用性等有关的要求。主要考察两个方面：格式的规范性和渠道的规范性。

格式的规范性要求上市公司信息披露必须按照统一的内容和格式标准公布，这将在下文中进行说明。

渠道的规范性要求公开的信息要容易被一般公众投资者所获取，这是信息披露的基本要求。目前，信息披露的渠道主要有三种：一是通过公众新闻媒体进行公开；二是将有价证券发行招股说明书、上市公告书等文件备置于证券监管机构、证券交易所、证券公司等指定场所供公众获取；三是证券发行者或出售者将有关信息材料直接交给投资者。

近年来，电子技术和互联网技术迅猛发展，网络的应用领域逐步拓宽，也影响到了上市公司信息披露的方式。电子化信息披露更容易管理，也方便使用者在需要的时候进行信息查询，方便保存，而且能极大提高上市公司信息披露的及时性。我国也开展了电子化信息披露这一新兴渠道。公开发行证券公司披露信息可以从上海证券交易所网站（以下简称"上交所"）（http：//www.sse.com.cn）、深圳证券交易所网站（以下简称"深交所"）（http：//www.szse.cn）、中国银行间市场交易商协会网站（http：//www.nafmii.org.cn）和巨潮资讯网（http：//www.cninfo.com.cn）等网站获取。

第二节 公开发行证券公司信息披露的制度和内容

经过近三十年的发展，我国证券市场对信息披露的要求逐渐完善，目前，我国已形成了包括基本法律、行政法规、部门规章和自律性规则在内四个层次的信息披露制度的法规体系和包括中国证监会、证监会派出机构、证券交易所三者各司其职、合理分工、协调监管的信息披露制度监管体系。在制度层面上，目前我国公开发行证券信息披露体系的基本框架包括信息披露法律法规体系和信息披露监管体系两大部分。

一、公开发行证券公司信息披露的法规体系

按照约束力度从强到弱，可以将公开发行证券公司信息披露法律法规体系分为四个层次，分别是基本法律层次、行政法规层次、部委规章层次和自律性规范层次。

（一）基本法律层次

基本法律层次，是指由全国人民代表大会及其常务委员会制定的有关公司证券的基本法律，主要是《中华人民共和国公司法》《中华人民共和国证券法》《中华人民共和国刑法》，此外还包括《中华人民共和国会计法》《中华人民共和国个人所得税法》《中华人民共和国银行业监督管理法》《中华人民共和国证券投资基金法》《中华人民共和国税收征收管理法》，详见表11-3。

表11-3　　　　我国基本法律层次的信息披露制度体系

制度体系层次	具体的制度构成
基本法律	《中华人民共和国公司法》（2018年修订） 《中华人民共和国证券法》（2020年修订） 《中华人民共和国会计法》（2017年修订） 《中华人民共和国刑法》（2017年修订） 《中华人民共和国个人所得税法》（2018年修订） 《中华人民共和国银行业监督管理法》（2006年修订） 《中华人民共和国证券投资基金法》（2015年修订） 《中华人民共和国税收征收管理法》（2015年修订）

（二）行政法规层次

行政法规层次，是政府制定的有关证券市场的行政法规。主要的政策法规有《股票发行与交易管理暂行条例》《股份有限公司境内上市外资股的规定》《股份有限公司境外募集股份及上市的特别规定》《中华人民共和国外资银行管理条例》《上市公司股东大会规则》等，详见表 11-4。

表 11-4　　　　　　我国行政法规层次的信息披露制度体系

制度体系层次	具体的制度构成
行政法规	《股份有限公司境内上市外资股的规定》（1995 年发布） 《股份有限公司境外募集股份及上市的特别规定》（1993 年发布） 《中华人民共和国外资银行管理条例》（2019 年修订） 《上市公司股东大会规则》（2016 年修订） 《企业财务会计报告条例》（2000 年发布） 《中华人民共和国公司登记管理条例》（2016 年修订） 《期货交易管理条例》（2017 修订） 《股票发行与交易管理暂行条例》（1993 年发布，已废止）

（三）部委规章层次

信息披露的部委规章层次，主要是指中国证监会制定的指导上市公司信息披露的规章，如《上市公司信息披露管理办法》、《公开发行股票公司信息披露实施细则》、《国有股东转让所持上市公司股票管理暂行办法》、《上市公司并购重组财务顾问业务管理办法》、《公开发行证券的公司信息披露内容与格式准则》（第 1~45 号）、《证券交易所管理办法》、《公开发行证券的公司信息披露编报规则》（第 1~24 号）等，详见表 11-5。

表 11-5　　　　　　我国部委规章层次的信息披露制度体系

项目	具体的制度构成
1.《公开发行证券的公司信息披露内容与格式准则》	第 1 号：招股说明书（2015 年修订） 第 2 号：年度报告的内容与格式（2017 年修订） 第 3 号：半年度报告的内容与格式（2017 年修订） 第 4 号：配股说明书的内容与格式（已废止） 第 5 号：保险公司信息披露特别规定 第 6 号：法律意见书的内容与格式（已废止） 第 7 号：股票上市公告书（已废止） 第 8 号：验证笔录的内容与格式（已废止）

续表

项目	具体的制度构成
1.《公开发行证券的公司信息披露内容与格式准则》	第9号：首次公开发行股票并上市条件（已废止） 第10号：上市公司公开发行证券申请文件（已废止） 第11号：上市公司公开发行证券募集说明书（已废止） 第12号：上市公司发行可转换公司债券申请文件（已废止） 第13号：可转换公司债券募集说明书（已废止） 第14号：可转换公司债券上市公告书（已废止） 第15号：权益变动报告书（2014年修订） 第16号：上市公司收购报告书（2014年修订） 第17号：要约收购报告书（2014年修订） 第18号：被收购公司董事会报告书（已废止） 第19号：豁免要约收购申请文件（已废止） 第20号：证券公司发行债券申请文件（已废止） 第21号：证券公司公开发行债券募集说明书（已废止） 第22号：证券公司债券上市公告书（已废止） 第23号：公开发行公司债券募集说明书（2015年修订） 第24号：公开发行公司债券申请文件（2015年修订） 第25号：上市公司非公开发行股票预案和发行情况报告书（已废止） 第26号：上市公司重大资产重组申请文件（2018年修订） 第27号：发行保荐书和发行保荐工作报告（已废止） 第28号：创业板公司招股说明书（2020年修订） 第29号：首次公开发行股票并在创业板上市申请文件（2020年修订） 第30号：创业板上市公司年度报告的内容与格式（2012年修订） 第31号：创业板上市公司半年度报告的内容与格式（2013年修订） 第32号：发行优先股申请文件（2014年发布） 第33号：发行优先股预案和发行情况报告书（2014年发布） 第34号：发行优先股募集说明书（2014年发布） 第35号：创业板上市公司向不特定对象发行证券募集说明书（2020年修订） 第36号：创业板上市公司向特定对象发行证券募集说明书和发行情况报告书（2020年修订） 第37号：创业板上市公司发行证券申请文件（2020年修订） 第38号：公司债券年度报告的内容与格式（2016年发布） 第39号：公司债券半年度报告的内容与格式（2016年发布） 第40号：试点红筹企业公开发行存托凭证并上市申请文件（2018年发布） 第41号：科创板公司招股说明书（2019年发布） 第42号：首次公开发行股票并在科创板上市申请文件（2019年发布） 第43号：科创板上市公司向不特定对象发行证券募集说明书（2020年发布） 第44号：科创板上市公司向特定对象发行证券募集说明书和发行情况报告书（2020年发布） 第45号：科创板上市公司发行证券申请文件（2020年发布）

续表

项目	具体的制度构成
2.《公开发行证券的公司信息披露编报规则》	第1号：商业银行招股说明书内容与格式特别规定（已废止） 第2号：商业银行财务报表附注特别规定（已废止） 第3号：保险公司招股说明书内容与格式特别规定（已废止） 第4号：保险公司信息披露特别规定（已废止） 第5号：证券公司招股说明书内容与格式特别规定（已废止） 第6号：证券公司财务报表附注特别规定（已废止） 第7号：商业银行年度报告内容与格式特别规定（已废止） 第8号：证券公司年度报告内容与格式特别规定（已废止） 第9号：净资产收益率和每股收益的计算及披露（2010年修订） 第10号：从事房地产开发业务的公司招股说明书内容与格式特别规定（已废止） 第11号：从事房地产开发业务的公司财务报表附注特别规定（已废止） 第12号：公开发行证券的法律意见书和律师工作报告（已废止） 第13号：季度报告的内容与格式（2016年修订） 第14号：非标准审计意见及其涉及事项的处理（2018年修订） 第15号：财务报告的一般规定（2014年修订） 第16号：A股公司实行补充审计的暂行规定（已废止） 第17号：外商投资股份有限公司招股说明书内容与格式特别规定（已废止） 第18号：商业银行信息披露特别规定（已废止） 第19号：财务信息的更正及相关披露（2018年修订） 第20号：创业板上市公司季度报告的内容与格式（2013年修订） 第21号：年度内部控制评价报告的一般规定（2014年发布） 第22号：创新试点红筹企业财务报告信息特别规定（试行）（2018年发布） 第23号：试点红筹企业公开发行存托凭证招股说明书内容与格式指引（2018年发布） 第24号：注册制下创新试点红筹企业财务报告信息特别规定（2020年发布） 第26号：商业银行信息披露特别规定（2014年修订）
3. 其他规定	《上市公司并购重组财务顾问业务管理办法》（2008年发布） 《上市公司重大资产重组管理办法》（2019年修订） 《上市公司信息披露管理办法》（2020年修订意见稿） 《上市公司非公开发行股票实施细则》（2020年修订） 《上市公司证券发行管理办法》（2020年修订） 《创业板上市公司证券发行管理暂行办法》（2020年修订） 《上市公司收购管理办法》（2014年修订） 《首次公开发行股票并上市管理办法》（2020年修订） 《证券发行与承销管理办法》（2018年修订） 《证券交易所管理办法》（2017年修订） 《证券发行上市保荐业务管理办法》（2020年修订）

(四) 自律性规范层次

自律性规范层次的信息披露制度包括两个部分：一是证券交易所制定的市场规则；二是有关自律组织行业协会制定的行业规则，例如《上海证券交易所证券发行上市业务指引》《上海证券交易所上市公司信息披露事务管理制度指引》《上海证券交易所上市公司员工持股计划信息披露工作指引》《深圳证券交易所上市公司信息披露工作考核办法》等，详见表11-6。

表11-6 我国自律性规范层次的信息披露制度体系

制度层次	具体制度构成
自律性规范	《上海证券交易所股票上市公告书内容与格式指引》（2013年修订） 《上海证券交易所证券发行上市业务指引》（2018年修订） 《上海证券交易所股票上市规则》（2019年修订） 《上海证券交易所上市公司信息披露事务管理制度指引》（2007年发布） 《上海证券交易所上市公司员工持股计划信息披露工作指引》（2014年发布） 《上海证券交易所上市公司信息披露工作评价办法》（2017年修订） 《深圳证券交易所股票上市公告书内容与格式指引》（2013年修订） 《深圳证券交易所上市公司信息披露工作考核办法》（2020年修订） 《深圳证券交易所上市公司信息披露指引》（2020年修订） 《深圳证券交易所行业信息披露指引》（2019年修订）

二、公开发行证券公司信息披露的监管体系

从监管体系看，我国目前建立了包括中国证监会、证监会派出机构、证券交易所在内的分工协调监管的上市公司信息披露监管体系。我国上市公司信息披露制度的监管体系可以分为三个层次：中国证监会监管、证券交易所监管、行业和社会自律性约束。

第一个层次是中国证监会监管。中国证监会拥有中国证券市场的最高监管权，主要负责基本规则的制定、重大或无先例的信息披露个案的处理，指导协调派出机构和交易所进行信息披露的监管。发行监管部和上市公司监管部履行着大部分监管职责。发行监管部负责草拟境内企业在境内发行证券的规则、实施细则；审核境内企业直接或间接在境内发行证券的申请，包括首次发行、配股、增发、可转换债券的申报材料并监管其发行活动；审核企业债券的上市申请。上市公司监管部主要围绕处于交易中的上市公司进行监管，主要职责是：指导证券交易所执行一线监管；处理市场和媒体对上市公司的反映。会计部协调处理规则指定等问题；对上市公司信息披露进行巡回检查或专项检查等。中国证监会的监管权限主要体现为处置权、处罚权和调查取证权三个方面。

第二个层次是证券交易所监管。上交所和深交所是我国上市公司信息披露的一线监管机构，直接监管交易所下的上市公司的信息披露。证券交易所对上市公司信息披露的监管权限较为有限，主要负责对临时公告实施事前形式审核，对定期报告实行事先登记、事后审核；负责督促上市公司依法及时、准确、规范地披露信息，并从持续监管角度出发，对上市公司信息披露的真实性进行合理质疑。上市公司在交易市场上进行的持续性信息披露主要由两个证券交易所监管，对上市公司持续性信息披露违规的处罚均由证券交易所进行。证券交易所的监管权限主要体现为处罚权和调查取证权两个方面。同时，中国证监会与派出机构、证券交易所之间建立了一系列监管信息交流制度，通过定期或不定期地举行监管协调会以及利用上市公司监管信息系统，充分共享各自的信息。

第三个层次是行业和社会自律性的约束。行业和社会自律性的约束主要是指中国注册会计师协会、上市公司协会和律师事务所等市场中介机构组织开展的自律性监督。中国注册会计师协会主要负责拟定以职业道德、执业质量为内容的投诉举报管理制度并进行监督、检查和处罚；拟定对违法违规人员的处罚制度，组织实施处罚工作；拟定并组织实施业务报备管理制度和业务检查制度。中国注册会计师协会的监管权限主要体现为处罚权和调查取证权两个方面。上市公司协会主要对上市公司业务培训、日常事务进行协调与自律规范，其监管权限体现为行业内的自律性约束。以律师事务所为代表的市场中介机构对上市公司信息披露起到间接的监督作用，主要负责规范和约束上市公司信息披露的违规行为，其监管权限体现为道义的谴责与批评。

三、首次公开发行股票公司的信息披露

企业在改制和上市期间所应公开披露的信息主要是公司的招股说明书和上市公告书。

（一）上市公司招股说明书

上市公司招股说明书指股份有限公司在向社会公众筹集股份时，由发起人起草，就发行中的有关事项向社会公众公开披露的书面报告。该书面报告从法律角度而言，是向特定或非特定投资人提出购买或销售其股票的要约或要约邀请的法律文件。为规范首次公开发行股票的信息披露行为，保护投资者合法权益，中国证券监督管理委员会2015年再次修订了《公开发行证券的公司信息披露内容与格式准则第1号——招股说明书》，要求申请在中华人民共和国境内首次公开发行股票并上市的公司应按准则规定编制招股说明书及其摘要，作为向中国证监会申请首次公开发行股票的必备法律文件，并按规定披露。

招股说明书信息披露的原则是，不论准则是否有明确规定，凡是对投资者做出投资决策有重大影响的信息，均应当予以披露。招股说明书的首页应注明：本

公司的发行申请尚未得到中国证监会核准。本招股说明书不具有据以发行股票的法律效力，仅供预先披露之用。投资者应当以正式公告的招股说明书全文作为做出投资决定的依据。

招股说明书必须记载（但不限于）以下内容：

1. 概览

在概览中，发行人应声明："本概览仅对招股说明书全文做扼要提示。投资者做出投资决策前，应认真阅读招股说明书全文。"发行人应披露发行人及其控股股东、实际控制人的简要情况，发行人的主要财务数据及主要财务指标，本次发行情况及募集资金用途等。

2. 本次发行概况

发行人应披露本次发行的基本情况，主要包括：股票种类、每股面值、发行股数、占发行后总股本的比例、每股发行价、标明计算基础和口径的市盈率、预测净利润及发行后每股收益、发行前和发行后每股净资产、标明计量基础和口径的市净率、发行方式与发行对象、承销方式、预计募集资金总额和净额、发行费用概算等。发行人应披露发行人、保荐人、主承销商及其他承销机构、律师事务所、会计师事务所、资产评估机构、股票登记机构、收款银行、其他与本次发行有关的机构的名称、法定代表人、住所、联系电话、传真，同时应披露有关经办人员的姓名。此外，发行人还应当披露其与本次发行有关的中介机构及其负责人、高级管理人员、经办人员之间存在的直接或间接的股权关系或其他权益关系。

3. 风险因素

发行人应当遵循重要性原则，按顺序披露可能直接或间接对发行人生产经营状况、财务状况和持续盈利能力产生重大不利影响的所有因素。发行人应针对自身的实际情况，充分、准确、具体地描述相关风险因素，并做出定量分析，无法进行定量分析的，应有针对性地做出定性描述。有关风险因素可能对发行人生产经营状况、财务状况和持续盈利能力有严重不利影响的，应作"重大事项提示"。风险主要包括：市场竞争风险、经营风险、内部控制有效性不足风险、工程质量风险、募股资金投向风险、技术风险、税收政策风险、其他风险。

4. 发行人基本情况

发行人基本情况包括：发行人注册的基本情况、发行人改制重组情况、发行人的股本形成及重大资产重组情况、设立时发起人或股东出资及设立后历次股本变化的验资情况和投入资产的计量属性、有重要影响的关联方、发行人控股及参股子公司情况、发起人和持有发行人5%以上股份的主要股东及实际控制人的基本情况、发行人股本情况、员工及其社会保障情况、持有发行人5%以上股份的主要股东及作为股东的董事、监事及高管人员的重要承诺及其履行情况。

5. 业务和技术

发行人主营业务、主要产品（或服务）及设立以来的变化情况、发行人所处行业的基本情况、发行人的竞争地位、发行人的主营业务的具体情况、与其业务相关的主要固定资产和无形资产、特许经营权的情况、主要产品生产技术所处的阶段、业务活动地域性情况、分析主要产品和服务的质量控制情况。发行人名称冠有"高科技"或"科技"字样的，应说明冠以此名的依据。

6. 同业竞争与关联交易

发行人应披露已在资产完整、人员独立、财务独立、机构独立、业务独立等方面达到发行监管对公司独立性的基本要求。发行人应披露是否存在与控股股东、实际控制人及其控制的其他企业从事相同、相似业务的情况。发行人应披露控股股东、实际控制人做出的避免同业竞争的承诺。发行人应根据《公司法》和《企业会计准则》的相关规定披露关联方、关联关系和关联交易。发行人应根据交易的性质和频率，按照经常性和偶发性分类披露关联交易及关联交易对其财务状况和经营成果的影响。发行人应披露是否在章程中对关联交易决策权力与程序做出规定。发行人应披露拟采取的减少关联交易的措施。

7. 董事、监事、高级管理人员与核心技术人员

发行人应披露董事、监事、高级管理人员与核心技术人员的简要情况；董事、监事、高级管理人员、核心技术人员及其近亲属以任何方式直接或间接持有发行人股份的情况；公司董事、监事、高级管理人员与核心技术人员的对外投资情况；董事、监事、高级管理人员及核心技术人员最近一年从发行人及其关联企业领取收入的情况，以及所享受的其他待遇和退休金计划等；公司董事、监事、高级管理人员及核心技术人员兼职情况及所兼职单位与发行人的关联关系；公司与董事、监事、高级管理人员及核心技术人员相互之间存在的亲属关系；公司与董事、监事、高级管理人员及核心技术人员的协议和做出的重要承诺；近三年董事、监事和高级管理人员的变动情况。

8. 公司治理

发行人股东大会等制度的建立健全及运行情况；发行人最近三年违法违规行为情况；发行人最近三年资金被控股股东、实际控制人及其控制的其他企业占用的情况；管理层对内部控制制度完整性、合理性及有效性的自我评价及注册会计师对公司内部控制的鉴证意见。

9. 财务会计信息

财务会计信息包括近三年经审计的财务报表主要数据、会计师事务所的审计意见类型、财务报表编制的基础、合并报表范围及变化情况、主要会计政策和会计估计、税项、分部信息、被收购企业收购前一年利润表、非经常性损益、主要固定资产和无形资产情况、主要债务及股东权益、现金流量、财务报表附注中的

重要事项、近三年的主要财务指标、股票境外发行上市的差异调节、资产评估情况、历次验资情况。

如果发行人认为提供盈利预测报告将有助于投资者对发行人及投资于发行人的股票做出正确判断，且发行人确信有能力对最近未来期间的盈利情况做出比较切合实际的预测，发行人可以披露盈利预测报告。发行人募集资金拟用于重大资产购买的，则应当披露发行人假设按预计购买基准日完成购买的盈利预测报告及假设发行当年1月1日完成购买的盈利预测报告。发行人披露盈利预测报告的，应声明："本公司盈利预测报告是管理层在最佳估计假设的基础上编制的，但所依据的各种假设具有不确定性，投资者进行投资决策时应谨慎使用。"发行人披露的盈利预测报告应包括盈利预测表及其说明。盈利预测表的格式应与利润表一致，其中，预测数应分栏列示已审实现数、未审实现数、预测数和合计数。需要编制合并财务报表的发行人，应分别编制母公司盈利预测表和合并盈利预测表。盈利预测说明应包括编制基准、所依据的基本假设及其合理性、与盈利预测数据相关的背景及分析资料等。盈利预测数据包含了特定的财政税收优惠政策或非经常性损益项目的，应特别说明。

10. 管理层讨论与分析

报告期财务状况分析；近三年的业务进展与盈利能力分析；资本性支出分析；对公司财务状况和盈利能力的未来趋势分析；每股收益相对上年度每股收益的变动趋势；融资的必要性和合理性；董事和高级管理人员根据中国证监会相关规定对公司填补回报措施能够得到切实履行做出的承诺。

11. 业务发展目标

发行当年和未来两年的发展计划；发展计划的假设条件和面临的主要困难；发展计划与现有业务和募集资金运用的关系。

12. 募集资金运用

预计募集资金的数额；募集资金投资项目情况；本次募集资金运用对公司财务状况和经营成果的影响；保荐人及发行人律师对募集投资项目的结论性意见；募集资金专项存储制度的建立及执行情况；董事会对募集资金投资项目可行性的分析意见等。

13. 股利分配政策

最近三年股利分配政策、实际股利分配情况以及发行后的股利分配政策；本次发行完成前滚存利润的分配安排和已履行的决策程序；发行人已发行境外上市外资股的，应披露股利分配的上限为按中国会计准则和制度与上市地会计准则确定的未分配利润数字中的较低者。

14. 其他重要事项

发行人应披露有关信息披露和投资者关系的负责部门、负责人、电话号码等；交易金额在 500 万元以上或者虽未达到前述标准但对生产经营活动、未来发展或财务状况具有重要影响的合同内容；对外担保的有关情况；对财务状况、经营成果、声誉、业务活动、未来前景等可能产生较大影响的诉讼或仲裁事项；董事、监事、高级管理人员和核心技术人员涉及刑事诉讼的情况。

15. 董事、监事、高级管理人员及有关中介机构声明

发行人及其全体董事、监事和高级管理人员应当在招股说明书上签字、盖章，保证招股说明书的内容真实、准确、完整。保荐人及其保荐代表人应当对招股说明书的真实性、准确性、完整性进行核查，并在核查意见上签字、盖章。发行人的律师及其律师事务所应在招股说明书中签字、盖章，声明招股说明书及其摘要引用的法律意见书和律师工作报告的内容无异议，确认招股说明书不致因上述内容而出现虚假记载、误导性陈述或重大遗漏，并对其真实性、准确性和完整性承担相应的法律责任。会计师事务所及其签字注册会计师也应在招股说明书中签字、盖章，确认招股说明书及其摘要与会计师事务所出具的审计报告、内部控制鉴证报告及经会计师事务所核验的非经常性损益明细表无矛盾之处，确认招股说明书不致因上述内容而出现虚假记载、误导性陈述或重大遗漏，并对其真实性、准确性和完整性承担相应的法律责任。

16. 备查文件

备查文件内容；备查文件查阅时间、地点。

招股说明书中引用的财务报表在其最近一期截止日后 6 个月内有效。特别情况下发行人可申请适当延长，但至多不超过 1 个月。财务报表应当以年度末、半年度末或者季度末为截止日。招股说明书的有效期为 6 个月，自中国证监会核准发行申请前招股说明书最后一次签署之日起计算。

（二）上市公告书

上市公告书是发行人于股票上市前，向公众公告关于股票获准在证券交易所交易之后，股票进入市场流通有关事项的信息披露文件。《上市公司信息披露管理办法》规定，申请证券上市交易，应当按照证券交易所的规定编制上市公告书，并经证券交易所审核同意后公告。上交所和深交所对首次公开发行 A 股股票上市公告书的内容和格式都分别制定了指引。深交所要求上市公告书应包括以下几个部分：重要声明与提示；股票上市情况；发行人、股东和实际控制人情况；股票发行情况；财务会计资料；其他重要事项；上市保荐人及其意见等。发行人的董事、监事、高级管理人员应当对上市公告书签署书面确认意见，保证所披露的信息真实、准确、完整。上市公告书应当加盖发行人公章。

四、公开发行证券公司经营阶段信息披露

公开发行证券公司进入正常经营阶段后，每个会计期间都应对外提供定期报

告,并根据规范要求对外披露临时报告。定期报告包括年度报告、中期报告和季度报告。

(一) 公开发行证券公司年度报告应披露的内容

年度报告是公司会计年度经营状况的全面总结,该报告应当在每个会计年度结束之日起4个月内对外报出。年度报告应经具有证券、期货相关业务资格的会计师事务所审计。在年度报告中不仅要披露按会计准则规定编制的财务会计报告,还应附有注册会计师出具的审计报告和其他对投资者决策有重大影响的相关信息。2017年中国证监会公布《公开发行证券的公司信息披露内容与格式准则第2号——年度报告的内容与格式》,自公布之日起施行,要求在中华人民共和国境内公开发行股票并在证券交易所主板(含中小企业板)上市的股份有限公司按照该准则的要求编制和披露年度报告。

公开发行证券公司年度财务报告至少应包括以下内容:
(1)重要提示、目录和释义;
(2)公司简介和主要财务指标;
(3)公司业务概要;
(4)经营情况讨论与分析;
(5)重要事项;
(6)股份变动及股东情况;
(7)优先股相关情况;
(8)董事、监事、高级管理人员和员工情况;
(9)公司治理;
(10)公司债券相关情况;
(11)财务报告;
(12)备查文件目录。

该准则还要求,公司编制和对外提供的财务报告,不得含有虚假的信息或者隐瞒重要事实。公司应当在年度报告文本扉页刊登如下重要提示:
(1)公司董事会、监事会及董事、监事、高级管理人员保证年度报告内容的真实、准确、完整,不存在虚假记载、误导性陈述或重大遗漏,并承担个别和连带的法律责任。
(2)公司负责人、主管会计工作负责人及会计机构负责人(会计主管人员)应当声明并保证年度报告中财务报告的真实、准确、完整。
(3)如有董事、监事、高级管理人员对年度报告内容存在异议或无法保证其真实、准确、完整的,应当声明××无法保证本报告内容的真实、准确、完整,并说明理由,请投资者特别关注。同时,单独列示未出席董事会审议年度报告的董事姓名及原因。

(4) 如执行审计的会计师事务所对公司出具了非标准审计报告,重要提示中应当声明×××会计师事务所为本公司出具了带强调事项段或其他事项段的无保留意见、保留意见、否定意见或无法表示意见的审计报告,本公司董事会、监事会对相关事项已有详细说明,请投资者注意阅读。

(5) 如年度报告涉及未来计划等前瞻性陈述,同时附有相应的警示性陈述,则应当声明该计划不构成公司对投资者的实质承诺,投资者及相关人士均应当对此保持足够的风险认识,并且应当理解计划、预测与承诺之间的差异。

除了披露年度财务报告的正文,还要求公开发行证券的公司披露年度报告摘要。

(1) 公司应当在年度报告摘要的显著位置刊登如下(但不限于)重要提示:本年度报告摘要来自年度报告全文,为全面了解本公司的经营成果、财务状况及未来发展规划,投资者应当到证监会指定媒体仔细阅读年度报告全文。

如有个别董事、监事、高级管理人员对年度报告内容的真实性、准确性、完整性无法保证或存在异议的,或者执行审计的会计师事务所对公司出具了非标准审计报告,重要提示中也应增加相应的提示。

公司应当提示董事会决议通过的本报告期普通股及优先股利润分配预案。

(2) 公司应以数据列表方式披露截至报告期末公司近三年的主要会计数据和财务指标,列报披露报告期末及年报披露前一个月末公司普通股股东总数和表决权恢复的优先股股东总数、前 10 名股东情况;以方框图形式披露公司与实际控制人之间的产权及控制关系,披露报告期末公司优先股股东总数及前 10 名股东情况;公司应当披露所有公开发行并在证券交易所上市,且在年度报告批准报出日未到期或到期未能全额兑付的公司债券情况。

(3) 公司董事会应当以图表与文字相结合的形式简明、扼要分析报告期内的财务状况、经营成果及重要事项。

(4) 披露涉及财务报告的相关事项,如与上一年度报告相比,公司会计政策、会计估计以及财务报表合并范围发生变化,或报告期内因重大会计差错更正而追溯调整的,公司应当予以披露,并对其原因和影响数进行说明;又如年度财务报告被会计师事务所出具带有强调事项段或其他事项段的无保留意见、保留意见、否定意见或无法表示意见的审计报告,公司董事会和监事会应当就所涉及事项做出说明。

(二)公开发行证券公司临时报告应披露的内容

临时报告是指公开发行证券公司按有关法律法规及规则规定,在发生重大事项时须向投资者和社会公众披露的信息,是公开发行证券公司持续信息披露义务的重要组成部分。公开发行证券公司在判断发生什么样的事项须进行披露时应贯彻重要性标准。通常确定重要性的标准有两个:一是影响投资者决策标准，根据该标准，一件事项是否重要取决于其是否对投资者做出决策产生影响；二是股价敏感标准，根据该标准，一件事项是否重要取决于其是否会影响上市证券价格。

我国《上市公司信息披露管理办法》（2020年修订）规定，发生可能对上市公司证券及其衍生品种交易价格产生较大影响的重大事件，投资者尚未得知时，上市公司应当立即披露，说明事件的起因、目前的状态和可能产生的影响。可见，对于临时报告的信息是否重大，我国采取的是股价敏感标准。

为规范上市公司和相关信息披露义务人的信息披露行为，根据《公司法》、《证券法》和《上海证券交易所股票上市规则》等相关法律、行政法规、部门规章，证监会修订了《上市公司日常信息披露工作备忘录》第1号临时公告格式指引，要求上市公司和相关信息披露义务人按照本备忘录附件规定的公告格式指引编制临时报告。

涉及上市公司的收购、合并、分立、发行股份、回购股份等行为导致上市公司股本总额、股东、实际控制人等发生重大变化的，信息披露义务人应当依法履行报告、公告义务，披露权益变动情况。当公司证券及其衍生品种交易被中国证监会或者证券交易所认定为异常交易的，上市公司应当及时了解造成证券及其衍生品种交易异常波动的影响因素，并应及时披露。

上市公司履行临时报告披露义务注意贯彻及时性原则。及时披露临时报告是上市公司与证券交易所签订的上市契约中的重要条款，解决的是上市公司在发生重大事项时应在什么时间进行披露。从上市公司的角度来看，及时披露重要信息，可使公司发生的重大事项和变化及时通知市场，使公司股价及时依据新的信息做出调整，以保证证券市场的连续和有效；从投资者角度来看，及时披露可使投资者依据最新信息及时做出理性投资决策，避免因信息不灵而遭受损失；从社会监管的角度来看，及时披露可缩短信息处于未公开阶段的时间，缩短内幕人士可能进行内幕交易的时间，减少监管的难度和成本。

我国对上市公司临时报告的及时性进行了较为严格的规定，要求上市公司应当在最先发生的以下任一时点，及时履行重大事件的信息披露义务：

（1）董事会或者监事会就该重大事件形成决议时；

（2）有关各方就该重大事件签署意向书或者协议时；

（3）董事、监事或者高级管理人员知悉该重大事件发生并报告时。

在前款规定的时点之前出现下列情形之一的，上市公司应当及时披露相关事项的现状、可能影响事件进展的风险因素：

（1）该重大事件难以保密；

（2）该重大事件已经泄露或者市场出现传闻；

（3）公司证券及其衍生品种出现异常交易情况。

关于临时报告的日常监管，我国实行的是由证券交易所进行事前审核的制度，对部分交易所同意免于事前审核的上市公司的临时报告应实行事前登记、事后审核制度。

第三节 公开发行证券公司信息披露的评价机制

为规范上市公司信息披露评价工作，引导和督促上市公司及相关信息披露义务人做好信息披露及其相关工作，提高信息披露质量水平，保护投资者合法权益，上交所和深交所分别制定了《上海证券交易所上市公司信息披露工作评价办法》（2017 年修订）、《深圳证券交易所上市公司信息披露工作考核办法》（2020 年修订）。

一、信息披露的合规性评价

信息披露的合规性评价，主要是根据我国证监会 2020 年 7 月发布的《上市公司信息披露管理办法（修订稿）》中第一章第二条的规定，即"信息披露义务人应当真实、准确、完整、及时地披露信息，简明清晰、通俗易懂，不得有虚假记载、误导性陈述或者重大遗漏"，就上市公司的信息披露是否真实、准确、完整、及时以及公平做出评价。

（一）真实性情况的评价

对上市公司信息披露真实性情况进行评价，重点关注以下方面：
（1）披露的信息是否以客观事实或具有事实基础的判断和意见为依据；
（2）披露的信息是否如实反映实际情况，是否有虚假记载；
（3）相关备查文件是否存在伪造、变造等虚假情形。

（二）准确性情况的评价

对上市公司信息披露准确性情况进行评价，重点关注以下方面：
（1）公告文稿是否出现关键文字或数字错误，错误的影响程度；
（2）公告文稿是否简洁、清晰、明了；
（3）公告文稿是否存在歧义、误导性陈述；
（4）是否通过业务专区准确选择公告类别；
（5）是否通过业务专区准确录入业务参数。

（三）完整性情况的评价

对上市公司信息披露及时性情况进行评价，重点关注以下方面：

(1) 提供文件是否齐备；
(2) 公告格式是否符合要求；
(3) 公告内容是否完整，是否存在重大遗漏；
(4) 是否通过业务专区完整选择公告类别；
(5) 是否通过业务专区完整录入业务参数。

（四）及时性情况的评价

对上市公司信息披露及时性情况进行评价，重点关注以下方面：
(1) 是否在上市规则规定的期限内披露对上市公司股票及其衍生品种交易价格可能产生较大影响的重大事件；
(2) 是否在规定期限内披露定期报告、业绩预告及修正公告等；
(3) 是否配合监管工作要求，及时核实市场关于公司的报道、传闻，主动澄清市场和投资者的问题，及时回复问询，并按要求补充披露公司重大事项。

（五）公平性情况的评价

对上市公司信息披露公平性情况进行评价，重点关注以下方面：
(1) 是否同时向所有投资者公开披露重大信息；
(2) 是否确保所有投资者可以平等地获取同一信息，是否向单个或部分投资者透露或泄漏其他投资者无法从公开渠道获得的重大信息；
(3) 向股东、实际控制人及其他第三方报送文件涉及未公开重大信息的，是否及时依照本所相关规定披露；
(4) 信息披露前公司股票或衍生品种交易是否因信息泄密而出现异常；
(5) 重大信息是否提前泄露致使公共媒体出现相关报道或传闻；
(6) 是否按规定在投资者关系管理活动结束后及时向证券交易所报备。

二、信息披露的有效性评价

对上市公司信息披露有效性情况进行评价，重点关注以下方面：
(1) 披露的信息是否有针对性地反映公司情况，充分、及时提示可能出现的不确定性和风险，文字通俗易懂；
(2) 披露的信息是否有针对性地反映公司情况或者主动澄清投资者的问题；
(3) 披露的信息是否以投资者需求为导向，有利于投资者做出价值判断和投资决策；
(4) 除符合本所相关分行业信息披露指引要求以外，是否在定期报告与临时报告中主动披露公司行业及经营的其他信息；
(5) 公司是否在定期报告中主动结合公司所在行业政策和市场动态，深入比较分析公司的行业发展趋势、经营模式、核心竞争力、经营计划等行业及经营性信息。

三、投资者关系管理情况评价

对上市公司投资者关系管理情况进行评价,重点关注以下方面:

(1) 是否主动召开投资者说明会向投资者介绍公司业绩或者说明重大事项;

(2) 是否通过证券交易所软件平台及时有效回答投资者问题,是否以公告形式及时回应投资者的重要关注;

(3) 是否积极通过现金分红、股份回购等多种途径,提高投资者回报水平;

(4) 是否及时回应投资者的投诉,定期向投资者征求意见,并相应改进信息披露等方面的工作。

四、信息披露制度运行评价

上市公司信息披露制度运行评价,主要关注公司信息披露相关制度建设和资源配置情况、自愿信息披露规范情况、信息披露日常事务管理情况、落实分行业信息披露要求的情况等。

(一)相关制度建设和资源配置情况的评价

对上市公司相关制度建设和资源配置情况进行评价,重点关注以下方面:

(1) 是否制定适应本公司实际的信息披露事务管理制度,配置足够的工作人员,保障信息披露的便捷、安全;

(2) 公司董事长作为信息披露第一责任人,是否重视、支持信息披露工作,公司董事、监事、高级管理人员及相关业务部门是否支持、配合信息披露工作,保障公司依法合规履行信息披露义务。

(二)自愿信息披露规范情况的评价

对上市公司自愿信息披露情况进行评价,重点关注以下方面:

(1) 自愿披露的信息是否遵守公平披露原则,是否保持信息披露的完整性、持续性和一致性,是否与依法披露的信息相冲突,是否不存在选择性信息披露、误导投资者的情形;

(2) 自愿披露预测性信息时,是否以明确的警示文字,具体列明相关的风险因素,提示可能出现的不确定性和风险。

(三)信息披露日常事务管理情况的评价

对上市公司信息披露日常事务管理情况进行评价,重点关注以下方面:

(1) 是否按照有关规定制定信息披露事务管理制度;

(2) 信息披露事务管理制度在实际工作中是否得到严格执行;

(3) 是否配置足够熟悉相关业务规则的工作人员从事信息披露工作,董事会秘书、证券事务代表是否具备相关规则规定的任职资格;

（4）是否与本所保持畅通的联络渠道，是否严格按照信息披露业务规则和公司信息披露事务管理制度，组织编制、披露公司的临时报告和定期报告；

（5）是否按要求组织报送重大事项的内幕知情人信息，填报和更新董事、监事、高级管理人员身份信息、持股信息等监管信息，是否督促公司相关人员做好持股管理工作；

（6）是否定期组织公司董事、监事、高级管理人员及相关工作人员参加证券市场法律法规及专业知识培训；

（7）是否积极配合证券交易所通过业务系统组织的信息统计及相关监管调研等工作。

（四）落实分行业信息披露情况的评价

对上市公司落实分行业信息披露情况进行评价，重点关注以下方面：

（1）除按照本所相关分行业信息披露指引要求以外，是否在定期报告与临时报告中主动披露公司的其他行业及经营性信息；

（2）公司所处行业暂无披露指引的，是否在定期报告中主动结合公司所在行业政策和市场动态，深入比较分析公司的行业发展趋势、经营模式、核心竞争力、经营计划等行业及经营性信息；

（3）是否参与本所分行业信息披露指引的制定及修订工作，积极提供政策建议和意见。

五、其他信息披露相关工作情况评价

对上市公司其他信息披露相关工作情况进行评价，重点关注以下方面：

（1）上市公司与信息披露相关的规范运作情况；

（2）控股股东、实际控制人重大信息披露情况及配合上市公司履行信息披露义务、积极配合解决同业竞争、履行承诺等情况；

（3）上市公司董事、监事和高级管理人员的勤勉尽责情况；

（4）上市公司控股股东、实际控制人及公司董事、监事、高级管理人员持有和买卖本公司股份的合规性和披露情况；

（5）上市公司被处罚、处分及采取监管措施情况，例如，中国证监会及其派出机构行政处罚或采取的行政监管措施情况，以及证券交易所谴责、通报批评、发出监管函等其他措施情况。

（6）上市公司配合证券交易所工作情况，例如是否在规定时间内回复问询、整改、接受谈话、接受培训等。

六、上市公司信息披露评价的实施

（一）评价实施的现状

自 2001 年深交所发布《深圳证券交易所上市公司信息披露工作考核办法》，将深交所上市公司纳入其信息披露工作考核体系，2013 年，上交所发布《上海证券交易所上市公司信息披露工作评价办法（试行）》，规范了上交所的上市公司信息披露。随后，我国上市公司信息披露评价体系日趋完善，目前我国已形成了一套比较健全的上市公司信息披露评价体系，在维护我国资本市场有效运行中发挥重要作用。

2019 年，沪市主板 1 496 家上市公司参加了当年的信息披露评价，评为 A（优秀）类公司 325 家，占比 21.72%；评为 B（良好）类公司 884 家，占比 59.09%；评为 C（合格）类公司 226 家，占比 15.11%；评为 D（不合格）类公司 61 家，占比 4.08%。回顾近 2017—2019 年的评价结果，比例结构也大致与 2019 年相当，有 909 家公司连续 3 年评价结果均在 B 类以上，有 152 家公司连续 3 年被评为 A。

深市主板有 2 196 家上市公司参加信息披露工作考核，考核结果为 A（优秀）类的公司 387 家，占比 17.62%；考核结果为 B（良好）类的公司 1 400 家，占比 63.75%；考核结果为 C（合格）类的公司 314 家，占比 14.30%；考核结果为 D（不合格）类的公司 95 家，占比 4.33%。从 2017—2019 年的考核情况看，最近连续三年被评为 A 的公司有 178 家，占比 8.58%；最近连续四年被评为 A 的公司有 129 家，占比 6.68%；最近连续五年被评为 A 的公司有 92 家，占比 5.09%。

从以上信息披露结果可以看出，我国沪深两市的上市公司信息披露大都较为规范，评级为良好及以上的公司占比超过 80%，评级为 C（合格）类的公司部分存在着信息披露有效性不高、内部控制不足等瑕疵，D 类公司大多涉及纪律处分、内部控制重大缺陷、被出具无法表示或者否定意见的审计报告等问题。

（二）评价的流程

根据《上海证券交易所上市公司信息披露工作评价办法》（2017 年修订）以及《深圳证券交易所上市公司信息披露工作考核办法》（2020 年修订）的规定，上市公司应当在评价期或者考核期结束后，对自身的信息披露工作进行自评，向证券交易所提交信息披露工作自评表。其中，涉及减分事项的，公司应如实填报；涉及加分事项的，由公司在自评表中提出申请，并须说明具体事由。公司未申请加分、申请加分未说明具体事由或申请事由不符合加分标准的，不予加分。

信息披露监管部门对公司信息披露工作自评表进行核实，经评价工作小组合议，按照规定予以加分或者减分并形成初步评价结果，报经证券交易所总办会通过后最终确定上市公司评价结果。

公司评价结果将及时通报上市公司。公司对其评价结果有异议的,可以在评价结果通报之日起3个交易日内向证券交易所提交书面异议,证券交易所在收到异议后3个交易日内予以答复。

证券交易所将上市公司信息披露工作评价结果记入诚信档案,通报中国证监会上市公司监管部门和上市公司所在地证监局。

(三) 评价的方式和标准

证券交易所结合上市公司日常信息披露实际情况进行年度评价。年度评价每年度进行一次,评价期间为上年7月1日至当年6月30日。评价期结束后,本所对上市公司信息披露工作进行评价计分,并按下述四个类别确定上市公司的评价结果:

(1) A:公司信息披露工作优秀;
(2) B:公司信息披露工作良好;
(3) C:公司信息披露工作合格;
(4) D:公司信息披露工作不合格。

上交所规定,上市公司评价基准分为80分。上交所按照《上海证券交易所上市公司信息披露工作评价办法》规定的评价标准和附件规定的计分标准,对上市公司信息披露工作的各项内容开展评价,在基准分基础上予以加分或者减分,得出上市公司最终评价得分。各上市公司最终评价得分按以下标准形成年度评价结果:

(1) 90分(含)以上的为A;
(2) 80(含)~90分的为B;
(3) 60(含)~80分的为C;
(4) 60分以下的为D。

关于上交所对上市公司信息披露的具体指标设置及计算,可见表11-7。

表11-7　　　　上交所上市公司信息披露工作计分标准表

分类	序号	情形	加(减)分标准
加分事项			
提高信息披露有效性	1.1	披露的信息有针对性地反映公司情况或者主动澄清投资者的问题	加2分
	1.2	披露的信息内容简明清晰,语言通俗易懂	加1分
	1.3	披露的信息具有可比性,且前后一致	加2分

续表

分类	序号	情形	加（减）分标准
加分事项			
落实分行业信息披露要求	2.1	除按照本所相关分行业信息披露指引要求以外，在定期报告与临时报告中主动披露公司的其他行业及经营性信息	加2分
	2.2	公司所处行业暂无披露指引的，在定期报告中主动结合公司所在行业政策和市场动态，深入比较分析公司的行业发展趋势、经营模式、核心竞争力、经营计划等行业及经营性信息	加1分
	2.3	参与本所分行业信息披露指引的制定及修订工作，积极提供政策建议和意见	加2分
信息披露相关制度建设和资源配置情况	3.1	制定适应本公司实际的信息披露事务管理制度，配置足够的工作人员，保障信息披露的便捷、安全	加1分
	3.2	公司董事长作为信息披露第一责任人，重视、支持信息披露工作，公司董事、监事、高级管理人员及相关业务部门支持、配合信息披露工作，保障公司依法合规履行信息披露义务	加1分
上市公司董事会秘书日常信息披露履职	4.1	与本所保持畅通的联络渠道，严格按照信息披露业务规则和公司信息披露事务管理制度，组织编制、披露公司的临时报告和定期报告	加1分
	4.2	按要求组织报送重大事项的内幕知情人信息，填报和更新董事、监事、高级管理人员身份信息、持股信息等监管信息，督促公司相关人员做好持股管理工作	加1分
	4.3	定期组织公司董事、监事、高级管理人员及相关工作人员参加证券市场法律法规及专业知识培训	加1分
	4.4	积极配合本所通过业务系统组织的信息统计及相关监管调研等工作	加1分
提高投资者关系管理水平	5.1	通过"上证e互动"等手段，及时有效地回答投资者问题，与投资者互动沟通	加1分
	5.2	主动召开投资者说明会，向投资者介绍公司业绩或者说明重大事项	加1分

续表

分类	序号	情形	加（减）分标准
加分事项			
提高投资者关系管理水平	5.3	积极通过现金分红、股份回购等多种途径，提高投资者回报水平	加1分
	5.4	及时回应投资者的投诉，定期向投资者征求意见，并相应改进信息披露等方面的工作	加1分
减分事项			
监管措施	1	口头警示	减2分
	2	书面警示（监管关注）	减4分
	3	监管谈话	减4分
	4	要求限期改正	减4分
	5	要求公开更正、澄清、说明	减4分
	6	要求公开致歉	减4分
	7	要求聘请证券服务机构进行核查并发表意见	减4分
	8	要求限期参加培训或考试	减4分
	9	要求限期召开投资者说明会	减4分
	10	要求上市公司董事会追偿损失	减7分
	11	建议上市公司更换相关任职人员	减7分
	12	对未按要求限期改正的上市公司股票及其衍生品种实施停牌	减7分
纪律处分	1.1	通报批评（上市公司控股股东、实际控制人及相关责任人员，上市公司及相关人员未被认定需承担相关责任的除外）	减5分
	1.2	通报批评（上市公司董事、监事、高级管理人员）	减7分
	1.3	通报批评（上市公司）	减10分
纪律处分	2.1	公开谴责（上市公司控股股东、实际控制人及相关责任人员，上市公司及相关人员未被认定需承担相关责任的除外）	减7分
	2.2	公开谴责（上市公司董事、监事、高级管理人员）	减10分
	2.3	公开谴责（上市公司）	减20分
	3	公开认定不适合担任上市公司董事、监事、高级管理人员	减20分

深交所规定与之类似,便不再赘述。

第四节 公开发行证券公司信息披露的法律责任

以法律责任的性质为标准,上市公司信息披露法律责任可划分为以下三种形式:刑事责任、民事责任和行政责任。其中,《刑法》和《刑事诉讼法》体现了刑事责任以及刑事责任的承担途径;《公司法》和《证券法》等法律规定涉及了行政责任;《证券法》和《注册会计师法》以及最高人民法院有关司法解释等对民事责任进行了确认。

一、公开发行证券公司信息披露的刑事责任

公开发行证券公司信息披露的刑事责任是最具威慑力的责任方式,《刑法》(2017年修订)第三章第一百六十一条违规披露、不披露重要信息罪,对于公开发行证券公司违法信息披露可能承担的刑事责任做出了具体认定。违规披露、不披露重要信息罪,是指依法负有信息披露义务的公司和企业,向股东和社会公众提供虚假的或者隐瞒重要事实的财务会计报告,或者对依法应当披露的其他重要信息不按照规定披露,严重损害股东或者其他人利益的行为。

(一) 违规披露、不披露重要信息罪的特征

违规披露、不披露重要信息罪具有以下构成特征:

(1) 本罪侵犯的客体是国家对公司、企业的信息公开披露制度和股东、社会公众和其他利害关系人的合法权益。

(2) 本罪在客观方面表现为公司向股东和社会公众提供虚假的或者隐瞒重要事实的财务会计报告严重损害股东或者其他人利益的行为。

(3) 本罪在主观方面只能由故意构成,过失不构成本罪。

(4) 本罪的主体是特殊主体,即依法负有信息披露义务的公司、企业。

(二) 违规披露、不披露重要信息罪的立案标准

根据《最高人民检察院、公安部关于经济犯罪案件追诉标准的补充规定》依法负有信息披露义务的公司、企业向股东和社会公众提供虚假的或者隐瞒重要事实的财务会计报告,或者对依法应当披露的其他重要信息不按照规定披露,涉嫌下列情形之一的,应予追诉:

(1) 造成股东、债权人或者其他人直接经济损失数额累计在50万元以上的;

(2) 虚增或者虚减资产达到当期披露的资产总额30%以上的;

（3）虚增或者虚减利润达到当期披露的利润总额30%以上的；

（4）未按规定披露的重大诉讼、仲裁、担保、关联交易或者其他重大事项所涉及的数额或者连续12个月的累计数额占净资产50%以上的；

（5）致使公司发行的股票、公司债券或者国务院依法认定的其他证券被终止上市交易或者多次被暂停上市交易的；

（6）致使不符合发行条件的公司、企业骗取发行核准并且上市交易的；

（7）在公司财务会计报告中将亏损披露为盈利，或者将盈利披露为亏损的；

（8）多次提供虚假的或者隐瞒重要事实的财务会计报告，或者多次对依法应当披露的其他重要信息不按照规定披露的；

（9）其他严重损害股东、债权人或者其他人利益，或者有其他严重情节的。

（三）违规披露、不披露重要信息罪的处罚

根据《刑法》（2017年修订）第三章第一百六十一条之规定，对违法公司直接负责的主管人员和其他直接责任人员，处三年以下有期徒刑或者拘役，并处或者单处2万元以上20万元以下罚金。

二、公开发行证券公司信息披露的行政责任

为规范信息披露违法行政责任认定工作，引导、督促发行人、上市公司及其控股股东、实际控制人、收购人等信息披露义务人及其有关责任人员依法履行信息披露义务，保护投资者合法权益，2011年4月，中国证监会根据《证券法》、《行政处罚法》和其他相关法律、行政法规等，结合证券监管实践，发布《信息披露违法行为行政责任认定规则》，就公开发行证券公司的信息披露做出具体说明。

（一）信息披露义务人行政责任认定

信息披露义务人行为构成信息披露违法的，应当根据其违法行为的客观方面和主观方面等综合审查认定其责任。

认定信息披露违法行为的客观方面通常要考虑以下情形：

（1）违法披露信息包括重大差错更正信息中虚增或者虚减资产、营业收入及净利润的数额及其占当期所披露数的比重，是否因此资不抵债，是否因此发生盈亏变化，是否因此满足证券发行、股权激励计划实施、利润承诺条件，是否因此避免被特别处理，是否因此满足取消特别处理要求，是否因此满足恢复上市交易条件等；

（2）未按照规定披露的重大担保、诉讼、仲裁、关联交易以及其他重大事项所涉及的数额及其占公司最近一期经审计总资产、净资产、营业收入的比重，未按照规定及时披露信息时间长短等；

（3）信息披露违法所涉及事项对投资者投资判断的影响大小；

（4）信息披露违法后果，包括是否导致欺诈发行、欺诈上市、骗取重大资产重组许可、收购要约豁免、暂停上市、终止上市，给上市公司、股东、债权人或者其他人造成直接损失数额大小，以及未按照规定披露信息造成该公司证券交易的异动程度等；

（5）信息披露违法的次数，是否多次提供虚假或者隐瞒重要事实的财务会计报告，或者多次对依法应当披露的其他重要信息不按照规定披露；

（6）社会影响的恶劣程度；

（7）其他需要考虑的情形。

认定信息披露义务人信息披露违法主观方面通常要考虑以下情形：

（1）信息披露义务人为单位的，在单位内部是否存在违法共谋，信息披露违法所涉及的具体事项是否是经董事会、公司办公会等会议研究决定或者由负责人员决定实施的，是否只是单位内部个人行为造成的。

（2）信息披露义务人的主观状态。信息披露违法是否是故意的欺诈行为，是否是不够谨慎、疏忽大意的过失行为。

（3）信息披露违法行为发生后的态度。公司董事、监事、高级管理人员知道信息披露违法后是否继续掩饰，是否采取适当措施进行补救。

（4）与证券监管机构的配合程度。当发现信息披露违法后，公司董事、监事、高级管理人员是否向证监会报告，是否在调查中积极配合，是否对调查机关欺诈、隐瞒，是否有干扰、阻碍调查的情况。

（5）其他需要考虑的情形。

（二）信息披露义务人行政处罚

《证券法》（2020 年修订稿）第十三章就上市公司信息披露违规行为的处罚做出了规定，修订稿极大地提高了对于信息违法披露的处罚上限，有效应对了原《证券法》（2014 年修订）中违规披露处罚力度小、震慑力度弱的问题。

第一百八十一条规定，发行人在其公告的证券发行文件中隐瞒重要事实或者编造重大虚假内容，尚未发行证券的，处以 200 万元以上 2 000 万元以下的罚款；已经发行证券的，处以非法所募资金金额 10% 以上 1 倍以下的罚款。对直接负责的主管人员和其他直接责任人员，处以 100 万元以上 1 000 万元以下的罚款。

发行人的控股股东、实际控制人组织、指使从事前款违法行为的，没收违法所得，并处以违法所得 10% 以上 1 倍以下的罚款；没有违法所得或者违法所得不足 2 000 万元的，处以 200 万元以上 2 000 万元以下的罚款。对直接负责的主管人员和其他直接责任人员，处以 100 万元以上 1 000 万元以下的罚款。

第一百九十七条规定，信息披露义务人未按照本法规定报送有关报告或者履行信息披露义务的，责令改正，给予警告，并处以 50 万元以上 500 万元以下的罚款；对直接负责的主管人员和其他直接责任人员给予警告，并处以 20 万元以上 200 万元以下的罚款。发行人的控股股东、实际控制人组织、指使从事上述违法行为，或者隐瞒相关事项导致发生上述情形的，处以 50 万元以上 500 万元以下的罚款；对直接负责的主管人员和其他直接责任人员，处以 20 万元以上 200 万元以下的罚款。

信息披露义务人报送的报告或者披露的信息有虚假记载、误导性陈述或者重大遗漏的，责令改正，给予警告，并处以 100 万元以上 1 000 万元以下的罚款；对直接负责的主管人员和其他直接责任人员给予警告，并处以 50 万元以上 500 万元以下的罚款。发行人的控股股东、实际控制人组织、指使从事上述违法行为，或者隐瞒相关事项导致发生上述情形的，处以 100 万元以上 1 000 万元以下的罚款；对直接负责的主管人员和其他直接责任人员，处以 50 万元以上 500 万元以下的罚款。

三、公开发行证券公司信息披露的民事责任

就公开发行证券公司违法信息披露的民事责任而言，虽然其涉及的法律法规并不多，但就一般投资者而言，民事责任的追偿制度是保障自身利益最直接也是最有效的方式。2003 年 1 月 9 日，最高人民法院发布《关于审理证券市场因虚假陈述引发的民事赔偿案件的若干规定》（以下简称《若干规定》），这标志着我国证券信息披露民事责任制度初步形成。

（一）信息披露民事责任的界定

根据法律、行政法规和司法解释的规定，我国对于证券虚假陈述民事责任的应定性为特殊侵权责任。首先，我国证券信息披露民事责任的承担均为法律规定义务的违反，证券信息披露违规行为需要先经过行政处罚或刑事处罚，然后才能追究相关责任主体的民事责任。证券赔偿民事诉讼前置程序的规定也正好从侧面说明了这一点。其次，2002 年最高人民法院出台关于虚假陈述案件的通知中，有"因虚假陈述引发的民事侵权纠纷案件"的表述。由此可见，信息披露民事责任应为侵权责任。又因为《若干规定》对证券虚假陈述民事赔偿案件中因果关系证明的举证责任分配界定为举证责任倒置，故证券虚假陈述民事责任的性质应为特殊侵权责任。

证券信息披露民事责任内容范围的界定，学界存在两种不同的观点。有学者认为，证券信息披露民事责任仅指虚假陈述民事责任，是一种与内幕交易和操纵市场民事责任并列的民事责任。还有学者认为，证券信息披露民事责任主要是指虚假陈述民事责任，但也包括与信息披露有关的内幕交易和利用虚假信息操纵市场民事责任。本书关于证券信息披露民事责任的论述主要建立在第一种观点的基础之上。简言之，我国证券信息披露民事责任制度下的证券信息披露民事责任主要包括虚假记载或不实陈述民事责任、误导性陈述民事责任、重大遗漏民事责任

和不正当披露民事责任。

（二）虚假陈述的主要类型

经过近二十年的发展，我国已经建立了比较完善的证券信息披露民事责任制度。违反信息披露义务的行为在《若干规定》中表现为虚假陈述，证券信息披露民事责任制度下的证券虚假陈述主要包括虚假记载或不实陈述、误导性陈述、重大遗漏和不正当披露四种类型。

虚假记载或不实陈述，是指故意捏造信息或者未尽合理的审慎注意义务而将与客观事实不符的信息在信息公开文件中予以记载或使不特定的人知晓的行为。常见的虚假记载主要有捏造财务数据或者故意对财务数据进行错误计算，以达到虚增利润或者隐瞒真实盈利情况，使投资者难以对公司的经营状况进行准确的把握，从而实现其不法目的。

误导性陈述，是指行为人在披露文件中存在明显不当，通过信息披露文件的记载或者媒体的传播，影响投资者客观、完整、准确地理解信息，导致投资者形成不符合客观事实的误信，并做出错误的投资决策。对于投资者决策的重大影响不应以一般大众为对象，而应以理性投资者为对象。理性投资者具有进入证券市场所需要的基本金融知识，能够对宏观经济形势做出大致的判断，同时对于个股的情况也有较为清晰的把握，并注意防范投资风险。投资者进入证券市场之前需要进行必要的投资者金融知识教育是证券投资的应有之义，如果以一个以毫无金融知识且并无风险防范意识的投资者为标准，显然会对证券信息披露责任主体不公，将会加重证券信息披露责任主体的负担。另外，误导性陈述对于投资者的影响必须是重大的，如果是微不足道的影响，证券信息披露责任主体也就没有承担民事责任的必要了。

重大遗漏，是指信息披露义务人对信息披露文件中应当记载的事项，部分予以公告或者全部公告但明显遗漏。重大遗漏的内容通常包括重大担保、重大关联交易、重大诉讼和重大投资行为等。

不正当披露即信息披露的时间和方式不正当。信息披露的时间不正当，主要包括提前披露和延期披露，因为披露时间的提前和延迟都有可能对投资者的决策产生重大影响。披露的方式不正当是指尽管已经在媒体上披露但未在法定的媒体上披露，或者虽在法定媒体上披露却难以使投资者知晓的情形。

（三）信息披露民事责任的赔偿

公开发行证券公司信息披露的民事责任，一般表现为信息披露义务人对信息使用者造成损失的赔偿责任。《证券法》（2020年修订稿）对公开发行证券公司的民事赔偿责任做出了具体的认定。

第八十四条规定，除依法需要披露的信息之外，信息披露义务人可以自愿披露与投资者做出价值判断和投资决策有关的信息，但不得与依法披露的信息相冲突，不得误导投资者。

发行人及其控股股东、实际控制人、董事、监事、高级管理人员等做出公开承诺的，应当披露。不履行承诺给投资者造成损失的，应当依法承担赔偿责任。

第八十五条规定，信息披露义务人未按照规定披露信息，或者公告的证券发行文件、定期报告、临时报告及其他信息披露资料存在虚假记载、误导性陈述或者重大遗漏，致使投资者在证券交易中遭受损失的，信息披露义务人应当承担赔偿责任；发行人的控股股东、实际控制人、董事、监事、高级管理人员和其他直接责任人员以及保荐人、承销的证券公司及其直接责任人员，应当与发行人承担连带赔偿责任，但是能够证明自己没有过错的除外。

第二百二十条规定，对于违反《证券法》规定，应当承担民事赔偿责任和缴纳罚款、罚金、违法所得，违法行为人的财产不足以支付的，优先用于承担民事赔偿责任。

【本章小结】

公开发行证券公司，是指中华人民共和国境内公开发行证券并在证券交易所上市的股份有限公司。公开发行证券公司与非公开发行证券公司相比，其股东和债权人具有广泛性、公众性的特点。公开发行证券公司的股东为了解企业的财务状况、经营成果、现金流量、公司发展战略等信息，以便做出相关的投资决策，就会要求公开发行证券公司的管理层提供相关信息。为维护证券市场秩序、保护广大投资者利益，世界各国都建立了较为严格的公开发行证券公司信息披露制度。

本章主要按照公开发行证券公司信息披露的概念及原则、公开发行证券公司信息披露的制度体系、公开发行证券公司信息披露的评价机制、公开发行证券公司信息披露的法律责任展开介绍。在公开发行证券公司信息披露的概念及原则部分，我们介绍了公开发行证券公司信息披露的分类及基本原则；在公开发行证券公司信息披露的制度体系部分，我们介绍了信息披露的法规及监管体系，并就首次公开发行和经营阶段的信息披露内容做了大致介绍；在公开发行证券公司信息披露的评价机制部分，我们介绍了信息披露评价的主要内容及具体实施方式，在公开发行证券公司信息披露的法律责任部分；我们介绍了信息披露的刑事、行政及民事责任。

【本章思考与练习题】
一、思考题
1. 上市公司信息披露的意义是什么?
2. 上市公司信息披露的基本原则有哪些?
3. 招股说明书有哪些主要内容?
4. 招股说明书与上市公告书的异同是什么?
5. 上市公司信息披露评价的主要内容有哪些?
6. 上市公司信息披露主要有哪几种法律责任?

二、练习题
以最近年度某公开发行证券公司的信息披露为例,熟悉其格式和内容,并指出其不足。

第十二章　清算会计

【引入案例】

　　清算会计是对被宣告解散企业各项清算业务进行反映和监督，向有关债权人、投资人及政府主管部门披露企业的财务状况、清算过程和结果等会计信息的一种专门会计，主要包括解散清算和破产清算。解散清算是企业因经营期满，或者因经营方面的其他原因致使企业不宜或者不能继续经营时，自愿或被迫宣告解散而进行的清算。破产清算是指企业因严重亏损，资不抵债，被依法宣告破产而进行清算。作为刚刚抽调进入清算组的专业人员（会计师），你是否熟悉解散清算和破产清算？解散清算与破产清算在清算原因、清算的法律程序、会计处理程序和方法等诸多方面存在什么差异？让我们带着这些问题进入"清算会计"的学习吧。

【学习目的与要求】

1. 理解破产和清算的特征、相关概念及会计处理方法；
2. 了解企业解体清算和破产的原因，一般业务程序和企业破产的处理程序；
3. 明确企业清算的类型、清算会计工作的内容；
4. 掌握解散清算和破产清算的会计处理以及清算报表的编制方法。

第一节　公司解散清算及其会计处理

　　经营的持续性是公司的特征之一。这里所说的持续性主要是指公司不会因其股东的变更而在法律上终止，它是相对于其他企业组织形式（如合伙企业）而言的。公司经营持续性这一特征与公司由于各种各样的原因不再或无法继续按其既定的目标从事经营活动而解散并不矛盾。通常公司不再或者无法继续经营而解散时，应该按照一定的法律程序对公司进行清算。公司清算主要有解散清算和破产清算两种类型。

一、公司解散的原因及基本程序

（一）公司解散的原因

公司解散，是指企业作为经济组织，由于企业章程或法律规定的特定事项发生等原因，不能继续存在而终止其经营活动，并开始处理未了结事务的法律行为。

1. 公司解散的原因

导致公司解散的原因主要有：

（1）公司章程规定的经营期限届满；
（2）公司章程规定的经营目标已实现，公司不需要继续经营；
（3）公司章程规定的经营目标无法达到，且没有发展前途；
（4）公司的股东大会决定解散公司；
（5）公司因外部环境变化导致无法继续经营；
（6）公司违反法律、规章或从事其他危害社会公共利益的活动而被依法撤销；
（7）公司因合并或分立而需要解散；
（8）公司经营不善而被依法宣告破产。

2. 我国公司法规定的公司解散的原因

我国《公司法》所规定的公司解散的原因有以下几种情况：

（1）公司章程规定的营业期限届满或者公司章程规定的其他解散事由出现；
（2）股东会或股东大会决议解散；
（3）因公司合并或者分立需要解散；
（4）依法被吊销营业执照、责任关闭或者被撤销；
（5）人民法院依法予以解散。

（二）公司解散的清算程序

1. 成立清算组

公司解散时，除因合并或者分立者外，应当依法进行清算，清算就是了结、终止公司的各项财产关系。根据《公司法》的规定，公司应当在解散事由出现之日起 15 日内成立清算组，开始清算。有限责任公司的清算组由股东大会确定的人员组成①。逾期不成立清算组进行清算的，债权人可以申请人民法院指定有关人员组成清算组进行清算。人民法院应当受理该申请，并及时组织清算组进行清算。清算组成员可以从下列人员或机构中产生：（1）公司股东、董事、监事、

---

① 依据《公司法》第一百八十四条，"有限责任公司的清算组由股东组成，股份有限公司的清算组由董事或者股东大会确定的人员组成"。

高级管理人员；（2）依法设立的律师事务所、会计师事务所、破产清算事务所等社会中介机构；（3）依法设立的律师事务所、会计师事务所、破产清算事务所等社会中介机构中具备相关专业知识并取得执业资格的人员。至于清算组的职权，各国法律一般有明确的规定。我国的《公司法》规定清算组在公司清算期间的职权主要包括：（1）清理公司财产，分别编制资产负债表和财产清单；（2）通知、公告债权人；（3）处理与清算有关的公司未了结的业务；（4）清缴所欠税款及清算过程中产生的税款；（5）清理债权、债务；（6）处理公司清偿债务后的剩余财产；（7）代表公司参与民事诉讼活动。

清算组在公司清算期间代表公司进行一系列民事活动，全权处理公司经济事项和民事诉讼活动。清算组成员应当忠于职守，依法履行清算义务。清算组成员不得利用职权收受贿赂或获取其他非法收入，不得侵占公司财产。清算组成员因故意或者重大过失给公司或债权人造成损失的，应当承担赔偿责任。

2. 债权人进行债权申报

清算组应当自成立之日起 10 日内通知债权人，并于 60 日内在报纸上公告。债权人应当自接到通知书之日起 30 日内，未接到通知书的自公告之日起 45 日内，向清算组申报其债权。债权人申报债权，应当说明债权的有关事项，并提供证明材料。清算组应当对债权进行登记。在申报债权期间，清算组不得对债权人进行清偿。清算组在登记债权时，应严格区分有财产担保的债权人和无财产担保的债权人。

3. 清理公司财产，制订清算方案

清算组应当对公司财产进行清理，编制资产负债表和财产清单，制订清算方案。清算方案应当报股东会、股东大会或者人民法院确认。清算组在清理公司财产、编制资产负债表和财产清单后，发现公司财产不足清偿债务的，应当依法向人民法院申请宣告破产。公司经人民法院裁定宣告破产后，清算组应当将清算事务移交给人民法院。清算方案一般包括：清算的步骤和程序，财产估计方法及其结果，债权回收和财产变卖的具体方案，债务清偿的程序，剩余财产的分配，公司遗留问题的处理等。

4. 清偿债务

公司财产按顺序分别支付清算费用、职工的工资、社会保险费用和法定补偿金；缴纳所欠税款；清偿公司债务后的剩余财产，有限责任公司按照股东的出资比例分配，股份有限公司按照股东持有的股份比例分配。清算期间，公司存续，不得开展与清算无关的经营活动。公司财产在未按上述规定清偿前，不得分配给股东。

5. 公告公司终止

公司清算结束后，清算组应当制作清算报告，报股东会、股东大会或者人民法院确认,并报送公司登记机关,申请注销公司登记,公告公司终止。

二、解散清算的会计处理

(一)解散清算会计处理的特点

与公司在持续经营条件下的日常会计处理相比,公司解散清算的会计处理有以下特点:

1. 否定了持续经营假设

企业进入清算后,持续经营假设显然不再成立,而代之以终止经营假设。在此假设基础上,清算会计因而采用了一系列不同于持续经营假设下的会计处理方法、计量基础和报告形式。

2. 否定了会计分期假设

企业进入清算后,在终止经营假设的基础上,已没有按公历年度分期考核经营成果和编制会计报表的必要。因此,从企业被宣告解散之日到清算终了为清算会计期间,其会计期间的长短具有不确定性。

3. 可变现价格计价原则的建立

企业进入清算后,在终止经营的前提下,资产在按实际成本计价的同时,为维护债权人的利益,更注重以现时价格来计价,即按可变现价值来计价。

4. 收付实现制原则的建立

企业进入清算后,会计分期的假设不复存在,权责发生制原则也就失去了存在的前提。清算会计的终止经营假设决定了清算企业必须以收付实现制取代权责发生制,即以实际收付款项为标准来确认收入和费用。

(二)解散清算会计处理的基本程序

1. 清理资产

解散清算开始日须对解散清算企业的全部资产进行全面清理。一般包括:

(1)资产产权的清理。企业要在核实资产数量的基础上界定企业资产产权归属。

(2)可变现资产的清理。解散清算企业核实资产的目的是通过变卖资产清偿债务,因而必须对担保资产、抵押资产、可变卖资产等进行分类整理。

(3)资产价值的清理。解散清算企业在清理中必须对资产进行重新估价,确认其可变现资产净值以满足资产变现、债务清偿的需要。

2. 清理债务,催报债权

解散清算时,企业对资产进行清理的同时,要逐笔核实债务。与此同时要求债权人在规定期限内向清算组申报债权。

3. 编制清算开始日的报表

在对公司所有资产及债务进行彻底清理的基础上,编制清算开始日的资产负债表以及财产清单,以全面提供清算全过程的信息。

4. 对公司变现资产进行会计处理

以财产清单为依据,对企业的财产进行变现处理,支付各项清算费用,确认资产变现损益,正确记录"清算损益"账户。

5. 偿还债务的处理

按法律规定的清偿顺序清偿债务并进行相应的会计处理。

6. 分配留剩资产的处理

企业清偿债务后的留剩资产,按法律规定和公司章程规定在股东之间进行分配。一般而言,有限责任公司按股东出资比例分配,股份有限公司按持股比例分配。

7. 编制清算结束日的报表

清算工作结束后,需编制清算报表向有关各方反映清算过程和清算结果。清算结束日的报表主要是清算损益表和债务清偿表等。

(三) 解散清算会计处理业务举例

假设 A 公司为一家玩具制造有限责任公司,由甲、乙两方投资组成,其中,甲、乙两方占出资比例分别为 60% 和 40%。公司章程规定的经营期限于 2019 年 11 月届满。公司股东决定,不再延长经营期限,对公司进行解散清算,清算开始定于 2019 年 12 月 1 日。其截至解散清算前一日的资产负债表如表 12 – 1 所示。

表 12 – 1　　　　　　　　　资产负债表(简表)

编制单位:A 公司　　　　　　2019 年 11 月 30 日　　　　　　　单位:元

资产	金额	负债及所有者权益	金额
流动资产		流动负债	
货币资金	129 250	短期借款	18 250
应收票据	2 250	应付票据	5 000
应收账款	15 050	应付账款	9 000
其他应收款	4 000	应付职工薪酬	6 950
存货	30 050	应交税费	4 000
流动资产合计	180 600	流动负债合计	43 200
非流动资产		所有者权益	
固定资产	49 000	实收资本	86 000
无形资产	1 850	资本公积	20 500
非流动资产合计	50 850	盈余公积	26 750

续表

资产	金额	负债及所有者权益	金额
		未分配利润	55 000
		所有者权益合计	188 250
资产总计	231 450	负债及所有者权益合计	231 450

资产负债表中有关项目金额的详细资料如下：货币资金 129 250 元，其中库存现金为 1 475 元，银行存款为 127 775 元；存货 30 050 元，其中原材料 8 500 元，产成品 19 500 元，低值易耗品 2 050 元；实收资本 86 000 元，其中甲、乙双方投资额分别为 51 600 元和 34 400 元。

清算组对 A 公司清算的过程如下：

（1）全面清理资产并编制清查后的财产盘点表和资产负债表。在企业清查工作开始时，应进行全面财产清查，编制财产盘点表和资产负债表。根据财产清查结果进行账务处理如下：

①将确实无法收回的应收账款 500 元核销列为坏账损失，会计分录如下：

借：清算损益　　　　　　　　　　　　　　　　500
　　贷：应收账款　　　　　　　　　　　　　　　　　500

②存货中盘盈原材料 1 500 元，产成品盘亏 2 000 元，会计分录如下：

借：原材料　　　　　　　　　　　　　　　　1 500
　　清算损益　　　　　　　　　　　　　　　　500
　　贷：库存商品　　　　　　　　　　　　　　　　2 000

③清查固定资产，发现短少机器一台，原价 8 000 元，已提折旧 2 400 元，会计分录如下：

借：累计折旧　　　　　　　　　　　　　　　　2 400
　　清算损益　　　　　　　　　　　　　　　　5 600
　　贷：固定资产　　　　　　　　　　　　　　　　8 000

④核销确实无法支付的应付账款 1 000 元，会计分录如下：

借：应付账款　　　　　　　　　　　　　　　　1 000
　　贷：清算损益　　　　　　　　　　　　　　　　1 000

根据以上账务处理后的结果，编制财产清查后的资产负债表如表 12 - 2 所示。

表 12-2　　　　　　　　　　　　资产负债表（简表）

编制单位：A公司　　　　　　　2019年12月1日　　　　　　　　　　　单位：元

资产	金额	负债及所有者权益	金额
流动资产		流动负债	
货币资金	129 250	短期借款	18 250
应收票据	2 250	应付票据	5 000
应收账款	14 550	应付账款	8 000
其他应收款	4 000	应付职工薪酬	6 950
存货	29 550	应交税费	4 000
流动资产合计	179 600	流动负债合计	42 200
非流动资产		所有者权益	
固定资产	43 400	实收资本	86 000
无形资产	1 850	资本公积	20 500
非流动资产合计	45 250	盈余公积	26 750
		未分配利润	55 000
		转让清算损益	-5 600
		所有者权益合计	182 650
资产总计	224 850	负债及所有者权益合计	224 850

（2）核算和监督财产物资的处置、债权回收、债务偿还以及清算费用的支付和结转。

①将面值为 2 250 元的应收票据进行贴现，贴现息为 22 元，贴现款 2 228 元存入银行，会计分录如下：

　　借：银行存款　　　　　　　　　　　　　　　　　2 228
　　　　清算损益　　　　　　　　　　　　　　　　　　22
　　　　贷：应收票据　　　　　　　　　　　　　　　　2 250

②收回应收账款 14 550 元存入银行，会计分录如下：

　　借：银行存款　　　　　　　　　　　　　　　　　14 550
　　　　贷：应收账款　　　　　　　　　　　　　　　　14 550

③收回其他应收款 4 000 元存入银行，会计分录如下：

　　借：银行存款　　　　　　　　　　　　　　　　　4 000
　　　　贷：其他应收款　　　　　　　　　　　　　　　4 000

④出售各项存货，取得款项 42 970 元，应交增值税 4 944 元，款已存入银行，会计分录如下：

借：银行存款 42 970
　　贷：原材料 10 000
　　　　库存商品 17 500
　　　　低值易耗品 2 050
　　　　清算损益 8 476
　　　　应交税费——应交增值税（销项税额） 4 944

⑤出售各项固定资产，原值149 000元，已提折旧105 600元，收到价款57 212元存入银行，同时按收入的13%计算应交增值税，会计分录如下：

借：累计折旧 105 600
　　银行存款 57 212
　　贷：固定资产 149 000
　　　　清算损益 7 230
　　　　应交税费——应交增值税（销项税额） 6 582

⑥出售无形资产，收到价款1 600元存入银行，同时按收入的6%计算应交增值税，会计分录如下：

借：银行存款 1 600
　　清算损益 346
　　贷：无形资产 1 850
　　　　应交税费——应交增值税（销项税额） 96

⑦计算应交的城市维护建设税814元和教育费附加349元，会计分录如下：

借：清算损益 1 163
　　贷：应交税费——应交城市维护建设税 814
　　　　　　　　——应交教育费附加 349

⑧以存款归还短期借款18 250元，支付利息275元，会计分录如下：

借：短期借款 18 250
　　清算损益 275
　　贷：银行存款 18 525

⑨以存款支付不带息应付票据5 000元，会计分录如下：

借：应付票据 5 000
　　贷：银行存款 5 000

⑩以存款偿付应付账款8 000元，会计分录如下：

借：应付账款 8 000
　　贷：银行存款 8 000

⑪从银行提现3 450元支付职工工资，会计分录如下：

借：库存现金 3 450

　　　　贷：银行存款　　　　　　　　　　　　　　　　　　　　3 450
　　借：应付职工薪酬　　　　　　　　　　　　　　　　　　　　3 450
　　　　贷：库存现金　　　　　　　　　　　　　　　　　　　　3 450

⑫以现金 6 000 元发放职工的遣散补助费，现金不足的部分 4 525 元从银行提取，其中 3 500 元从福利费中开支，其余列入"清算费用"，会计分录如下：

　　借：库存现金　　　　　　　　　　　　　　　　　　　　　　4 525
　　　　贷：银行存款　　　　　　　　　　　　　　　　　　　　4 525
　　借：应付职工薪酬　　　　　　　　　　　　　　　　　　　　3 500
　　　　清算费用　　　　　　　　　　　　　　　　　　　　　　2 500
　　　　贷：库存现金　　　　　　　　　　　　　　　　　　　　6 000

⑬以存款缴纳各种税费及教育费附加，会计分录如下：

　　借：应交税费——应交增值税　　　　　　　　　　　　　　15 622
　　　　　　——应交城市维护建设税　　　　　　　　　　　　　814
　　　　　　——应交教育费附加　　　　　　　　　　　　　　　349
　　　　贷：银行存款　　　　　　　　　　　　　　　　　　　16 785

⑭以存款 2 800 元支付各项清算费用，会计分录如下：

　　借：清算费用　　　　　　　　　　　　　　　　　　　　　　2 800
　　　　贷：银行存款　　　　　　　　　　　　　　　　　　　　2 800

⑮将清算费用 5 300 元转入"清算损益"账户，会计分录如下：

　　借：清算损益　　　　　　　　　　　　　　　　　　　　　　5 300
　　　　贷：清算费用　　　　　　　　　　　　　　　　　　　　5 300

（3）计算清算损益并编制清算损益表和清算结束日的资产负债表。将 A 公司上述各项清算损益登账并结账，计算出"清算损益"账户余额为贷方余额 3 000 元，为清算净收益。根据有关规定，清算净收益应视同利润，在按规定抵补以前年度亏损后缴纳所得税。A 公司没有以前年度未弥补的亏损事项，因此净收益应全额按 25% 计算缴纳所得税，计算出应交的所得税为 750 元，计提和上交所得税时，会计分录如下：

　　借：清算损益　　　　　　　　　　　　　　　　　　　　　　750
　　　　贷：应交税费——应交所得税　　　　　　　　　　　　　750
　　借：应交税费——应交所得税　　　　　　　　　　　　　　　750
　　　　贷：银行存款　　　　　　　　　　　　　　　　　　　　750

将税后的清算净收益转入"利润分配——未分配利润"账户，会计分录如下：

　　借：清算损益　　　　　　　　　　　　　　　　　　　　　　2 250
　　　　贷：利润分配——未分配利润　　　　　　　　　　　　　2 250

根据上述清算结果,编制 A 公司清算损益表和清算结束日的资产负债表如表 12-3、表 12-4 所示。

表 12-3　　　　　　　　　　　　清算损益表
编制单位:A 公司　　　　　　　2019 年 12 月　　　　　　　　　　　　单位:元

项目	本期数	累计数
一、清算收益	16 706	16 706
其中:1. 核销的应付账款	1 000	1 000
2. 出售存货净收益	8 476	8 476
3. 出售固定资产净收益	7 230	7 230
二、清算损失	13 706	13 706
其中:1. 坏账损失	500	500
2. 存货盘亏净损失	500	500
3. 固定资产盘亏净损失	5 600	5 600
4. 应收票据贴现利息	22	22
5. 出售无形资产损失	346	346
6. 应交的城建税和教育费附加	1 163	1 163
7. 短期借款利息	275	275
8. 清算费用	5 300	5 300
三、清算净收益	3 000	3 000
减:所得税费用	750	750
四、税后净收益	2 250	2 250

表 12-4　　　　　　　　　　　　资产负债表
编制单位:A 公司　　　　　　　2019 年 12 月 31 日　　　　　　　　单位:元

资产	金额	负债及所有者权益	金额
银行存款	190 500	实收资本	86 000
		资本公积	20 500
		盈余公积	26 750
		未分配利润	57 250
		其中:清算损益	2 250
资产总计	190 500	负债及所有者权益总计	190 500

(4) 归还甲、乙两方资本和分配剩余财产及结平各账户。按投资比例计算

甲、乙双方应收回的投资和分配的剩余财产如下：

　　甲方应分：51 600 + (20 500 + 26 750 + 57 250) ×60% = 114 300(元)

　　乙方应分：34 400 + (20 500 + 26 750 + 57 250) ×40% = 76 200(元)

根据以上分配结果，以存款支付，会计分录如下：

借：实收资本——甲	51 600
——乙	34 400
资本公积	20 500
盈余公积	26 750
利润分配——未分配利润	57 250
贷：银行存款	190 500

至此，A公司所有账户均已结平，公司解散清算结束。

第二节　公司破产清算及其会计处理

一、公司破产概述

(一) 公司破产的概念和特征

破产，是指当债务人的全部资产无法清偿到期债务时，债权人通过一定法律程序将债务人的全部资产供其平均受偿，从而使债务人免除不能清偿的其他债务。破产多数情况下都是指一种公司行为和经济行为。但人们有时也习惯把个人或者公司停止继续经营亦叫作破产。一般而言，破产法律制度专指破产清算制度，但谈及破产法律制度时通常是从广义上理解，不仅包括破产清算制度，而且包括以挽救债务人避免破产为目的的和解、重整等法律制度。

破产清算制度与相关的民事执行制度相比，具有以下特点：

(1) 民事执行程序中的债务人通常具有清偿能力，只是拒不履行义务，所以需要强制执行。而破产程序中的债务人已无清偿能力，无论自愿与否均不能对全体债权人履行全部义务，所以须以破产方式公平解决债务清偿问题。

(2) 民事执行是为提出执行申请的个别债权人的利益执行，破产则是为全体债权人的利益进行。前者的目的只为债的个别清偿，而后者则更强调清偿在债权人之间的公平，解决多数债权人之间因债务人财产不足清偿全部债权而发生的矛盾。破产制度的本质作用，就是在债务人丧失清偿能力的情况下，保障债务的最终公平清偿。

(3) 民事执行的范围仅限于与所执行债务相关的债务人财产，不涉及民事主体资格问题。破产是对债务人财产与法律关系的全面清算与执行,在作出破产宣告后,将终结债务人的商事经营,在债务人为企业法人时还使其丧失民事主体资格。

(4) 破产制度与民事执行制度不仅在一些程序性规定上有相似之处,而且破产的一些制度正是从民事诉讼执行制度中发展而来的,两者之间有着密切的联系。

(二) 公司破产的处理程序

从时间上看,公司破产要经历一个从申请破产起到破产财产分配为止的全过程。这一过程,一般要经过破产申请和受理、和解整顿、破产宣告、破产清算四个程序。

1. 破产的申请与受理

根据《破产法》的规定,当债务人不能清偿到期债务时,债权人和债务人均有权提出破产申请,破产申请应采用书面形式,向各对案件有管辖权的人民法院提出。提出破产申请是公司实施破产的前提。

(1) 债权人提出破产申请。申请破产的债权人可以是法人,也可以是自然人。对债权数额也没有限制,只要是债权人,无论债权数额多少,都享有破产申请权。债权人提出破产申请时,应向人民法院提供以下证据材料:债权发生的事实及证据;债权的性质、数额,债权有财产担保的,应当提供相应证据;债务人不能清偿到期债务的有关证据。为了防止债权人破产申请权的滥用,尽量减少对债务人生产经营活动不必要的影响,债权人提出破产申请时,需要具备四个条件:第一,必须是到期债务的债权人,因为只有到期债务的债权人,才能直接得到债务人能否清偿到期债务的判断;第二,必须是现实债务的债权人,既不是已还过账的债主,也不是债权由某种原因而消失的债权主体;第三,必须是破产对象或被申请破产企业的债权人;第四,必须是财产金钱的债权人,也就是债的物质内容是金钱、财物,而不是人情债或具有行为请求权的债权人。

(2) 债务人提出破产申请。几乎所有国家的破产法都赋予债务人或破产对象本身当然的破产申请权。因为债务人提出的破产申请较其他人提出的申请更有积极意义:第一,这样能准确反映破产对象不能清偿到期债务需要进行破产的事实;第二,这样有助于减少破产损失,包括债权人的损失与债务人的损失。目前我国大多数的破产案件均为债务人提出破产申请。债务人提出破产申请时,应向人民法院提交下列材料:书面破产申请;企业主体资格证明;企业法定代表人与主要负责人名单;企业职工情况和安置预案;企业亏损情况的书面说明,并附审计报告;企业至破产申请日的财产明细表;企业在金融机构开设账户的详细情况;企业债权情况表;企业债务情况表;企业涉及的担保情况以及已发生的诉讼情况等。

人民法院收到当事人提出的破产申请后，应当依法审查，并在 7 日内决定是否立案受理。人民法院审查后认为破产申请符合法律规定的，应当受理案件；认为不符合法律规定的，应裁定驳回。申请人不服可向各上级人民法院提起上诉。

2. 和解整顿

和解与整顿是法院依法裁定宣告企业破产之前的一个重要程序。和解是指在法院受理破产申请后，债务人和债权人会议就企业延期清偿债务、减免债务数额、进行整顿等问题的解决达成协议。当债权人认为申请破产的企业生存下去比破产对其更为有利时，就容易与债务人达成和解。和解的目的是预防企业破产，是对已达到破产界限的企业获得喘息机会的抢救措施，有可能使破产企业重新振作起来，减少社会财富的损失，减少债权人和债务人的损失，有利于稳定社会秩序。法院认可和解协议后，便公告中止破产程序。

整顿是指在债务人和债权人会议达成和解协议后，由被申请破产企业的上级主管部门主持对该企业进行整顿。企业无上级主管部门的，企业股东会议可以通过决议并以股东会议名义申请对企业进行整顿，整顿工作由股东会议指定人员负责。整顿期限不得超过两年。经过整顿，债务人企业能按和解协议清偿债务的，人民法院应当裁定终结对该企业的破产程序，并且发布公告。整顿期满，债务人企业不能按和解协议清偿债务的，人民法院应当宣告该企业破产并按《破产法》的有关规定重新申请登记债权。

3. 破产宣告

破产宣告是法院依据当事人的申请或法定职权裁定宣布债务人破产以清偿债务的活动。依照《破产法》规定，具备下列条件之一的，人民法院应书面裁定债务人企业破产：（1）企业不能清偿到期债务且与债权人不能达成和解协议的；（2）债务人不履行或不能履行和解协议的；（3）债务人在整顿期间有依法应终结整顿情形的；（4）债务人在整顿期满后不能按照和解协议清偿债务的。

4. 破产清算

破产企业自破产宣告之日起，便丧失了法人资格，应停止生产经营活动。根据《破产法》规定，人民法院应当自宣告债务人企业破产之日起 15 日内成立清算组，接管破产企业。清算组成员由股东、政府有关机关人员和专业人士组成。

清算组的主要职责是：（1）接管破产企业；（2）清理破产企业财产，编制财产明细表和资产负债表，编制债权债务清册，组织破产财产的评估、拍卖、变现；（3）回收破产企业的财产，各破产企业的债务人、财产持有人依法行使财产权利；（4）决定是否履行破产企业未履行的合同，在清算范围内进行必要的民事活动；（5）清算组对人民法院负责并且报告工作，接受其监督。

二、破产清算会计处理的程序

破产清算与解体清算程序上的主要区别是，解体清算一般存在剩余资产的分配，而破产清算的前提是资不抵债，使得其程序不存在剩余资产分配。因此，破产清算与解体清算会计的基本要求与程序基本相同。本节主要提出破产清算会计程序中的几个特殊问题。

（一）破产财产、破产债权的界定与核算

破产财产与破产债权是破产清算会计的两大会计要素，因而也是破产清算会计核算的主要内容。如何正确地界定破产财产与破产债权是实施破产财产与债权会计核算的基本前提，如何依据破产法的规定正确界定破产财产债权，是破产清算会计应重点研究的问题。

（二）破产清算开始日，对破产企业财务状况的估算

破产清算日，原企业提供的会计信息都是以历史成本为基础，而这类会计信息对于破产清算企业而言相关性不强。在破产清算过程中各利益相关人一般要求只按清算价格对企业的财产进行估价，这就提出了财务状况估算表的编制，以便估计资产的变现能力及市价损失和分析负债的偿还情况及估计损失。

（三）清算过程的主要会计事项

破产清算中的会计事项主要有：变卖资产、清理费用、清偿负债等。

（四）会计档案的移交

破产企业是破产会计的主体，清算组是破产会计的行为主体。在破产清算会计中，客观存在着破产开始日破产企业向清算组办理会计档案的移交和破产清算结束日清算组向破产企业的主管部门或法院办理会计档案的移交。

三、破产财产与破产债权的确认

（一）破产财产的确认

1. 破产财产的构成

破产财产，是应依破产程序分配给破产债权人的破产人的财产。破产财产由下列财产构成：

（1）宣告破产时破产企业所有的全部财产；
（2）破产企业在破产宣告后至破产程序终结前所取得的财产；
（3）应当由破产企业行使的其他财产权利，法律另有规定者除外。

2. 不属于破产财产的财产

破产宣告时，在破产企业内的财产不一定都是破产财产，在破产企业之外的财产也不一定不是破产财产。根据《破产法》有关规定，下列财产不属于破产

财产：

（1）债务人基于仓储、保管、加工承揽、委托交易、代销、供帮、寄存、租赁等法律关系占用的他人财产；

（2）破产企业已作为债务担保物的财产；

（3）担保物灭失后产生的保险金、补偿金、赔偿金等代位物；

（4）依法律规定存在优先权的财产，但权利人放弃优先受偿权或优先偿付特定债权后剩余的部分除外；

（5）特定物买卖中，未转移占有但相对人已完全支付对价的特定物；

（6）尚未办理产权证或产权过户手续但已向买方交付的财产；

（7）所有权专属于国家且不得转让的财产；

（8）破产企业工会所有的财产等。

3. 破产财产的分配

破产企业的财产全部清理核实后，在处理之前，可以确定有相应评估资质的评估机构对破产财产进行评估，评估结果应得到企业财产所有人的确认。破产财产变现由清算组负责委托有拍卖资格的拍卖机构进行拍卖。清算组应当根据对破产企业的清算结果编制破产财产明细表、资产负债表，并提出破产财产的分配方案。破产财产分配方案首先交由债权人会议讨论，经表决同意后，报请人民法院裁定认可，然后由清算组执行。

根据《破产法》规定，破产财产在有限清偿破产费用和共益债务后，按以下顺序清偿：

（1）破产人所欠职工工资和医疗、伤残补助、抚恤费用，所欠的应当划入职工个人账户的基本养老保险、基本医疗保险费用，以及法律、行政法规规定应当支付给职工的补偿金；

（2）破产人欠缴的除前项规定以外的社会保险费用和破产人所欠税款；

（3）普通破产债权。

在前一顺序的债权得以全额偿还之前，后一顺序的债权不予分配。破产财产不足以清偿同一顺序的清偿要求时，按同一比例向债权人清偿。

（二）破产债权的确认

破产债权是在破产宣告时成立的，经依法申报确认，对破产人发生的无财产担保的可强制执行的财产请求权。破产债权有权依照破产程序获得公平清偿，但要受破产程序的限制，不得单独、自由地要求清偿。其权利只能依《破产法》的规定行使。

1. 破产债权的构成

根据《破产法》的规定，下列债权属于破产债权：

（1）破产宣告前发生的无财产担保的债权；

（2）破产宣告前发生的债权人放弃优先受偿权利的有财产担保的债权；

（3）破产宣告前发生的有财产担保的债权中数额超过担保物价款未受优先清偿的债权；

（4）票据出票人被宣告破产，付款人或承兑人不知其事实而向持票人付款或承兑所产生的债权；

（5）清算组解除破产企业未履行的合同，对方当事人依法或依合同约定产生的对债务人可以用货币计算的损失赔偿债权；

（6）债务人的受托人在债务人破产后，为债务人的利益处理委托事务所发生的债权；

（7）债务人发行债券形成的债权；

（8）债务人的保证人代替债务人清偿债务后依法可以向债务人追偿的债权；

（9）债务人的保证人预先行使追偿权而申报的债权；

（10）债务人为保证人的，在破产宣告前已经被生效的法律文书确定承担的保证责任；

（11）债务人在破产宣告前因侵权、违约给他人造成财产损失而产生的赔偿责任；

（12）人民法院认可的其他债权。

2. 不属于破产债权的债权

根据《破产法》规定，下列债权不属于破产债权：

（1）破产宣告前行政、司法机关对破产企业的罚款、罚金以及其他有关费用；

（2）人民法院受理破产案件后债务人未支付应付款项的滞纳金；

（3）破产宣告后的债务利息；

（4）债权人为个人利益参加破产程序的费用；

（5）破产企业的股权、股票持有人在股权、股票上的权利；

（6）破产财产分配后向清算组申报的债权；

（7）超过诉讼时效的债权；

（8）债务人开办单位对债务人未收取的管理费、承包费。

债权人对清算组确认或否认的债权有异议的，可以向清算组提出。债权人对清算组仍有异议的，可以向人民法院提出。人民法院应当在查明事实的基础上依法作出裁决。

四、破产清算的会计处理

（一）破产清算会计处理规定

一旦企业被宣告破产，其对属于破产清算的资产便失去了保管和处分权，一切对破产资产的保管、清理、作价、处理和分配等事宜，以及在这个过程中的民事活动和民事责任，均由破产管理人负责。

为了规范企业破产清算的会计处理，2016年12月20日，财政部发布了《企业破产清算有关会计处理规定》。该规定主要做了以下原则性要求：

1. 编制基础和计量属性

破产企业会计确认、计量和报告以非持续经营为前提。破产企业在破产清算期间的资产应当以破产资产清算净值进行初始计量和后续计量。破产企业在破产清算期间的负债应当以破产债务清偿价值进行初始计量和后续计量。

破产资产清算净值，是指在破产清算的特定环境下和规定时限内，最可能的变现价值扣除相关的处置税费后的净额。最可能的变现价值应当为公开拍卖的变现价值，但是债权人会议另有决议或国家规定不能拍卖或限制转让的资产除外；债权人会议另有决议的，最可能的变现价值应当为其决议的处置方式下的变现价值；按照国家规定不能拍卖或限制转让的，应当将按照国家规定的方式处理后的所得作为变现价值。

破产债务清偿价值，是指在不考虑破产企业的实际清偿能力和折现等因素的情况下，破产企业按照相关法律规定或合同约定应当偿付的金额。

2. 破产宣告日清算净值

（1）破产宣告日相关余额结转。将原"商誉""长期待摊费用""递延所得税资产""递延所得税负债""递延收益""股本""资本公积""盈余公积""其他综合收益""利润分配——未分配利润"等科目的余额，转入"清算净值"科目。

（2）破产宣告日余额调整。破产企业被法院宣告破产的，应当按照破产资产清算净值对破产宣告日的资产进行初始确认计量；按照破产债务清偿价值对破产宣告日的负债进行初始确认计量；相关差额直接记入"清算净值"科目。

3. 清算损益

企业破产清算期间发生各项费用、取得各项收益应当直接计入清算损益。清算损益类科目包括："资产处置净损益""债务清偿净损益""破产资产和负债净值变动净损益""其他收益""破产费用""共益债务支出""其他费用""所得税费用""清算净损益"等。

破产费用主要包括破产案件的诉讼费用，管理、变价和分配债务人资产的费用，管理人执行职务的费用，报酬和聘用工作人员的费用。

共益债务支出，指破产企业破产清算期间发生的，符合破产法规定且能让破产企业多还钱给全体债权人后而产生的债务支出。根据《破产法》的规定，共益债务包括：

（1）因管理人或者债务人请求对方当事人履行双方均未履行完毕的合同所产生的债务；

（2）债务人财产受无因管理所产生的债务；

(3) 因债务人不当得利所产生的债务；

(4) 为债务人继续营业而应支付的劳动报酬和社会保险费用以及由此产生的其他债务；

(5) 管理人或者相关人员执行职务致人损害所产生的债务；

(6) 债务人财产致人损害所产生的债务。

4. 清算财务报表的列报

破产企业应当编制清算财务报表，向法院、债权人会议等报表使用者反映破产企业在破产清算过程中的财务状况、清算损益、现金流量变动和债务偿付状况。破产企业的财务报表包括清算资产负债表、清算损益表、清算现金流量表、债务清偿表及相关附注。

(二) 破产清算会计处理举例

光明公司因经营管理不善，严重亏损，不能清偿到期债务，于2019年10月23日经法院宣告破产。光明公司2019年10月23日的科目余额表如表12-5所示（为方便起见，本例题中的明细科目略去，计算结果保留整数）。

表12-5 科目余额表

2019年10月23日　　　　　　　　　　　　　　　　　　单位：元

总账科目	借方	贷方	总账科目	借方	贷方
库存现金	300		短期借款		125 700
银行存款	25 000		应付票据		44 200
应收票据	3 720		应付账款		65 030
交易性金融资产	1 600		预收账款		25 870
应收账款	40 230		其他应付款		720
预付账款	4 970		应付职工薪酬		80 900
其他应收款	6 000		应交税费		80 280
原材料	19 300		长期借款		63 130
库存商品	24 820				
长期股权投资	70 000		实收资本		56 300
固定资产	103 800		盈余公积		8 828
累计折旧		16 400	利润分配		3 582
在建工程	48 000				
无形资产	56 000				
待处理财产损溢	167 200				
合计	570 940	16 400	合计		554 540

1. 破产宣告日余额结转

法院宣告企业破产时，应当根据破产企业移交的科目余额表，将部分会计科目的相关余额转入以下新科目，并编制新的科目余额表。

（1）原"应付账款""其他应付款"等科目中属于破产法所规定的破产费用的余额，转入"应付破产费用"科目。

（2）原"应付账款""其他应付款"等科目中属于破产法所规定的共益债务的余额，转入"应付共益债务"科目。

（3）原"待处理财产损溢""商誉""长期待摊费用""递延所得税资产""递延所得税负债""递延收益""股本""资本公积""盈余公积""其他综合收益""利润分配——未分配利润"等科目的余额，转入"清算净值"科目。

光明公司破产宣告日会计分录如下：

（1）应付账款 65 030 元，其中包含共益债务 10 030 元。

借：应付共益债务　　　　　　　　　　　　　　　10 030
　　贷：应付账款　　　　　　　　　　　　　　　　　　10 030

（2）其他应付款 720 元全部为应付破产费用。

借：应付破产费用　　　　　　　　　　　　　　　　720
　　贷：其他应付款　　　　　　　　　　　　　　　　　　720

（3）将原"实收资本""盈余公积""利润分配——未分配利润"等科目的余额，转入"清算净值"科目。

借：实收资本　　　　　　　　　　　　　　　　56 300
　　盈余公积　　　　　　　　　　　　　　　　 8 828
　　利润分配——未分配利润　　　　　　　　　 3 582
　　清算净值　　　　　　　　　　　　　　　　98 490
　　贷：待处理财产损溢　　　　　　　　　　　　　　167 200

2. 破产宣告日余额调整

（1）关于各类资产。破产企业应当对拥有的各类资产（包括原账面价值为零的已提足折旧的固定资产、已摊销完毕的无形资产等）登记造册，估计其破产资产清算净值，按照其破产资产清算净值对各资产科目余额进行调整，并相应调整"清算净值"科目。

（2）关于各类负债。破产企业应当对各类负债进行核查，按照破产债务清偿价值进行调整，并相应调整"清算净值"科目。

破产清算日，清算组对光明公司的财产和债务进行全面清查，各类资产和负债的破产清算净值和清偿价值如表 12-6 所示。

表 12-6　　破产清算日各类资产和负债清算净值和清偿价值

2019 年 10 月 23 日　　　　　　　　　　　　　　　　　　单位：元

资产	账面价值	清算净值	负债	账面价值	清偿价值
库存现金	300	300	短期借款	125 700	125 700
银行存款	25 000	25 000	应付票据	44 200	44 200
应收票据	3 720	3 720	应付账款	55 000	55 000
交易性金融资产	1 600	580	预收账款	25 870	25 870
应收账款	40 230	35 712	其他应付款	0	0
预付账款	4 970	4 970	应付职工薪酬	80 900	80 900
其他应收款	6 000	6 000	应交税费	80 280	80 280
原材料	19 300	19 300	长期借款	63 130	63 130
库存商品	24 820	22 126	应付破产费用	720	720
长期股权投资	70 000	70 000	应付共益债务	10 030	10 030
固定资产	87 400	87 400			
在建工程	48 000	48 000			
无形资产	56 000	50 000			
合计	387 340	373 108	合计	485 830	485 830

根据清算组估算的破产资产清算净值，会计分录如下：

借：清算净值　　　　　　　　　　　　　　　　14 232
　　贷：交易性金融资产　　　　　　　　　　　　1 020
　　　　应收账款　　　　　　　　　　　　　　　4 518
　　　　库存商品　　　　　　　　　　　　　　　2 694
　　　　无形资产　　　　　　　　　　　　　　　6 000

3. 破产宣告日清算资产负债表的编制

破产清算日资产负债表列示的项目不区分流动和非流动，其中，"应收账款"或"其他应收款"项目，应分别根据"应收账款"或"其他应收款"的科目余额填列，同时"长期应收款"科目余额也在上述两项目中分析填列；"借款"项目，应根据"短期借款"和"长期借款"科目余额合计数填列；"应付账款"或"其他应付款"项目，应分别根据"应付账款""其他应付款"的科目余额填列，同时"长期应付款"科目余额也在该项目中分析填列；"金融资产投资"项目，应根据"以公允价值计量且其变动计入当期损益的金融资产""债权投资"和"其他债权投资"的科目余额合计数填列。

根据上述清查和余额调整结果,光明公司编制破产宣告日的清算资产负债表,如表12-7所示。

表12-7　　　　　　　　　　　清算资产负债表　　　　　　　　　　会清01表
编制单位:光明公司清算组　　　2019年10月23日　　　　　　　　　单位:元

资产	金额	负债及清算净值	金额
资产:		负债:	
货币资金	25 300	借款	188 830
应收票据	3 720	应付票据	44 200
金融资产投资	580	应付账款	55 000
应收账款	35 712	预收账款	25 870
预付账款	4 970	其他应付款	0
其他应收款	6 000	应付职工薪酬	80 900
原材料	19 300	应交税费	80 280
库存商品	22 126	应付破产费用	720
长期股权投资	70 000	应付共益债务	10 030
固定资产	87 400	负债合计	485 830
在建工程	48 000	清算净值:	
无形资产	50 000	清算净值	-112 722
资产总计	373 108	负债及清算净值总计	373 108

4. 处置破产财产

破产企业在破产清算期间处置破产资产产生的、扣除相关处置费用后的净损益记入"资产处置净损益"科目。

(1) 光明公司清算组在清算期间收回应收账款、预付账款和其他应收款合计35 200元存入银行,收回各种应收票据款3 160元存入银行。会计分录如下:

　　借:银行存款　　　　　　　　　　　　　　　　　35 200
　　　　资产处置净损益　　　　　　　　　　　　　　11 482
　　　　贷:应收账款　　　　　　　　　　　　　　　　35 712
　　　　　　预付账款　　　　　　　　　　　　　　　　4 970
　　　　　　他应收款　　　　　　　　　　　　　　　　6 000
　　借:银行存款　　　　　　　　　　　　　　　　　3 160
　　　　资产处置净损益　　　　　　　　　　　　　　560
　　　　贷:应收票据　　　　　　　　　　　　　　　　3 720

(2) 变卖材料、半成品、产成品等存货的核算。变卖各种材料收入 15 000 元，收取增值税 1 950 元；处置库存商品收入 20 200 元，收取增值税 2 626 元，一并存入银行。会计分录如下：

  借：银行存款   16 950
    资产处置净损益   4 300
   贷：原材料   19 300
    应交税费——应交增值税（销项税额）   1 950
  借：银行存款   22 826
    资产处置净损益   1 926
   贷：库存商品   22 126
    应交税费——应交增值税（销项税额）   2 626

(3) 变卖固定资产和在建工程的核算。处置各项固定资产收入 74 500 元，收取增值税 9 685 元。处置在建工程取得收入 43 200 元，收取增值税 5 616 元。款已存银行。会计分录如下：

  处置固定资产：
  借：银行存款   84 185
    资产处置净损益   12 900
    累计折旧   16 400
   贷：固定资产   103 800
    应交税费——应交增值税（销项税额）   9 685
  处置在建工程：
  借：银行存款   48 816
    资产处置净损益   4 800
   贷：在建工程   48 000
    应交税费——应交增值税（销项税额）   5 616

(4) 转让无形资产的核算。处置无形资产收入 64 000 元，收取增值税 3 840 元。会计分录如下：

  借：银行存款   67 840
   贷：无形资产   50 000
    应交税费——应交增值税   3 840
    资产处置净损益   14 000

(5) 转让对外投资的核算。转让对外投资收入 62 900 元存入银行。会计分录如下：

  借：银行存款   62 900
    资产处置净损益   7 680

         贷：金融资产投资   580
             长期股权投资   70 000
    （6）转让土地使用权的核算。破产企业的划拨土地使用权被国家收回，国家给予一定补偿的，按照收到的补偿金额记入"其他收益"科目。不需要交增值税。
    光明公司收到原无偿划拨取得的未入账土地补偿款 153 000 元，存入银行。
         借：银行存款   153 000
             贷：其他收益   153 000
    （7）处置各项资产应交纳的城市维护建设税 1 661 元，教育费附加 712 元，予以计提。会计分录如下：
         借：资产处置净损益   2 373
             贷：应交税费——应交城市维护建设税   1 661
                      ——应交教育费附加   712

    5. 清偿债务
    （1）清偿破产费用。光明公司清算组在清算期间，以银行存款支付办公费、破产财产保管费、审计费等清算管理费用以及破产案件诉讼费等 86 960 元。会计分录如下：
         借：破产费用   86 240
             应付破产费用   720
             贷：银行存款   86 960
    （2）清偿共益债务。光明公司清偿共益债务 13 030 元。会计分录如下：
         借：应付共益债务   10 030
             共益债务支出   3 000
             贷：银行存款   13 030
    （3）清偿职工。破产企业应按照经批准的职工安置方案，支付所欠职工的工资和医疗、伤残补助、抚恤费用，应当划入职工个人账户的基本养老保险、基本医疗保险费用和其他社会保险费用，以及法律、行政法规规定应当支付给职工的补偿金等。
    根据经批准的职工安置方案，光明公司偿付应付职工薪酬合计 80 900 元。其中，300 元以现金支付，其余以银行存款支付。支付未参加养老、医疗社会保险的离退休职工的离退休费用和医疗保险费用 40 900 元，以存款支付。会计分录如下：
         借：应付职工薪酬   80 900
             贷：库存现金   300
                 银行存款   80 600

借：债务清偿净损益 40 900
　　贷：银行存款 40 900

（4）支付所欠税款。光明公司清算组在清算期间以存款全额交纳所欠的税款 106 370 元。会计分录如下：

借：应交税费 106 370
　　贷：银行存款 106 370

（5）清偿其他破产债务。清偿上述债务后，光明公司银行存款余额为 192 017 元，其他普通债务余额为 313 900 元。

光明公司由于剩余的存款不足清偿其他破产债务，因此应按比例清偿如下：
清偿比例 = 192 017/313 900 × 100% = 61.17%
根据清偿比例，计算各有关破产债务的清偿金额为：
借款：188 830 × 61.17% = 115 510（元）
应付票据：44 200 × 61.17% = 27 038（元）
应付账款：55 000 × 61.17% = 33 644（元）
预收账款：25 870 × 61.17% = 15 825（元）
以存款偿付各项债务，会计分录如下：

借：借款 115 510
　　应付票据 27 038
　　应付账款 33 644
　　预收账款 15 825
　　贷：银行存款 192 017

6. 注销不再清偿债务的核算

光明公司清算组注销不再清偿债务的情况如下：

借：借款 73 320
　　应付票据 17 162
　　应付账款 21 356
　　预收账款 10 045
　　贷：其他收益 121 883

7. 结算清算损益

在编制破产清算期间的财务报表时，应当将"资产处置净损益""债务清偿净损益""破产资产和负债净值变动净损益""其他收益""破产费用""共益债务支出""其他费用""所得税费用"科目结转至"清算净损益"科目，并将"清算净损益"科目余额转入"清算净值"科目。

2019 年 12 月 30 日清算结束，光明公司将清算损益结转至"清算净损益"，会计分录如下：

借：其他收益　　　　　　　　　　　　　　　　274 883
　　贷：资产处置净损益　　　　　　　　　　　　32 021
　　　　破产费用　　　　　　　　　　　　　　86 240
　　　　共益债务支出　　　　　　　　　　　　3 000
　　　　债务清偿净损益　　　　　　　　　　　40 900
　　　　清算净损益　　　　　　　　　　　　　112 722

将清算净损益结转至"清算净值"：
借：清算净损益　　　　　　　　　　　　　　　112 722
　　贷：清算净值　　　　　　　　　　　　　　112 722

至此，所有账户余额都已结清。

8. 编制清算财务报表

清算工作结束，须根据破产清算的账务处理结果，编制清算损益表和债务清偿表，并向破产企业原登记机关办理注销登记。光明公司清算组根据上述账务处理结果，编制清算结束时的清算损益表（如表12-8所示）、清算现金流量表（如表12-9所示）和债务清偿表（如表12-10所示）。

表12-8　　　　　　　　　　清算损益表　　　　　　　　　　会清02表

编制单位：光明公司清算组　　2019年10月23日—12月30日　　　　单位：元

项目	本期数	累计数
一、清算收益	201 962	201 962
（一）资产处置净收益（净损失以"-"表示）	-32 021	-32 021
（二）债务清偿净收益（净损失以"-"表示）	-40 900	-40 900
（三）破产财产和负债净值变动净收益（净损失以"-"表示）	0	0
（四）其他收益（净损失以"-"表示）	274 883	274 883
二、清算费用	-89 240	-89 240
（一）破产费用（以"-"表示）	-86 240	-86 240
（二）共益债务支出（以"-"表示）	3 000	3 000
（三）其他费用（以"-"表示）	0	0
（四）所得税费用（以"-"表示）	0	0
三、清算净收益（净损失以"-"表示）	112 722	112 722

表 12-9　　　　　　　　　　　清算现金流量表　　　　　　　　　　会清 03 表

编制单位：光明公司清算组　　2019 年 10 月 23 日—12 月 30 日　　　　单位：元

项目	本期数	累计数
一、期初货币资金余额	25 300	25 300
二、清算现金流入		
（一）处置资产收到的现金净额	341 877	341 877
（二）收到的其他现金	153 000	153 000
清算现金流入小计	477 144	477 144
三、清算现金流出		
（一）清偿债务支付的现金	192 017	192 017
（二）支付破产费用的现金	86 960	86 960
（三）支付共益债务的现金	13 030	13 030
（四）支付税费的现金	106 370	106 370
（五）支付的其他现金	121 800	121 800
清算现金流出小计	520 177	520 177
四、期末货币资金余额	0	0

表 12-10　　　　　　　　　　　债务清偿表　　　　　　　　　　　会清 04 表

编制单位：光明公司清算组　　　　2019 年 12 月 30 日　　　　　　单位：元

债务项目	期末数	法院确认金额	清偿比例	实际需要偿还金额	已清偿金额	尚未偿还金额
有担保的债务：	0	0	0	0	0	0
……						
小计						
普通债务：						
第一顺序：劳动债务						
其中：应付职工薪酬	80 900	80 900	100%	80 900	80 900	0
第二顺序：国家税款债务						
其中：应交税费	106 370	106 370	100%	106 370	106 370	0
第三顺序：普通债务						
其中：借款	188 830	188 830	61.17%	115 510	115 510	0
应付票据	44 200	44 200	61.17%	27 038	27 038	0

续表

债务项目	期末数	法院确认金额	清偿比例	实际需要偿还金额	已清偿金额	尚未偿还金额
应付账款	55 000	55 000	61.17%	33 844	33 844	0
预收账款	25 870	25 870	61.17%	15 825	15 825	0
……						
小计	501 170	501 170		379 487	379 487	0
合计	501 170	501 170		379 487	379 487	0

【本章小结】

　　清算会计是对被宣告解散企业各项清算业务进行反映和监督，向有关债权人、投资人及政府主管部门披露企业的财务状况、清算过程和结果等会计信息的一种专门会计，主要包括解散清算和破产清算。解散清算是企业因经营期满，或者因经营方面的其他原因致使企业不宜或者不能继续经营时，自愿或被迫宣告解散而进行的清算。破产清算是指企业因严重亏损、资不抵债，被依法宣告破产而进行的清算。

　　本章按照公司解散清算及其会计处理、公司破产清算及其会计处理的逻辑顺序展开讲解。其中，公司解散清算及其会计处理，介绍了公司解散的原因、清算的程序、解散清算过程中的会计处理程序以及解散清算报表的编制方法；公司破产清算及其会计处理，详述了公司破产的概念、特征及其处理程序，详细介绍了破产清算会计处理的程序、方法及其报表的编制。

【本章思考与练习题】

一、思考题

1. 试述企业清算的原因。
2. 企业清算的业务程序有哪些内容？
3. 清算会计工作的内容是什么？
4. 解散清算与破产清算在会计处理程序和方法方面存在哪些差异？

二、练习题

　　假设益泰公司存续期已满，经股东大会通过决定予以解散。公司解散日有关资产、负债情况如表12-11所示。

表 12–11　　　　　　　　　　资产负债表
2019 年 12 月 31 日　　　　　　　　　　　　　　单位：万元

资产	金额	负债和股东权益	金额
货币资金	335	短期借款	232
应收票据	320	应付票据	210
应收账款	280	应付账款	190
交易性金融资产	120	应交税费	96
存货	198	长期借款	200
长期股权投资	300	负债合计	928
固定资产	1 200	实收资本	600
减：累计折旧	980	资本公积	118
固定资产净值	220	盈余公积	144
无形资产	100	未分配利润	83
		股东权益合计	945
资产合计	1 873	负债及股东权益合计	1 873

在清算过程中发生的经济业务有：
(1) 清算组追回应收账款 198 万元，确认坏账损失 82 万元。
(2) 将应收票据转让给另一公司，收回现金 280 万元，确认损失 40 万元。
(3) 将持有某公司的股票出售，收回现金 150 万元。
(4) 将存货变卖，取得现金 145 万元，差额部分 53 万元作为清算损益。
(5) 处置长期股权投资，收回现金 150 万元，损失 150 万元。
(6) 处置固定资产，收回现金 124 万元。
(7) 将外购专利 100 万元予以注销。
(8) 偿还短期借款 232 万元，支付利息 11 万元。
(9) 偿还未到期的应付票据，支付现金 180 万元。
(10) 偿还应付账款 150 万元。
(11) 上缴税费 96 万元。
(12) 偿还未到期的长期借款本金 200 万元，利息 15 万元。
(13) 清算组在整个清算过程中支付工资、清理费等共计 88 万元。
要求：
(1) 按以上经济业务编制必要的会计分录。
(2) 计算清算损益并编制清算损益表。
(3) 编制清算期现金、银行存款收支表。
(4) 编制清算结束日资产负债表。

第十二章 物价变动会计

【引入案例】

济云药业股份有限公司成立于1992年,是一家外向型合资经营企业,其经营产品主销东南亚地区,部分商品内销。鉴于近年来国内物价变动波幅较大,一方面,原材料价格、人力资源价格的调高导致了生产成本的大幅上升,这很可能引发企业持续经营与发展的困难;另一方面,企业利润表所反映的是企业在一定会计期间的全部收入和成本费用及其相抵后的经营成果,而在通货膨胀情况下传统财务会计的利润表中的收入是本期的现时收入,与其相配比的费用成本中所耗用的资产有相当部分是在前期购买时按历史成本计价的。因而,配比后所确定的收益是所耗资产未按现时价格获得补偿的高估数额,从而出现了低估成本、虚增利润的现象,使利润表所反映的企业的经营成果和盈利能力受到歪曲。为消除通货膨胀影响,使会计报表具有可验证性、可比性及真实性,公司财务部门决定编制一般物价水平会计报表,将其作为企业进行重大生产经营决策的补充资料依据。作为财务部门的骨干力量,你对物价变动会计有哪些了解?打算如何来编制一般物价水平会计报表呢?

【学习目的与要求】

1. 了解物价变动会计的产生与发展及其对传统会计的影响;
2. 理解财务资本保全、实物资本保全、持有资产的货币购买力等名词的概念;
3. 掌握一般物价变动会计模式的特点,以及账务处理程序和方法;
4. 了解现行成本会计模式、现行成本/不变币值会计模式的特点以及优缺点。

第一节 物价变动与物价变动会计

物价一般称为价格,是指商品、劳务价值的货币表现。相对应来看,一定单位的货币购买商品或换取劳务的数量即为货币购买力。在市场经济中,商品、劳务的价格会由于各种原因而发生变化,表现为一定单位的货币在不同的时间购买商品或换取劳务的数量不同,有时一定时期的物价高于前一时期的物价,有时也可能某一时期的物价低于前一时期的物价。在物价上升时,持有一定数量的货币额可以购买的商品、劳务数量会减少,亦即货币购买力下降。反之,在物价下降时,持有一定数量的货币额能买到的商品、劳务数量会增加,货币购买力则会上升。习惯上,我们将这种商品、劳务价格的变化或者是货币购买力的变化称为物价变动。

根据物价变动发生的范围,可将物价变动分为个别物价变动和一般物价变动两种情况。前者指某一特定商品、劳务价格发生变动,是从微观角度界定的一个概念;后者指某一时期商品、劳务价格水平的变化,是从宏观角度界定的一个概念。两者之间是个别与一般的关系,个别物价的普遍涨跌会导致一般物价水平的涨跌。因此,一般物价水平变动以个别物价变动为基础,但反过来又对个别物价变动施加影响。但有时个别物价变动与一般物价水平变动不一致,这就是真实价值变动。我们通常所说的通货膨胀就是一般物价水平上涨,通货紧缩就是一般物价水平下降。

物价变动水平一般是通过物价指数衡量的。物价指数是反映两个时期商品、劳务价格变动情况的指标,是一个动态指标。由于物价变动有个别物价水平变动和一般物价水平变动,物价指数也就有了个别物价指数和一般物价指数两种,反映个别物价变动状态的指数为个别物价指数,反映社会全部商品、劳务价格变动状态的指数为一般物价指数。

一、物价变动对传统会计的影响

作为传统会计的改进与发展,物价变动会计在承袭传统会计的同时,也对传统会计产生了重大影响。物价变动对传统会计的影响可以从以下两个方面进行分析。

(一) 对会计理论的影响

物价变动对会计理论的影响主要表现在以下几个方面:

(1) 冲击了货币计量假设。传统会计所规定的货币计量假设是假定货币币值稳定不变。但在物价变动时,各种原因引起的物价变动均会造成货币币值的不稳定。因此,物价变动影响了会计计量单位的稳定性。

(2) 冲击了历史成本原则。物价变动使币值失去了稳定性,因而使历史成本计价原则失去了客观性和可靠性。因此,物价变动影响了会计计量基础的客观性。

(3) 冲击了收入与费用相配比的原则。在物价变动时,企业的收入是按照现行市价计算的,而在计算与同期收入相关的费用时,采用的却是历史成本。因此，物价变动影响了收入与费用相配比的原则。

（二）对会计实务的影响

物价变动对会计实务的影响主要表现在以下几个方面：

（1）资产计价失真。资产负债表中列示的资产都是按照历史成本计价的，但当物价发生变动时，就会导致资产的市场价格高于或低于历史成本，从而使资产计价少计或多计。

（2）利润确定失实。企业的利润是按现行市价计价的收入与按历史成本计价转销的费用相配比的结果。在物价上涨时，企业会有较多的利润，但这部分利润中有一部分是由于物价上涨造成的，而不是企业的真实盈利。因此，物价变动会造成企业的利润失实。

（3）会计信息的可理解性减弱。在传统会计下，资产总额是各个时点取得资产的名义货币数额的简单相加。但是，在物价变动时，各个时点的货币购买力是不同的，所以不同购买力的名义货币简单相加会使结果缺乏可理解性。

（4）企业再生产能力下降。在物价上涨时，企业的利润会被高估。当企业拥有较多利润时，便会把利润中的一部分投入资本作为利润分配给投资者，企业的财务也会因此减弱，从而使企业再生产能力不断下降。

总而言之，物价变动时，按传统会计方法编制的财务报表会减弱会计信息的相关性、可靠性和可比性。

二、资本保全理论与物价变动会计

资本保全理论要求企业在保持资本完整的前提下确认收益，企业一定时期的收入与应保全的资本之间的差额才是收益。物价变动时，只有首先消除物价变动的影响，才能确定资本是否得到保全。因此，在物价变动情况下讨论资本保全时，资本的概念基础分为财务资本和实物资本两种，资本保全理论也就分为财务资本保全理论和实物资本保全理论两种。在币值稳定假设成立的情况下，财务资本和实物资本是基本一致的；而在币值稳定假设遭到否定时，财务资本和实物资本是相背离的。

（一）财务资本保全

财务资本保全概念中，只有企业期末净资产金额扣除当期所有者资本净投入后，超过期初净资产的金额时，其超出金额才是当期收益。可见，财务资本保全下所要保全的仅是货币资本，增值额则是企业会计负责报告的财务成果。从这个意义上来说，按财务资本保全理论确定的收益也称"会计收益"。财务资本保全的计量属性一般采用历史成本，计量单位既可用名义货币，也可用不变币值（即一般购买力）的货币。不过，采用历史成本/名义货币核算，是传统会计的做法，它没有考虑物价上涨对资本购买力的影响，保全的仅仅是贬值了的原始资本数额，所确认的利润代表这一时期名义货币资本的增加。采用历史成本/不变币值的货币核算，是物价变动会计的做法，它考虑了通货膨胀对资本购买力的影响，保持了原有资本的购买力，所确认的利润代表这一时期购买力的增加。

(二) 实物资本保全

实物资本保全概念中，只有企业期末实物生产能力或经营能力在扣除了当期所有者资本净投入后，超过期初的实物生产能力或经营能力时，其超出金额才可确认为当期收益。因此，实物资本保全理论下确认的收益不是名义上的收益，而是真实的收益，是现代经济学家使用的收益概念，也称"经济收益"。实物资本保全观念要求采用现行成本的计量属性，以反映现有资产的现行价值。已耗用资产在未得到重置之前不确认营业收益。至于计量单位，可采用名义货币或不变币值的货币。可见，按照实物资本保全的要求，会计上使用的收入与费用配比原则有现时收入与现行成本的配比，利润代表了这一时期实物资本的增加。所有影响企业资产、负债的价格变动，都被认为是企业实物生产能力计量上的变动，变动金额应作为权益中的资本保全进行调整处理，不确认为收益。

(三) 资本保全理论与会计模式

依据不同的资本保全理论可以设计不同的会计模式。由于计量属性和计量单位的不同组合而产生了多种会计模式。财务和实物资本保全理论与会计模式的关系如表13-1所示。

表13-1 资本保全理论与会计模式的关系

资本保全理论	会计模式		
财务资本保全理论	历史成本会计	历史成本/名义货币	传统会计
财务资本保全理论	一般物价水平会计	历史成本/不变币值货币	物价变动会计
实物资本保全理论	现行成本会计	现行成本/名义货币	物价变动会计
实物资本保全理论	现行成本不变币值会计	现行成本/不变币值货币	

三、物价变动会计的产生与发展

第二次世界大战以后，西方各国通货膨胀严重，原有的历史成本会计已难以满足现实的需要。为此，迫切需要企业提供有关物价水平变动对企业影响方面的会计资料。这种需要迫使有严重通货膨胀的国家采取措施，以新的会计处理方式为会计信息的使用者提供相关信息，物价变动会计便应运而生。[①]

[①] 世界经济曾出现过三次大范围的通货膨胀（分别为1914—1918年，1949—1953年，1969—1974年）。其间，原始成本会计假设的前提条件被动摇，会计信息受到严重歪曲，削弱了它在企业经营管理决策和投资决策中的有用性，因而物价变动会计的研究热潮便在此时掀起。

美国是最早对物价变动会计进行探讨的国家，早在 20 世纪 30 年代，美国就有了这方面的研究成果。1963 年，美国注册会计师协会发表了题为《报告物价水平变动的财务影响》的报告；1979 年，美国财务会计准则委员会又发布了《美国财务会计准则公告第 33 号——财务报告与物价变动》，提出大公司必须补充揭示物价变动对财务报告影响的强烈要求；该公告实施几年后，随着美国通货膨胀率的逐年下降，美国财务会计准则委员会又以第 89 号公告取代了第 33 号公告，要求企业自愿揭示物价变动对财务报告的影响。

从物价变动会计三种模式的应用情况来看，历史成本/不变币值会计模式的使用较为普遍，在发展中国家，特别是南美的巴西、智利、阿根廷等，都已经在会计实践中得到了广泛运用。现行成本/名义货币会计模式有着比较成熟的应用经验，在发达国家中，如英联邦国家都曾采用这种模式。而现行成本/不变币值模式，目前只有美国和加拿大的企业按自愿原则采用。

由于各国之间存在差异，为了维持世界贸易的公平有序发展，有必要在国家间协调物价变动会计。国际会计准则委员会曾于 1977 年发布了《国际会计准则第 6 号——对物价变动的会计反映》，又于 1981 年以《国际会计准则第 15 号——反映物价变动影响的信息》取代了第 6 号会计准则，并于 1989 年对该准则进行过补充，1994 年又进行了重新修订。[①] 相对于有的国家存在较为严重的通货膨胀的情况，国际会计准则委员会还于 1989 年 7 月发布了《国际会计准则第 29 号——恶性通货膨胀经济中的财务报告》，并于 1994 年重新修订，至今仍在执行。在该准则中，国际会计准则委员会对物价变动会计处理提出了具体要求，对物价变动会计有很大影响。

我国在 2006 年企业会计准则体系发布以前，较多地强调历史成本的应用，虽然在一些层面和环节上有物价变动会计的体现，如清产核资或资产评估的账项调整等，但并没有关于物价变动会计的专门规定。在 2006 年财政部颁布的企业会计准则体系中，按照公允价值计量并将公允价值变动的数额计入本期损益已经在交易性金融资产等的账务处理中运用，但是迄今为止，我国还没有类似于国际会计准则的物价变动会计规范。因此，本章主要内容是根据国际会计准则要求编写的。应该看到自新中国成立以来我国经历过几次较为明显的通货膨胀（1958 年、1985—1989 年、1993—1995 年），历史上即使在上述通货膨胀较为严重的时期我们也并未践行物价变动会计，这肯定是基于多方的现实考虑。例如，资产

---

① 国际会计准则委员会于 2001 年宣布，从 2005 年 1 月 1 日开始撤销第 15 号国际会计准则。其理由是："作为其技术项目初始议程的一部分，将启动一个项目对若干准则进行改进，其中包括《国际会计准则第 15 号——反映物价变动影响的信息》。改进项目是根据证券监管机构、职业会计师和其他利益相关方面提出的与准则有关的质疑和批评意见实施的。改进项目的目标是减少和消除准则中的备选方法、矛盾和重复，解决一些协调问题，并进行其他改进。"

计价的主观性问题、背离成本效益原则的问题、因实施物价变动会计而使税收大幅削减导致国家财政难以承受的问题、国家的管理体系尚不能有力支持物价变动会计实施的问题等，这些问题均不可能在短时间内解决，不可否认，时至今日它们仍是在我国推行物价变动会计的主要障碍。但鉴于我国目前经济形势发展的需要和物价变动会计重要性的提升，会计理论工作者与实务工作者以及社会各界有必要协力解决关键问题，为物价变动会计在我国的逐步实施提供有利环境。

第二节 一般物价水平会计

一般物价水平会计，又称历史成本/不变币值会计模式，是以传统历史成本编制的财务报表为基础，采用币值（购买力）相等的货币单位，即通过一般物价指数将按各年度不同币值的货币编制的历史成本会计数据作为传统财务报表的补充报表，借以反映和消除一般物价变动对传统历史成本财务报表影响的一种会计模式。这一模式仍然是以历史成本为基础，它认为历史成本计量原则本身并没有什么缺陷，但是需要一个稳定、可比的会计计量单位。因此，一般物价水平会计建议以代表货币的一般购买力的不变价格来代替币值已经发生变动的历史价格，也就是用一般物价指数进行调整。一般物价水平会计的主要工作内容有四项，即划分货币性项目和非货币性项目，按一般物价指数调整非货币性项目金额，计算货币性项目的购买力净损益和编制按一般物价指数反映的财务报表。

一、划分货币性项目和非货币性项目

编制一般物价水平财务报表，首先必须将企业的会计要素划分为货币性项目和非货币性项目。这是因为在物价变动的情况下，货币性项目和非货币性项目的账面余额受货币购买力变化的影响不同，所以需要采用不同的会计处理方法。其基本原则是：对货币性项目不作数据调整，但要计算持有的货币性项目而影响的本期购买力损益；对非货币性项目要随物价变动水平而进行数据调整，以最终对外报出消除物价变动影响的财务报告。

（一）货币性项目及其在物价变动时期的特点

货币性项目，是指企业拥有的货币以及将要以货币结算的项目，包括货币性资产和货币性负债。其中，货币性资产项目主要包括库存现金、银行存款、应收账款、应收票据以及准备持有至到期的债券投资等；货币性负债项目主要包括应付账款、应付票据、其他应付款、短期借款、应付债券、长期借款、长期应付款等。

在物价变动时期，货币性项目有两个明显的特点：

1. 其账面金额不随物价的变动而改变

例如，若企业期初持有货币的金额为 5 000 元，且年内未发生收支，这样，即使年内物价有较大的变动，其账面金额仍保持原状，即仍为 5 000 元。因此，货币性项目在一般物价水平会计中被称为固定项目，不需要按变动的物价指数对其进行调整。

2. 其购买力会随物价变动而变动

例如，若年初 3 000 元现金可购买某商品 30 件，但年内物价变动幅度为 150，则在年末时，3 000 元现金只可购买同类商品 20 件。

由此可见，虽然货币性项目为账面金额不变的固定账项，但在物价变动时期长期持有的货币性资产，会因物价上涨而降低购买力，从而使企业遭受损失。进一步推论可知，若企业在物价上涨时期长期持有货币性负债，又会因物价上涨而获得收益。

（二）非货币性项目及其在物价变动时期的特点

非货币性项目，是指货币性项目以外的项目，划分为非货币性资产和非货币性负债两类。其中，非货币性资产项目主要包括交易性金融资产、长期股权投资、可转换债券投资、存货、固定资产、无形资产等；非货币性负债项目主要包括企业的普通股股本和未规定固定兑回价格的优先股股本等。

在物价变动时期，非货币性项目与货币性项目的特点恰恰相反：

1. 其账面金额随着物价变动而改变

例如，若年初存货的价格为 3 000 元，年内物价变动幅度为 150，则年末时存货的价值也应表现为 4 500 元。

2. 其不会发生购买力损益

由于物价变动已在购买力变化方面得以表现，非货币性资产价格变动的比例成了衡量物价变动水平的标志，所以，持有非货币性资产与货币购买力损益无关。

这样，在物价上涨时期，企业会因持有某种类型或数量的非货币性资产而获得收益，而在物价下跌时期，则会因持有非货币性资产而发生损失；同样，在物价变动时期持有非货币性负债，也会发生与非货币性资产相反的变化。

二、非货币性项目的调整

一般物价水平会计要求将按历史成本反映的非货币性项目的金额，按一般物价指数进行调整。在一个会计年度中，物价指数常有年初的物价指数、年末的物价指数和全年平均的物价指数三种。通常的做法是，由于年末物价指数可以确切地反映企业年末资产的价值，一般用来调整资产负债表内的各个项目；

而年内平均物价指数对全年有综合性影响，一般用来调整利润表内的各个项目。实际操作时可按三个步骤进行：第一，确定某一非货币性项目形成时的物价指数；第二，确定编制财务报告时的物价指数；第三，确定换算公式，对各项目进行调整。

（一）调整时采用的公式

由于固定资产购置的时间不同，其账面记录的原值、累计折旧等，应按其购入时的物价指数进行调整。如此在第一次调整时，可能会因为每项固定资产有不同的换算时期而加大工作难度，但若在某一年调整后，各类资产会有相对以后各期而统一的物价指数，从而也会减少以后的工作难度。

进行调整时，使用的计算公式一般为：

某非货币性项目的调整后金额 = 该项目的历史成本金额 ×（年末的物价指数/该项目取得时的一般物价指数）

[例 13-1] 某企业于 2019 年 1 月购入机器设备，入账价值为 1 200 万元，该机器按 10 年计提折旧。假设 2019 年 1 月的物价指数为 120，2019 年末编制财务报表时的物价指数为 130。对该项非货币性资产的调整及计算过程如表 13-2 所示。

表 13-2　　　　　　　　　固定资产账面金额调整表

2019 年 12 月 31 日　　　　　　　　　　　单位：万元

项目	调整前金额	调整过程	调整后金额
机器设备原值	1 200	1 200 ×（130/120）	1 300
累计折旧	120	120 ×（130/120）	130
机器设备净值	1 080	1 080 ×（130/120）	1 170

（二）留存收益项目的调整

一般来说，调整留存收益项目应先按一般物价指数对上年末留存收益进行调整，然后再使其与本年度已调整过的净收益相加而求得。在实际操作中，留存收益项目多采用"余额法"计算求得。计算公式为：

本年度按一般物价水平计算的留存收益 = 按一般物价水平计算的资产总额 - 按一般物价水平计算的负债总额 - 按一般物价水平计算的股本数额

在我国，留存收益是由盈余公积与未分配利润之和分别列示于资产负债表和所有者（股东）权益变动表之中的，在进行调整时，也应遵循上述公式的要求。需要特别说明的是，企业的所得税与应付股利一般在年末一次性缴纳，其报表数额无须调整，但若所得税于年内各月预缴、年终汇算清缴，则应按全年平均物价指数和年末物价指数予以调整。

三、货币性项目购买力损益的计算

从实质上看，货币性项目购买力损益是期末按一般物价水平调整过的货币性项目金额与其期初名义货币金额之间的差额。实际操作中，一般先将货币性资产和货币性负债的余额相互抵销，求得货币性项目的净额，再按净额计算购买力损益。

[例13-2] 设某企业本期持有货币性项目的情况如下：期初货币性资产为120 000元，货币性负债为80 000元；该公司全年取得营业收入为600 000元，均匀取得；全年发生的存货购买成本和销售费用400 000元，也是均匀发生；期末的货币性资产为200 000元，货币性负债为100 000元。该年的物价指数为：年初100，年内平均120，年末150。

调整计算过程如下：

（1）计算期初的货币性资产净额，按期末的物价指数进行调整：

期初净额 = 120 000 − 80 000 = 40 000（元）

调整后净额 = 40 000 × (150/100) = 60 000（元）

（2）对货币性收入进行调整，并计算本期的货币性项目增加的净额：

本期货币性收入调整后数额 = 600 000 × (150/120) = 750 000（元）

本期货币性费用调整后数额 = 400 000 × (150/120) = 500 000（元）

本期货币性收入与费用调整后差额 = 750 000 − 500 000 = 250 000（元）

（3）计算期末持有的货币性资产净额：

期末货币性资产净额 = 200 000 − 100 000 = 100 000（元）

（4）计算本期的货币购买力损益：

本期货币购买力损益 = 60 000 + 250 000 − 100 000 = 210 000（元）

由以上计算过程可知，本期因物价变动引起的购买力损失为210 000元。

四、编制调整后的财务报表

上述内容只是按一般物价水平会计的基本方法对财务报表项目进行调整的做法。在实际应用一般物价水平会计时，通常是直接对按历史成本资料编制的报表进行调整，再按调整后的数据汇编成为消除了物价变动影响的财务报表。下面举例说明。

[例13-3] 某公司2019年的资产负债表、利润表资料如表13-3、表13-4所示，假设全年的物价变动指数为：年初100，年末150，年内平均120，购进存货最近月份的物价指数是112。期初存货成本为100元/件，共3 800件，本期购入6 000件，每件120元，本年销售7 000件，公司按先进先出法核算存货成本。

表 13-3　　　　　　　　　　　　　　资产负债表
（按历史成本编制）
2019 年 12 月 31 日　　　　　　　　　　　　　　　　　　单位：元

资产	年初数	年末数	负债及所有者权益	年初数	年末数
货币性资产	150 000	200 000	货币性负债	400 000	310 000
存货	380 000	336 000	股本	450 000	450 000
固定资产	430 000	430 000	盈余公积	80 000	90 000
减：累计折旧		86 000	未分配利润	30 000	30 000
资产总计	960 000	880 000	负债及所有者权益合计	960 000	880 000

表 13-4　　　　　　　　　　　　　　利润表（含利润分配部分）
（按历史成本编制）
2019 年 12 月　　　　　　　　　　　　　　　　　　　　单位：元

项目	金额
营业收入	1 260 000
减：营业成本	764 000
管理费用	80 000
折旧费用	86 000
利润总额	330 000
减：所得税费用	120 000
净利润	210 000
加：前期未分配利润	30 000
可供分配利润	240 000
减：提取公积金	30 000
本年分配利润	180 000
未分配利润	30 000

调整及计算结果如下：

（1）调整货币性项目与非货币性项目，具体过程及结果如表 13-5 所示。

表 13-5　　　　货币性项目与非货币性项目调整表　　　　　　单位：元

项目	年初数	年末数
货币性资产	150 000 × (150/100) = 225 000	200 000 × (150/150) = 200 000
存货	380 000 × (150/100) = 570 000	336 000 × (150/112) = 450 000

续表

项目	年初数	年末数
固定资产	430 000 × (150/100) = 645 000	430 000 × (150/100) = 645 000
减：累计折旧	—	86 000 × (150/100) = 129 000
调整后资产	1 440 000	1 166 000
货币性负债	400 000 × (150/100) = 600 000	310 000 × (150/150) = 310 000
股本	450 000 × (150/100) = 675 000	450 000 × (150/100) = 675 000
盈余公积	80 000 × (150/100) = 120 000	120 000 + 30 000 = 150 000
未分配利润	30 000 × (150/100) = 45 000	181 000 - 150 000 = 31 000
调整后负债及所有者权益	1 440 000	1 166 000

（2）货币性项目购买力损益的计算，如表 13 - 6 所示。

表 13 - 6　　　　货币性项目购买力损益计算表　　　　单位：元

项目	调整前数目	调整系数	调整后数目
货币性资产净额	(250 000)	150/100	(375 000)
加：本期货币性收入	1 260 000	150/120	1 575 000
减：购入存货	720 000	150/120	900 000
管理费用	80 000	150/120	100 000
所得税费用	120 000	150/120	150 000
本年分配利润	180 000	150/150	180 000
货币性项目净额	(90 000)		(130 000)
净损益	(130 000) - (90 000) = (40 000)		

由计算结果可知，形成了货币性项目购买力收益 40 000 元。

（3）调整利润表项目，如表 13 - 7 所示。

表 13 - 7　　　　利润表项目调整表　　　　单位：元

营业收入	1 260 000 × (150/120) = 1 575 000
营业成本：期初存货	380 000 × (150/100) = 570 000
本期购入存货	6 000 × 120 × (150/120) = 900 000

续表

期末存货	336 000 × (150/112) = 450 000
本期营业成本	570 000 + 900 000 - 450 000 = 1 020 000
管理费用	80 000 × (150/120) = 100 000
折旧费用	86 000 × (150/100) = 129 000
所得税费用	120 000 × (150/120) = 150 000
盈余公积	30 000 × (150/150) = 30 000
本年分配利润	180 000 × (150/150) = 180 000

(4) 调整后的财务报表,如表13-8、表13-9所示。

表 13-8　　　　　　　　　　资产负债表
(按一般物价指数调整)
2019 年 12 月 31 日　　　　　　　　　　　　　　单位:元

资产	年初数	年末数	负债及所有者权益	年初数	年末数
货币性资产	225 000	200 000	货币性负债	600 000	310 000
存货	570 000	450 000	股本	675 000	675 000
固定资产	645 000	645 000	盈余公积	120 000	150 000
减:累计折旧		129 000	未分配利润	45 000	31 000
资产总计	1 440 000	1 166 000	负债及所有者权益合计	1 440 000	1 166 000

表 13-9　　　　　　　　利润表(含利润分配部分)
(按一般物价指数调整)
2019 年 12 月　　　　　　　　　　　　　　　　单位:元

项目	金额
营业收入	1 575 000
减:营业成本	1 020 000
管理费用	100 000
折旧费用	129 000
利润总额	326 000
减:所得税费用	150 000
净利润	176 000

续表

项目	金额
加：前期未分配利润	30 000
可供分配利润	206 000
减：提取公积金	30 000
本年分配利润	180 000
未调整购买力损益的未分配利润	（4 000）
加：货币性项目购买力损益	40 000
未分配利润	36 000

按国际会计准则和美国会计准则的要求，在恶性通货膨胀时期[①]，企业必须对外报出经调整后的财务报表。经过上述调整，上例中的企业已经按照一般物价水平会计的要求编制出了剔除物价变动因素的财务报表，可以对外报送。

五、一般物价水平会计评述

一般物价水平会计作为一种物价变动会计模式，既存在优点，也存在缺点。

（一）一般物价水平会计的优点

（1）提高财务信息的可比性。一般物价水平会计通过将不同时期的名义货币计价的各项数据换算为以期末名义货币为稳值货币计价的数据，使得企业不同时期的财务状况和经营成果可以比较。同时，由于不同企业的会计数据采用相同的物价指数进行调整，因而也增强了不同企业间会计数据的可比性。

（2）操作简单。一般物价水平会计承袭了传统会计的程序和方法，只是通过以期末名义货币为稳值货币，对财务报表进行调整，操作简单而且容易掌握。

（3）有助于企业进行决策。购买力损益的计算，使人们注意到一般物价水平变动对企业最终财务成果的影响，因而有助于投资者利用此信息做出正确的投资决策。

（二）一般物价水平会计的缺点

（1）不能确切地反映有关会计信息。当个别物价指数与一般物价指数存在较大差异时，通常采用一般物价指数调整财务报表数据，其结果会和实际有较大的出入，不能准确地反映企业的财务状况和经营成果。

[①] 在经济学上，恶性通货膨胀是一种不能控制的通货膨胀。1956 年，Philip Cagan 撰写的 *Monetary Dynamics of Hyperinflation*，一般被视为最早研究恶性通货膨胀的书目，他当时把每月 50% 以上的通货膨胀称为"恶性通胀"，又或"超通胀"。宏观经济学认为，通货膨胀率在 100% 以上时，被称为超级通货膨胀。

（2）会引起对信息的误解。在一般物价水平会计下，企业持有货币性资产会产生购买力的损失，而持有货币性负债会产生购买力收益。当企业持有的货币性负债超过货币性资产时，不但会掩盖企业的利息支出，而且还可能会出现净收益，给人以错误的信息，导致企业做出错误的决策。

第三节　现行成本会计

现行成本会计模式也就是现行成本/名义货币模式，是以资产的现行成本或重置成本作为计价基础，从而反映和消除物价变动对企业财务状况和经营成果影响的一种会计程序和方法。在计量属性上，这种模式摒弃了原始（历史）成本，采用了现行成本（重置成本）；在计量单位上，这种模式仍然沿用了名义货币，对币值的变动忽略不计。现行成本会计的主要工作内容一般有：按现行成本确定流动资产、固定资产的价值及持有损益，按现行成本编制利润表及资产负债表等财务报表。

一、确定现行成本

现行成本的确定是进行现行成本会计处理的基础，现行成本的计量基础有多种，包括重置成本、再生产成本、可变现净值、未来现金流量净现值和可收回金额等。

1. 重置成本

重置成本，是指在当前的市场条件下，按现行价格购置与现行资产相同或相似资产需支付的现金及现金等价物。

2. 再生产成本

再生产成本，是指在当前生产力水平下，再生产相同或相似资产需付出的成本。

3. 可变现净值

可变现净值，是指在当前的市场供求情况下，把资产卖出的净收入，即预计的售价减去预计销售税费后的净额。

4. 未来现金流量净现值

未来现金流量净现值，是指将资产未来净收入用适当的折现方法和折现率折现后的现行估计价值。

5. 可收回金额

可收回金额，是指可变现净值与未来现金流量净现值两者中较高者。

二、确定实物资产持有损益

实物资产持有损益可以分为已实现损益和未实现损益。前者是已消耗资产的现行成本与历史成本之差,后者是指期末尚持有的实物资产的现行成本与历史成本之差。计算持有资产损益时应按流动资产、固定资产等项目分别进行。

(一)确定流动资产持有损益

[例 13-4] 某公司期初购入存货 1 000 件,每件 20 元;该公司于年中按每件 25 元售出该种存货 500 件,当时该种商品的市场价格是 22 元;期末市场价格是 23 元。

根据以上资料,该公司应进行的会计处理为:

1. 期初购入存货

借:存货　　　　　　　　　　　　　　　　　　　　　　　　20 000
　　贷:库存现金　　　　　　　　　　　　　　　　　　　　　　　20 000

2. 年中按市场价格售出的存货

借:库存现金　　　　　　　　　　　　　　　　　　　　　　　12 500
　　贷:营业收入　　　　　　　　　　　　　　　　　　　　　　　12 500

同时结转成本:

借:营业成本　　　　　　　　　　　　　　　　　　　　　　　11 000
　　贷:存货　　　　　　　　　　　　　　　　　　　　　　　　　11 000

3. 计算本期的已实现和未实现的持有损益

本期已实现持有损益 = 500 × (22 - 20) = 1 000 (元)
本期未实现持有损益 = 500 × (23 - 20) = 1 500 (元)

借:存货　　　　　　　　　　　　　　　　　　　　　　　　 2 500
　　贷:已实现持有损益　　　　　　　　　　　　　　　　　　　 1 000
　　　　未实现持有损益　　　　　　　　　　　　　　　　　　　 1 500

(二)确定固定资产持有损益

[例 13-5] 某公司年初购入一套新设备,价格为 15 000 元,预计可使用 5 年,按直线法提取折旧。年末时该项资产重置成本为 20 000 元。

根据以上资料,该公司应进行的会计处理为:

固定资产持有损益 = 20 000 - 15 000 = 5 000 (元)
固定资产已实现持有损益 = 20 000/5 - 15 000/5 = 1 000 (元)
固定资产未实现持有损益 = (20 000 - 20 000/5) - (15 000 - 15 000/5) = 4 000 (元)

借:固定资产　　　　　　　　　　　　　　　　　　　　　　　 5 000
　　贷:已实现持有损益　　　　　　　　　　　　　　　　　　　 1 000

　　　　未实现持有损益　　　　　　　　　　　　　　　　　　　　4 000
　　借：销售费用——补提折旧费　　　　　　　　　　　　　　1 000
　　　　贷：累计折旧　　　　　　　　　　　　　　　　　　　　　　1 000

三、按现行成本调整财务报表

按现行成本调整财务报表的程序是，首先按现行成本调整报表内的资产项目，使其账面价值与现行成本趋于一致；然后再按计算过的资产持有损益编制利润表（包含利润分配部分）；最后按调整后各账户的余额编制资产负债表。

[例 13-6] 设某公司未调整前的财务报表如表 13-3、表 13-4 所示，另补充资料如下：

（1）假设 2019 年 1 月 1 日物价指数为 100，2019 年该项固定资产的分类物价指数为 200，该设备预计可使用 5 年。

（2）期初存货的成本按期初的现行成本编制，期末存货按现行成本每件 150 元计价，现行总成本为 420 000 元。

（3）销售成本按现行成本计价，年应计的销售成本为 1 050 000 元。

（4）在本期利润表中，除营业成本和折旧费外，表中其余数据均是按现行成本计价。

根据以上资料，该企业应进行的会计处理为：

1. 调整资产负债表项目（只有非货币性项目，因为货币性项目体现的都是现行成本）

（1）存货：
本期持有存货损益数额 = 420 000 - 336 000 = 84 000（元）
　　借：存货　　　　　　　　　　　　　　　　　　　　　　　　84 000
　　　　贷：未实现持有损益　　　　　　　　　　　　　　　　　　84 000

（2）固定资产：
固定资产按期末重置成本计算 = 430 000 × (200/100) = 860 000（元）
未实现的固定资产损益 = 860 000 - 430 000 = 430 000（元）
　　借：固定资产　　　　　　　　　　　　　　　　　　　　　430 000
　　　　贷：未实现持有损益　　　　　　　　　　　　　　　　　430 000

2. 调整利润表项目

（1）营业收入：
按实际取得的收入额计算，本例中为 1 260 000 元。

（2）营业成本：
按现行成本计算，本例中为 1 050 000 元（7 000 × 150）。
本期应计入已实现损益 = 1 050 000 - 764 000 = 286 000（元）

借：营业成本 286 000
　　贷：已实现持有损益 286 000

（3）折旧费用：

计入本期成本的折旧费 = 430 000 × (200/100)/5 = 172 000（元）

补提折旧 = 172 000 − 86 000 = 86 000（元）

借：销售费用 86 000
　　贷：累计折旧 86 000
借：未实现持有损益 86 000
　　贷：已实现持有损益 86 000

（4）其余数据都应按实际发生额计算填列。

3. 编制调整后的财务报表（见表 13 − 10 和表 13 − 11）

表 13 − 10　　　　　　利润表（含利润分配部分）
（按现行成本调整）
2019 年 12 月　　　　　　　　　　　　　单位：元

项目	金额
营业收入	1 260 000
减：营业成本	1 050 000
管理费用	80 000
折旧费用	172 000
利润总额	(42 000)
减：所得税费用	120 000
净利润	(162 000)
加：前期未分配利润	30 000
可供分配利润	(132 000)
减：提取公积金	30 000
本年分配利润	180 000
未分配利润（未调整）	(342 000)
加：已实现持有损益	372 000
未实现持有损益	428 000
未分配利润	458 000

表 13-11   资产负债表
                              （按现行成本调整）
                              2019 年 12 月 31 日   单位：元

资产	年初数	年末数	负债及所有者权益	年初数	年末数
货币性资产	150 000	200 000	货币性负债	400 000	310 000
存货	380 000	420 000	股本	450 000	450 000
固定资产	430 000	860 000	盈余公积	80 000	90 000
减：累计折旧		172 000	未分配利润	30 000	458 000
资产总计	960 000	1 308 000	负债及所有者权益合计	960 000	1 308 000

上述处理，该企业按现行成本调整了各资产账户，计算了资产持有损益，并在此基础上编制出了改变会计计价基础的财务报表。按国际会计准则和美国会计准则的要求，这是企业在通货膨胀时期编制对外报出财务报表的另一种方法。

四、现行成本会计评述

现行成本会计作为一种物价变动会计模式，既存在优点，也存在缺点。

（一）现行成本会计的优点

（1）更好地维护企业的实际生产能力。现行成本会计是以现行成本计算和弥补生产中所耗用的各种资产的，从而可以维护企业实物资产的更新，维护企业的实际生产能力。

（2）增强会计信息对决策的有用性。以现行成本所确定的经营成果和财务状况，如实地反映了企业所拥有的经营规模和生产能力，从而有助于企业更好地进行生产经营决策。

（3）客观地考核和评价企业的经营业绩，改善企业的经营管理。在现行成本会计下，已实现和未实现的持有损益单独列示，有利于分清企业的经营成果中，哪些是属于管理者的业绩，哪些是因为物价变动引起的，从而有利于客观地评价管理人员的业绩。

（二）现行成本会计的缺点

（1）计算带有主观性。现行成本的计算选择通常会带有一定的主观性。

（2）不同时期的会计信息缺乏可比性。因为不同时期的资产是以当期现行成本调整的，因而不同时期形成的历年的财务状况和经营成果无法进行比较。

第四节 现行成本/不变币值会计

现行成本/不变币值会计模式是以现行成本为计量基础、以不变币值为计量单位，全面消除物价变动影响的会计模式。这种模式的目的在于将一般物价指数未能反映的个别物价变动的影响再予反映，还要计算货币性项目的购买力损益，从而更准确地揭示企业的财务状况。现行成本/不变币值会计模式，作为不变币值会计和现行成本会计的有机结合体，同时具备两者的优点，也同时具备两者的缺点，由于是两种会计模式的结合使用，操作上也更具难度。

一、现行成本/不变币值会计的特征

现行成本/不变币值会计模式与传统财务会计模式、一般物价水平会计模式和现行成本会计模式相比，其特征如下：

（1）在现行成本的基础上还要按一般物价指数对各货币性项目进行换算，从而反映企业在一定时期内的货币购买力损益。

（2）既改变计量基础又改变计量单位，即不仅用现行成本取代历史成本，而且还用不变币值货币取代名义货币。

（3）既确认非货币性项目的持有损益，又确认货币性项目净额的购买力损益，并且这两者的计算结果分别与现行成本模式和一般物价水平模式下的资产持有损益和货币性项目购买力损益结果相同。

（4）对资产持有损益，要分解为一般物价水平变动影响的金额和个别物价水平变动影响的金额两部分，并将后者单独列示。

（5）编制报表比一般物价水平模式和现行成本模式都更费时费力。

二、现行成本/不变币值会计基本程序

现行成本/不变币值会计是一般物价水平会计和现行成本/名义货币会计的有机结合，因此，其会计程序与方法也表现为这两种会计模式程序与方法的有机结合。其具体步骤为：

（1）按现行成本对历史成本/名义货币财务报表数据进行调整，并确认资产持有损益；

（2）重编现行成本/名义货币财务报表；

（3）按不变币值货币对现行成本/名义货币财务报表数据进行调整，并确定货币性项目净额上的购买力损益；

（4）确定个别物价水平变动超过一般物价水平变动对资产持有损益的影响数；

（5）编制现行成本/不变币值财务报表。

以上前两步实际上与现行成本会计模式并没有差异，所不同的是，在编制出现行成本财务报表后，现行成本/不变币值会计要用不变币值重新表述，即用一般物价指数对财务报表数据进行调整。

第五节 对物价变动会计几种模式的比较

由两种计量单位和两种计量属性所组成的四种会计模式，很难说某一种会计模式一定优于另一种会计模式，企业应根据环境的特性加以选择。本章节对不同的会计模式进行比较，旨在加深对这些模式的理解，为今后选择会计模式提供参考的依据。

一、资本保全概念

编制财务报表的一个主要目的就是计量企业的利润，在会计期内，企业的收入只有保全了资本，在有差额的情况下，才是资本的回报，也即利润，但利润概念取决于所使用的资本保全概念。

历史成本的最大优点在于其客观性、可核性和广泛的可理解性，但在物价变动条件下，报表使用者不能从中确知企业资本的购买力是否得到了保全，或者企业是否能够继续在相同的规模上经营，如在物价上涨的情况下，由于一部分资本被当作了利润，因而企业的利润显然就被高估了。历史成本/不变币值会计则可以向报表使用者提供他们感兴趣的信息，即在确定利润之前企业资本所代表的购买力是否得到了保全。一家企业需要一组特定的资产才能开展经营活动，很可能企业已经保全了资本的一般购买力，但却无力重置这些资产，使用现行成本概念可确保企业在陈报利润之前保全其经营能力。考虑到在计算存货项目的持有损益时，历史成本和现行成本的价值是按两个不同时点的货币计量的，则应该使用现行成本/不变币值模式来更好地解决这一问题。

总而言之，历史成本/不变币值会计模式下的利润表解决了名义货币计量这一问题，而现行成本/名义货币会计模式解决了计量属性的另一个问题，只有现行成本/不变币值会计下的利润表才能同时解决计量单位和计量属性两个问题，从而确保了资本按以不变币值计量的经营能力得到保全。在资产负债表方面，历史成本会计信息披露了交易日的实际成本，由于货币数代表了不同的购买力，将它们做加减是不恰当的,也就难以解释报表中的信息。使用历史成本/不变币值会计模式,可确保资产负债表上的价值代表同等的购买力。现行成本/名义货币资产负债表以现行成本计量资产和负债,但由于货币价值的变动,仍然难以作直接的比较。只有历史成本/不变币值资产负债表既反映了现行成本的变动,又反映了货币一般购买力的变动,从而提高了资产负债表信息的可比性。

二、可靠性

可靠性,是指提供的信息能如实反映企业的财务状况、经营成果和现金流量情况,不带任何偏见地反映客观问题,决不允许为了达到主观的结果而人为地杜撰,可靠必须真实,而真实则意味着信息是可以核实的。

显然,历史成本会计信息是最可靠的,由于一般物价指数是由政府有关机构提供的,比较可靠,所以经一般物价指数调整的历史成本会计信息的可靠性几乎不受影响。现行成本会计信息通常被认为可靠性要略逊于历史成本会计信息,其有几种计算方式,虽然每一种方式适用于特定种类的资产,但其使用不免带有主观的成分。

三、可理解性

会计信息是供广大信息使用者使用的,一种会计模式所产生的会计信息必须能为使用者所理解,否则并无用处。

由于历史成本在实务中长期应用,因而历史成本所反映的会计信息较其他模式下的会计信息也更易于被人们所理解。但随着会计人员会计水平的提高,他们应该有能力理解按不同基础编制的财务报表,而且在物价上涨到一定幅度时,也有必要按物价变动会计模式提供补充资料,以增强财务报表的有用性,与此同时,人们对除历史成本模式的其他模式也会有一个逐步的熟悉过程。

四、相关性和可比性

相关性指的是会计信息应与信息使用者的决策有关,即会计信息必须能为决策者提供决策依据,若提供的信息不能帮助决策者作出正确的决策,那么再真实可靠的信息也是毫无用处的。可比性要求所产生的会计信息在同一企业的不同时期具有可比较的质量,而且还能使不同企业的会计信息也可以比较。

历史成本会计信息的相关性和可比性是比较差的,因为决策需要的是当时的价值量度,用各时点的不同购买力货币作为计量单位也缺乏可比性。现行成本会计信息则具有较强的相关性,若用不变币值加以调整,则可提高其可比性。

五、信息成本和效益的约束

会计提供信息是要付出代价的,若不考虑提供信息的成本,刻意求精,就会徒然浪费财力和物力。提供的信息既要与决策相关,又要考虑其带来的效益要大于信息成本,对任何一种会计模式来说,这都是一种经济上的约束条件。

历史成本会计信息相对比较简单,而其他会计模式则相对比较复杂,提供这些补充资料,势必要花费会计人员大量的时间。但是随着会计电算化的广泛运用,会计处理工作将大大加快,会计人员也会对这些模式越来越熟悉,所花费的时间和精力将越来越少,从而可减少信息成本。

六、经济影响

一种会计模式的应用,不仅取决于上述各种因素,而且还应顾及该种模式所产生的经济影响。如会计计量的结果会影响公司股票的价格,公司要在公众心目中维持良好的形象,总愿意采用能够使其利润较高的会计模式;又如会计计量的结果会影响税收和利润分配,一个会计计量模式如果产生过低的利润,国家财政也难以承受,从而制约着会计模式的选择。凡此种种,不一一列举。

在物价上涨的情况下,历史成本/名义货币会计模式所产生的利润最高,而若现行成本变动数较高,则现行成本/不变币值会计模式所产生的利润最低。总之,经物价指数调整或用现行成本调整的利润数总是要低于历史成本/名义货币会计模式下的利润数,也即不同的会计模式会产生不同的经济影响。

【本章小结】

会计计量模式是计量单位和计量属性的有机组合。计量单位包括名义货币和不变币值两种,计量属性包括历史成本、现行成本、现行市价、可变现净值、未来现金流量现值五种,因此,两者的有机组合可以形成十种不同的会计计量模式。目前可用的模式有四种,分别是历史成本/名义货币单位、历史成本/不变币值单位、现行成本/名义货币单位、现行成本/不变币值单位,其中第一种属于传统会计模式,后三种则属于物价变动会计模式。

在物价变动时期,按传统会计模式计量的资产难以反映其真实价值,利润难以反映实际的经营成果,会计信息的可理解性减弱,造成企业再生产能力下降。为消除物价变动对会计的影响,克服传统会计模式在物价变动时的局限性,国际上自20世纪30年代就开始研究物价变动会计,我国则在20世纪90年代成立了物价变动研讨会进行研讨。通过本章的学习，要求从理论上认清物价变动对会计信息的影响、理解物价变动会计要达到的目的，掌握物价变动会计的实际操作方式，为解决我国与此相关的问题打下坚实的基础。

【本章思考与练习题】

一、思考题

1. 什么是物价指数，个别物价指数与一般物价指数之间有何关系？
2. 物价变动对传统财务的影响如何，应怎样克服传统财务报表的缺陷？
3. 一般物价水平会计模式的特点是什么？
4. 什么是货币性项目？什么是非货币性项目？为何要区分它们？它们各自的特点是什么？
5. 一般物价水平会计有何优缺点？
6. 现行成本会计模式的特点是什么？有何优缺点？
7. 现行成本/不变币值会计模式的特点是什么？
8. 现行成本/不变币值会计模式有何优缺点？
9. 如何理解持有资产的货币购买力，其损益怎样计算？
10. 如何理解资产的持有损益，怎样计算？

二、练习题

1. 设某年全年的物价变动指数为：年初为100，年末为132，全年平均为120。某公司按历史成本编制的资产负债表、利润表如表13-12和表13-13所示。

表13-12　　　　　　　　　　　资产负债表
（按历史成本编制）　　　　　　　　　　　　　　　　单位：元

项目	期初数	期末数	项目	期初数	期末数
货币性资产	1 350	1 500	流动负债	13 500	12 000
存货	13 800	19 500	长期负债	30 000	24 000
固定资产原价	54 000	54 000	实收资本	15 000	15 000
减：累计折旧	—	10 800	盈余公积	7 500	9 000
固定资产净值	54 000	43 200	未分配利润	3 150	4 200
资产合计	69 150	64 200	权益合计	69 150	64 200

表 13-13　　　　　　　　　　利润表（含利润分配部分）
　　　　　　　　　　　　　　　（按历史成本编制）　　　　　　　　　　　　单位：元

项目	金额
营业收入（按每件商品 15 元）	750 00
减：营业成本（先进先出法）	44 610
折旧费用	10 800
销售费用	6 750
利润总额	12 840
减：所得税费用	3 750
净利润	9 090
加：前期未分配利润	3 150
可供分配利润	12 240
减：提取盈余公积	1 500
应付利润	6 540
未分配利润	4 200

补充说明：

（1）期初存货按每件 7.5 元计价，共计 1 840 件；本期存货按每件 9.75 元购入，共计 5 160 件；该公司按先进先出法核算存货成本。最近购入存货时间的物价指数为 125。

（2）期初固定资产为全新购入，尚未提取折旧。

（3）流动负债与长期负债均为货币性负债。

（4）本年销售商品 5 000 件，系全年均匀发生。

（5）本期折旧费用在年末一次性提取，销售费用在年内均匀发生。

（6）所得税于每月预交，提取盈余公积及分配利润系年末一次性结转。

要求：按上述物价变动指数对该公司的财务报表进行调整，编制出调整后的财务报表。

2. 设某公司未进行调整前的财务报表如同上题，改补充资料为：

（1）年初固定资产系全新购入，购入时的物价指数为 100，年末时该类固定资产的分类物价指数为 125，该设备预计使用 5 年。

（2）期初存货系按期初的现行成本编制，期末存货的现行成本为每件 12 元，现行总成本为 24 000 元。

（3）销售成本按现行成本计价，年应计的销售成本为 60 000 元。

（4）在本期利润表中，除营业成本和折旧费用之外，以历史成本为基础的金额与以现行成本为基础所计算的金额相同。

要求：按现行成本对上述项目进行调整，并编制出调整后的财务报表。

3. 以上述两道题为基础，编制出以现行成本会计与一般物价水平会计相结合的调整后的财务报表（列示后一步计算调整的全过程）。

第十四章 所得税会计

【引入案例】

　　长发集团长江投资实业股份有限公司连续两年归属于母公司所有者的净利润为负，2017 年亏损约 1 亿元，2018 年亏损 6.74 亿元，2019 年 5 月 6 日实施退市风险警示，A 股股票简称由"长江投资"变更为"*ST 长投"，2019 年其扭亏为盈实现盈利 1.33 亿元，避免了退市的风险。

　　截至 2018 年末，公司确认的递延所得税资产账面余额为 13 506 643.59 元，公司预测在未来税法规定的亏损可抵扣期限内，难以实现弥补亏损所得额，基于谨慎性原则，公司对以前年度确认的递延所得税资产 13 506 643.59 元予以冲回。终止确认部分递延所得税资产对公司财务状况的影响是减少公司 2019 年度净利润 13 506 643.59 元。*ST 长投 2018 年与 2019 年的毛利润几乎相等，但其 2018 年的所得税费用为 754.42 万元，而 2019 年的所得税费用为 2 821.21 万元。为什么在毛利润相同的情况下所得税费用的差距会如此之大？递延所得税资产、递延所得税负债是什么？它们是如何核算的，对净利润的影响机制是怎样的？带着这些疑问，让我们一起开始所得税会计这一章的学习吧。

【学习目的与要求】

1. 了解资产负债表债务法的理论基础；
2. 熟悉会计准则与税收规定之间的差异；
3. 掌握暂时性差异的分类及产生的影响；
4. 掌握所得税会计核算程序。

第一节　所得税会计概述

　　所得税会计主要解决两个问题，一是如何将会计利润调整为应纳税所得额，以正确计算企业应交所得税；二是在会计核算时如何反映暂时性差异所得税费用的影响。

一、会计利润与应纳税所得额

企业所得税是对在中华人民共和国境内的企业和其他取得收入的组织的生产经营所得和其他所得征收的一种税。企业所得税既体现国家对企业的管理，也体现企业对国家应承担的社会义务。企业每年应交所得税等于当期应纳税所得额×适用税率。按照税法规定，企业应纳税所得额为企业每一纳税年度的收入总额，减除不征税收入、免税收入、各项扣除以及允许弥补的以前年度亏损后的余额。企业所得税的税率为25%。

在实际工作中，企业未单独设置纳税会计对应税收入及准予扣除的成本、费用等进行专门核算，计税时，企业应纳税所得额一般是在利润总额的基础上，加减按税法规定应予调整的项目金额后计算所得。即：

企业应纳税所得额＝利润总额±差异

利润总额是根据会计准则或会计制度核算的企业在一定期间内实现的经营成果。由于财务会计与税法的目标不一致，导致按税法计算的应纳税所得额和按会计准则计算的利润总额存在差异。财务会计目标是向信息使用者提供决策有用信息。为确保会计信息质量，财务会计核算必须以权责发生制为基础，遵循谨慎性、相关性、可靠性、实质重于形式等原则，以如实反映企业的财务状况、经营成果以及现金流量情况。而税法则以公平税负、满足国家政治权利、促进国民经济发展和宏观调控的需要为目的。税法的计税以收付实现制和权责发生制的混合为基础，强调统一性、公平性、征管的便利性和支出的必要性。由于上述原因，会计和税法对资产、负债、收益、费用等的确认时间、范围或计量标准存在差异，从而导致税前会计利润与纳税所得额的不一致。故企业交纳所得税时，不能直接以利润总额作为纳税依据，应将其调整为应纳税所得额。

二、会计与税法差异类型

根据差异产生的性质不同，会计与税法的差异分为永久性差异与暂时性差异。

（一）永久性差异

永久性差异是指某一会计期间，由于会计制度和税法在计算收益、费用或损失时的口径不同所产生的差异。这种差异一旦在当期产生，不会在以后各期转回，具有不可逆性。

（1）会计核算时作为收益确认，但税法不确认为应税收益，即免税收益。比如符合条件的居民企业之间的股息、红利等权益性投资收益；国债利息收入等会计上规定作为收益处理，但税法规定不计入应纳税所得额，不交纳所得税。计算应纳税所得额时，应将这些项目从利润总额中扣减。

（2）按会计准则规定核算时确认为费用或损失，但税法不确认，在计算应纳税所得额时则不允许扣除。如：①罚金、罚款和被没收财物的损失、税收滞纳金；②赞助支出；③超过标准的业务招待费、公益性捐赠支出；④企业向非金融机构借款的利息支出超过金融机构同类、同期贷款利率的部分；⑤企业从其关联方接受的债权性投资与权益性投资的比例超过规定标准而发生的利息支出等。

（3）会计核算时不确认为收益，但税法确认为应税收益，需要交纳所得税。如按税法规定将本企业的自产产品用于职工福利方面，应作为收入处理，这些产品的售价与成本的差额应计入应纳税所得额中。但会计上只按成本转账，不产生利润，不计入当期损益。

（二）暂时性差异

暂时性差异，是指资产或负债的账面价值与其计税基础之间的差额。资产、负债的账面价值一般表现为各项资产、负债在资产负债表上列示的金额；资产的计税基础是指企业收回资产账面价值过程中，计算应纳税所得额时按照税法规定可自应税经济利益中抵扣的金额；负债的计税基础是负债的账面价值减去未来期间计算应纳税所得额时按照税法规定可予抵扣的金额。由于财务会计和税法的目的不同，因此往往对相同的资产和负债项目采取了不同的计量属性、会计政策、会计估计，导致资产、负债项目的账面价值和计税基础产生了差异，这些差异会随着时间的推移逐渐消除，所以称之为"暂时性差异"。暂时性差异不完全等同于时间性差异，有些项目未作为资产和负债确认的项目，按照税法规定可以确定其计税基础的，该计税基础与其账面价值之间的差额也属于暂时性差异，如本期发生亏损而于将来期间可用税法利润弥补的事项也属于暂时性差异。

三、资产负债表债务法

我国所得税会计核算方法从最早直接把所得税归属于利润分配到后面采用应付税款法、纳税影响法，不断加以完善。我国财政部于2006年2月15日正式颁布的《企业会计准则第18号——所得税》明确要求，企业所得税会计核算采用资产负债表债务法。资产负债表债务法是国际上比较通用的所得税会计核算方法，它以资产负债表、权责发生制为基础，以资产负债观为基本理念，将符合资产、负债定义的暂时性差异纳税影响确认相应的递延所得税负债或递延所得税资产，所得税费用在不同会计期间进行合理分摊，核算比较准确，使得资产负债表更为客观反映企业的财务状况，但相对应付税款法较为复杂。

资产负债表债务法核算的一般程序如下：

（1）确定资产负债的账面价值和计税基础，并进行比较。

（2）将导致减少未来期间应交所得税的暂时性差异（分类为可抵扣暂时性差异）带来的纳税影响确认为递延所得税资产；增加未来期间应交所得税的暂时性差异（分类为应纳税暂时性差异）带来的纳税影响确认为递延所得税负债。

（3）确认相关的递延所得税负债与递延所得税资产，与实际缴纳的所得税共同确定每一会计期间利润表中的所得税费用。

第二节 计税基础与暂时性差异

一、计税基础

（一）资产的计税基础

资产的计税基础，是指企业收回资产账面价值过程中，计算应纳税所得额时按照税法规定可自应税经济利益中抵扣的金额。即某一项资产在未来期间计税时按照税法规定可以税前扣除的金额。资产在初始确认时，其计税基础一般为取得成本，在资产持续持有的过程中，其计税基础是指资产的取得成本减去以前期间按照税法规定已经税前扣除的金额后的余额。

通常情况下，资产在取得时其入账价值与计税基础是相同的。后续计量过程中，按照企业会计准则的规定，资产在报表中的计量属性可以是历史成本、可变现净值、未来现金流量的现值、公允价值、重置成本等；而税法主要是以历史成本为计量属性，除国务院财政、税务主管部门特别规定外，企业持有资产期间资产的增值或者减值不得调整该资产的计税基础。由于税法和会计的计量属性不同从而导致资产的账面价值与计税基础之间常存在差异。下面举例说明：

1. 固定资产

以各种方式取得的固定资产，初始确认时的入账价值基本上是被税法认可的，即取得时其账面价值一般等于计税基础。固定资产在持有期间进行后续计量时，会计上基本计量模式是"成本－累计折旧－固定资产减值准备"，税法上的基本模式是"成本－按照税法规定计算确定的累计折旧"。折旧方法、折旧年限的不同以及固定资产减值准备的计提造成了会计与税法处理的差异。

（1）折旧。折旧因素包括折旧的会计政策、折旧年限和残值的估计等，这些因素都可能影响到固定资产的账面价值和计税基础的差异。固定资产的折旧方法，由于会计和税法允许的折旧方法不一样，财务上往往允许企业从各种备选的折旧方法中选择，而税法往往规定企业的折旧方法；另外，税法还就每一类固定资产的最低折旧年限作出了规定，而会计准则规定折旧年限是由企业根据固定资产的性质和使用情况确定的。如企业进行会计处理时确定的折旧年限与税法规定不同，也会产生固定资产持有期间账面价值与计税基础的差异。

（2）减值准备。固定资产的持有期间，会计上可以对固定资产按照账面价值与可回收金额孰低法，进行计量并计提减值准备，但税法规定，固定资产在发生实质性的损失之前，计提的减值准备不允许从税前扣除，从而可能导致固定资产的账面价值和计税基础的差异。

[例 14 - 1] 甲公司 2017 年 12 月 31 日取得的某项机器设备，账面原价为 1 000 万元（不含增值税），预计使用年限为 10 年，预计净残值为零。会计处理时按照年限平均法计提折旧，税法处理采用加速折旧法计提折旧，甲公司在计税时对该资产按双倍余额递减法计提折旧，税法和会计估计的预计使用年限和净残值相等。计提了 2 年折旧后，2019 年 12 月 31 日，甲公司对该项设备计提了 80 万元固定资产减值准备。

2019 年 12 月 31 日：

固定资产的账面价值 = 1 000 - 100 - 100 - 80 = 720（万元）

固定资产的计税基础 = 1 000 - 200 - 160 = 640（万元）

产生暂时性差异 80 万元。

[例 14 - 2] 承 [例 14 - 1]，假定税法上规定的使用年限为 5 年。

2019 年 12 月 31 日：

资产的账面价值 = 1 000 - 100 - 100 - 80 = 720（万元）

资产的计税基础 = 1 000 - 400 - 160 = 440（万元）

产生暂时性差异 280 万元。

2. 无形资产

无形资产项目上的账面价值和计税基础之间的差异，主要来源于两个方面：除内部研究开发形成的无形资产以外，其他方式取得的无形资产，初始确认时按照会计准则规定确定的入账价值与按照税法规定确定的计税成本之间一般不存在差异。无形资产的差异主要产生于内部研究开发形成的无形资产以及使用寿命不确定的无形资产。财务会计和相应的会计准则规定，企业内部形成的无形资产的研究开发支出必须明确地划分为研究支出和开发支出。研究阶段的支出一般计入管理费用；开发阶段的支出，符合特定条件的，可以予以资本化，内部研究开发形成的无形资产的成本为开发阶段符合资本化条件以后发生的支出。

（1）无形资产开发支出。内部研究开发形成的无形资产，其成本为开发阶段符合资本化条件以后至达到预定用途前发生的支出，除此之外，研究开发过程中发生的其他支出应予费用化计入损益；税法规定，自行开发的无形资产，以开发过程中该资产符合资本化条件后至达到预定用途前发生的支出为计税基础。另外，对于研究开发费用的加计扣除，按财税〔2018〕99 号文件，企业开展研发活动中实际发生的研发费用,未形成无形资产计入当期损益的,在按规定据实扣除的基础上,在 2018 年 1 月 1 日至 2020 年 12 月 31 日期间,再按照实际发生额的 75% 在税前加计扣除;形成无形资产的,在上述期间按照无形资产成本的 175% 在税前摊销。如无形资产的确认不是产生于企业合并交易,同时在确认时既不影响会计利润也不影响应纳税所得额,按照所得税会计准则的规定,不确认该暂时性差异的所得税影响。

[例 14-3] 甲公司当期发生研究开发支出共计 500 万元,其中研究阶段支出 100 万元,开发阶段不符合资本化条件的支出 120 万元,开发阶段符合资本化条件的支出 280 万元,假定甲公司研发形成的无形资产在当期达到预定用途,并在当期摊销 10 万元。假定会计摊销方法、摊销年限和净残值均符合税法规定。

无形资产的账面价值 = 280 - 10 = 270(万元)

无形资产的计税基础 = 270 × 175% = 472.5(万元)

(2)无形资产的摊销和减值准备的计提。会计准则规定应根据无形资产的使用寿命情况,区分使用寿命有限的无形资产和使用寿命不确定的无形资产。对于使用寿命不确定的无形资产,不要求摊销,在会计期末应进行减值测试。税法规定,企业取得无形资产的成本,应在一定期限内摊销,有关摊销允许税前扣除。在对无形资产计提减值准备的情况下,因所计提的减值准备不允许税前扣除,也会造成其账面价值与计税基础的差异。

[例 14-4] 甲公司 2019 年 1 月 1 日取得一项无形资产,成本 300 万元,企业根据各方面情况判断,无法合理预计其带来经济利益的期限,作为使用寿命不确定的无形资产。2019 年 12 月 31 日,对该项无形资产进行减值测试,表明发生减值 80 万元。企业在计税时,对该项无形资产按照 10 年的期间摊销,有关摊销额允许税前扣除。

2019 年 12 月 31 日:

无形资产的账面价值 = 300 - 80 = 220(万元)

无形资产的计税基础 = 300 - 30 = 270(万元)

产生暂时性差异 50 万元。

3. 以公允价值计量的金融资产

(1)以公允价值计量且其变动计入当期损益的金融资产。按照《企业会计准则第 22 号——金融工具确认和计量》的规定,以公允价值计量且其变动计入当期损益的金融资产于某一会计期末的账面价值为公允价值;税法规定资产在持有期间公允价值变动不计入应纳税所得额,待处置时一并计算应计入应纳税所得额的金额,该类金融资产在某一会计期末的计税基础为其取得成本,从而造成在公允价值变动的情况下,该类金融资产账面价值与计税基础之间的差异。

[例14-5] 甲公司2019年8月以3 000万元自公开市场取得一项权益性投资，作为交易性金融资产核算，2019年12月31日，该投资的市价为3 500万元。

2019年12月31日：

交易性金融资产的账面价值＝3 500万元

交易性金融资产的计税基础＝3 000万元

产生暂时性差异500万元。

(2) 以公允价值计量且其变动计入其他综合收益的金融资产。企业持有以公允价值计量且其变动计入其他综合收益的金融资产，按照会计准则的规定以期末公允价值计量，公允价值变更（非减值损失）计入其他综合收益，发生的减值损失计入资产减值损失。企业持有此类金融资产计税基础的确定，与以公允价值计量且变动计入当期损益的金融资产类似，可比照处理。

[例14-6] 2019年10月27日，甲公司自公开市场购入的一项基金投资，指定为其他权益工具投资（属于以公允价值计量且其变动计入其他综合收益的金融资产）。该投资的成本为500万元。2019年12月31日，其市价为525万元。

2019年12月31日：

其他权益工具投资的账面价值＝525万元

其他权益工具投资的计税基础＝500万元

产生暂时性差异25万元。

4. 采用公允价值模式进行后续计量的投资性房地产

企业持有的投资性房地产进行后续计量时，会计准则规定可以采用两种模式：一是成本模式，采用该种模式计量的投资性房地产，其账面价值与计税基础的确定与固定资产、无形资产相同；另一种是在符合规定条件的情况下，可以采用公允价值模式对投资性房地产进行后续计量。对于采用公允价值模式进行后续计量的投资性房地产，其计税基础的确定类似于固定资产或无形资产计税基础的确定。

[例14-7] 甲公司与乙公司签订了租赁协议，将其原先自用的一栋写字楼出租给乙公司使用，租赁期开始日为2018年12月31日。甲公司对投资性房地产采用公允价值模式进行后续计量。2018年12月31日，该写字楼的账面余额为3 000万元，已计提累计折旧400万元，未计提减值准备，公允价值为2 800万元。假定转换前该写字楼的账面价值与计税基础相等，税法规定，该写字楼的预计可使用年限为20年，采用年限平均法计提折旧，无残值。2019年12月31日，该写字楼的公允价值为2 900万元。

2019年12月31日：

写字楼的账面价值＝2 900万元

写字楼的计税基础＝(3 000 －400) －(3 000 －400)/20 ＝2 470（万元）

产生暂时性差异 430 万元。

(二) 负债的计税基础

负债的计税基础,是指负债的账面价值减去未来期间计算应纳税所得额时按照税法规定可予抵扣的金额。即:负债的计税基础 = 账面价值 - 未来期间按照税法规定可予税前扣除的金额。负债的账面价值与其计税基础不同产生的暂时性差异,实质是税法规定就该项负债在未来期间可以税前扣除的金额。

负债的确认与偿还一般不会影响企业未来期间的损益,也不会影响其未来期间的应纳税所得额,因此未来期间计算应纳税所得额时按照税法规定可予抵扣的金额为 0,计税基础即为账面价值。例如企业的短期借款、应付账款等。但是某些情况下,负债的确认可能会影响到企业的损益,如预计负债、预收账款等,这些负债的确认会影响到不同期间的应纳税所得额,使其计税基础与账面价值之间产生差异。

1. 预计负债

按照《企业会计准则第 13 号——或有事项》的规定,企业应将预计提供售后服务发生的支出,满足有关确认条件时,在销售当期确认为费用,同时确认预计负债。税法规定,与销售产品相关的支出应于实际发生时税前扣除,因此该类事项产生的预计负债的计税基础为零,此时,其账面价值与计税基础之间形成可抵扣暂时性差异。其他事项确认的预计负债,也应按照税法规定的计税原则确定其计税基础。

[例 14 - 8] 甲企业 2019 年因销售产品承诺提供 3 年的保修服务,当期利润表中确认了 600 万元的销售费用,同时确认了预计负债,当前未发生任何保修支出。按照税法规定,与产品售后服务有关的费用在实际发生时税前抵扣。

2019 年 12 月 31 日:

预计负债的账面价值 = 600 万元

预计负债的计税基础 = 账面价值 - 未来期间按照税法规定可予税前扣除的金额 = 600 - 600 = 0(万元)

产生暂时性差异 600 万元。

2. 预收账款

企业在收到客户的预付款项时,因为不符合收入确认的基本条件,所以会计上不确认收入而作为负债,税法中对于收入确认原则一般与会计规定相同,即在会计上未确认收入时,计税时一般也不计入应纳税所得额,所以计税基础等于账面价值。

但在某些情况下,因不符合会计准则规定的收入确认条件而未确认收入的预收款项,按照税法规定应计入当期应纳税所得额时,有关预收账款的计税基础为零,即因其产生时已经计入应纳税所得额,未来期间可全额扣除。

[**例14-9**] 甲公司于2019年12月31日收到客户预付的款项500万元。

若预收的款项计入当期应纳税所得额：

预收账款的账面价值＝500（万元）

预收账款的计税基础＝账面价值－未来期间按照税法规定可予税前扣除的金额＝500－0＝500（万元）

产生暂时性差异0万元。

3. 递延收益

（1）对于确认为递延收益的政府补助，如果按税法规定，该政府补助为免税收入则并不构成收到当期的应纳税所得额，未来期间会计上确认为收益时，也同样不作为应纳税所得额，因此，不会产生递延所得税影响。

（2）对于确认为递延收益的政府补助，如果按税法规定，应作为收到当期的应纳税所得额计算缴纳所得税，则该递延收益的计税基础为0。资产负债表日，该递延收益的账面价值与其计税基础0之间将产生可抵扣暂时性差异。如期末递延收益账面价值为500万元，则产生500万元的可抵扣暂时性差异。

4. 其他负债

其他负债如企业应交的罚款和滞纳金等，在尚未支付之前，按照会计准则规定确认为费用，同时作为负债反映。税法规定，行政性的罚款和滞纳金不得税前扣除，其计税基础为账面价值减去未来期间计税时可予税前扣除的金额0之间的差额，即计税基础等于账面价值。

[**例14-10**] 甲公司2019年12月因违反当地有关环保法规的规定，环保部门处罚甲公司支付罚款800万元。税法规定，行政性的罚款和滞纳金不得税前扣除。至2019年12月31日，该项罚款尚未支付。

应支付罚款产生的负债账面价值＝800万元

应支付罚款产生的负债计税基础＝账面价值（800万元）－未来期间计算应纳税所得额时按照税法规定可予以抵扣的金额（0）＝800万元

该项负债账面价值与其计税基础相等，不产生暂时性差异。

二、暂时性差异的分类

因资产、负债的账面价值与其计税基础不同，产生了在未来收回资产或清偿负债的期间内应纳税所得额增加或减少，并导致未来期间应交所得税增加或减少的情况，形成企业的资产和负债。根据暂时性差异对未来期间应纳税所得额的影响，分为应纳税暂时性差异和可抵扣暂时性差异。

（一）应纳税暂时性差异

应纳税暂时性差异，是指在确定未来收回资产或清偿负债期间的应纳税所得额时，将导致产生应税金额的暂时性差异，在其产生当期应当确认相关的递延所得税负债。即在未来期间不考虑该事项影响的应纳税所得额的基础上，由于该项暂时性差异的转回，会进一步增加转回期间的应纳税所得额和应交所得税金额，在其产生当期应当确认相关的递延所得税负债。

应纳税暂时性差异一般产生于以下情况：

（1）资产的账面价值大于其计税基础。当资产的账面价值大于其计税基础，意味着该项资产未来期间产生的经济利益高于按照税法规定允许抵扣的金额，高出的部分在未来不能税前抵扣，产生增加未来期间应纳税所得额的因素。

（2）负债的账面价值小于其计税基础，这种情况下产生的差异实质上是税法规定就该项负债在未来期间可以税前扣除的金额（即与该项负债相关的费用支出在未来期间可予税前扣除的金额）。负债的账面价值小于其计税基础，则意味着就该项负债在未来期间可以税前扣除的金额为负数，差额部分在未来不可以抵税，应纳税调整增加回来。

因此，应纳税暂时性差异的对应纳税所得的影响是：差异发生时是纳税调整减少数，转回时为纳税调整增加数。当差异和期初比，变小时，则意味着差异转回。

常见的应纳税暂时性差异有：使用寿命不确定的无形资产、公允价值大于取得成本的交易性金融资产、可供出售金融资产、投资性房地产等。

（二）可抵扣暂时性差异

可抵扣暂时性差异，是指在确定未来收回资产或清偿负债期间的应纳税所得额时，将导致产生可抵扣金额的暂时性差异。该差异在未来期间转回时会减少转回期间的应纳税所得额，减少未来期间的应交所得税。在可抵扣暂时性差异产生当期，符合确认条件时，应当确认相关的递延所得税资产。

可抵扣暂时性差异通常产生于以下情况：

（1）资产的账面价值小于其计税基础，表明该项资产于未来期间产生的经济利益流入低于按照税法规定允许税前扣除的金额，差额部分可调减未来应纳税所得额，符合有关条件的，应确认相关的递延所得税资产。

（2）负债的账面价值大于其计税基础，意味着就该项负债在未来期间可以税前扣除的金额为正数，即应在未来期间应纳税所得额的基础上调减应纳税所得额。

可抵扣暂时性差异对应纳税所得额的影响是：差异发生时是纳税调整增加数，转回时为纳税调整减少数。

常见的可抵扣暂时性差异有：计提了减值准备的固定资产、无形资产、存货、应收账款、投资性房地产、长期期权投资；折旧方法和折旧年限与税法不一致的固定资产、无形资产、投资性房地产；固定资产大修理支出；超额的广告费；预计负债；可税前弥补的亏损等。

第三节 递延所得税负债和递延所得税资产的确认和计量

一、递延所得税负债的确认和计量

（一）递延所得税负债的确认

应纳税暂时性差异会增加企业未来应交所得税，对企业形成经济利益流出的义务，应确认为递延所得税负债。除所得税准则中明确规定可不确认递延所得税负债的情况以外，企业对于所有的应纳税暂时性差异均应确认相关的递延所得税负债。

除与直接计入所有者权益的交易或事项以及企业合并中取得资产、负债相关的以外，在确认递延所得税负债的同时，应增加利润表中的所得税费用。即借"所得税费用——递延所得税费用"科目，贷"递延所得税负债"科目，差异转回时，作相反分录。

与直接计入所有者权益的交易或事项有关的，其所得税影响应减少所有者权益（例如：其他债权投资的公允价值变动）。与企业合并中取得的资产和负债相关的，递延所得税影响应调整购买日应确认的商誉，或计入合并当期的损益。

[例14-11] 某企业2018年10月20日，购入甲公司的股票，取得成本为3 000万元，划分为交易性金融资产，2018年12月31日，该股票的市价为4 600万元，2019年1月10日，将该股票以3 800万元出售。假设2018年、2019年企业利润总额均为9 000万元，企业所得税税率为25%，无其他纳税调整事项。

（1）2018年末，企业所得税会计处理如下：

①将企业应交所得税计入当期所得税费用：

2018年度企业应纳税所得额 = 9 000 - 1 600 = 7 400（万元）

应交所得税 = 7 400 × 25% = 1 850（万元）

借：所得税费用——当期所得税费用　　　　　　　18 500 000
　　　贷：应交税费——应交所得税　　　　　　　　　　　18 500 000

②将应纳税暂时性差异对所得税影响计入递延所得税负债：

企业2018年产生应纳税暂时性差异1 600万元，因此，递延所得税负债 = 1 600 × 25% = 400（万元）。

借：所得税费用——递延所得税费用　　　　　　　4 000 000
　　　贷：递延所得税负债　　　　　　　　　　　　　　　4 000 000

2018 年度，企业所得税费用 = 1 850 + 400 = 2 250（万元）。

（2）2019 年末，企业所得税会计处理如下：

①将企业应交所得税计入当期所得税费用：

2019 年度，企业应纳税所得额 = 9 000 + 1 600 = 10 600（万元）

应交所得税 = 10 600 × 25% = 2 650（万元）

借：所得税费用——当期所得税费用　　　　　　　26 500 000
　　贷：应交税费——应交所得税　　　　　　　　　　26 500 000

②2019 年度，企业应纳税暂时性差异转回，计入递延所得税负债的借方：

2019 年度，企业应纳税暂时性差异转回 1 600 万元，递延所得税负债借记 = 1 600 × 25% = 400（万元）。

借：递延所得税负债　　　　　　　　　　　　　　4 000 000
　　贷：所得税费用——递延所得税费用　　　　　　　4 000 000

2019 年度企业所得税费用 = 2 650 – 400 = 2 250（万元）。

[例 14 – 12] 假设其他条件不变，企业将上述股票指定为其他权益工具投资。

分析：2018 年度、2019 年度企业应交所得税与上例相同，不同的是，由于可供出售金融资产的公允价值变动按照会计准则规定计入所有者权益（其他综合收益）中，因此其产生的递延所得税负债或递延所得税资产及其变化也应计入所有者权益（其他综合收益），不影响所得税费用。

（1）2018 年末，企业所得税会计处理如下：

借：所得税费用——当期所得税费用　　　　　　　18 500 000
　　贷：应交税费——应交所得税　　　　　　　　　　18 500 000
借：其他综合收益　　　　　　　　　　　　　　　4 000 000
　　贷：递延所得税负债　　　　　　　　　　　　　　4 000 000

2018 年度企业所得税费用 = 1 850 万元

（2）2019 年末，企业所得税会计处理如下：

借：所得税费用——当期所得税费用　　　　　　　26 500 000
　　贷：应交税费——应交所得税　　　　　　　　　　26 500 000
借：递延所得税负债　　　　　　　　　　　　　　4 000 000
　　贷：其他综合收益　　　　　　　　　　　　　　　4 000 000

2019 年度企业所得税费用 = 2 650 万元

根据《企业会计准则第 18 号——所得税》的规定，不确认递延所得税负债的应纳税暂时性差异的交易事项主要包括：

（1）商誉的初始确认。非同一控制下的企业合并中，企业合并大于合并中取得的被购买方可辨认净资产公允价值份额的差额，按照会计准则规定应确认为商誉。因会计与税收划分的不同，会计上作为非同一控制下的企业合并，但如果按照税法规定计税时作为免税合并的情况下，商誉的计税基础为零，其账面价值与计税基础之间形成应纳税暂时性差异，准则中规定不确认与其相关的递延所得税负债。

（2）同时具有"不是企业合并交易，且交易发生时既不影响会计利润也不影响应纳税所得额（或可抵扣亏损）"特征的交易中产生的资产或负债。

（3）同时满足"投资企业能够控制暂时性差异转回的时间和该暂时性差异在可预见的未来很可能不会转回"条件的企业对与子公司、联营企业及合营企业投资相关的应纳税暂时性差异。

（二）递延所得税负债的计量

资产负债表日，对于递延所得税负债，应当根据适用税法规定，按照预期收回该资产或清偿该负债期间的适用税率计量。即递延所得税负债应以相关应纳税暂时性差异转回期间按照税法规定使用的所得税税率计量。无论应纳税暂时性差异的转回期间如何，相关的递延所得税负债不要求折现。

二、递延所得税资产的确认计量

（一）递延所得税资产的确认

可抵扣暂时性差异会减少企业未来应交所得税，减少未来期间以所得税税款的方式流出企业的经济利益，应确认为递延所得税资产。若企业不能产生足够的应纳税所得额抵扣该暂时性差异，使得与可抵扣暂时性差异相关的经济利益无法实现，则不应确认递延所得税资产。

确认递延所得税资产的同时，一般应减少利润表中的所得税费用。即借记"递延所得税资产"科目，贷记"所得税费用"科目，差异转回时，作相反会计分录。与直接计入所有者权益的交易或事项有关的，其所得税影响应增加所有者权益（例如：其他债权投资的公允价值变动）。与企业合并中取得的资产和负债相关的，递延所得税影响应调整购买日应确认的商誉，或计入合并当期的损益。

[例14-13] 甲企业2018年因销售产品承诺提供3年的保修服务，当期利润表中确认了500万元的销售费用，同时确认了预计负债，当前未发生任何保修支出。按照税法规定，与产品售后服务有关的费用在实际发生时税前抵扣。2019年，上述商品发生保修支出200万元。假设该企业2018年度、2019年度利润总额均为1 000万元，企业所得税税率为25%，无其他纳税调整事项。

（1）2018年末，企业所得税会计处理如下：

①计算应交所得税：

2018年度企业预计负债的账面价值为500万元，计税基础为0，产生可抵扣暂时性差异500万元，因此，企业应纳税所得额 = 1 000 + 500 = 1 500（万元）。

企业应交所得税 = 1 500 × 25% = 375（万元）

借：所得税费用——当期所得税费用　　　　　　　　3 750 000
　　贷：应交税费——应交所得税　　　　　　　　　　　　3 750 000

②将可抵扣暂时性差异对所得税的影响记入"递延所得税资产"科目：

2018年产生可抵扣暂时性差异500万元，递延所得税资产 = 500 × 25% = 125（万元）。

借：递延所得税资产　　　　　　　　　　　　　　　1 250 000
　　贷：所得税费用——递延所得税费用　　　　　　　　　1 250 000

（2）2019年末，企业所得税会计处理如下：

①计算应交所得税：

2019年度，发生保修支出200万元，预计负债减少200万元，期末预计负债账面价值为300万元，计税基础仍为0，可抵扣暂时性差异期末余额为300万元，而该差异期初余额为500万元，差异变小200万元，意味着差异转回，纳税调整减少200万元。

2019年度应交所得税 = (1 000 − 200) × 25% = 200（万元）

借：所得税费用——当期所得税费用　　　　　　　　2 000 000
　　贷：应交税费——应交所得税　　　　　　　　　　　　2 000 000

②将可抵扣暂时性差异转回数对所得税影响记入"递延所得税资产"科目借方：

2019年可抵扣暂时性差异转回200万元，因此，递延所得税资产借记金额 = 200 × 25% = 50（万元）。

借：所得税费用——递延所得税费用　　　　　　　　　500 000
　　贷：递延所得税资产　　　　　　　　　　　　　　　　500 000

同样道理，企业不确认递延所得税资产的交易主要有三种情况：

一是同时具备"该项交易不是企业合并；交易发生时既不影响会计利润也不影响应纳税所得额（或可抵扣亏损）"特征的交易中资产或负债的初始确认；

二是不同时具备"暂时性差异在可预见的未来很可能转回；未来很可能获得用来抵扣可抵扣暂时性差异的应纳税所得额"的企业对子公司、联营企业及合营企业投资相关的可抵扣暂时性差异产生的递延所得税资产；

三是资产负债表日，如果未来期间很可能无法获得足够的应纳税所得额用以抵扣递延所得税资产的利益的递延所得税资产。

[例14-14] 甲公司进行内部研究开发形成的无形资产成本为1 600万元，因按照税法规定可于未来期间税前扣除的金额为1 900万元，其计税基础为1 900万元。

该项无形资产并非产生于企业合并，同时在初始确认时既不影响会计利润也不影响应纳税所得额，确认其账面价值与计税基础之间产生暂时性差异的所得税影响需要调整该项资产的历史成本，准则规定这种情况下不确认相关的递延所得税资产。

除上述不能确认递延所得税资产的交易中的可抵扣暂时性差异外，只要有证据表明当前或未来很可能获得足够的应纳税所得额，可用来抵扣可抵扣暂时性差异的，都确认为递延所得税资产。

（二）递延所得税资产的计量

1. 计量原则

递延所得税资产的计量同递延所得税负债的计量原则相一致，确认递延所得税资产时，应当以预期收回该资产期间的适用所得税税率为基础计算确定。无论相关的可抵扣暂时性差异的所得税影响是否需要调整该项资产的历史成本，准则规定该种情况下不确认相关的递延所得税资产。

2. 递延所得税资产的减值

资产负债表日，企业应当对递延所得税资产的账面价值进行复核。如果未来期间很可能无法取得足够的应纳税所得额用以利用可抵扣暂时性差异带来的利益，应当减记递延所得税资产的账面价值。递延所得税资产的账面价值减记以后，之后期间根据新的环境和情况判断能够产生足够的应纳税所得额用以利用可抵扣暂时性差异，使得递延所得税资产包含的经济利益能够实现的，应相应恢复递延所得税资产的账面价值。

三、所得税税率变更的追溯调整

递延所得税资产和递延所得税负债的金额代表的是有关可抵扣暂时性差异或应纳税暂时性差异于未来期间转回时，导致企业减少或增加应交所得税。因此，当所得税税率变动的情况下，资产负债表债务法要求，企业应采用追溯调整法，对已确认的递延所得税资产和递延所得税负债按照新的税率进行重新调整计量。

[例 14-15] 甲公司为上市公司，2018 年 1 月 1 日递延所得税资产为 396 万元，递延所得税负债为 990 万元，适用的所得税税率为 33%。根据 2018 年颁布的新税法规定，自 2019 年 1 月 1 日起，该公司适用的所得税税率变更为 25%（假设本年未发生所得税会计调整事项，不存在暂时性差异的处理）。

分析：递延所得税资产和递延所得税负债的金额代表的是有关可抵扣暂时性差异或应纳税暂时性差异于未来期间转回时，导致企业减少或增加应交所得税。因此，当甲公司适用税率发生变动，应对原已确认的递延所得税资产或递延所得税负债的金额进行调整，其产生的调整金额应确认为当期的所得税费用。

与产生递延所得税资产有关的可抵扣暂时性差异为 1 200 万元，与产生递延所得税负债有关的应纳税暂时性差异为 3 000 万元,因此本期应调减递延所得税资产的账面价值为 96 万元 [1 200×(33% −25%)],应调减递延所得税负债的账面价值为 240 万元 [3 000×(33% −25%)]。其调整额均计入当期所得税费用。

  借:递延所得税负债   2 400 000
    贷:递延所得税资产   960 000
      所得税费用   1 440 000

第四节 所得税费用的确认与计量

  采用资产负债表债务法核算所得税的情况下,利润表中的所得税费用由两个部分组成:当期所得税和递延所得税费用。

一、当期所得税

  当期所得税,是指企业按照税法规定计算确定的针对当期发生的交易和事项,应交纳给税务部门的所得税金额,即应交所得税,应以适用的税收法规为基础计算确定。

  应交所得税 = 应纳税所得额 × 所得税税率

  应纳税所得额 = 税前会计利润 + 纳税调整增加额 − 纳税调整减少额

  (一)纳税调整增加额

  (1)按会计准则规定核算时不作为收益计入财务报表,但在计算应纳税所得额时作为收益需要交纳所得税。

  (2)按会计准则规定核算时确认为费用或损失计入财务报表,但在计算应纳税所得额时则不允许扣减。

  (二)纳税调整减少额

  (1)按会计准则规定核算时作为收益计入财务报表,但在计算应纳税所得额时不确认为收益。

  (2)按会计准则规定核算时不确认为费用或损失,但在计算应纳税所得额时则允许扣减。

  【提示】暂时性差异对应纳税所得额的调整(不考虑永久性差异)。

  应纳税所得额 = 税前会计利润 + 本期发生的影响损益的可抵扣暂时性差异 − 本期转回的影响损益的可抵扣暂时性差异 − 本期发生的影响损益的应纳税暂时性差异 + 本期转回的影响损益的应纳税暂时性差异

若暂时性差异不影响损益，如以公允价值计量且其变动计入其他综合收益的金融资产公允价值变动产生的其他综合收益，则不需要纳税调整。

二、递延所得税

递延所得税，是指按照所得税准则规定当期应予确认的递延所得税资产和递延所得税负债，即递延所得税资产及递延所得税负债当期发生额的综合结果，但不包括计入所有者权益的交易或事项的所得税影响。

递延所得税资产、递延所得税负债的发生额对应所得税费用的，属于递延所得税费用。

递延所得税费用＝当期递延所得税负债的增加额＋当期递延所得税资产的减少额－当期递延所得税负债的减少额－当期递延所得税资产的增加额

如果某项交易或事项按照企业会计准则规定应计入所有者权益，由该交易或事项产生的递延所得税资产或递延所得税负债及其变化亦应计入所有者权益，不构成利润表中的递延所得税费用（或收益）。

三、所得税费用一般核算程序

资产负债表法下，企业所得税的账务处理通常分以下几步骤：

（1）确定应纳税所得额，计算应交所得税。在税前会计利润基础之上按税法规定调整永久性差异和暂时性差异后进行计算，根据计算出的应交所得税，借记"所得税费用——当期所得税费用"科目，贷记"应交税费——应交所得税"科目。

（2）确定资产和负债的账面价值和计税基础并进行比较，确定暂时性差异的类型：应纳税暂时性差异和可抵扣暂时性差异。

（3）将应纳税暂时性差异和可抵扣暂时性差异对所得税的影响作为递延所得税资产和递延所得税负债的期末余额，根据二者的期初余额，确定本期发生额，如果差额为正数，应确认递延所得税资产和递延所得税负债；如果差额为负数，转回递延所得税资产和递延所得税负债，从而确定"递延所得税资产"或"递延所得税负债"的方向和金额，进而贷记或借记"所得税费用——递延所得税费用"科目（除直接在所有者权益中确认的交易或者事项产生的递延所得税资产和递延所得税负债和企业合并产生的递延所得税资产和递延所得税负债以外）。

所得税费用核算程序如图14-1列示。

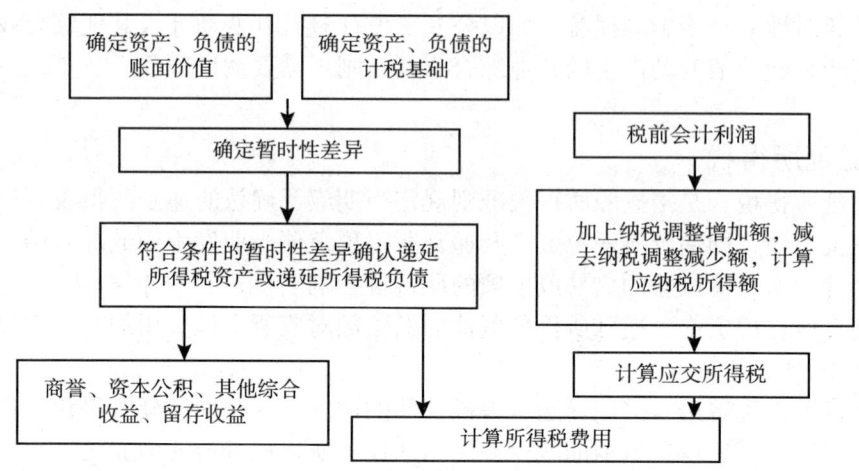

图 14-1 所得税费用核算程序

四、所得税费用核算的综合案例

[例 14-16] 东方股份有限公司（简称"东方公司"）2019 年度实现的利润总额为 2 000 万元，所得税采用资产负债表债务法核算，适用的所得税税率为 25%，递延所得税资产和递延所得税负债期初无余额。东方公司 2019 年度与所得税有关的经济业务如下：

(1) 2018 年 12 月购入管理用固定资产，原价为 500 万元，预计净残值为 15 万元，预计使用年限为 10 年，采用双倍余额递减法计提折旧，税法按年限平均法计提折旧，折旧年限与预计净残值和会计估计相一致。

(2) 2019 年 1 月 1 日，东方公司支付价款 120 万元购入一项专利技术，企业根据各方面情况判断，无法合理预计其为企业带来的经济利益的期限，将其视为使用寿命不确定的无形资产。假定税法规定此专利技术摊销年限为 10 年，采用直线法摊销，无残值。2019 年 12 月 31 日，该无形资产的可收回金额为 90 万元，甲公司对该项无形资产计提减值。

(3) 2019 年东方公司因销售产品承诺免费的保修服务，未构成单项履约义务，按照或有事项原则处理。年末预计负债账面余额为 80 万元，当年度未发生任何保修支出，按照税法规定，与产品售后服务有关的费用在实际支付时抵扣。

(4) 2019 年 8 月 4 日购入一项以公允价值计量且其变动计入其他综合收益的金融资产（债务工具），取得成本为 900 万元，2019 年 12 月 31 日该项以公允价值计量且其变动计入其他综合收益的金融资产（债务工具）公允价值为 1 020 万元，假定税法规定，以公允价值计量且其变动计入其他综合收益的金融资产（债务工具）持有期间公允价值变动金额不计入应纳税所得额，待出售时一并计入应纳税所得额。假定不考虑其他因素。

要求：
(1) 计算东方公司 2019 年应纳税所得额和应交所得税金额。
(2) 计算东方公司 2019 年 12 月 31 日递延所得税资产和递延所得税负债余额。
(3) 计算东方公司 2019 年所得税费用金额并编制与所得税相关的会计分录。

事项（1）：2019 年 12 月 31 日固定资产的账面价值 = 500 − 500/10 × 2 = 400（万元），计税基础 = 500 − (500 − 15)/10 = 451.5（万元），产生可抵扣暂时性差异 = 451.5 − 400 = 51.5（万元），应调增应纳税所得额 51.5 万元，应确认递延所得税资产 = 51.5 × 25% = 12.88（万元）。

事项（2）：无形资产使用寿命不确定，不计提摊销，所以 2019 年 12 月 31 日成本为 120 万元，可收回金额为 90 万元，所以账面价值为 90 万元，计税基础 = 120 − 120/10 = 108（万元），产生可抵扣暂时性差异 = 108 − 90 = 18（万元），应调增应纳税所得额 18 万元，确认递延所得税资产 = 18 × 25% = 4.5（万元）。

事项（3）：2019 年 12 月 31 日预计负债账面价值为 80 万元，计税基础为 0，产生可抵扣暂时性差异 80 万元，应调增应纳税所得额 80 万元，应确认递延所得税资产 = 80 × 25% = 20（万元）。

事项（4）：2019 年 12 月 31 日以公允价值计量且其变动计入其他综合收益的金融资产债务工具账面价值为 1 020 万元，计税基础为 900 万元，该项目不影响当期损益，不调整应纳税所得额，产生应纳税暂时性差异 = 1 020 − 900 = 120（万元），应确认递延所得税负债 30 万元（120 × 25%）计入其他综合收益。

综上：
(1) 应纳税所得额 = 2 000 + [500 × 2/10 − (500 − 15)/10] − 120/10 + (120 − 90) + 80 = 2 149.5（万元）

应交所得税 = 2 149.5 × 25% = 537.38（万元）

(2) 2019 年 12 月 31 日递延所得税资产余额 = 12.88 + 4.5 + 20 = 37.38（万元）。

2019 年 12 月 31 日递延所得税负债余额为 30 万元。

(3) 2019 年所得税费用 = 537.38 − 37.38 = 500（万元）。

会计分录如下：

借：所得税费用	500
递延所得税资产	37.38
其他综合收益	30
贷：应交税费——应交所得税	537.38
递延所得税负债	30

第五节 所得税会计核算的特殊问题

一、可抵扣亏损及税款抵减产生的递延所得税

可抵扣亏损及税款抵减产生的暂时性差异，按照税法规定可以结转以后年度的为弥补亏损及税款抵减，虽不是因为资产、负债的账面价值与计税基础不同产生，但与可抵扣暂时性差异具有相同的作用，均能减少未来期间的应纳税所得额和应交所得税，会计上处理视同可抵扣暂时性差异，符合条件的情况下，应确认与其有关的递延所得税资产。

［例 14-17］甲企业于 2018 年发生经营亏损 1 000 万元，按照税法规定，该项亏损可用于抵扣以后 5 个年度的应纳税所得额。公司预计在未来 5 年期间能够产生足够的应纳税所得额弥补该亏损。已知 2019 年产生应纳税所得额为 200 万元，甲企业适用的所得税税率为 25%。

分析：2018 年发生经营亏损 1 000 万元，不是由于资产、负债的账面价值与计税基础不同而产生的，但能减少未来期间的应纳税所得额和应交所得税，会计上处理视同可抵扣暂时性差异，因此于 2018 年末企业应确认相关的递延所得税资产。

借：递延所得税资产　　　　　　　　　　　　　　2 500 000
　　贷：所得税——递延所得税费用　　　　　　　　2 500 000

2019 年末企业应反映可抵扣暂时性差异转回 200 万元，同时减少递延所得税资产的账面价值。

借：所得税——递延所得税费用　　　　　　　　　500 000
　　贷：递延所得税资产　　　　　　　　　　　　　500 000

其余的可抵扣暂时性差异 800 万元于以后 4 个年度相继转回，该项差异产生的递延所得税资产的账面余额为 200 万元。

二、未作为资产、负债确认的项目产生的递延所得税

某些交易或事项发生以后，因为不符合资产、负债确认条件而未体现为资产负债表中的资产或负债，但按照税法规定能够确定其计税基础的，其账面价值为零与计税基础之间的差异也构成暂时性差异。如企业发生的符合条件的广告费和业务宣传费支出，税法规定，不超过当年销售收入 15% 的部分准予扣除，超过部分准予以后纳税年度结转扣除。该类支出在发生时按照会计准则规定即计入当

期损益，不形成资产负债表中的资产，但因按照税法规定可以确定其计税基础，两者之间的差异也形成暂时性差异。如企业在开始正常的生产经营活动以前发生的筹建等费用，会计准则规定应于发生时计入当期损益，不体现为资产负债表中的资产。按照税法规定，企业发生的该类费用可以在开始正常生产经营活动后的3年内分期摊销，可税前扣除。该类事项不形成资产负债表中的资产，但按照税法规定可以确定其计税基础，两者之间的差异也形成暂时性差异。

[例 14-18] 甲公司 2019 年发生了 1 500 万元的广告费支出，发生时已作为销售费用计入当期损益。税法规定，该类支出不超过当年销售收入 15% 的部分允许当期税前扣除，超过部分允许向以后年度结转税前扣除。甲公司 2019 年实现销售收入 8 000 万元。

分析：该广告费支出在发生时按照会计准则规定计入当期损益，不体现为期末资产负债表中的资产，如果将其视为资产，其账面价值为 0。

因按照税法规定，该类支出税前列支有一定的标准限制，根据当期甲公司销售收入 15% 计算，当期可予税前扣除 1 200 万元（8 000 ×15%），当期未予税前扣除的 300 万元可以向以后年度结转，其计税基础为 300 万元。

该项资产的账面价值 0 与其计税基础 300 万元之间产生了 300 万元的暂时性差异，符合确认条件时，应确认相关的递延所得税资产。

三、企业合并产生的递延所得税

企业合并分为同一控制下的企业合并和非同一控制下的企业合并。同一控制下的企业合并，企业会计准则规定，合并中取得的资产、负债按原账面价值入账；对于非同一控制下的企业合并，并入资产、负债按购买日公允价值列示，合并差异确认为商誉或营业外收入。税法对于企业合并交易的所得税处理，通常情况下，将被合并企业视为按公允价值转让、处置全部资产，计算资产的转让所得，依法缴纳所得税。合并企业接受被合并企业的有关资产，计税时可以按经评估确认或税法认可的转让价值确定计税成本。由于会计准则与税法对企业合并的划分标准不同、处理原则不同，某些情况下，会造成企业合并中取得的有关资产、负债的入账价值与计税基础的差异。

[例 14-19] 甲企业以增发自身面值为 1 元，市价为 4 元/股的股票 3 000 万股为对价购入乙企业 100% 的净资产，对乙企业进行了吸收合并，此合并为非同一控制下的企业合并，并且符合税法规定的免税合并条件，甲、乙企业适用的所得税税率为 25%。购买日乙企业各项可辨认资产、负债的公允价值及其计税基础如表 14-1 所示。

表 14-1 单位：万元

项目	公允价值	计税基础	暂时性差异
应收账款	5 000	5 000	0
存货	4 500	3 000	1 500
固定资产	6 000	5 500	500
其他应付款	(800)	0	(800)
应付账款	(3 000)	(3 000)	0
不包括递延所得税的可辨认资产、负债的公允价值	11 700	10 500	1 200

分析：该项交易中因确认递延所得税及商誉的金额计算如下：

可辨认净资产公允价值 = 11 700 万元

递延所得税资产 = 800 × 25% = 200（万元）

递延所得税负债 = (1 500 + 500) × 25% = 500（万元）

考虑递延所得税后可辨认资产、负债的公允价值 = 11 700 + 200 − 500 = 11 400（万元）

商誉 = 12 000 − 11 400 = 600（万元）

合并的有关分录如下：

借：应收账款　　　　　　　　　　　　50 000 000
　　存货　　　　　　　　　　　　　　45 000 000
　　固定资产　　　　　　　　　　　　60 000 000
　　递延所得税资产　　　　　　　　　 2 000 000
　　商誉　　　　　　　　　　　　　　 6 000 000
　　贷：其他应付款　　　　　　　　　 8 000 000
　　　　应付账款　　　　　　　　　　30 000 000
　　　　股本　　　　　　　　　　　　30 000 000
　　　　资本公积　　　　　　　　　　90 000 000
　　　　递延所得税负债　　　　　　　 5 000 000

因该项合并为免税合并，购买方在免税合并中取得的被购买方有关资产、负债应维持其原计税基础不变，即商誉的计税基础为零。该项合并中所确认商誉金额 600 万元与其计税基础零之间产生的应纳税暂时性差异，按照准则规定，不再进一步确认相关的所得税影响。

四、合并财务报表中因抵销未实现内部交易损益产生的递延所得税

企业在编制合并财务报表时，因抵销未实现内部销售损益导致合并资产负

表中资产、负债的账面价值与其在纳入合并范围的企业按照适用税法规定确定的计税基础之间产生的暂时性差异的，在合并资产负债表中应当确认递延所得税资产或递延所得税负债，同时调整合并利润表中的所得税费用，但与直接计入所有者权益的交易或事项及企业合并相关的递延所得税除外。

[例14-20] 甲公司拥有乙公司80%有表决权股份，能够控制乙公司的生产经营决策。2019年9月甲公司以800万元将自产产品一批销售给乙公司，该批产品在甲公司的生产成本为500万元。至2019年12月31日，乙公司尚未对外销售该批商品。假定涉及商品未发生减值。甲、乙公司使用的所得税税率为25%，且在未来期间预计不会发生变化。税法规定，企业的存货以历史成本作为计税基础。请编制合并财务报表中涉及所得税的会计分录。

（1）合并财务报表中涉及内部交易的抵销分录：

借：营业收入　　　　　　　　　　　　　　　　　8 000 000
　　贷：营业成本　　　　　　　　　　　　　　　　5 000 000
　　　　存货　　　　　　　　　　　　　　　　　　3 000 000

（2）合并财务报表中涉及所得税的调整分录：

借：递延所得税资产　　　　　　　　　　　　　　　750 000
　　贷：所得税费用　　　　　　　　　　　　　　　　750 000

五、列报和披露

企业对所得税的核算结果，除利润表中列示的所得税费用以外，在资产负债表中形成的应交税费（应交所得税）递延所得税资产和递延所得税负债应当遵守规则列报。其中递延所得税资产和递延所得税负债一般应当分别作为非流动资产和非流动负债在资产负债表中列示，所得税费用应当在利润表中单独列示，同时还应当在附注中披露与所得税有关的下列信息：

（1）所得税费用（收益）的主要组成部分。

（2）所得税费用（收益）与会计利润关系的说明。

（3）未确认递延所得税资产的可抵扣暂时性差异、可抵扣亏损的金额（如果存在到期日，还应披露到期日）。

（4）对每一类暂时性差异和可抵扣亏损，在列报期间确认的递延所得税资产或递延所得税负债的金额，确认递延所得税资产的依据。

（5）未确认递延所得税负债的，与对子公司、联营企业及合营企业投资相关的暂时性差异金额。

一般情况下，在个别财务报表中，当期所得税资产与负债及递延所得税资产及递延所得税负债可以以抵销后的净额列示。在合并财务报表中，纳入合并范围的企业中，一方的当期所得税资产或递延所得税资产与另一方的当期所得税负债或递延所得税负债一般不能予以抵销，除非所涉及的企业具有以净额结算的法定权利并且意图以净额结算。

> 【本章小结】
>
> 所得税会计是从资产负债表出发，通过比较资产负债表上列示的资产、负债按照企业会计准则规定确定的账面价值与按照税法规定确定的计税基础，对于两者之间的差额分别应纳税暂时性差异与可抵扣暂时性差异，确认相关的递延所得税负债与递延所得税资产，并在此基础上确定每一会计期间利润表中的所得税费用。所得税会计核算的关键在于确定资产、负债的计税基础。资产、负债的计税基础的确定，与税收法规的规定密切相关。企业在取得资产、负债时，应当确定其计税基础。
>
> 本章按照应纳税所得额的计算、暂时性差异的账务处理、所得税会计处理的特殊问题的逻辑顺序展开讲解。其中应纳税所得额计算的部分主要解决了两个问题，一是如何将会计利润调整为应纳税所得，以正确计算企业应交所得税；二是在会计核算时如何反映暂时性差异所得税费用的影响。在暂时性差异的账务处理部分，介绍了暂时性差异的账务处理的方法，并讲解了递延所得税负债与递延所得税资产的确认方法，同时介绍了税率变动后的会计处理。在所得税会计处理的特殊问题中，本章主要介绍了可抵扣亏损及税款抵减产生的递延所得税，未作为资产、负债确认的项目产生的递延所得税以及企业合并产生的递延所得税的处理方法。

【本章思考与练习题】

一、思考题

1. 如何理解永久性差异和暂时性差异？
2. 何为资产的账面价值和计税基础？
3. 何为负债的账面价值和计税基础？
4. 如何理解应纳税暂时性差异、可抵扣暂时性差异、递延所得税资产以及递延所得税负债？
5. 阐述资产负债表债务法下所得税的核算程序。
6. 举例说明会计处理与税法法规之间的差异。

二、练习题

1. 甲公司 2017 年 12 月购入设备一台并投入使用，原值 360 万元，净残值 60 万元。税法允许采用年数总和法，折旧年限 5 年；会计规定采用年限平均法，折旧年限4年。税前会计利润各年均为1 000万元,甲公司适用所得税税率为25%。

要求:计算2019年12月31日该项资产的账面价值和计税基础。

2. 甲公司拥有乙公司80%有表决权资本,能够对乙公司实施控制。2019年6月,甲公司向乙公司销售一批商品,成本为800万元,售价为1 000万元,2019年12月31日,乙公司将上述商品对外销售60%,甲公司和乙公司适用的所得税税率为25%。

要求:计算2019年12月31日合并财务报表中应确认的递延所得税资产。

3. 大海公司2019年12月31日取得的某项机器设备,原价为100万元,预计使用年限为10年,会计处理时按照直线法计提折旧,税收处理允许加速折旧,大海公司在计税时对该项资产按双倍余额递减法计提折旧,预计净残值为零。2019年12月31日,大海公司对该项固定资产计提了10万元的固定资产减值准备。

要求:计算2019年12月31日该固定资产的账面价值和计税基础。

4. 某股份有限公司2019年初递延所得税负债余额为132万元,该公司2019年度对某项固定资产计提的折旧为500万元,按税法规定可从应纳税所得额中扣除的折旧为800万元,从2019年起适用所得税税率从33%调整为25%,无其他调整事项。

要求:计算该公司2019年该项业务导致的递延所得税发生额。

5. ABC公司2019年初递延所得税资产余额为16.34万元,其中,存货项目为13.2万元,坏账准备项目为3.14万元。2019年实现利润总额为300万元。2019年所得税税率为25%。有关业务如下:

(1) 存货账面价值为5 000万元,本年计提存货减值准备30万元,累计计提存货减值准备70万元。

(2) 年末应收账款余额为300万元;计提坏账比例历年均为10%。

(3) 因违反合同支付违约金5万元。

(4) 国债利息收入为7.50万元。

(5) 采用权益法核算确认的投资收益为45万元(被投资单位使用的所得税税率为25%,被投资单位实现的净利润未分配给投资者)。

ABC公司在未来3年内有足够的应纳税所得额用以抵减可抵减时间性差异。税法规定计提坏账的5‰允许税前扣除。

要求:

(1) 计算2019年存货项目的递延所得税资产年末余额、递延所得税资产发生额。

(2) 计算2019年应收账款项目的递延所得税资产年末余额、递延所得税资产发生额。

(3) 计算2019年递延所得税资产年末余额合计、递延所得税资产发生额合计。

（4）计算2019年应交所得税。
（5）计算2019年所得税费用。
（6）编制有关所得税的会计分录。
（7）计算ABC公司2019年的净利润。

6. 甲股份有限公司（以下简称"甲公司"）为上市公司，2019年1月1日递延所得税资产为396万元，递延所得税负债为990万元，适用的所得税税率为25%。假定2020年1月1日起，甲公司将适用的所得税税率变更为23%。

甲公司2019年利润总额为6 000万元，涉及所得税会计的交易或事项如下：

（1）2019年1月1日，以2 044.70万元自证券市场购入当日发行的一项3年期到期还本付息国债。该国债票面金额为2 000万元，票面年利率为5%，年实际利率为4%，到期日为2020年12月31日。甲公司将该国债作为持有至到期投资核算。

税法规定，国债利息收入免交所得税。

（2）2018年12月15日，甲公司购入一项管理用设备，支付购买价款、运输费、安装费等共计2 400万元。12月26日，该设备经安装达到预定可使用状态。甲公司预计该设备使用年限为10年，预计净残值为零，采用年限平均法计提折旧。

税法规定，该类固定资产的折旧年限为20年。假定甲公司该设备预计净残值和采用的折旧方法符合税法规定。

（3）2019年6月20日，甲公司因废水超标排放被环保部门处以300万元罚款，罚款已以银行存款支付。

税法规定，企业违反国家法规所支付的罚款不允许在税前扣除。

（4）2019年9月12日，甲公司自证券市场购入某股票；支付价款500万元（假定不考虑交易费用）。甲公司将该股票作为交易性金融资产核算。12月31日，该股票的公允价值为1 000万元。

假定税法规定，交易性金融资产持有期间公允价值变动金额不计入应纳税所得额，待出售时一并计入应纳税所得额。

（5）2019年10月10日，甲公司由于为乙公司银行借款提供担保，乙公司未如期偿还借款而被银行提起诉讼，要求其履行担保责任。12月31日，该诉讼尚未审结。甲公司预计履行该担保责任很可能支出的金额为2 200万元。

税法规定，企业为其他单位债务提供担保发生的损失不允许在税前扣除。

（6）其他有关资料如下：

①甲公司预计2019年1月1日存在的暂时性差异将在2020年1月1日以后转回。

②甲公司上述交易或事项均按照企业会计准则的规定进行了处理。

③甲公司预计在未来期间有足够的应纳税所得额用于抵扣可抵扣暂时性差异。

要求：

（1）计算甲公司2019年应纳税所得额和应交所得税。

（2）计算甲公司2019年应确认的递延所得税和所得税费用。

（3）编制甲公司2019年确认所得税费用的相关会计分录。

7. 精工公司系一家主要从事电子设备生产和销售的上市公司，因业务发展需要，对甲公司、乙公司进行了长期股权投资。精工公司和乙公司在该投资交易达成前，相互间不存在关联方关系，且这三家公司均为增值税一般纳税人，适用的增值税税率均为13%，所得税税率均为25%；销售价格均不含增值税额。

资料一：2019年1月1日，精工公司对甲公司、乙公司股权投资的有关资料如下：

（1）从甲公司股东处购入甲公司有表决权股份的80%，能够对甲公司实施控制，实际投资成本为8 300万元。当日，甲公司可辨认净资产的公允价值为10 200万元，账面价值为10 000万元，差额200万元为存货公允价值大于其账面价值的差额。

（2）从乙公司股东处购入乙公司有表决权股份的30%，能够对乙公司实施重大影响，实际投资成本为1 600万元。当日，乙公司可辨认净资产的公允价值与其账面价值均为5 000万元。

（3）甲公司、乙公司的资产、负债的账面价值与其计税基础相等。

资料二：精工公司在编制2019年度合并财务报表时，相关业务资料及会计处理如下：

（1）甲公司2019年度实现的净利润为1 000万元；2019年1月1日的存货中已有60%在本年度向外部独立第三方销售。假定精工公司采用权益法确认投资收益时不考虑税收因素，编制合并财务报表时的相关会计处理为：

①确认合并商誉140万元；

②采用权益法确认投资收益800万元。

（2）5月20日，精工公司向甲公司赊销一批产品，销售价格为2 000万元，增值税税额为340万元，实际成本为1 600万元；相关应收款项至年末尚未收到，精工公司对其计提了坏账准备20万元。甲公司在本年度已将该产品全部向外部独立第三方销售。精工公司编制合并财务报表时的相关会计处理为：

①抵销营业收入2 000万元；

②抵销营业成本1 600万元；

③抵销资产减值损失20万元；

④抵销应付账款2 340万元；

⑤确认递延所得税负债5万元。

(3) 6月30日，精工公司向甲公司销售一件产品，销售价格为900万元，增值税税额为153万元，实际成本为800万元，相关款项已收存银行。甲公司将购入的该产品确认为管理用固定资产（增值税进项税额可抵扣），预计使用寿命为10年，预计净残值为零，采用年限平均法计提折旧。精工公司编制合并财务报表时的相关会计处理为：

①抵销营业收入900万元；

②抵销营业成本900万元；

③抵销管理费用10万元；

④抵销固定资产折旧10万元；

⑤确认递延所得税负债2.5万元。

(4) 11月20日，乙公司向精工公司销售一批产品，实际成本为260万元，销售价格为300万元，增值税税额为51万元，款已收存银行。精工公司将该批产品确认为原材料，至年末该批原材料尚未领用。乙公司2019年度实现的净利润为600万元。精工公司的相关会计处理为：

①在个别财务报表中采用权益法确认投资收益180万元；

②编制合并财务报表时抵销存货12万元。

要求：逐笔分析、判断资料二中各项会计处理是否正确（分别注明各项会计处理序号）；如不正确，请说明正确的会计处理。